btb
Aus Freude am Lesen

btb

Buch

Roh oder gedämpft, gekocht oder gebraten: Waverley Roots Enzyklopädie der Genüsse ist eine kulinarische Fundgrube, gepfeffert und gesalzen mit viel Witz und Ironie. Root betätigt sich als Spürhund des Abnormen und Verborgenen, wenn er in der ganzen Welt nach Herkunft und Zubereitung aller erdenklichen und unvorstellbaren Speisen forscht. Wer wüßte schon, was es mit dem Ursprung der Artischocke auf sich hat, oder wann die köstliche Ananas entdeckt worden ist? Wer könnte sagen, daß es sich bei der schmackhaften Rambutan um eine Zwillingspflaume handelt und daß fette Termitenköniginnen anderswo als reinste Delikatesse gehandelt werden?
Roh oder gedämpft: Mal kurz und knapp, mal essayistisch ausschweifend, ist Roots *Wachtel, Trüffel, Schokolade* ein Hochgenuß für alle echten Gourmets des feinen Tons und der ungewöhnlichen Mahlzeiten.

Autor

Waverley Root, geboren 1903 in Providence, Rhode Island, gestorben 1982 in Paris, arbeitete als Journalist für so renommierte Tageszeitungen wie die Chicago Tribune und die Washington Post. Außerdem war er Autor von sechs Kochbüchern. An *Wachtel, Trüffel, Schokolade* arbeitete er zehn Jahre lang (s. a. Biographische Notiz auf S. 439).

Waverley Root

Wachtel, Trüffel, Schokolade

Die Enzyklopädie der kulinarischen Köstlichkeiten

Bearbeitet und ins Deutsche übertragen von Melanie Walz

btb

Die amerikanische Originalausgabe erschien unter dem Titel »Food. An Authoritative and Visual History and Dictionary of the Foods of the World« bei Simon & Schuster, New York

Umwelthinweis:
Alle bedruckten Materialien dieses Taschenbuches sind chlorfrei und umweltschonend.

btb Taschenbücher erscheinen im Goldmann Verlag, einem Unternehmen der Verlagsgruppe Bertelsmann.

1. Auflage
Genehmigte Taschenbuchausgabe Dezember 1996

Umschlaggestaltung: Design Team München
Die Initialen im Textteil stammen von Anita Albus
Satz: IBV Satz- und Datentechnik GmbH, Berlin
T. T. · Herstellung: Augustin Wiesbeck
Made in Germany
ISBN 3-442-72088-5

Draußen im Fluß gingen die Aale, und Aalmutter sagte zu ihren Töchtern, als sie darum baten, allein einen kleinen Lauf den Fluß hinauf machen zu dürfen: »Geht nicht zu weit, leicht kommt der garstige Aalstecher und nimmt euch allesamt!« – Aber sie gingen zu weit, und von den acht Töchtern kamen nur drei wieder heim zu Aalmutter, und sie jammerten: »Wir waren nur ein klein wenig vor die Tür gegangen, da kam der garstige Aalstecher und stach unsere fünf Schwestern tot!« – »Die kommen schon wieder!« sagte Aalmutter. »Nein!« sagten die Töchter,«denn er häutete sie, schnitt sie in Stücke und briet sie.« – »Die kommen schon wieder«, sagte Aalmutter. »Ja, aber er fraß sie!« – »Die kommen schon wieder«, sagte Aalmutter. »Aber dann trank er Branntwein hinterher!« sagten die Töchter. »Au, au! dann kommen sie nie wieder!« heulte Aalmutter. »Der Branntwein begräbt den Aal!«

Hans Christian Andersen

Aa steht für
die AAKERBEERE, die arktische Brombeere; für die Aalartigen Fische oder *Anguilliformes*, die sich stolzer 22 Familien und 600 Arten rühmen können; für den Aalmolch, über dessen Geschmack nicht viel bekannt ist, weil es den Menschen vor dem Molch zu gruseln pflegt; für die Aalquappe oder -rutte, deren Leber als Delikatesse geschätzt wird; für den Aar, den Taillevent Karl V. feuerspeiend servierte (wer wollte da »Adler« sagen); und für Aas, welcher Name, wie uns der *Brockhaus* verrät, sich aus dem althochdeutschen *az* (Fleisch toter Tiere beziehungsweise essen) herleitet und etymologisch somit an Deutlichkeit nichts zu wünschen übrigläßt; sein Signifikat wird vom Geier (→ Ge) geschätzt und vom Menschen nicht nur in Notzeiten keineswegs verschmäht.

Und Aa steht für
AAL, ein Stichwort, das im *Nouveau Larousse Gastronomique* mit 49 Rezepten vertreten ist, was nichts daran ändert, daß der Aal in der modernen Restaurantküche – und nicht nur dort – eine eher bescheidene Rolle spielt, bedingt durch das Gebot absoluter Frische, da das Fleisch ansonsten unweigerlich eine unangenehm schmierige Textur aufweist, aber auch durch die Ähnlichkeit des Aals mit der Schlange, der die meisten Menschen mit Mißtrauen begegnen.

Die ersten Aalesser, von denen wir wissen, sind die Skandinavier, in deren Küchenabfällen aus der Zeit zwischen dem Spätpaläolithikum und der Eisenzeit Aalskelette gefunden wurden. Fast alle Anrainer des Mittelmeers scheinen ihn gegessen zu haben – mit Ausnahme der Hebräer, denen es das dritte Buch Mose verwehrt: »Was nicht Flossen und Schuppen hat im Meer und in den Bächen von allem, was sich reget im Wasser, und allem, was lebt im Wasser, soll euch ein Greuel sein.« Aale haben Schuppen, aber sie sind so klein und eingewachsen, daß man es den alten Hebräern kaum verübeln kann, wenn sie sie nicht erkannten. Der Ähnlichkeit mit der Schlange verdankt der Aal eine Aura des Unheimlichen, die dafür verantwortlich zu machen ist, daß Aristoteles der Ansicht war, Aale entstünden nicht auf dem üblichen Weg aller Lebewesen, sondern würden aus dem Schlamm erzeugt. Desungeachtet aßen sowohl Griechen als auch Römer mit Vorliebe Aal, wie wir aus antiken Quellen wissen, die ihn als »Königin der Wollust«, als »Helena der Tafel« und sogar als »Abgott der Ägypter« apostrophieren. Die Liebe zum Aal haben die Italiener von ihren Vorfahren übernommen. Im 16. Jahrhundert verewigte Torquato Tasso die Becken zu Comacchio, in denen Aale gezüchtet wurden, und in Orbetello, das damals unter spanischer Herrschaft stand, lernten die Italiener von den Spaniern, Aal so zuzubereiten, wie jene es in Flandern – einem Land der Aalesser – gelernt hatten. Noch heute ißt man am 24. Dezember in Rom und Neapel Aal, der an diesem Tag ausnahmsweise lebend verkauft wird.

Beda Venerabilis zufolge verdankt die Stadt Ely in England ihren Namen dem Fisch (*eel*) in den sie umgebenden Sümpfen, und der Name der Themseinsel Eel Pie Island verrät uns sowohl, welcher Fisch in diesem Themseabschnitt besonders häufig gefangen wurde, als auch, in welcher Form man den »räuberischen Knochenfisch« beziehungsweise »schmackhaften Nutzfisch« am liebsten verzehrte.

Die Aale Nordamerikas waren die einzige dortige Fischsorte, mit der die Pilgerväter sich anfreunden konnten, was jedoch keine Auswirkung auf ihre Gefühle den aalessenden Indianern gegenüber gehabt zu haben scheint.

Norddeutschland und die skandinavischen Länder sind die

Domäne des Räucheraals, während die berühmte Hamburger Aalsuppe den »schlangenförmigen Fisch mit glatter Haut« enthalten kann, aber nicht muß, denn ursprünglich war sie ein Eintopf aus allem (*aahl*), was gerade zur Hand war. In Japan ist *kabayaki*, gegrillter Aal, der zuvor in würziger Sojasauce mariniert wurde, das traditionelle Gericht am heißesten Tag des Jahres – *Doyo no Ushi no Hi* –, und folglich lautet die Grußformel an diesem Tag nicht: »Haben Sie heute schon Reis gegessen?«, sondern – tja, wie wohl?

Besonders köstlich sind Glasaale, das Zwischenstadium des Aals nach der Metamorphose von der Larve zum Fisch; am besten schmecken sie, wenn man sie in dem Wasser kocht, in dem man sie gefangen hat, am schauderhaftesten, wenn englische Köche sie durch eine mehlhaltige Panade ziehen und fritieren, so daß sie eine gewisse geschmackliche Ähnlichkeit mit Buchbinderleim erlangen.

Ab steht für
den ABE-LINCOLN-APFEL als Frucht glücklosen patriotischen Bestrebens, die wahre Identität des Astrachanapfels zu verschleiern; für den Abrahamsstrauch oder Keuschbaum, *Vitex agnus castus*, dessen zweiter Name erklärt, warum Plinius versichert, einige Zweige unter dem Bett gewährleisteten ungestörte Nachtruhe,

und es steht für
ABALONE. Die Abalone sieht aus wie eine große Muschel mit nur einer Schalenhälfte, die mit der ungeschützten Seite am Fels klebt, doch in Wirklichkeit ist sie eine Art Schnecke. Weltweit gibt es an die fünfundsiebzig Abalonearten; China und Japan sind die führenden Konsumenten dieser Molluske, die sich mit großer Zähigkeit weigert, eßbar zu werden (man muß sie zuerst erbarmungslos weichklopfen und darf sie dann nur kurz

kochen, denn sonst wird sie wie Gummi, nur weniger geschmacksintensiv), und von Jahr zu Jahr unerschwinglicher wird.

Ag steht für
AGAR-AGAR, eine aus Rot- und Braunalgen gewonnene Gelatine; für die Agave, als »hundertjährige Aloe« bezeichnet, weil es im Land der Dichtung hundert Jahre dauert, bis sie blüht, in der schnöden Wirklichkeit hingegen nur zehn Jahre; und für das Aguti oder den Goldhasen, einen südamerikanischen Verwandten des Meerschweinchens, dessen Fleisch saftiger sein soll als Kaninchenfleisch.

Ak steht für
den AKANTHUS, auch Bärenklau, dessen Blätter gern gekaut werden, aber ebenso korinthische Kapitelle schmücken; für die Akazie, die nichts mit dem Akazienhonig zu tun hat, dafür jedoch Lieferantin des *Gummi arabicum* ist; und für den Akibaum, den afrikanische Sklaven in die Karibik mitbrachten und dessen Früchte wie Pfirsiche aussehen und wie Rührei schmecken.

Al steht für
den ALBATROS, der von Dichtern besungen und von Seeleuten gegessen worden ist; für die Kreuzung aus Pfirsich und Aprikose namens Alberge, die den Hellenisten Paul-Louis Courrier aufgrund ihrer »zähen und ledrigen Haut« an seine Frau erinnerte; für Alfalfa, früher Luzerne genannt und den Kühen vorbehalten, heute aus der vegetarischen Küche nicht mehr wegzudenken; für Algen, die heute in Japan Ernährungsgrundlage sind und es morgen allerorten sein werden, wenn die Biochemiker sich durchsetzen; und es steht für die Alose, die auch als Großaugenhering (*Pomolobus pseudoharengus* lautet we-

niger schmeichelhaft, aber wahrheitsgetreuer der lateinische Name), als Maifisch oder Shad (→ Sh) bekannt ist.

Am steht für
AMARANT, das eßbare Symbol der Unsterblichkeit, sofern es sich um das Fuchsschwanzgewächs und nicht um den Weberfinken dieses Namens handelt; für Ambra, das wohlriechende Stoffwechselprodukt des Pottwals – Parfumgrundlage, Aphrodisiakum, Ausrottungsmotiv –; für Ambrosia, die Speise der Götter (nicht mit Götterspeise zu verwechseln!); und für Ameisen, deren sprichwörtliche Nützlichkeit sich gewiß nicht zuletzt ihrem Proteingehalt verdankt.

An steht für
ANNATTO, den rötlichgelben Farbstoff aus dem Orleansbaum, den rote Amerikaner zum Färben ihres Körpers und weiße Amerikaner zum Färben ihrer Butter verwendeten; und für Antimon, das in Verbindungen als Brechmittel und Mittel gegen Tropenkrankheiten Verwendung findet.

An steht außerdem für
ANANAS. Nach über zehnjähriger Forschungsarbeit auf dem Gebiet der Nahrungsmittel hielt ich mich für einigermaßen abgebrüht, was die Absurdität der Fehlinformationen angeht, die sogar angesehenste Nachschlagewerke verbreiten, aber es verblüffte mich doch, im *Grand Larousse Encyclopédique* folgendes zu lesen: »Ananas: Unterart großer Zuchterdbeeren [...] 1555 von Jean de Léry in Brasilien entdeckt.«

Die Ananas wurde nicht in Brasilien, sondern auf Guadeloupe entdeckt, und zwar 1493 und nicht 1555, und nicht von Jean de Léry, sondern von den Gefährten Christoph Kolumbus'. Das sind nicht gerade Flüchtigkeitsfehler, aber sie schwinden zur Bedeutungslosigkeit angesichts der schier unglaublichen Definition der Ananas als Erdbeergewächs. Die Ananasstaude gehört zur Familie der Bromeliazeen, die 45 Gattungen und mehr als 1600 Arten zählt, aber keine Erdbeeren: Erdbeeren gehören zu den Rosengewächsen.

Die Spanier, die auf den Karibikinseln zum erstenmal den Boden der Neuen Welt betraten, fanden dort die Ananas vor, ebenso wie später auf dem Festland Mittel- und Südamerikas. Ananas hingen neben den Türen der Indianerhütten als Willkommensgruß und Zeichen der Gastlichkeit, und Ananashekken schützten mit ihren stachligen, harten Blättern die Dörfer vor ungebetenen Gästen.

Als die Europäer die Ananas kennenlernten, wurde sie von den Indianern bereits seit langem angebaut. Ananasabbildungen auf peruanischen Tonscherben lassen die Archäologen vermuten, daß diese Frucht seit dem ersten Jahrtausend unserer Zeitrechnung vom Menschen gezüchtet wird, doch Botaniker halten den Zeitraum für weit größer, weil Zuchtananas keinen Samen auszubilden pflegen, was typisch für Pflanzen ist, die seit so langer Zeit von Menschenhand vermehrt wurden, daß sie selbst die entsprechenden Funktionen eingebüßt haben.

Die Entdeckung der Ananas war für die Europäer Liebe auf den ersten Blick. José de Acosta, der Jesuitenmissionar, dessen Katechismusübersetzung in die Sprachen der Quichara und der Aymara das erste peruanische Buch war, schrieb 1578 in seinem Werk *De natura novi orbis*, die Ananas sei »von erfreulichem Geruch und von gar schmeichelndem und köstlichem Geschmack, saftig und süß und scharf zugleich«, und Jean de Léry, der die Ananas nirgends als im *Larousse* entdeckte, schilderte die Frucht als so überaus köstlich, »daß Götter darin schwelgen könnten und sie würdig wäre, nur von der Hand einer Venus gepflückt zu werden«. Für gewöhnlich dauert es zwei bis drei Jahrhunderte, bevor ein neues Nahrungsmittel akzeptiert wird; die Ananas wurde sofort begeistert aufgenommen, und keine fünfzig Jahre nach ihrer »Entdeckung« wurde sie in allen tropischen Breiten angebaut und gegessen.

Ob die Ananas von Peru aus über den Pazifik nach China gelangte oder via Afrika und die Philippinen – spätestens 1594 wurde sie in China gezüchtet, und 1636 konnte der Jesuitenmissionar Pater Bymins sie in seinem *Flora sinensis* beschreiben. Wann sie Afrika erreichte, weiß man nicht genau – vielleicht um die Mitte des 16. Jahrhunderts –, und die Pazifikinseln scheinen sie nicht vor 1777 gekannt zu haben, als Captain Cook Ananasstauden dort pflanzte.

Die Vereinigten Staaten zogen anfänglich wenig Nutzen aus ihrer Nähe zur Heimat der Ananas. Der Geschmack der Früchte entfaltet sich nur, wenn sie am Stamm gereift sind, aber dann sind sie kaum mehr transportfähig. Die USA waren nah, aber nicht nah genug. Erst mit dem Aufkommen schneller Transportwege im 19. Jahrhundert lernten die Nordamerikaner die Tropenfrucht kennen.

Heutzutage beherrschen Ananas aus Hawaii den Markt so konkurrenzlos, daß es manch einen überraschen dürfte zu erfahren, wie spät – nämlich im Jahr 1790 – diese Frucht dort erstmals angebaut wurde. Auf den Plantagen von Hawaii kann man den vollkommenen Triumph des Menschen über die Natur bestaunen. Die chemischen Bäder, denen man die Stauden unterzieht, beginnen mit Fumigatoren und Kunstdünger für den Boden, gefolgt von Unkrautvernichtungsmitteln und Pestiziden gegen die Nematoden, den schlimmsten Feind der Ananas, um in Hormongaben zu gipfeln, die dafür sorgen, daß alle Früchte zum selben Zeitpunkt in gleicher Größe reifen. Uniformität ist hier das Synonym für Perfektion.

ANGELIKA. Angelika oder Engelwurz ist Ihnen vielleicht nur als das süße, kandierte, hellgrüne Ingrediens bekannt, das im Verein mit Orangeat und Zitronat in bestimmten Kuchen aufzutauchen pflegt und nicht selten gefälscht ist (Angelika ist teuer!); als Ersatz kann alles mögliche dienen, sogar grüngefärbte Rüben. Mißtrauische Zeitgenossen brauchen den Kuchen nur an den entsprechenden Stellen aufzubrechen: Hat der Teig sich grünlich verfärbt, war Ersatz im Spiel, denn Angelika, grün bis ans Herz hinan, färbt nicht ab.

Die meisten Gewürze, die den Speisen Farbe verleihen, entstammen warmen Regionen, Angelika aber ist ein Kind des Nordens, das weder den mediterranen Völkern der Antike bekannt war noch den Bewohnern Mitteleuropas, bevor die Wikinger es im 10. Jahrhundert einführten.

Unsereinem mag Angelika als gastronomische Fußnote erscheinen, aber in Island, auf den Faröerinseln, in Norwegen und Sibirien wird es noch heute als Gemüse verzehrt, vor allem von den Nomaden, die fernab der modernen Zivilisation und ihrer Konserven leben und außer Baumrinde wenig frisches Gemüse zur Verfügung haben.

ANIS. Es bedarf des Zusammenwirkens dreier ätherischer Öle, um den Lakritzgeschmack und -geruch von Anis zu erreichen: des Anethols, des Estragols und des Anisaldehyds. Mit dem Ersinnen dieser Verbindung hatte die Natur ihre Fähigkeiten als Chemiker zweifelsfrei bewiesen; daß sie es nötig fand, dieses Kunststück gleich zweimal bei völlig verschiedenen Pflanzen zu vollbringen, läßt sich nur mit Prahlsucht erklären. Der europäische Anis *Pimpinella anisum* ist ein Doldengewächs, der asiatische Sternanis oder *Illicum verum* ein Baum aus der Familie der Magnolienpflanzen.

Das Doldengewächs stammt wahrscheinlich aus Ägypten, denn nur dort gibt es heute noch Wildformen dieser Kulturpflanze. Wir wissen, daß die alten Ägypter Anis kannten; dasselbe gilt für die Griechen (Pythagoras bezeichnete um 550 v. Chr. mit Anis gewürztes Brot als köstliche Delikatesse), und die alten Römer pflegten vornehme Gastmähler mit Anisküchlein zu beschließen, bevor die Verwilderung ihrer Tischsitten diese Art der Rücksichtnahme überflüssig machte.

In neueren Zeiten waren die Gefühle der Köche dem Anis gegenüber unterschiedlicher Natur: Während Taillevent im 14. Jahrhundert überall Verwendung für seinen geliebten Anis fand – von Pasteten über Fisch, Wild und Salate bis zu Süßspeisen –, nannte Carême im 19. Jahrhundert die Pflanze eine »medizinische Arznei«.

Illicum verum, der Echte Sternanis, hat geographisch von seiner Heimat China aus nicht nur Asien, sondern auch die Antillen, Mexiko und die USA erobert und ökonomisch in vielen Dingen die Nachfolge *Pimpinellas* angetreten, so bei der Herstellung von Anisette, dem Anislikör. Er ist einer der Bestandteile des chinesischen Fünf-Gewürze-Pulvers *Wu-chian-fen* (→ Fu) und hat als armen Verwandten den Japanischen, Heiligen oder Falschen Sternanis *Illicum anisatum* oder *religiosum*, dessen Früchte nicht nach Anis riechen, weil sie kein Anethol enthalten, sondern ein schwach giftiges Alkaloid, mit dem Harakiri-Aspiranten sich gern betäuben, bevor sie Hand an sich legen.

Ap steht für
APFELSINE, welche Frucht unter dem Stichwort Orange zu finden ist,

und es steht für
APFEL. Das Königshaus des Pflanzenreichs ist zweifellos die Familie der *Rosaceae*, denn ihr entstammt die Rose, die Königin der Blumen, und der Apfel, der König der Früchte. Beide

haben oft als Symbole aller Blumen und Früchte gedient. Neuentdeckte Früchte oder Gemüse wurden mit schöner Regelmäßigkeit als Apfel bezeichnet – vorausgesetzt, sie waren halbwegs rund, nicht kleiner als eine Kirsche und nicht größer als ein Kürbis –, bis sich ein eigener Name für sie finden ließ, von ungenießbaren Gebilden wie Galläpfeln, Reichsäpfeln usw. ganz zu schweigen.

Nachschlagewerke werden Ihnen verraten, daß der Apfel seine Heimat in Südosteuropa oder in Südwestasien hat; manche gehen so weit, dies auf den Südkaukasus einzugrenzen, und andere behaupten sogar, die Römer hätten den Apfel nach Nordeuropa gebracht, was nachweislich nicht stimmt: In prähistorischen Funden aus der Schweiz waren Äpfel enthalten, und bei Grabungen in England wurde der steinzeitliche Abdruck eines Apfelkerns gefunden. Ich halte auch die erste Vermutung für falsch; ich bin davon überzeugt, daß die ersten Äpfel nicht weit vom Baltikum wuchsen. Es würde zu weit führen, diese These etymologisch zu untermauern, und ich will mich darauf beschränken, das Augenmerk des geneigten Lesers auf die Natur des Apfels selbst zu lenken. Als typische Pflanze des Nordens benötigt der Apfelbaum eine Ruhepause von mindestens zwei Monaten im Winter, um sich zu regenerieren; die Winterruhe ist in warmen Ländern unbekannt. Der Apfel erwies sich bald als besonders anpassungsfähig unter verschiedensten klimatischen Bedingungen und gedeiht sogar auf Madagaskar, aber sein Herz schlägt für den Norden.

Wer begann, Äpfel zu züchten? Man weiß es nicht. Karbonisierte Äpfel aus der Zeit um 6500 v. Chr. wurden in Anatolien gefunden – aber waren das Wildformen oder Zuchtsorten? Die Apfelbäume, die Ramses II. im Nildelta pflanzen ließ, waren natürlich Zuchtpflanzen. In Attika wurden Apfelbäume spätestens ab dem 7. Jahrhundert v. Chr. gezüchtet, doch sie waren selten und kostspielig; zu Zeiten des älteren Cato

(234–149 v. Chr.) kannten die Römer mindestens sieben Apfelsorten, die er in *De re rustica* beschreibt, und zweihundert Jahre später konnte Plinius (ebenfalls der Ältere, 23 oder 24–79) in seiner *Historia naturalis* sechsunddreißig Apfelsorten aufführen, wobei er zwischen verderblichen und Winteräpfeln, die sich einlagern ließen, unterschied.

In Religionen, Zauberritualen, Aberglaube, Volksüberlieferung, Geschichte und Medizin spielt der Apfel seit unvordenklichen Zeiten eine Rolle, aber in der Geschichte von Adam und Eva, die jedem als erste einfallen dürfte, kommt er nicht vor. In der Schöpfungsgeschichte wird der Apfel nicht erwähnt (sehr wohl aber an anderen Stellen der Bibel). Was Adam und Eva aßen, ist in den Worten der Heiligen Schrift die Frucht vom Baum der Erkenntnis, die darüber hinaus nicht näher bezeichnet wird. Man darf vermuten, daß die alten Hebräer absichtlich keine bestimmbare Frucht darstellen wollten, um der verbotenen Frucht ihr Geheimnis zu belassen. In der Literatur war dieses Vorgehen gut und schön, aber sobald Maler und Bildhauer sich mit dem Thema des Sündenfalls zu beschäftigen begannen, mußten sie dem Symbol eine konkrete Form verleihen: Was bot sich besser an als die Frucht an sich, der Apfel? Bibelforscher haben darauf hingewiesen, daß die Hebräer am ehesten den Granatapfel im Sinn gehabt haben dürften, wenn sie die verbotene Frucht hätten benennen müssen, und als Indien christianisiert wurde, hielt man dort die Banane für die verbotene Frucht.

Die griechische Mythologie ist reich an Äpfeln oder an dem, was man Äpfel nannte. Die goldenen Äpfel der Hesperiden und der ebenfalls goldene Apfel der Eris, der den trojanischen Krieg auslöste, sind nach Meinung mancher Forscher Orangen oder Zitronen, nicht aber Äpfel.

Zauberkräfte wurden dem Apfel oft unterstellt, insbesondere was Liebeszauber betrifft. Im antiken Griechenland galt es als Antrag, einem Mädchen einen Apfel zuzuwerfen, und als dessen Zustimmung, wenn es ihn auffing. Im Deutschland des Mittelalters hieß es, daß man sich eine Frau gefügig machen könne, wenn man zuvor einen Apfel esse, der in ihren Schweiß getaucht worden war, obwohl man sich schwer vorstellen kann, daß jemand, der einen solchen Apfel herbeischaffen kann, noch weit von seinem Ziel entfernt ist. In manchen englischen Dörfern wird dem Apfel als Fruchtbarkeitssymbol noch heute mit alten Bräuchen gehuldigt.

Die ersten englischen Siedler brachten als Mittel gegen Heimweh Sämlinge und Stecklinge ihrer geliebten Apfelbäume nach Nordamerika mit. John Chapman aus Leominster in Massachusetts, in der amerikanischen Folklore besser als Johnny Appleseed bekannt, bewirkte zu Anfang des 19. Jahrhunderts mit seinen Obstbaumschulen raschen Aufschwung und weite Ausbreitung des Apfelanbaus in der Neuen Welt.

Niemand weiß, wie viele Apfelarten es heute auf der Welt gibt (es müssen Zehntausende sein), und dennoch beherrschen den Markt vielleicht sechs Sorten – ein Phänomen, das nicht etwa gastronomische, sondern ökonomische Ursachen hat. Der weltweit erfolgreichste Apfel ist der Delicious, der in den siebziger Jahren des 19. Jahrhunderts von einem Bauern aus Iowa namens Hesse Hiatt gezüchtet wurde und seinen Namen damals zu Recht erhalten zu haben scheint. Es ist traurig, verzeichnen zu müssen, daß sein Geschmack seither auf den niedrigsten gemeinsamen Nenner gebracht wurde, der die höchsten Absatzzahlen garantiert; noch abscheulicher ist seine gelbe Abart, der Golden Delicious. A. J. Liebling hat geschrieben, daß Leute, die nicht gern essen, »dem Delicious-Apfel zu rauschendem Triumph verholfen haben, weil er nicht nach Apfel schmeckt, und dem Golden Delicious, weil er nach gar nichts schmeckt«.

Achten Sie unbedingt darauf, nur Äpfel zu kaufen, die beim

Licht des abnehmenden Mondes gepflückt wurden, denn sie sind, wie Horaz uns verrät, die besten.

Und Ap steht außerdem für
APRIKOSE. In den Bergen um Peking wachsen wilde Aprikosenbäume, und seit 2200 v. Chr. wurde dieser Baum veredelt. Im Verlauf seiner langen Geschichte hat er sich nur langsam ausgebreitet, weil er sehr empfindlich ist. Aprikosenbäume brauchen ein gemäßigtes Klima, das ihnen die Ruhezeit eines kalten Winters ermöglicht, aber zugleich blühen sie früh und sind sehr frostempfindlich.

In den hängenden Gärten von Babylon wuchsen Aprikosenbäume; die Griechen der Antike kannten die Frucht offenbar nicht, die Römer jedoch sehr wohl. Ob die Römer Aprikosen selbst zogen oder nur importierten, wissen wir nicht mit Sicherheit. Für letztere Vermutung spricht der exorbitant hohe Preis, den man für sie entrichten mußte. Als das zerbröckelnde Weltreich sich auflöste, verschwand die Aprikose; erst die Kreuzritter brachten sie zurück. Nur in Südspanien wurde sie ohne Unterbrechung gezüchtet.

Hauptkonsumenten nach dem Menschen sind Haselmäuse und Siebenschläfer, die Aprikosen über alles lieben.

Ar steht für
ARROWROOT oder Cassava oder Maniok, das unter dem Stichwort Tapioka zu finden ist; für den Aronstab, dessen Wurzelknollen eßbar sind, aber auch giftig sein können; für Arsen, das immer giftig ist, aber mindestens ebensooft versehentlich wie mit Vorbedacht in den menschlichen Organismus gelangt; und für Artemisia oder Beifuß, zu deren Arten die Eberraute, der Estragon und die Wermut- oder Absinthpflanze gehören und die ihren Namen keineswegs der Göttin Artemis verdankt, wie uns die Nachschlagewerke weiszumachen versu-

chen, sondern der Artemisia, Schwester und Gemahlin des Maussolos, die nach dessen Tod über Karien und Rhodos herrschte und ihrem Gemahl ein grandioses Grabmal in Halikarnassos errichten ließ, das als eines der sieben Weltwunder gerühmt wurde.

Und Ar steht für

ARTISCHOCKE. Aus einem unerfindlichen Grund ist die Ungenauigkeitsrate achtbarer und zuverlässigster Enzyklopädien in Nahrungsbelangen erstaunlich hoch. Was haben sie uns zur Artischocke mitzuteilen?

1. »Es handelt sich um eine veredelte Zuchtform der Distel.« Sowohl die Artischocke (*Cynara*) als auch die Distel (*Carduus*) sind Korbblütlergattungen, aber damit hat die Ähnlichkeit im botanischen Sinn auch schon ihr Ende.

2. »Die Artischocke gelangte im 15. Jahrhundert nach Europa.« Höchstwahrscheinlich stammt die Artischocke aus Europa – aus Sizilien, um genauer zu sein. In römischen Texten wird die Artischocke häufig erwähnt; allerdings ließe sich darüber streiten, ob in der Antike *Cynara scolymus* verzehrt wurde, die Art mit den großen, runden Köpfen, die heute die verbreitetste ist, oder *Cynara carduncul*us beziehungsweise *altilis*, auch Cardy, Kardone oder »Spanische« Kardone genannt, deren fleischige Stiele und Blattrippen gegessen werden.

Daß von der Art *Cynara scolymus* in Südfrankreich, Spanien und Italien entzückende und wohlschmeckende Varietäten gezogen werden, die in der Farbe von grün über dunkelblau bis violett reichen, in der Form von rund bis spindelig und sämtlich als junge Früchte mit Haut und Haar verspeist werden können, soll nicht verschwiegen werden.

As steht für
ASANT, *Asa foetida* oder Teufelsdreck, ein Gummiharz, das aus dem Steckenkraut (*Ferula*) gewonnen wird und ungeachtet seines sehr eigenen Geruchs eine stark sedative und desinfizierende Wirkung hat; und es steht für Asphodelus, die Totenlilie, aus deren stärkehaltigen Wurzeln man Mehl gewinnt.

Au steht für
das AUERHUHN, das keineswegs ungenießbar ist, wie das Jägerlatein gern behauptet, sondern zu den wohlschmeckendsten Wildvögeln Europas zählt, denn sein Fleisch wird von Liebhabern mit dem des Fasans verglichen, gilt aber als zarter und weißer – hat sich der Vogel allerdings seit Winterbeginn hauptsächlich von Nadelbaumsamen und -nadeln ernährt, dann kann er einen aufdringlichen Terpentingeruch angenommen haben, dem beizukommen so gut wie aussichtslos ist; und es steht für den Auerochsen oder das Ur (→ U).

Und Au steht für
AUBERGINE. Das Nachtschattengewächs, das wir Aubergine, Albergine oder – seiner ursprünglichen Form wegen – Eierfrucht nennen, stammt aus Südostasien, wahrscheinlich aus Indien, wo es schon seit mehr als 4000 Jahren angebaut wird. Es dauerte lange, bis die Pflanze den Westen erreichte. Antike Autoren erwähnen sie nicht; die Mauren Andalusiens scheinen sie als erste Europäer kultiviert und über die Araber kennengelernt zu haben. In Italien wurde die Aubergine im 15. Jahrhundert bekannt, England erreichte sie gegen Ende des 16. und Frankreich im Lauf des 17. Jahrhunderts. Es wäre eine Übertreibung zu behaupten, daß sie enthusiastisch aufgenommen wurde. Man munkelte sogar, ihr Genuß verursache Fieber und epileptische Krämpfe. Aber zur Zeit des Direktoriums (1795) wurde sie plötzlich zum absoluten *must* für *incroyables* (Hip-

pies?) und *merveilleuses* (Jet-Set?), die an ihrem liederlichen Treffpunkt, dem Garten des Palais-Royal, in gegrillten Auberginenscheiben schwelgten.

Die unbeirrbarsten Anhänger der Eierfrucht sind die Bewohner Süditaliens und des Mittleren Ostens, insbesondere Syrer und Türken, von denen es heißt, sie verstünden sie auf tausenderlei Weise zuzubereiten.

AUSTER. Der größte Haufen von Muschelschalen liegt in Dänemark; er stammt aus der Steinzeit, und die Auster ist in ihm mit Abstand am häufigsten vertreten. *Ostrea edulis,* die Europäische oder Tafelauster, bewohnte in prähistorischer und auch noch in historischer Zeit ein Wallriff, das sich von Skandinavien über die Atlantikküste bis ins Mittelmeer erstreckte, wo es die französische Südküste und Italiens Westküste begleitete, um dann unter der Halbinsel durchzuschlüpfen und nach Griechenland zu gelangen, wo es so abrupt haltmachte, daß Assyrer und Babylonier keine Kenntnis von der Auster hatten. Auch in der Bibel wird sie nicht erwähnt, offenbar aus obigem Grund, nicht weil sie als unrein gilt.

Am Nordende dieser gigantischen Austernbank, von der heute noch fünf jämmerliche Eilande übrig sind, drei im Atlantik, zwei im Mittelmeer, gab sich niemand mit der Austernzucht ab, bis die Wikinger im 9. Jahrhundert etwas Schwung ins dunkle Mittelalter brachten, doch am Südende machten die alten Griechen, die seit Anbeginn der Zeit Austern gegessen hatten, erste schüchterne Zuchtversuche im 4. Jahrhundert v. Chr. Sie hatten entdeckt, daß Austern gern auf Tonscherben wachsen, die zufällig ins Meer gelangt waren, und bauten diese Zufallserkenntnis systematisch aus. Die Römer, große Austernliebhaber, begannen bei Tarent Austern an Zweigen zu züchten, die sie von Rahmen aus ins Wasser hängen ließen. Beide Methoden haben sich bis heute erhalten, nur daß die

Tonscherben durch Plastikflächen und die Zweige durch Hanfseile ersetzt wurden.

Mit Austern verhält es sich wie mit Wein: Nicht die Herkunft, sondern die Umgebung bestimmt den Charakter. Junge Austern aus der gleichen bretonischen Zucht, die man bei Belon, bei Marennes und an der englischen Küste bei Whitstable aussetzt, werden zu drei verschieden schmeckenden Austern heranwachsen, genau wie eine Traminerrebe im Elsaß, im Jura und in Alto Adige drei völlig verschiedene Weine hervorbringt.

Ostrea gilt als die wohlschmeckendste Austernsorte der Welt (bisweilen hat sie einen fast nußartigen Geschmack). Ich persönlich kenne neben *Ostrea edulis* als zweite Art nur *Ostrea lurida*, die winzige Olympia-Auster der amerikanischen Pazifikküste, für die Gourmets dort gerne den dreifachen Preis einer gewöhnlichen Auster zahlen.

Eine zweite Austernart wurde 1868 nach Europa gebracht. Die *Morlaisien* unter Kapitän Patoiseau beförderte eine Ladung Austern von Lissabon nach England, wenn ich mich nicht täusche; durch stürmisches Wetter wurde sie aufgehalten, die Austern begannen zu verderben und einen unerträglichen Gestank zu verströmen, und der Kapitän ließ sie vor der Küste von Bordeaux über Bord werfen. Aber sie waren nicht alle tot gewesen. Austernfischer begannen neue Austern zu finden, die statt einer glatten eine bucklige Schale besaßen, länglich und tief statt flach geformt, und man nannte sie *Portugaises*, Portugiesische Austern. Es handelte sich um *Crassostrea angulata*, eine Auster asiatischen Ursprungs. Aber wie war sie nach Portugal gelangt? Es gibt die Theorie, daß sie am Rumpf der Schiffe reiste, mit denen Vasco da Gama und andere Entdeckungsreisenden zurückkehrten.

An der Atlantikküste Amerikas kommt *Crassostrea* ebenfalls vor; dort heißt sie *Crassostrea virginica*. Die Indianer verzehrten sie in großen Mengen, wie wir aus den Bergen von Muschelschalen wissen, aber sowohl an der Pazifik- als auch an der Atlantikküste scheinen die präkolumbischen Indianer niemals rohe, sondern nur gekochte Austern gegessen zu haben, so daß man ihnen zu Recht die Erfindung des amerikanischen *oyster stew* zuschreibt.

Als Sir Walter Raleigh von einer Reise nach Trinidad zurückkam, lachte Königin Elisabeths Hofstaat ihn aus, weil er steif und fest behauptete, er habe Austern auf Bäumen wachsen sehen – eine absurde Behauptung, aber er hatte recht. Sir Walter hatte Exemplare von *Crassostrea frons* gesehen, festgeklammert an den stelzenartigen Mangrovenwurzeln, die man an den schlammigen Küsten des Südostens der USA findet.

Sowohl Europa als auch Amerika wurden von Wellen der Austernbegeisterung heimgesucht: Montaigne erwähnt einen Zeitgenossen, der dreißig, vierzig Dutzend zu verschlingen pflegte; Ludwig XIV. stand ihm kaum nach, woneben sich Casanova mit fünfzig Stück am Tag bescheiden ausnimmt. In den USA wurden seit 1842 Austern in nassem Stroh oder Eis mit Sonderexpressen über die Alleghenies befördert, so daß Abraham Lincoln in Illinois Austernessen geben konnte. Gegen Ende des 19. Jahrhunderts sahen Europa und die Vereinigten Staaten sich mit dem gleichen Schicksal konfrontiert: Die Austern gingen zur Neige. Seitdem beschäftigen sich Wissenschaftler und Austernzüchter mit diesem Problem, allein bisher erfolglos.

Av steht für
die AVOCADO oder Avocadobirne, die auch als Advokaten- oder Alligatorbirne bezeichnet wird, was keinerlei inhaltliche Bedeutung besitzt, da alle Namen sich vom Nahuatl-Wort *ahuacatl* herleiten, welches wiederum eine Abkürzung für *ahuacacuahatl* ist, einen aztekischen Begriff, der »Hodenbaum« besagt (die Früchte wachsen paarweise).

Nachschlagewerke behaupten gern, die Avocado stamme aus Peru, doch ihre Heimat ist in Mexiko und den benachbarten Gefilden zu suchen. Martin Fernández de Enciso beschreibt sie als erster in seiner *Suma de geografía* aus dem Jahr 1519, und Henry Perrine, ein amerikanischer Gärtner, pflanzte die ersten Bäume 1833 in Florida.

Die meisten Avocados, die heute in Europa konsumiert werden, importiert man aus Israel. Ob man Spezies mit glatter oder schrumpeliger Haut kauft, hat keinen Einfluß auf den Geschmack des Fruchtfleischs.

Und Ax steht für
den AXOLOTL, der das Larvenstadium beibehalten kann, solange es ihm gefällt, was die alten Azteken und heutigen Mexikaner jedoch nicht davon abhielt oder -hält, ihn zu fangen und zu verspeisen.

B

Man muß sich darüber klar sein, daß das Telephon [zum Einkaufen] völlig ungeeignet ist. Kein Obsthändler wird so dumm sein, auf die Frage, ob die Birnen auch gut seien, zu antworten, nein, sie seien hart und grün und überhaupt eine schlechte Sorte. Er wird je nachdem versichern, es seien »saftige Tafelbirnen« oder »gute Kochbirnen«.

Marcel X. Boulestin

Ba steht für
BALDRIAN, eine der ältesten Arzneipflanzen, aus deren Wurzelstock Schlaf- und Beruhigungsmittel gewonnen werden, obwohl der Duft ihres ätherischen Öls auf Katzen ausgesprochen anregend wirkt; für den Balsamapfel, die Balsambirne oder Balsamgurke, eine tropische Kürbisart, die an Verwendungsmöglichkeiten ihrer Namensvielfalt in nichts nachsteht, da die Früchte unreif, blanchiert oder gekocht als Salat und die Blätter und Sprossen als Gemüse gegessen werden und aus dem Saft der Blätter ein krampflösendes Mittel hergestellt wird, das auch als Wurmkur Verwendung findet; für die Balsampflaume, die kein Kürbis ist, sondern ein Sumachgewächs, das süße gelbe bis dunkelrote Steinfrüchte trägt; für Bambus, ein Gras, das vom Menschen und vom Pandabären geschätzt wird; für das Bantamhuhn, das nicht nur als Kampf-, sondern auch als Speisevogel beliebt ist; für die Barbe, einen Karpfenfisch mit giftigem Rogen; für Bärlauch, dessen lateinischer Name *Allium ursinum* höchst korrekt angibt, wonach er duftet und mit welcher Intensität; für Basilikum, das bei uns seit dem 12. Jahrhundert als Topfpflanze kultiviert wird, die sowohl dekorativen als auch kulinarischen Zwecken dient; für die Batate, die als Süßkartoffel aufgeführt ist; für den Baum des Lebens oder Lebensbaum, der mit dem in der Schöpfungsgeschichte erwähnten nicht identisch ist; und für die Baumtomate, die einer Eiertomate sehr entfernt ähnlich sieht, aber nicht wie eine schmeckt, auch wenn das gern behauptet wird.

Und Ba steht für
BANANE. Der erste Europäer der Neuzeit, der eine Banane zu Gesicht bekam, hielt sie für eine Art Feige. Da er kein Botani-

ker war, sondern ein italienischer Edelmann, der Magellan bei seiner Weltumrundung zum Vergnügen begleitete, wollen wir ihm nicht vorwerfen, daß er nicht erkannte, daß Bananenpflanzen keine Bäume, sondern Stauden sind, deren Blätter (besser gesagt die Blattscheiden) Scheinstämme bilden.

Die Heimat der Banane scheint Indien zu sein, wo sie nachweislich schon vor über 4000 Jahren bekannt war; ob als Wildfrucht oder Zuchtform, wissen wir allerdings nicht. Als leichtverderbliche Frucht brauchte sie lange, um die Welt zu erobern. Es gibt zumindest zwei assyrische Abbildungen von Bananen, und durch Plinius wissen wir, daß Alexander und seine Soldaten in Indien Bananen kennenlernten. Im 7. Jahrhundert führten Araber die Banane im Nahen Osten und in Nordägypten ein, und höchstwahrscheinlich war sie über Madagaskar schon weit früher ins südlichere Afrika gelangt.

Die ersten Bananen Amerikas pflanzte der Mönch Tomás de Berlanga 1516 auf der Insel Hispaniola. Die erste nach Europa eingeführte Banane wurde möglicherweise von Napoleon gekostet, vorausgesetzt, die Bananen, die Joséphines Mutter aus Martinique geschickt hatte, waren in genießbarem Zustand angekommen. Wenn nicht, dann aß der (inzwischen *ci-devant*) Kaiser der Franzosen seine erste Banane auf St. Helena, wo ihm mit Rum parfümierte gebackene Bananen serviert wurden, die ihm sehr mundeten.

Die verbreitetste Bananensorte ist *Musa paradisiaca normalis* beziehungsweise Mehl-, Koch- oder Gemüsebanane, bei der die Stärke sich nicht in Zucker umwandelt und die in vielen tropischen und subtropischen Ländern Grundnahrungsmittel ist. *Musa paradisiaca sapientum* ist die in aller Welt wohlbekannte Obstbanane; unvergleichlich wohlschmeckender als sie sind Rote Bananen, Apfelbananen und Zwergbananen, einige der köstlichsten der 150 Spezies, die inzwischen auch außerhalb der Erzeugerländer erhältlich sind.

BARSCH. Dieser Name stiftet unendliche Verwirrung, denn See- und Süßwasserfische, die nicht im geringsten miteinander verwandt sind, werden als Barsche bezeichnet.

Beginnen wir mit dem Wolfsbarsch, einem Seefisch des Mittelmeers, dem das Vortrittsrecht kraft seines Alters gebührt – er wird schon in der Antike erwähnt –, aber auch seines Wohlgeschmacks wegen. Er hält sich am liebsten im Brackwasser von Lagunen und in Flußmündungen auf, und die Römer der Antike schätzten die im Flußwasser gefangenen Wolfsbarsche als die schmackhaftesten, wie wir durch Plinius wissen.

Andere Salzwasserbarsche, die Atlantik und Pazifik bewohnen und oft beträchtliche Ausmaße erreichen können, sind Goldbarsch, Rotbarsch, Seebarsch, Weißer Seebarsch und Zackenbarsch sowie der Rote Trommelfisch; ihre Qualität reicht von ausgezeichnet bis mittelmäßig.

Das exquisite Aroma des Flußbarschs lobte Ausonius, der lateinische Dichter, der im 4. Jahrhundert in Burdigala (Bordeaux) lebte; Alosen, Hechte und Schleie solle man getrost dem Pöbel überlassen, aber Barsche seien die wahre Kost der Vornehmen. Im 16. Jahrhundert waren Barsche aus der Seine so begehrt, daß man sie »Rebhühner der Flüsse« nannte, wohingegen zu befürchten steht, daß ein Barsch, der sich heute unterhalb von Paris in die Seine wagte, mit dem sofortigen Vergiftungstod zu rechnen hätte.

Flußbarsche und Zander, welch letzterer zu den Barschen zählt, fühlen sich am wohlsten in Seen, nicht in Flüssen; seit der Steinzeit wurden sie in Europa verzehrt, wie wir aus prähistorischen Küchenabfällen wissen. Im Mittelalter waren Europas Flüsse und Seen reich an Barschen, doch die begehrten Fische gelangten fast ausschließlich auf die Tafel der Reichen.

Der europäische Flußbarsch hat in den Vereinigten Staaten einen nahen Verwandten von großer Ähnlichkeit, der westlich der Rocky Mountains beheimatet ist, und einen entfernteren, geschmacklich sogar noch überlegenen in Form des Amerikanischen Schwarzbarschs. Amerikanische Süßwasserbarsche, die in europäischen Gewässern ausgesetzt wurden, heißen Forellenbarsche.

Der älteste Flußbarsch, den wir kennen, ist der riesige Nilbarsch, der bereits zur Zeit der Pharaonen gefischt wurde und bis zu zwei Meter lang werden kann; er kommt sogar noch weiter südlich vor und heißt dann Viktoriabarsch, aber weder im Viktoriasee noch im Nil hätte er etwas zu suchen, wenn es mit rechten Dingen zuginge, denn Barsche sind normalerweise Bewohner der gemäßigten Klimazonen Europas und Nordamerikas.

Be steht für
BÊCHE-DE-MER oder Seegurke, ein zweidimensionales Meeresgetier, das sich in eine dreidimensionale Welt verirrt hat; für das Befreiungssalz, worunter die Aktivisten der Französischen Revolution das Salpeter verstanden, das sie zur Herstellung von Schießpulver benötigten; für die Belon beziehungsweise *Ostrea edulis*, die heutzutage in ungleich größeren Mengen verkauft als gezüchtet wird; für Beluga, den Caviar mit dem größten Korn und folglich den höchsten Preisen; für die Bergamotte, eine Verwandte der Pomeranze mit ungenießbaren Früchten, deren Schalen ein ätherisches Öl enthalten, das in der Parfumherstellung unentbehrlich ist; und für die Betelnuß, deren Geschmack als »Mischung aus Nelken, Zitronengras und Karbolsäure« beschrieben worden ist, was ein Zehntel der Weltbevölkerung nicht davon abhält, sie zu kauen.

Bi steht für
den BIBER, der früher gerne mit der sophistischen Begründung, als eigentlicher Wasserbewohner sei er als Fisch zu betrachten, den Fastenspeisen zugerechnet wurde; für die Biga-

rade oder Bitterorange, die möglicherweise die Ahnin aller anderen Orangen ist und sich unstreitig am besten für die Marmeladenbereitung eignet; für die Bisamratte, die in Louisiana unter der euphemistischen Bezeichnung »Sumpfhase« verzehrt wird; und für den Bison, das größte Säugetier Europas und Nordamerikas, das hier wie dort im 19. Jahrhundert fast vollständig ausgerottet wurde und heute ein schüchternes Comeback erlebt.

Und Bi steht für
BIRNE. Wie der Apfel zählt die Birne zu den *Rosaceae* (neben 100 anderen Gattungen und 2000 anderen Spezies), doch während man den Apfel als demokratische, widerstandsfähige Frucht charakterisieren kann, zeigt sich die Birne als aristokratisch, anspruchsvoller und empfindlicher. Birnen sind von größerer Vielfalt des Geschmacks, der Form, der Größe und Textur als vielleicht jede andere Frucht. Der Duft und Geschmack einer reifen Birne ist weitaus zarter als das robuste Aroma des Apfels.

Die Birne wurde aus Eurasien in die westliche und in die südliche Hemisphäre eingeführt; möglicherweise waren ihre Klimagrenzen von jeher dieselben: Norwegen ist zu nördlich für Birnbäume, auch wenn hin und wieder einer dort gefunden wird, und Südindien ist zu südlich. Was die Blütezeit und die Frostempfindlichkeit betrifft, ist die Birne weniger widerstandsfähig als der Apfel, da sie früher blüht, aber winterhärter als Aprikose oder Pfirsich, die noch früher blühen als sie. Ich frage mich, ob die Birne nicht aus China stammt, wo sie in Grabbeigaben aus der Zeit um 2100 v. Chr. gefunden wurde. Wir wissen auch von Birnenkernen in prähistorischen Siedlungen in der Schweiz, aber vielleicht hatte der Baum dieses Land damals gerade erst erreicht.

Die Griechen kannten die Birne seit frühen Zeiten, denn die

Birnbäume, von denen Homer schreibt, wurden bereits gezüchtet, möglicherweise sogar veredelt. Die Griechen scheinen die Birne verhältnismäßig spät nach Ägypten gebracht zu haben und auch nach Rom; nach Gallien hat sie offenbar schon etwas früher auf anderem Weg gefunden, und im ersten Jahrhundert brachten die Chinesen sie nach Nordindien.

Was in historischen Zeiten besonders auffällt, ist die verblüffende Schnelligkeit, mit der neue Birnensorten entwickelt werden. Schon Theophrast erwähnt drei Birnensorten, Cato fünf oder sechs und Plinius, je nachdem wie man ihn übersetzt, zwischen 38 und 41; Palladius kennt 56 Sorten, während Columella erklärt, sie seien zu zahlreich, als daß man sie aufführen könne.

Im 17. Jahrhundert waren in Frankreich an die 300 Birnensorten bekannt, im 18. Jahrhundert gegen 400 und im 19. Jahrhundert etwa 1000; auch in Italien waren schon früh mehr als 200 Sorten bekannt, während Deutschland und England etwas länger brauchten, um von 50 oder 60 Sorten auf das Zehnfache zu gelangen, doch im 20. Jahrhundert war die Anzahl der Sorten in Alter und Neuer Welt auf mehr als 5000 gestiegen.

Die meisten Birnen des Okzidents sind Varietäten von *Pyrus communis*, während die asiatischen Birnen zu *Pyrus sinensis* gehören. Die verbreitetste unter den heutigen Sorten ist zweifellos die Williams-Christ-Birne, eine spätreifende, saftige Birne mit Muskataroma, die in den USA als Bartlett bekannt ist. Sie ist nicht sehr haltbar und muß bald nach der Ernte, sobald sie reif ist, gegessen oder verarbeitet werden.

Es würde den Rahmen des vorliegenden Buches sprengen, wollte ich die zahllosen Birnensorten von historischer, botanischer oder folkloristischer Bedeutung aufführen, die fast ausnahmslos nicht mehr gezüchtet werden. In Frankreich scheint die Rousselet auszusterben, eine kleine graugrüne Birne mit Bisamduft, während die Vereinigten Staaten das allmähliche

Verschwinden der Kieffer, der klassischen Kreuzung zwischen westlicher und asiatischer Birne, und der Seckel zu beklagen haben.

Die französische Durondeau, eine der ältesten Birnensorten, gilt als erste Birne, die aufgrund ihres weichen, zarten Fruchtfleischs als Butterbirne bezeichnet wurde, während der Name Caillou, den eine Birnensorte des Mittelalters trägt, eher gegenteilige Eigenschaften verrät.

Die *poire du curé* (Birne des Pfarrers) wiederum ist keine bestimmte Sorte, auch wenn Franzosen versuchen sollten, Ihnen das einzureden. Die Bezeichnung gilt für jede Birne, die ansehnlich genug wirkt, um dem Gemeindepfarrer angeboten zu werden, aber nicht allzu wohlschmeckend ist, so daß es niemanden reut, sie herzugeben.

Bl steht für
BLASE, die nur in Form von Wursthäuten verzehrt wird; für die Blasenkirsche, die auch Lampionblume oder Judenkirsche heißt und deren rote Beeren eßbar sind; und für die Bluepoint-Auster von Long Island, deren Geschmack ihrem Ruf heute nicht mehr gerecht wird.

Und Bl steht außerdem für
BLAUBEERE, ein bescheidenes Heidekrautgewächs mit vielen Namen, zwei Gattungen und mehr Arten, als dem Beerensucher lieb sein kann.

Beginnen wir mit der Alten Welt, wo ausschließlich die Gattung *Vaccinium* vorkommt. *Vaccinium myrtillus* ist die klassische Blau-, Heidel- oder Kranichbeere, auch Bickbeere oder Besinge genannt; sie hat kleine blauschwarze Beeren mit rotem Saft. Ihre Verwandte *Vaccinium uliginosum*, die Rausch-, Trunkel- oder Moorbeere, die moorige Wälder und Alpenheiden bevorzugt, mit blaubereiften Beeren und farblosem Saft, ist von fadem Geschmack und kann Übelkeit bewirken. *Vaccinium vitis-idaea* mit kleinen roten, sehr herb schmeckenden Beeren ist die immergrüne Preisel- oder Kronsbeere, und ihr sehr ähnlich ist die Moosbeere, *Vaccinium oxycoccus*, deren Beeren allerdings kirschgroß ausfallen können.

Aber was ist das gegen die Vielfalt im eigentlichen Blaubeer- beziehungsweise Heidelbeerparadies der Neuen Welt! Die Gattung *Vaccinium* findet sich dort bereichert um *Vaccinium corymbasum*, die Amerikanische Blaubeere, mit großen, säurearmen, blauen Früchten, und *Vaccinium macrocarpum*, die Großfrüchtige Moos- oder Krannbeere, deren große rote Beeren Riesenpreiselbeeren ähneln; als Zuchtformen werden beide inzwischen auch in Europa kultiviert. *Vaccinium membranaceum* ist die Bergblaubeere, *Vaccinium ovatum* die Immergrüne Blaubeere, und *Vaccinium arboreum* trägt seinen Namen mit Fug und Recht, da die Sträucher bis zu acht Metern hoch werden.

Was die Alte Welt nicht besitzt, das ist die Gattung *Gaylussacia*, die nicht züchtbare original amerikanische Heidelbeere (*huckleberry*) mit harten Samenkörnern, die nicht zum Verzehr einladen, sondern ausgespuckt sein wollen. Daß Mark Twain seinen berühmtesten Helden nach ihr benannte, ist eine angemessene Würdigung all ihrer Eigenschaften. Auf der nach unten offenen Richter-Skala des Wohlgeschmacks steht zuoberst unerreicht *Gaylussacia baccata* oder *resinosa*, die Gemeine Heidelbeere, auch Schwarze oder Buschheidelbeere geheißen, die von etwas herberem Geschmack ist als die amerikanischen *Vaccinium*-Arten; geschmacklich milder fällt *Gaylussacia frondosa* aus, die Blaue Heidelbeere oder Bummelbeere, und noch milder, um nicht zu sagen: ausgesprochen fade, *Gaylussacia dumosa*, die Busch- oder Minnesotabeere, die aber noch unterboten wird von *Gaylussacia brachycera*, der Buchs- oder Wacholderbeere (schmeckte sie doch nur nach Buchs oder Wacholder!), die man am besten dort läßt, wo sie wächst.

Bo steht für
BOCKSHORNKLEE, einen Schmetterlingsblütler, dessen Samen in der vorderasiatischen und indischen Küche eine große Rolle spielt; für Bodenrübe, den ersten Namen der Steckrübe; für den Bofist oder Bovist, einen Pilz, der nur jung eßbar ist und im Alter Staubwolken absondert, wenn man drauftritt; für *Boletus*, den Steinpilz, der als beliebtester Speisepilz dem Kaiserpilz *Amanita caesarea* den Rang abgelaufen hat; für Bonito, den Blaufisch, aus dem die japanische Suppenwürze besteht; für Borretsch, die blaue Blume der Romantik; für die Bosc-Birne, die nach einem französischen Botaniker benannt ist, der einen unerwarteten Survivalkurs durchmachte, als er sich während der Terreur im Wald von Montmorency verborgen hielt; für Bottarga, den gesalzenen und getrockneten Rogen der Meeräsche; und für die Boysenbeere, die 1923 in Kalifornien das Licht der Welt erblickte, als Rudolph Boysen Himbeere und Brombeere kreuzte und eine neue Frucht erhielt.

Und Bo steht für
BOHNEN, ein wahrhaft proteisches Gemüse von großer Gattungs- und Formenvielfalt. Sicher ist, daß sie seit prähistorischen Zeiten bekannt ist. Die asiatische Sojabohne (*Glycine max*) wird von Alphonse de Candolle als Nahrungsmittel aufgeführt, das seit mehr als 4000 Jahren angebaut wird. Zuchtformen der amerikanischen Gartenbohne (*Phaseolus vulgaris*) aus der Zeit um 7000 v. Chr. wurden bei Ausgrabungen gefunden; in prähistorischen Küchenabfällen aus der Schweiz entdeckte man Saubohnen (*Vicia faba*), und in ebendieser Reihenfolge ist auch die Bedeutung der drei wichtigsten Bohnengattungen der Welt zu sehen.

Beim Wort Sojabohne denkt jedermann an China, aber der weltweit führende Anbauer sind die Vereinigten Staaten; allerdings wird die Sojabohne dort in erster Linie zum Export (unter anderem nach China) und in zweiter Linie als Viehfutter gezüchtet. Die amerikanische Gartenbohne nimmt den zweiten Platz ein, da sie seit ihrer Entdeckung und Einführung in die Alte Welt die Saubohne überflügelt hat.

Herodot berichtet, es sei den ägyptischen Priestern verboten gewesen, Saubohnen zu essen, ja sogar sie anzusehen, weil sie als unrein galten, und aus demselben Grund kultivierten die Ägypter seinen Worten nach keine Bohnen und aßen sie auch nicht wild. Das ist interessant, aber leider nicht wahr. Zu den Grundnahrungsmitteln des gemeinen Volks im alten Ägypten gehörte ein Bohnenkuchen namens *tamia*, der heute unter dem Namen *tamiya* verkauft und verspeist wird.

Die Griechen selbst verwendeten Bohnen außerhalb der Küche als »Stimmzettel« bei Wahlen; Plutarchs Rat, sich der Bohnen zu enthalten, richtet sich nicht an Personen mit schwachem Verdauungsapparat, sondern fordert uns auf, uns aus der Politik herauszuhalten.

Br steht für
BRACHSE, einen Fisch, den Alexandre Dumas mehr schätzte, als wir nachvollziehen können; für den Breitling, ein Fischlein von Liliputgröße, das fritiert von uns mehr geschätzt wird, als wir in Worten ausdrücken können; und für das Bressehuhn, das in 300 Jahren von seinen Züchtern zu einem der geschätztesten Geflügel entwickelt und von seinen Vermarktern in 25 Jahren geschmacklich ruiniert wurde.

Und Br steht für
BRIES. Die Thymusdrüse ist bei Mensch und Wirbeltieren ein innersekretorisches Organ, das das Wachstum beeinflußt und

sich nach der Pubertät zurückbildet. Kulinarisch kennen wir sie nur vom Kalb als Bries oder Milken.

Bries ist von weicher Textur und mildem Geschmack, und französische Köche arbeiten es gerne in aufwendige Luxusgerichte ein. Nicht, daß ich etwas gegen solche Praktiken hätte, denen wir einige köstliche Gerichte verdanken, aber wenn man Bries wahrnehmen will, sollte man es so schlicht wie möglich zubereiten, zum Beispiel als *Ris de veau Clamart*. Clamart, ein Pariser Vorort, wo heute hauptsächlich Bruchburgen aus Beton wachsen, war früher für seine zarten Erbsen berühmt. Zufälligerweise gab es *Ris de veau Clamart* zum Lunch, bevor ich mich an das Stichwort setzte. Das Bries war in einer Mischung aus Butter und Olivenöl sautiert worden, die mit einer Messerspitze Schalotten und Petersilie gewürzt war; die Erbsen parfümierte ein Zweiglein Thymian.

BROKKOLI. John Randolph aus Williamsburg schrieb gegen 1775 in seinem *Treatise on Gardening by a Citizen of Virginia*: »Die Stiele lassen sich wie Spargel zubereiten und die Köpfe wie Blumenkohl.« So sah man die Sache auch in Deutschland, was den Namen »Spargelkohl« erklärt. Aber dann verschwand der Brokkoli aus der internationalen Küche und kam erst im 20. Jahrhundert wieder.

Der Name der Pflanze weist darauf hin, daß die übrige Welt sie von Italien aus erhielt, und in Italien begegnen wir ihr zum erstenmal, denn den Römern der Antike war sie wohlvertraut. Apicius war für sein Geschick beim Zubereiten des Gemüses berühmt, und Drusus, der Sohn des Tiberius, war dem Brokkoli so zugetan, daß Tiberius ihm nahelegen mußte, sich zurückzuhalten. Möglicherweise züchteten die Römer den Brokkoli aus einer ursprünglicheren Kohlart, aber wahrscheinlicher ist, daß sie ihn von den Etruskern übernahmen, die geschicktere Gärtner waren.

Brokkoli ist eines der wenigen westlichen Gemüse, die von den Chinesen angenommen wurden; sie verstehen sich darauf, es so zuzubereiten, daß Textur und Aroma zu bester Geltung gebracht werden, was außer ihnen nur den Italienern möglich zu sein scheint. Der Geschmack von Brokkoli gilt als ausgeprägter als der des Blumenkohls und als unaufdringlicher als der von Kohl oder Wirsing. Brokkoli strotzt vor Vitaminen.

BROMBEERE. Der Name leitet sich vom althochdeutschen Wort für Dornstrauch – *bramo* – her, und Brombeerranken sind es, die den Zugang zu Schneewittchens Sarg beinahe unmöglich machen. Am beliebtesten ist die Brombeere, die nur als Wildfrucht mundet, in England und Deutschland; in Frankreich wird sie verschämt als *mûre sauvage* – Wilde Maulbeere – bezeichnet, und in den skandinavischen Ländern erfreuen sich ihre nahen Verwandten Felsen- oder Steinbeere, Aakerbeere und Multe-, Torf- oder Kranichbeere mindestens so großer Beliebtheit wie das Original in Großbritannien und Deutschland.

Bu steht für
BÜFFEL, den man nicht mit dem Bison verwechseln sollte und der in Asien und Afrika lebt; für Bulgur, den Weizenschrot, dem die alten Perser ebenso zusprachen, wie es heute die Gesundheitsapostel tun; und für den Bussard, der von Achille Murat verzehrt wurde, wofür dieser als mutiger, wenn auch nicht unbedingt heikler Esser in die Geschichte eingegangen ist.

Und Bu steht für
BUCHWEIZEN. Als ursprünglicher Bewohner Zentralasiens gelangte der Buchweizen meiner Meinung nach durch die Sarazenen nach Europa (von wo er den Weg nach Nordamerika

fand), aber ich will nicht leugnen, daß es auch andere Theorien gibt. Alexandre Dumas berichtet, der Buchweizen sei »durch die Mauren Spaniens nach Afrika und nach Europa« eingeführt worden, und wenngleich Dumas alles andere als ein zuverlässiger Historiker ist, gibt es Gründe, ihm zu glauben oder zumindest zu vermuten, daß die Kreuzritter den Buchweizen aus dem Land der Sarazenen mitbrachten (vielleicht beides).

In der Antike scheint Buchweizen nicht bekannt gewesen zu sein; fast alle Neuerungen in der europäischen Speisekammer zwischen der Spätantike und der Entdeckung Amerikas verdanken sich den Sarazenen, und die Länder, die den Buchweizen als »Sarazenenweizen« bezeichnen, erlebten Sarazeneneinfälle.

Die am meisten angebaute Buchweizensorte ist *Fagopyrum esculentum*, gefolgt von *Fagopyrum tataricum*. Er wächst überall, wo Feuchtigkeit, Kälte und Wind dem Anbau anspruchsvolleren Getreides im Wege stehen. Zum Brotbacken ist er ungeeignet, aber für Grützen und Pfannkuchen eignet er sich hervorragend, und wer würde Kaviar (→ Ca) ohne Buchweizenblini essen wollen?

Anatole France erzählt in Histoire comique *vom Cassoulet der Mère Clémence, die es quasi eine Ewigkeit köcheln ließ und ihm von Zeit zu Zeit Hammel- und Schweinefleisch, Confit und Bohnen hinzufügte. Was nur besagen will, daß das Cassoulet auch aufgewärmt gut schmeckt.*

Man wird Ihnen auch erzählen, daß man in X (Name des jeweiligen Dorfs) bei Soundso (das kann ein Friseur, ein Bistro, der Wagenbauer oder der Eisenwarenhändler sein) ein Schild gesehen habe: »Wegen Cassoulet geschlossen«. Das gehört zur Folklore.

Robert Courtine

La Cuisine c'est quand les choses
Ont le goût de ce qu'elles sont.

Curnonsky (d. i. Edmond Saillant)

Ca steht für
den CALVILLEAPFEL, einen der besten Äpfel, die Cancaleauster, eine der besten Austern, und die Cantaloupemelone, eine der besten Melonen der Welt; für die Carambole oder Sternfrucht, die hübsch aussieht und unaufdringlich schmeckt; für die Cashewnuß, die besser schmeckt, als sie aussieht; für die Cavaillonmelone, die von ihren Anhängern für die allerbeste Melone der Welt gehalten wird; und für den Cayennepfeffer, dem niemand das Verdienst streitig macht, der schärfste Pfeffer der Welt zu sein (→ Ch).

Und Ca steht für
CAVIAR, wenn auch in der Hauptsache aus dem Grund, daß unter K schon genug Stichworte zu finden sind, während es unter C eher mager aussieht, und nicht etwa aus Gründen der Vornehmtuerei, die jedem wahren Feinschmecker ein Greuel ist.

Caviar, der Rogen des Störs, gehört zu den teuersten Delikatessen unserer Zeit, und er wird zusehends seltener und teurer. Störe sind Fische, die sich seit prähistorischen Zeiten nicht verändert haben und deshalb nicht lernten, sich gegen die Wasserverschmutzung unseres Jahrhunderts zu wappnen. Im 19. Jahrhundert gab es noch mehr als genug Störe in Atlantik, Mittelmeer, Nordsee und allen großen Seen und Flüssen der Welt, und in Ländern wie England, den USA, Frankreich und Italien wurde Caviar erzeugt.

Heute stellt das Kaspische Meer, der weltgrößte Salzwassersee, das letzte Refugium des Störs dar, und auch dort sind seine Tage gezählt.

In der Antike scheint Caviar nicht bekannt gewesen zu sein.

In Italien taucht er zuerst im Mittelalter auf, und die französische Caviarproduktion unterstand niemand Geringerem als Jean Baptiste Colbert, dem berühmten und mächtigen Minister Ludwigs XIV. Die Herrscher aller Reußen waren dem Caviar so zugetan, daß der seltenste und hellschaligste Caviar Zarenkaviar genannt wurde; bei iranischem Caviar heißt diese Sorte Schahcaviar.

Nicht allein die Seltenheit des Störs ist für den hohen Preis verantwortlich, sondern auch die mühsame Gewinnung seines Rogens und das notwendige Fingerspitzengefühl beim Herstellen der überaus empfindlichen Halb- oder besser Achtelkonserve Caviar.

Das Störweibchen, das bis zu 100 Kilo wiegen kann, muß sofort nach dem Fang für die Entnahme der Eier lebendigen Leibes aufgeschlitzt werden, was dadurch erleichtert wird, daß der Mensch Fischen offenbar kein Schmerzempfinden zutraut. Die so gewonnenen Eier werden auf feinmaschigen Sieben (großen Mehlsieben vergleichbar) behutsam von Geweberückständen befreit und gleichzeitig mit Salz versetzt, das etwa vier bis sechs Prozent des Caviargewichts ausmachen darf oder soll: Je mehr Salz man verwendet, um so haltbarer wird der Caviar, je weniger, um so köstlicher (*malossol* heißt auf russisch: leicht gesalzen). Er wird so in Dosen gefüllt, daß keine Luft Platz hat oder eindringen kann (deshalb das breite Gummiband um die Dose, das so schwer zu entfernen ist), kühl transportiert und kurze Zeit gelagert und nach dem Öffnen der Dose auf keinen Fall tagelang in ihr aufbewahrt.

Die verschiedenen Caviarsorten werden von verschiedenen Störarten gewonnen. Beluga, der ein besonders großes und festes Korn hat, entstammt dem größten Stör, dem Hausen (*Acipenser huso*), der bis zu neun Meter lang sein kann, Osetra dem Gemeinen Stör (*Acipenser sturio*) und Sevruga, der kleinschaligste Caviar, dem Scherg oder Scherk (*Acipenser stella-*

tus). Zaren- oder Schahcaviar ist nicht das Produkt einer bestimmten Störart, sondern einer Stoffwechselstörung, die die helle Färbung bewirkt. Preßcaviar wird aus beschädigten Eiern aller Sorten unter Zugabe von viel Salz hergestellt. Pasteurisierter Caviar im Glas oder in der Ringpulldose ist sicher besser als gar nichts, aber nur ein müder Abglanz dessen, was Caviar sein kann. Lachs-, Forellen-, Keta- oder Deutscher Kaviar ist gesalzener Fischrogen, aber kein Caviar, und Kölsch Kaviar ist Blutwurst mit Zwiebelringen.

Ch steht für
CHICOREE, auch Endivie oder Zichorie, und deshalb → Zi; für Chinakohl oder Chineserkohl, siehe → Ko; für Chinooklachs, den größten Lachs des nordwestlichen Pazifiks; und für Chrysantheme, deren Blütenblätter in Japan fritiert, in China getrocknet als Teebestandteil und in Europa als Salat genossen werden.

Und Ch steht für
CHILIPFEFFER oder CAYENNEPFEFFER, eine scharfe Form des Gewürzpaprikas. Sollten Sie sich bisher im Glauben gewiegt haben, der Paprika stamme aus Ungarn, die kleine, höllisch scharfe Chilischote aus Indien und Pili-pili aus Afrika, muß ich Ihnen diese Illusion rauben. *Capsicum anuum* oder *frutescens* ist ein Einheimischer Amerikas, wo er von Kolumbus entdeckt wurde.

Die Indianer Brasiliens und Perus aßen wilde Chilischoten seit etwa 6500 bis 5000 v. Chr. Als die Konquistadoren ihren Fuß an Land setzten, waren Chilis seit langem ein Zuchtgemüse und eines der hauptsächlichen Gewürze der Inkas und Azteken. Sehr bald brachten Spanier und Portugiesen die Chilischoten nach Europa und Asien, wo sie erfolgreich kultiviert wurden und zu einem beliebten Gewürz avancierten.

Chilischoten können grün oder rot sein; die Farbe sagt nichts über Schärfe und Aroma aus, wohl aber die Größe; je kleiner, desto teuflischer, lautet eine verläßliche Faustregel. Entfernt man die Samen und weißen Häute aus dem Inneren der frischen Schoten, hat man das schlimmste Höllenfeuer gebannt, aber man sollte die nächsten zwölf Stunden seine Finger von jeglichen Schleimhäuten fernhalten. Getrocknete Schoten sind etwas zahmer, aber immer noch scharf, und Chilipulver, der Cayennepfeffer, ist zwar noch scharf, aber bar des Aromas.

Ci steht für
CILANTRO oder Korianderkraut oder Chinapetersilie, wie die grünen Blätter des Korianders genannt werden, die in der chinesischen und in der indischen Küche verwendet werden; für die Citrandine, eine Kreuzung aus Mandarine und Poncirus (der Zierzitrone); und für die Citrange, eine Kreuzung aus Orange und Poncirus.

Cl steht für
die CLEMENTINE, über die hier nicht mehr verraten werden soll, als daß sie unter dem Stichwort Mandarine aufgeführt ist.

Co steht für
die COLCHESTERAUSTER, die 50 v. Chr. Sallust zu Begeisterung hinriß; für die Concordtraube, die verbreitetste Traubensorte Nordamerikas, die 1850 aus verschiedenen Trauben der Neuen Welt in Concord von Ephraim Bull mittels Kreuzung kreiert wurde; und für den Cox-Orange-Pippin, einen 1830 von Richard Cox, einem Brauer im Ruhestand, kreierten Apfel, der in Großbritannien als bester Dessertapfel der Welt betrachtet wird.

Cr steht für
den CRAPHOLZBAUM, dessen Samen in Afrika gegessen wird; und für Crosnes oder Stachys oder Knollenziest, ein Gemüse, dessen erster Name den ersten Anbauort in Europa verrät (Crosnes bei Paris), während der zweite und der dritte sich auf die Gattung beziehen. Der Geschmack der Knollen wird als »zwischen dem der Schwarzwurzel und dem der Artischocke« liegend beschrieben, was eigentlich eher auf die Topinambur (→ To) zutrifft, während die sogenannte Japanknolle (so lautet der vierte Name) ein zartes Nußaroma besitzt.

Cu steht für
CUISSES-DE-NYMPHE, worunter der galante Franzose Froschschenkel versteht; für Cuisses-Madame, womit er weniger galant als naturalistisch eine Birnensorte bezeichnet; und für Curcuma oder Gelbwurz aus der Familie der Ingwergewächse, das dem Curry die gelbe Farbe (aber auch Aroma) verleiht und von schoflen Naturen als Safranersatz benutzt wird.

Und Cu steht folglich auch für
CURRY, eine Gewürzmischung, die in drei grundverschiedenen Varianten existiert: als indischer Curry oder *garam masala*, als Thaicurry, auch Chilipaste genannt, und als das schmutziggelbe, penetrant riechende Pulver, das die Currywurst und das Curryhuhn im Ausflugslokal so unvergeßlich macht.

Indischer Curry wird passend zum jeweiligen Gericht aus vielen Gewürzen gemischt, die angeröstet und gemahlen werden; unabdingbar sind Pfeffer, Zimt, Koriander, Kardamom, Kreuzkümmel und Curcuma, die man um Nelken, Bockshornklee, Muskat, Lorbeer, Fenchel, Knoblauch, Zwiebel und Tamarinde bereichern kann.

Thaicurry ist eine Paste aus grünen oder roten Chilischoten,

Ingwer, Zitronengras, Kaffirzitronenschale, Koriander, Knoblauch, Schalotten und Krabbenpaste; es gibt sie grün, gelb und rot, und alle drei schmecken verschieden, aber ausnahmslos höllisch scharf.

Wie das Pulver entsteht, das vom perfiden Albion über die Welt gebracht und vom Volk der Pickelhauben mit deutscher Gründlichkeit perfektioniert wurde, soll das Geheimnis derer bleiben, die es erfunden haben.

Dr. Blimbers Institut war nichts anderes als ein großes Treibhaus, dessen dädalische Maschinerie ununterbrochen in Betrieb war. Alle Knaben blühten vor der Zeit. Geistige Erbsen wurden zu Weihnachten erzeugt, intellektuellen Spargel erntete man das ganze Jahr über. Es war Dr. Blimber ein leichtes, von den desolatesten Büschen zu den unwahrscheinlichsten Jahreszeiten mathematische (und überaus saure) Stachelbeeren zu erlangen. Unter frostigsten Umständen wurde dürrsten Knaben jegliches Gemüse griechischer oder lateinischer Denomination abgetrotzt.

Charles Dickens

Als Degustation bezeichnet man das Herausfinden des Eigengeschmacks von Nahrungsmitteln durch die Zunge und nicht etwa durch den Gaumen, wie fälschlich behauptet wird. Meister dieser Kunst sind selten.

Alexandre Dumas d. Ä.

Da steht für
DACHS, den im 18. Jahrhundert die Bauern in Ermangelung attraktiverer Wildsorten erlegten und verspeisten; für Dahlien, deren Blütenblätter als Salatgarnitur dienen; für den Daikonrettich der Japaner; für Dame tombée, was nichts Sensationelleres ist als ein Lippfisch; und für Dampf, dem gemeinhin kein sonderlich hoher Nährwert zugestanden wird, aber vielleicht sollten wir unsere diesbezüglichen Vorurteile revidieren, wenn wir die Forschungsergebnisse jener Zentralasienexpedition berücksichtigen, die in den Jahren zwischen 1245 und 1247 herausfand, daß Einheimische jener Landstriche, die von »großer, wenngleich schlanker und schmächtiger Statur« waren, »keinerlei feste Nahrung« zu sich nahmen, sondern »von Dampf allein« lebten, da sie »anstatt eines Mundes eine kleine Öffnung aufweisen, durch welche sie ihre Nahrung einsaugen, indem sie den Dampf kochenden Fleisches zu sich nehmen«.

Und Da steht für
DATTELN. Daß Datteln den Saharabewohnern bedeuten, was den Franzosen der Weizen und den Chinesen der Reis ist, verwundert nicht. In Gegenden, wo es für andere nährwertreiche Pflanzen zu heiß ist, muß die Dattel ein unverzichtbares Grundnahrungsmittel darstellen. Es heißt von ihr, sie habe »die Füße im Wasser und den Kopf in der Sonne«, was sie zur idealen Oasenpflanze macht.

Man könnte meinen, daß eine Frucht wie die Dattel wild gepflückt worden sei, bis die Landwirtschaft einen relativ hohen Standard erreichte, aber so verhält es sich nicht, im Gegenteil: Sie gehört zu den ersten Früchten, die kultiviert wurden. Erforderlich machte dies ihre Sexualität, denn Dattelpalmen sind entweder männliche oder weibliche Pflanzen, und der Pollen der männlichen Bäume muß die weiblichen Bäume befruchten; leider hat die Natur es versäumt, die Blüten der Dattelpalme für pollentragende Insekten attraktiv zu machen, so daß der Wind ihre Funktion übernehmen muß. In Oasen, wo Dattelpalmenhaine aus annähernd gleichen Mengen weiblicher wie männlicher Bäume bestehen, mag dies ganz natürlich erscheinen, aber der fruchtbare Boden ist für den Menschen viel zu kostbar, als daß man sich der Natur anvertrauen dürfte, und deshalb gibt es in der Sahara nur einen männlichen Baum auf 50 weibliche Dattelpalmen. Dies bedeutet, daß der Pollen von Hand verteilt werden muß, und in Arabien wird Pollen von besonders kostbaren Bäumen zu Phantasiepreisen gehandelt.

»Die Dattelpalme stammt ursprünglich aus Afrika«, heißt es in Band 17 der *Encyclopaedia Britannica*, was Band 9 (derselben Ausgabe) nicht davon abhält zu schreiben: »Die Dattelpalme stammt aus der Gegend des Persischen Golfs«, und Band 9 scheint mir in diesem Fall die besseren Karten zu haben. Vermutlich ist der Ursprung der Dattelpalme dort zu suchen, wo sie heute noch am wichtigsten ist – im Irak oder nahe dem Irak, der mit beachtlichem Abstand der weltweit größte Erzeuger und Exporteur dieser Südfrucht ist. Die ältesten Dattelkerne, von denen wir wissen, wurden im Nordirak gefunden und stammen aus der Zeit von vor etwa 50000 Jahren. Im alten Ägypten wurden Datteln frisch, getrocknet und zu Ziegeln zusammengepreßt konsumiert.

Wann gelangte die Dattel nach Indien? In Mohendscho-Daro wurden Dattelkerne gefunden; möglicherweise gelangten die Inder durch ihre freundschaftlichen Beziehungen zu Mesopotamien an die Dattelpalme.

Karthago war ebenfalls ein bedeutendes Zentrum des Dattelhandels und -verzehrs. Sowohl auf karthagischen als auch auf jüdischen Münzen aus jener Zeit sind Dattelpalmen abgebildet.

Plinius schreibt, Soldaten Alexanders seien am zu reichlichen Genuß unreifer Datteln gestorben; dies verrät uns, daß Datteln den alten Griechen nicht bekannt waren oder zumindest als exotische Frucht galten, und Theophrast berichtet, daß Versuche, Dattelpalmen in Griechenland anzubauen, kläglich scheiterten. Griechen und Römer importierten ihre Datteln aus Ägypten.

Im Mittelalter gehörten Datteln zu den kostbarsten und beliebtesten Näschereien Europas. Im 14. Jahrhundert wurden sie in Frankreich bei Staatsbanketten zum Dessert serviert, und im 15. Jahrhundert konnte sie in Paris jeder kaufen, der genug Geld besaß. Der Durchschnittsfranzose konnte sich Datteln erst nach der Kolonisierung Algeriens im Jahr 1830 leisten, und seit Beginn des 20. Jahrhunderts versorgt die kalifornische Dattelindustrie weniger wohlhabende Bürger anderer Länder mit erschwinglichen Palmenfrüchten.

De steht für
DELPHIN, einen Meeressäuger, der nach physiologischen Gesichtspunkten nicht weniger intelligent sein dürfte als die Spezies *Homo sapiens*; und für Deutsche Nachtigall, wie die poetische oder scherzhafte Bezeichnung für Frösche in Alabama lautet.

Di steht für
DIKABROT oder, wenn man dies bevorzugt, Gabunschokolade, aus den gemahlenen Samen des westafrikanischen Obabaums gewonnen; für Dik-Dik, welcher Name die Windspielantilope, aber auch die Rüsselzwergantilope bezeichnen kann, die in Äquatorialafrika gern gejagt wird; für den Diptamdost, von dem es heißt, er könne Pfeile aus dem Körper ziehen; und

für die Distel, deren zahlreiche Arten nicht nur vom Esel geschätzt werden, sondern je nach Alter und Sorte auch für den Menschen genießbar sind.

Und Di steht für
DILL. Joseph Wechsberg hat einmal gesagt, daß die Liebe der Polen zum Dill – eine große Liebe, die sich darin äußert, daß man das Kraut in die Suppe streut, auf die Kartoffeln und auf das Gemüse – wie alle großen Leidenschaften die Urteilsfähigkeit vielleicht ein wenig beeinträchtigt. Tatsächlich scheinen dem Dill gegenüber nur zwei Haltungen möglich zu sein: leidenschaftliche Ergebenheit oder steinerne Ablehnung. Alle zentral- und osteuropäischen Länder mit kühlem Klima teilen die Empfindungen der Polen; Russen lieben Dill über alles, Ungarn ist der Haupterzeuger von Öl aus Dillsamen, und die Zuneigung der skandinavischen Völker grenzt an Abgötterei. Anders sieht es in den romanischen Ländern aus, wo Dill ein so bescheidenes Schattendasein fristet, daß manche französischen Wörterbücher ihn mit Fenchel oder Anis verwechseln (vielleicht durch seinen lateinischen Gattungsnamen *Anethum* auf diese falsche Fährte gebracht). Im Norden Frankreichs ist er unbekannt, Südfrankreich hat von dem Kraut gehört, es aber noch nie zu Gesicht bekommen, und in Italien wird behauptet, er diene als Salatgewürz, aber beweisen konnte mir das noch niemand. Indien ist das asiatische Land, das Dill am häufigsten anbaut.

Eingelegte Gurken ohne Knoblauch kann man verschmerzen, aber ohne Dill? Unvorstellbar. Gedünstete Gurken ohne Dill? Ungenießbar. Aber auch zu Pilzen, Kohl, Fischen und sogar Apfelkuchen und Chutneys paßt das hocharomatische Kraut.

Seit der Antike wurde das *Anethum*, das aus Vorderasien zu stammen scheint, als Küchengewürz geschätzt. Die Römer bekränzten sich bei ihren Gelagen mit Dill und gaben Dill in die Speisen, die den Gladiatoren gereicht wurden, weil man ihm stärkende Wirkung zuschrieb. Dies scheinen auch die Amerikaner geglaubt zu haben, die vor 200 Jahren den Kindern Dillsamen zum Kauen gaben, damit sie während des Gottesdienstes nicht einschliefen – aber wie verträgt sich das mit der Gewohnheit, Säuglinge mit einem Sud aus Dillsamen schläfrig zu machen?

Do steht für
die DORADE, einen Mittelmeerfisch, der in der Antike der Aphrodite geweiht war; für das Dorkinghuhn, das fünf Zehen statt vier besitzt und darüber nicht sehr glücklich ist; für den Dornhai, der sich unter Feinschmeckern nicht des besten Rufes erfreut, unter Zusatz von Formaldehyd in biologischen Labors in den USA nicht unbeliebt ist und ohne Formaldehyd in England als Backfisch verspeist wird; und es steht für die Dorsche und die Dotsche, was der zweite und der dritte Name der Steckrübe ist.

Du steht für
DUGONG, die Seekuh, deren Tran in Fernost von herzlosen Menschen genossen wird, denen es egal ist, daß die Seekuh auch als Seejungfrau gilt; und für den Durelloapfel, einen würzigen Apfel mit festem Fruchtfleisch, der eine Spezialität des Liliputstaates San Marino ist.

Und Du steht für
DURIAN. Hier haben wir es mit einer paradoxen Frucht zu tun, die als übelriechend, aber dennoch vielerorts als beliebte Delikatesse gilt. Trotz dieser Diskrepanz wird sie nicht nur von den Einheimischen ihrer Herkunftsländer (vor allem Malaysia) geschätzt, sondern auch von den Westlern, die den

Mut aufbringen, die Geruchsbarriere zu überwinden, um bis zum Geschmack des weichen Fruchtfleischs vorzudringen.

Die Verbindung von fauligem Geruch und erlesenstem Geschmack finden wir auch bei manchen Käsesorten, und das erklärt, warum die Franzosen die *Bombacaceae*, die Wollbaumgewächse, zu denen der Duriobaum gehört, als *fromagers* (Käseläden oder -händler) bezeichnen; auf englisch wurde die Durian »der Käse, der auf Bäumen wächst«, genannt. Der Baum selbst, der Durio- oder Zibetbaum (*Durio zibethinus*), sieht wie eine Ulme aus, aber seine Frucht ist so exotisch, wie man nur wünschen kann. Ihre eiförmige Oberfläche ist eng mit konischen, kurzen und auffallend harten Stacheln besetzt. Das Farbspektrum der reifen Frucht reicht von Braun bis Dunkelgelb, und ihre Größe wird sowohl mit der einer kleinen Melone als auch mit der einer großen Kokosnuß oder eines Fußballs verglichen, was seine Ursache darin haben dürfte, daß es zwölf verschiedene Spezies gibt, deren beliebteste der obengenannte Zibetbaum ist, dessen Frucht, die Stink- oder Zibetfrucht, einen Durchmesser von 20 Zentimeter erreicht und drei bis vier Kilo wiegt. Das klebrige, gelbliche Fruchtfleisch, das Liebhaber vor Entzücken die Augen verdrehen läßt, birgt Kerne von der Größe kleiner Kastanien; geröstet schmecken sie – richtig, wie Kastanien.

Einige asiatische Fluggesellschaften verbieten ihren Fluggästen, Durianfrüchte mit an Bord zu nehmen, und in Hotels mit Klimaanlage wird es ebensowenig begrüßt, daß Gäste Durian auf dem Zimmer horten.

Des Morgens strotzt der Markt von den besten Sachen, aber wenn die Arbeiter kommen, ist das Beste fort, und wenn es auch noch da wäre, so würden sie es wahrscheinlich nicht kaufen können. Die Kartoffeln, die der Arbeiter kauft, sind meist schlecht, die Gemüse verwelkt, der Käse alt und von geringer Qualität, der Speck ranzig, das Fleisch mager, alt, zäh, von alten, oft kranken oder verreckten Tieren – oft schon halb faul.

Friedrich Engels

Unter den für die Eier anwendbaren Zubereitungen stellt das Rührei unbestritten die feinste Art dar, vorausgesetzt daß der richtige Grad des Kochens dabei nicht überschritten wird, das heißt, daß die Eier weich und rahmartig bleiben.

Auguste Escoffier

Eb steht für
den EBER, dessen Fleisch gewisser hormoneller Beimischungen wegen nicht sonderlich geschätzt wird; für die Eberesche oder Wildvogelbeere, deren bittere Früchte in der Volksmedizin verwendet werden, während die Früchte ihrer Verwandten Hausvogelbeere oder Speierling zu Most und Gelees verarbeitet werden; und es steht für die Eberraute, eine nach Zitrone duftende Artemisia- oder Beifußart, die wie viele Duftpflanzen ein wenig aus der Mode gekommen ist.

Ei steht für
EICHELN, die der Mensch am liebsten indirekt über das Fleisch des Schweins (→ Schw) zu sich nimmt, obgleich die präkolumbischen Indianer, die keine Schweine besaßen, sie direkt verzehrten; für die Eiderente, die ob ihrer Daunen berühmter ist als ob ihres Fleischs, das nach Fisch schmeckt; für *e'ia ota*, den rohen Fisch Tahitis; für Einkorn, den Weizen des Steinzeitmenschen; und für den Einsiedlerkrebs, der die Meeresschnecke als Vermieter und die Seeanemone als Regenschirm hat.

Und Ei steht für
das EI, welches Charles Monselet den »Proteus der Küche« genannt hat. Walt Whitman schwärmte vom Ei des Zaunkönigs als herrlichstem Genuß, und Brancusi nannte das Ei die vollkommenste aller Formen (wenngleich die Geschichte, er habe die Bildhauerei aufgegeben, weil er nichts Vollendeteres zu schaffen vermochte, einen verdächtigen Geruch von Künstlerlatein hat).

Zahlreich sind die Eier, die der hungrigen Menschheit zur

Verfügung stehen, denn beinahe alle Lebewesen (darunter der Mensch) entstammen einem Ei, und auch Pflanzen haben »Eier«; dennoch hat der Mensch im Verlauf der Jahrtausende seine Begierden fast ausschließlich auf das Hühnerei konzentriert. An zweiter Stelle hinter ihm folgt das Entenei, wenn auch weit abgeschlagen, das in England, Holland und Belgien Liebhaber besitzt und im Orient zum normalen Speisezettel gehört. Die »hundert-« oder »tausendjährigen« Eier der chinesischen Küche sind Enteneier (die bis zu 100 Tage alt sein können), und großer Beliebtheit erfreuen sich in China auch Taubeneier.

Die Römer der Antike verzehrten Pfaueneier, und es wird gern behauptet, daß sie sie für die besten Eier überhaupt hielten, was mir auf einem Mißverständnis zu beruhen scheint. Die Pfanne, die sie zur Zubereitung von Spiegeleiern verwendeten, war mit drei konzentrischen Ringen unterschiedlich großer ovaler Einbuchtungen versehen, und der äußerste Ring war für die Aufnahme von Pfaueneiern gedacht, die der Autor, dem wir diese Informationen verdanken, *áristos* nannte. *Aristos* kann »der, die oder das Beste« bedeuten, aber im ursprünglichen Sinn heißt es nur »erster«, und deshalb frage ich mich, ob der antike Autor nicht lediglich sagen wollte, daß die Pfaueneier, die in den äußersten Ring kamen, die ersten im Sinn der Reihenfolge waren; *ariston* hieß damals das Frühstück, das zweifellos nicht die beste, wohl aber die erste Mahlzeit des Tages war.

Hätten Sie gewußt, daß das wirtschaftlich wichtigste Ei nach Hühner- und Entenei das Straußenei ist? Die Phönizier aßen Straußeneier, vermutlich auch die Ägypter. Heute werden in Südafrika Straußeneier kommerziell erzeugt, doch es ist wenig wahrscheinlich, daß sie in der übrigen Welt im großen Stil in Mode kommen werden. Ein durchschnittliches Straußenei wiegt anderthalb Kilo und reicht aus für ein Omelett für

10 bis 12 Esser – etwas mehr, als den Bedürfnissen der heutigen Kleinfamilie zupaß kommen dürfte. Sollten Sie mit dem Gedanken spielen, selbst Straußenhennen zu halten, bedenken Sie, daß jedes Gelege aus 15 Eiern besteht (was merkwürdigerweise der Anzahl von Eiern entspricht, die das indische Wildgeflügel zu legen pflegte, von dem unsere Hühnersorten abstammen).

Feinschmecker machen viel Aufhebens von Kiebitzeiern, die ich nur einmal in Holland zu essen bekommen habe und keinesfalls besser fand als Hühnereier, und beliebt sind ebenso Wachteleier, die vor allem hübsch aussehen; in England werden auch Möweneier geschätzt, obwohl sie einen etwas fischigen Geschmack haben.

Nach den Vögeln sind die Fische die zweitwichtigsten Eierlieferanten des Menschen. Den Stör, der uns den Caviar gibt, haben wir bereits kennengelernt; Lachseier, groß, orangefarben und kräftig gesalzen, kennt man als Ketakaviar, während Forellenkaviar goldfarben, kleiner und milder ist; Deutscher Kaviar ist schwarzgefärbter Seehasenrogen, und die griechische *taramosalata* wird aus Meeräschenrogen hergestellt; die Amerikaner schätzen den Rogen der Alose, und selbst der Heringsrogen ist von ganz vorzüglichem Geschmack.

Das einzige Reptil, dessen Eier dem menschlichen Verzehr dienen, ist die Schildkröte, und wenn von Schildkröteneiern die Rede ist, sind fast immer die der Meeresschildkröte gemeint, obgleich manche Indianer Nordamerikas auch Eier von Landschildkröten essen. Araber und Inder haben eine Schwäche für Krokodileier und besonders für Kaimaneier, die jedoch nicht leicht zu sammeln sind, da Krokodile ihre Eier tief eingraben und sie nicht aus den Augen lassen, bis die Jungen schlüpfen. Noch schwieriger wäre es, einer Python, die sich um ihre Eier rollt, diese abspenstig zu machen, aber soweit ich weiß, werden Schlangeneier in keinem Winkel der Welt verzehrt und Eidechseneier nur in der Voltagegend in Afrika, und auch dort nur von Kindern.

Ameisen- und Termiteneier konnten im Menschen bisher keine Gelüste wecken, doch hielt dies die übervorsichtigen französischen Gesetzgeber nicht davon ab, das Sammeln von Ameiseneiern in Staatsforsten und Schutzgebieten in Privatbesitz zu verbieten – nicht um die Ameisen vor dem gierigen Allesfresser zu schützen, sondern um ihre Larven für Fasane und Rebhühner zu sichern, die sie über alles lieben.

Das Hühnerei enthält beinahe alles, was der menschliche Organismus benötigt: tierisches Eiweiß in besonders zugänglicher Form, Aminosäuren, gesättigte und ungesättigte Fette, die Vitamine A, B und D und Salze. Zwei Eier zum Frühstück, und die Hälfte des täglichen Bedarfs an Proteinen und Vitaminen ist gedeckt. Trinkt man dazu ein Glas Orangensaft (Vitamin C) und ißt eine Scheibe Brot mit Butter (zusätzliches Vitamin D und Stärke), hat man eigentlich eine vollständige Mahlzeit.

Die jährliche Eierproduktion der Welt ist schwer zu schätzen, weil es keine zuverlässigen Angaben für China, Indien und die russischen Länder gibt, aber man darf sie in einer Höhe vermuten, die rein statistisch jedem Erdenbürger zwei Eier wöchentlich garantieren würde. Die Wahrheit sieht leider anders aus: Auf jeden Nordamerikaner entfallen statistisch (und wohl auch tatsächlich) vier Eier täglich. Ihnen folgen die Kanadier, diesen die Belgier, dann Engländer und dann Franzosen. Natürlich werden die Unmengen Eier nicht *nur* zum Frühstück verzehrt, und der Ruf des englischen Frühstückseis wird sich wohl nie von den Skandalen der letzten Jahre erholen... aber Salmonellen sind keine rein englische Spezialität, wie die bundesrepublikanischen Bestimmungen ahnen lassen, denen zufolge Salmonellen in Bratgeflügel zulässig sind, da »der Deutsche« sein Geflügel durchgebraten zu verspeisen pflegt und nicht halbroh; in Eiern sind sie zwar nicht zulässig, aber vorhanden, und die Zeiten, da Hausärzte Patienten von zarter Konstitution empfahlen, ab und zu ein rohes Ei zu trinken, sind unwiederbringlich vorbei.

Die verbreitete Behauptung, Eier seien schwer verdaulich, ist Unsinn: Schwer verdaulich ist nur das Bratfett der Spiegeleier oder Rühreier. Wie lange man Eier kocht, hat keinerlei Auswirkungen auf ihre Bekömmlichkeit. Auch ist die Farbe der Eierschale von allein ästhetischer, nicht jedoch geschmacklicher Bedeutung, und dasselbe gilt für die Farbe des Dotters; der einzige Unterschied zwischen befruchteten und unbefruchteten Eiern ist der, daß befruchtete Eier nicht koscher sind.

Nachhaltig wirkt sich allerdings das Futter, das die Hühner erhalten, auf Nährwert und – vor allem – Geschmack der Eier aus. Am besten schmecken Eier von freilaufenden Hühnern, die Körner als Futter erhalten und ihre Zukost in Form von Gräsern, Würmern und Insekten selbst suchen können. Ein zu großer Insektenanteil in der Kost der Hühner kann geschmacklich ähnlich fatale Folgen haben wie die Fütterung mit Fisch- oder Knochenmehl in den sogenannten Legebatterien. Rein theoretisch müßte es möglich sein, durch Käfighaltung und Fütterung der Hühner besonders gute Eier zu erhalten, doch da es in der Realität um Gewinn- und nicht Geschmacksmaximierung geht, ist dies nicht der Fall.

Das Hühnerei gelangte erst verhältnismäßig spät in die Speisekammer des Menschen. Weder die frühen Ägypter noch die Juden des Alten Testaments scheinen Hühner gekannt zu haben, geschweige denn deren Eier. Man darf annehmen, daß die ersten Hühnereier in Indien verzehrt wurden, wo zuerst Wildgeflügel gezähmt wurde – vielleicht schon um 2000 v. Chr. Einige Jahrhunderte später entdeckten die Chinesen das Ei. In Europa scheinen die ersten Eier gegen 1500 v. Chr. aufgetaucht zu sein. Griechenland erreichten sie zwischen 1100 und 720 v. Chr. (Homer erwähnt sie noch nicht), und sowohl die Griechen als auch die Römer der Antike interessierten sich hauptsächlich für die Eier und nicht für das Fleisch des Geflügels, das wahrscheinlich zu zäh war, um einen akzeptablen Braten abzugeben. Heute schmeckt das industriell gehaltene und zu Karikaturen von Hühnern gezüchtete Geflügel oft genug so, daß man es mit Griechen und Römern halten kann.

El steht für
den ELCH, dessen Schnauze Thoreau zufolge das beste Stück sein soll, gefolgt von der Zunge; für Elefant, das größte Landlebewesen der Welt, das die kleinsten Menschen der Welt, die afrikanischen Pygmäen, jagen und essen; für Elefantengras, das die Afrikaner heute essen und das wir alle morgen essen werden, wenn die Fortschrittsfreaks sich durchsetzen; und für Elfe, was keine mythologische Bezeichnung ist, sondern der zweite Name der Alose alias Großaugenhering.

Em steht für
EMMER, den Weizen des Steinzeitmenschen (und falls ich das auch vom Einkorn sagte: keine Sorge, es stimmt in beiden Fällen).

En steht für
ENDIVIE, die wir unter Zichorie finden; für den Engelbarsch, der eine Brasse ist und kein Barsch; und für den Engelhai oder Gemeinen Meerengel, der weder ein Hai noch ein Engel ist, sondern ein Rochen.

Und En steht für
ENTE. Alexandre Dumas schreibt, es gebe 42 Entensorten; ausnahmsweise untertreibt er, und zwar gewaltig. Als ich mich

auf das Stichwort vorbereitete und die kulinarisch interessanten Arten aufführen wollte, hörte ich auf, als ich die Zahl 70 überschritten hatte und noch kein Ende abzusehen war.

Die Ente ist eines der wohlschmeckendsten Geflügel, doch es eilte dem Menschen nicht damit, sie zu züchten, weil sie als Wildvogel stets verfügbar und von bester Qualität war; viele Entenliebhaber ziehen Wildenten den Zuchttieren vor.

Die Ägypter aßen Enten, bevor sie das Huhn kennenlernten, und von Martial wissen wir, daß die Römer Entenfleisch liebten, während Columella uns verrät, daß sie sie in Gehegen hielten; letzteres widerlegt nicht unsere Vermutung, daß es sich um Wildenten handelte, die im Gehege gehalten wurden, bis man sie schlachtete, denn sie waren kostspielig (gezüchtete Enten hätten verhältnismäßig wohlfeil sein müssen), und die Römer aßen nur die Brust (und das Hirn), weil Beine und Flügel zu zäh zum Verzehr waren.

Man darf zu Recht annehmen, daß die ersten Züchter der Ente die Chinesen waren. Diese Errungenschaft könnten ihnen höchstens die Inkas oder Azteken streitig machen; Bernardino de Sahagún berichtet, daß die Azteken Enten aßen, aber es kann sich um Wildvögel gehandelt haben. Im Europa des Mittelalters und der Renaissance war die Ente ein beliebter Speisevogel, aber kaum als Zuchtgeflügel, denn sonst hätten abergläubische Zeitgenossen nicht geglaubt, daß Enten aus verwesenden Blättern entstehen. Wurden im elisabethanischen England Enten gezüchtet? Wahrscheinlich ja, denn sie waren ein billiges Geflügel.

In Amerika fanden die Europäer eine Vielzahl wilder Enten vor, und noch im 19. Jahrhundert schrieb Dickens erstaunt von den unzähligen Wildenten, die auf den amerikanischen Flüssen zu sehen waren. Die beliebteste Zuchtente der Vereinigten Staaten in unseren Tagen ist jedoch die Pekingente, die weißes Gefieder und ein relativ helles, saftiges und zartes

Fleisch besitzt. Im Jahr 1873 wurden neun Pekingenten aus China mitgebracht, und sie sind die Ahnen der Millionen Enten dieser Spezies in den USA.

Franzosen können sich nicht entscheiden, ob ihre schmackhaftesten Enten die Rouennaiser Enten sind oder die Nantaiser, die einen stärkeren Einschlag des Wildgeflügels aufweisen, das immer wieder eingekreuzt wird. Die Rouennaiser Enten sind vor allem für ihre Todesart – sie werden erwürgt – und die Zubereitung berühmt, bei der man die Karkasse in einer (silbernen) Entenpresse zerdrückt, um alles Blut aus ihr zu extrahieren.

Die Schnatterente ist ein Vogel der Britischen Inseln, doch die meisten heutzutage bekannten Entensorten werden überall gezüchtet, so die Knäkente, die groß und aromatisch ist, die Krickente und die Spießente. Hervorragend ist auch die Schwimm- oder Pfeifente, und nicht zu verachten ist die Löffelente, die ihren Namen der Form ihres Schnabels verdankt; die Tauchente dagegen, die zur gleichen Familie wie die deliziöse Kanvasente gehört, ist von wenig erfreulichem Geschmack, was an ihren Ernährungsgewohnheiten liegt, und die Trauerente wird zu Recht von den Katholiken zu den erlaubten Fastenspeisen gezählt, da sie nach Fisch und nicht nach Ente schmeckt.

Die Ente mit dem verwegensten Geschmack ist zweifellos die Moschusente, die Mittel- und Südamerika bewohnt; ihre Drüsen verleihen ihrem Fleisch einen so aufdringlichen Moschusgeschmack, daß sie oft ungenießbar ist. In Frankreich wurde sie mit einheimischen Sorten gekreuzt, und das Ergebnis nennt sich Barbarieente und ist in den letzten Jahrzehnten zu einem ausgesprochenen Modegeflügel geworden.

Die Zeitungsente ist kein Vogel, sondern eine Schimäre, und der 2 CV gehört zu den Dingen, die selbst ein Chinese nicht essen würde, obwohl er weder ein Tisch noch ein Flugzeug ist.

Er steht für
den ERDBEERBAUM, »dessen große und fade schmeckende Beeren entfernt an Erdbeeren erinnern«, wie uns ein Pflanzenlexikon verrät; für die Erdbeerguave, deren Früchte keineswegs fade und überdies nach Erdbeeren schmecken; für die Erdbirne, hinter welchem Namen sich die Topinambur verbergen kann, aber auch eine Verwandte der Kartoffel, die in Nordamerika und Ostasien wächst; für das Erdferkel, die Zwischenstation, über welche man in Afrika Termiten und Ameisen zu verspeisen pflegt; für die Erdrübe, was der vierte Name der Steckrübe ist; und für Erdwolf, was eine vornehme Umschreibung für die Zibethyäne ist, die in Afrika gegessen wird.

Und Er steht für
ERBSE. Als ich 1940 in Lissabon ein amerikanisches Schiff bestieg, um Europa zu verlassen, servierte man mir bei meiner ersten Mahlzeit an Bord Erbsen von Murmelgröße, deren aggressives Grün in den Augen schmerzte und die es geschmacklich jederzeit mit Löschpapier oder Pappendeckel hätten aufnehmen können. Da wußte ich, daß ich mich der Heimat näherte.

Die Vereinigten Staaten haben ihr Verhältnis zur Erbse von zwei fatalen Irrtümern bestimmen lassen, deren erster besagt: je größer, desto besser, und der zweite: je schöner, desto besser. Über diese Glaubenssätze ließe sich auch in anderen Belangen streiten, aber für Erbsen sind sie besonders katastrophal, da die besten Erbsen die kleinsten und die mit der schrumpeligsten Haut sind, denn sie enthalten weniger Stärke und mehr Zucker als die optisch perfekten Leimkugeln, die man in Amerika vorgesetzt bekommt.

Amerikaner, deren Bekanntschaft mit Erbsen sich auf die Mehlbollen beschränkt, die bei Wohltätigkeitsessen das Plastikhühnchen begleiten, das zwischen der wäßrigen Consommé und dem synthetischen Eis seinen lamentablen Auftritt hat, müssen annehmen, daß sie es mit Irren zu tun haben, wenn sie Europäer von der Erbse schwärmen hören – es sei denn, sie sind in der glücklichen Lage, im eigenen Garten Erbsen zu ziehen, wie ich es auf meiner Farm in Vermont und Thomas Jefferson es auf der seinen in Virginia tat (wobei er mich wie immer um Längen schlug, denn er kultivierte 30 Varietäten, ich nur fünf); Erbsen waren Jeffersons Lieblingsgemüse.

»Im Reich der Gemüse«, schrieb William Wallace Irwin in *The Garrulous Gourmet,* »gibt es nichts Unschuldigeres und Zutraulicheres als das grüne Gesichtchen der frisch enthülsten Frühlingserbse. Spargel ist dreist und vorlaut, Salat ist aufdringlich und plusterig, Radieschen sind fröhlich und ausgelassen, doch die kleine grüne Erbse ist so hilflos und liebenswert, daß ein jeder wahrhaft sensible Magen revoltiert, wenn er mitansehen muß, wie sie normalerweise behandelt wird – in heißem Wasser zu Tode gekocht, und basta.«

Es gibt sechs Arten der Gattung Erbse, die »im Mittelmeergebiet, in Vorder- und Mittelasien und in Äthiopien beheimatet sind« und von denen uns in kulinarischer Hinsicht nur *Pisum sativum* interessiert, die Garten- oder Kulturerbse mit ihren unzähligen Varietäten, die in sogenannter grauer Vorzeit entweder mutativ oder durch Einkreuzen der nahöstlichen *Pisum fulvum* aus *Pisum elatius* entstanden ist, der Oasenerbse, die noch heute in der Sahara wild wächst und in Nordafrika kultiviert wird. Varietäten unserer Gartenerbse sind *Pisum sativum speciosum* oder *arvense,* die Saat-, Futter- oder Ackererbse, die als Viehfutter angebaut wird, *Pisum sativum sativum,* die Schal-, Pa(h)l- oder Kneifelerbse mit glattem Korn, *Pisum sativum medullare,* die Markerbse mit runzeligem Korn (also besonders süß), und *Pisum sativum saccharatum,* die Zuckererbse oder Schnee-Erbse (wie sie in China heißt) oder *mangetout,* weil ihre dicken Hülsen keine Pergamenthaut besitzen und samt den unreifen Samen gegessen werden.

Zur Herkunft der Erbse möchte ich die Vermutung äußern, daß sie aus keiner der oben genannten Gegenden stammt, sondern aus Indien. Warum? Erbsen gedeihen in kühlem und gemäßigtem Klima und vertragen keine Hitze; nicht umsonst ist die traditionelle Hülsenfrucht des Nahen Ostens nicht die Erbse, sondern die Kichererbse; und die ältesten bisher gefundenen Erbsen, die mit der Radiokarbonmethode auf 9750 v. Chr. datiert wurden, stammen aus dem Grenzgebiet zwischen Burma und Thailand, gefolgt von Erbsen aus dem Nordwesten des Irak, die man dem 7. oder 6. Jahrtausend v. Chr. zuschreibt – beide Fundorte liegen zu nördlich für Pflanzen, die aus Asien nach Europa gelangten. Wir wissen, daß Erbsen in Mykene wuchsen, und im Athen des Perikles wurde heiße Erbsensuppe auf den Straßen verkauft. Wie gelangte die Erbse nach Griechenland? Meiner Ansicht nach von Indien über die nördlich gelegenen kühleren gebirgigen Länder, was von prähistorischen Erbsenfunden in ebendiesen Ländern untermauert würde – in Ungarn und der Schweiz, in Makedonien, in Frankreich und in England. Die Erbse erreichte Griechenland nicht vom Osten, sondern vom Norden her.

Welche Beweise gibt es für die nahöstliche Herkunft der Erbse? Es heißt, sie werde auf hethitischen Schrifttafeln erwähnt. Tatsächlich verhält es sich so, daß wir ein hethitisches Wort, das eine beliebige Hülsenfrucht bezeichnet, als »Erbse« zu übersetzen pflegen. Man wird mir triumphierend entgegenhalten, daß die Erbse im Alten Testament vorkommt, worauf ich nur erwidern kann: Ja, aber in der Vulgata übersetzt Hieronymus das hebräische Wort *qāli* mit *pisum*, obgleich *qāli* jeglichen gerösteten Samen bezeichnen kann. Dann gibt es Archäologen, die behaupten, man habe Erbsen in altägyptischen Gräbern gefunden, und andere, die dies heftigst bestreiten. Möglicherweise handelt es sich bei den Gräberfunden um unsere Oasenerbse *Pisum elatius*, so daß der Kreis sich schließt.

Nicht nur die Griechen, auch die Römer aßen Erbsen, und zwar getrocknet; unter Trajans Regierung wurden 36 Varietäten auf dem Markt verkauft. Apicius nennt in seinem Kochbuch mehrere Zubereitungsarten, von denen er eine sogar mit seinem eigenen Namen versieht.

Die Ansicht, in Frankreich seien Erbsen vor Katharina von Medici oder vor Ludwig XIV. unbekannt gewesen, ist Unsinn. Karl der Große ließ sie auf seinen Domänen gegen 800 anbauen, und im Jahr 1393 erwähnt sie der *Ménagier de Paris*. Was es vor der Renaissance nicht gab, das sind *piselli novelli*, die kleinen Erbsen, die heute als die besten gelten; sie wurden damals in Italien entwickelt, während man zuvor in Europa wie schon in der Antike getrocknete Erbsen gegessen hatte.

Die Zuckerschote scheint eine Züchtung der Holländer zu sein, denn der französische Gesandte de Bohy brachte sie um 1600 aus Holland mit nach Frankreich, und im *Jardinier Français* (1651) heißt es: »Es gibt eine Art, welche man ganz verzehrt, des Namens Holländische Erbse und recht selten vor nicht allzu langer Zeit.« Erbsen aus Holland galten auch im elisabethanischen England als etwas ganz Besonderes, vor allem bei den feinen Damen, weil sie »von so weit her kommen und so kostspielig sind«.

ERDBEERE. Manche Botaniker halten die Erdbeere für eine zirkumpolare Pflanze, was ihr Vorkommen in der nördlichen Hemisphäre der Alten und der Neuen Welt erklären würde. Man findet sie oberhalb des 70. nördlichen Breitengrades, auf gleicher Höhe mit dem nördlichsten Zipfel Alaskas und Skandinaviens.

»Gewiß hätte der Schöpfer eine köstlichere Beere ersinnen können, aber ebenso gewiß hat er es nie getan«, schrieb William Butler um 1600. Wie er denken die meisten. Die Erdbeere zählt zu den beliebtesten und begehrtesten Früchten, obwohl sie erst seit der zweiten Hälfte des 19. Jahrhunderts überall erhältlich ist.

Ihre Seltenheit kennzeichnet sie seit vorgeschichtlicher Zeit. Ausgrabungen in Dänemark, England und der Schweiz, die die Zeitspanne vom Mesolithikum bis zur Eisenzeit umfassen, haben zahlreiche Beerensamen zutage gefördert, doch Erdbeersamen waren darunter die seltensten. Dem prähistorischen Menschen, der der Quantität wohl den Vorrang vor der Qualität einräumte, müssen Erdbeeren unerheblich vorgekommen sein: Sie wachsen an Stauden, die sich an den Boden schmiegen und oft noch im Wald im Unterholz verbergen; und da die Erdbeeren jener Zeit noch kleiner waren, als es die heutigen Walderdbeeren sind, bedeuteten sie wenig Nahrung für viel Mühe.

Auch später konnte man Erdbeeren nur an Ort und Stelle essen. Da Zuchterdbeeren den wilden geschmacklich nicht überlegen waren, kam man erst spät auf den Gedanken, sie zu kultivieren – besser gesagt erst dann, als rein kommerzielle Überlegungen die Zucht rentabel machten. Nach wie vor ist die Zuchterdbeere der Walderdbeere geschmacklich nicht entfernt gewachsen; ihre Qualitäten beschränken sich auf bessere Haltbarkeit, größere Robustheit, Größe und – Züchtbarkeit.

In der Welt der Antike treffen wir nicht überall auf die Erdbeere. Weder die griechische noch die ägyptische Kunst scheint sie zu kennen, und wer meint, das griechische Wort *komaros* bezeichne sie, hat noch nie vom Erdbeerbaum gehört, dessen Früchte gemeint sind. Auch die Römer verwechselten dieses minderwertige Obst mit der Erdbeere, obwohl sie sie kannten, und Plinius nannte sie deshalb Bodenerdbeere, um sie vom Erdbeerbaum, den er *anedon* nannte, zu unterscheiden; Ovid erwähnt ebenfalls beide Früchte, ohne sie für verwandt zu halten.

Von Zuchterdbeeren ist in den erhaltenen Texten aus römischer Zeit nie die Rede, und Cato, Varro, Columella und Palladius erwähnen die Erdbeere ebensowenig wie Apicius in seinem Kochbuch. Vergil spricht von ihr lediglich, um junge Leute davor zu warnen, sich beim Erdbeerpflücken von Schlangen beißen zu lassen. Das Desinteresse der Römer erklärt sich möglicherweise dadurch, daß die Erdbeere in den Berggegenden Norditaliens beheimatet war und nicht in Latium.

Erdbeeren gehören nicht zu den Pflanzen, die Karl der Große auf seinen Domänen anbauen ließ; wir hören erst wieder im Jahr 1368 von ihnen, als sie für Karl V. in den Gärten des Louvre kultiviert wurden, und 1382, als man sie im Garten eines Hospizes in Nordfrankreich pflanzte, doch in beiden Fällen gibt es keinen Nachweis irgendwelcher Zuchtversuche.

Erst im 15. Jahrhundert wurden Erdbeeren auch dem gemeinen Volk zugänglich – hauptsächlich als Volksmedizin und nicht als Genußartikel, aber schon 1560 waren Erdbeeren mit Sahne ein beliebtes Dessert. Ab dem 17. Jahrhundert lassen sich auch erste Versuche verzeichnen, Erdbeeren zu kultivieren, doch es handelte sich immer – ob wild oder »gezüchtet« – um *Fragaria vesca*, die Walderdbeere oder Monatserdbeere, die vom Mai bis in den Herbst hinein blüht und fruchtet; es spricht viel dafür, daß *Fragaria vesca* die Erdbeerart ist, von der alle anderen abstammen, denn nur sie und *Fragaria moschata*, die Zimt- oder Muskatellererdbeere, vermehren sich aus Samen. John Gerard berichtet in seinem *Herball* auch von grünen und weißen Erdbeeren: Die grüne Sorte nennt sich *Fragaria collina*; sie ist grün mit roten Tupfen und hat ein starkes, etwas modriges Ananasaroma, doch heute ist sie so gut wie ausgestorben; die weißen Erdbeeren hielt ich für eine Ausgeburt von Gerards Phantasie, bis ich ihre Existenz in unseren Tagen bestätigt fand. Leser aus Frankreich, der Türkei und den USA schrieben mir, daß sie die weißen Erdbeeren für wohlschmeckender hielten als ihre roten Verwandten, »blumiger und parfümierter«, wie einer von ihnen es ausdrückte.

Die amerikanische Scharlacherdbeere – *Fragaria virginiana* – setzte ihre Entdecker ob der Größe ihrer Beeren und ihrer Fülle in Erstaunen. In ihrer Wildform war sie kleiner als unsere heutige Gartenerdbeere, aber größer als die europäische Walderdbeere. In Europa wurde sie seit etwa 1600 angepflanzt. Gerard hielt sie in seinem Garten, erwähnte sie aber nicht in seinem *Herball* – vielleicht weil er dachte, sie habe keine Zukunft: Sie war schwer zu pflücken, blieb grün an der sonnenabgewandten Seite und litt im feuchten englischen Klima an Mehltau. Ihr köstliches Aroma und ihre Süße waren es den Züchtern jedoch wert, daß sie keine Anstrengung scheuten, und sie setzte sich durch (Horace Walpoles Landsitz Strawberry Hill verdankt seinen Namen der Virginiaerdbeere).

Im Jahr 1712 wurde der französische Marineangehörige Andre François Frézier an die südamerikanische Westküste beordert, um einen Bericht über die Verteidigungskapazität der Häfen von Chile und Peru zu verfassen. Seinen Bericht hat die Geschichte vergessen, nicht aber das Ergebnis seiner Liebhaberei: Als Amateurbotaniker interessierte sich Frézier für eine Pflanze, die die Indios *quelghen* und die Spanier *frutilla* nannten, unter Botanikern heute als *Fragaria chiloensis* oder Chileerdbeere bekannt. Sowohl die Größe der Früchte als auch der angenehme Ananasgeschmack des festen, dunkelroten Fruchtfleischs beeindruckten den Franzosen, der einige Exemplare auf die Rückreise mitnahm. Zwei Pflanzen wurden in den königlichen Gärten ausgesetzt und fünf in Plougastel in der Bretagne, wo vergleichbare klimatische Bedingungen herrschten wie im Heimatland der Stauden. Sie entwickelten sich prächtig, trugen aber keine Früchte. Dreißig Jahre lang war man ratlos, bis jemand den Einfall hatte, neben den Chileerdbeeren Scharlacherdbeeren zu pflanzen, worauf erstere prompt Früchte ansetzten. Frézier hatte es zu gut gemeint: Er hatte die schönsten Pflanzen mit den meisten Früchten ausgesucht, ohne zu wissen, daß diese Erdbeerart männliche und weibliche Pflanzen besitzt, so daß er nur weibliche Pflanzen mitgebracht hatte, die erst durch die männlichen Exemplare der Scharlacherdbeere befruchtet wurden. Diesem Zufall verdanken wir die heute verbreitetste Sorte, die Garten- oder Ananaserdbeere beziehungsweise *Fragaria ananassa*.

Man darf annehmen, daß *Fragaria ananassa* zu den 300 Erdbeersorten gehörte, die Antoine Nicholas Duchesne, der 1776 eine Naturgeschichte der Erdbeere verfaßte, auf Anordnung Ludwigs XV. in den zum Kleinen Trianon gehörenden Gärten pflanzte. Dennoch blieben Erdbeeren in Frankreich bis weit ins 19. Jahrhundert so rar, daß Alexandre Dumas sich in seinem *Grand Dictionnaire de Cuisine* darauf beschränkt, fünf Arten zu benennen, ohne ein weiteres Wort über sie zu verlieren.

Den größten Erdbeerverbrauch in der Geschichte darf man wahrscheinlich Madame Tallien zuschreiben, die Erdbeersaft in ihr Badewasser gab, um ihre Haut weich und geschmeidig zu erhalten. Elf Kilo Erdbeeren pro Vollbad wurden dafür benötigt. Die verwendete Spezies war *Fragaria ananassa*.

ERDNUSS. Die Erdnuß ist eine Verwandte der Erbse; wie diese gehört sie zur Familie der *Leguminosae*. Ihren Namen verdankt sie dem Umstand, daß die befruchtete Blüte oder junge Frucht in den Erdboden wächst, um dort zu reifen. Einem Artikel, der 1977 in der *New York Times* erschien, läßt sich entnehmen, daß die Erdnuß 2000 Jahre alt sei und daß die Chinesen Öl aus ihr zu gewinnen pflegten; zudem sei der Name *goober* für Erdnuß afrikanischen Ursprungs, was nahelege, ihre Heimat in Afrika zu vermuten. Fast nichts davon ist wahr. Nach China gelangte die Erdnuß frühestens im Verlauf des 17. Jahrhunderts, nach Afrika, als portugiesische Sklavenhändler sie von Brasilien mitbrachten und an der Westküste Afrikas pflanzten, um ihre Gefangenen zu verköstigen, bevor sie sie in die Neue Welt verfrachteten, und das Wort *nguba*, aus dem *goober* entstand, wurde von schwarzen Sklaven in Amerika zwar für die Erdnuß verwendet, bezeichnete in Afrika, wo es damals keine Erdnüsse gab, jedoch andere erdfrüchtige Gewächse, beispielsweise *Voandgeia subterranea*, die Kongoerdnuß oder Bambaraerdnuß.

Die Erdnuß stammt aus Südamerika, manchen Autoren zufolge aus Brasilien, wo die Europäer sie zuerst kennenlernten, anderen zufolge – und wahrscheinlicher – aus Peru, wo man sie als Grabbeigabe von Mumien fand und als Malerei auf Keramik aus der Zeit vor den Inkas; damals oder unter den Inkas wurde sie zuerst kultiviert. Ihre nördlichsten natürlichen Verbreitungsgebiete waren Mexiko, wo Cortez sie kennenlernte, und Haiti, wo Kolumbus ihre Bekanntschaft machte. Die erste Erwähnung der Erdnuß in den Vereinigten Staaten stammt meines Wissens aus dem Jahr 1791 oder 1792, und zwar von Thomas Jefferson, der diese fremde Pflanze wie so viele andere zum erstenmal anbaute.

In den USA gilt die Erdnuß eher als Näscherei und nicht als Grundnahrungsmittel, wie es in anderen Weltgegenden der Fall ist. Die Hälfte der jährlichen US-Erdnußproduktion wird zu Erdnußbutter verarbeitet. Auch in Afrika und Indonesien wird Erdnußbutter hergestellt, aber nicht als Brotaufstrich, sondern als Ingrediens von Suppen und Saucen; daß die Erdnuß dort so wichtig ist, liegt an ihrem hohen Proteingehalt, der 26 Prozent ihres Gewichts ausmacht (was nur von der Sojabohne mit 36 Prozent übertroffen wird). In Afrika führt sie vor allen anderen Feldfrüchten mit dem höchsten Proteinertrag pro Hektar, gefolgt von der Kichererbse, die es auf vier Fünftel des Erdnußertrags bringt, und sie eignet sich besonders gut für

Gegenden, die von Heuschrecken heimgesucht werden, die zwar die Blätter der Pflanzen auffressen, aber den Früchten, die in der Erde verborgen sind, nichts anhaben können, vorausgesetzt, sie fallen spät genug in der Wachstumsperiode der Erdnuß ein.

Es steht für
die ESELSDISTEL, die ein Korbblütler, aber keine Distel ist, was Esel nicht vom Verzehr abhält; für Eselsfeigen, wie die in Afrika vielerorts gegessenen Früchte der Sykomore genannt werden; und für Eskariol, die sogenannte Breitblättrige Endivie, über die wir alles Wissenswerte unter dem Stichwort Zichorie erfahren.

Und Es steht für
ESTRAGON. Sollte Ihr Unstern es wollen, daß Sie zu den Unglücklichen gehören, die vom Hausarzt zu einer salzlosen Diät verurteilt wurden, liegt es in Ihrer Hand, die gastronomischen Qualen zu lindern, indem Sie Estragon an Stelle des Salzes verwenden. In den knapp 1000 Jahren, seit er der westlichen Zivilisation bekannt ist, hat sein Vermögen, Salz, Pfeffer und Essig zu ersetzen, Erstaunen hervorgerufen. (Für Menschen mit einer Allergie gegen Knoblauch kann er sogar diesen ersetzen.) Gegenindikationen sind nicht bekannt. Ich weiß nicht, ob Estragon je als Verursacher eines der zahllosen Zipperlein geoutet wurde, die uns Sterbliche plagen; wenn nicht, wundert es mich nicht, denn er stammt aus einer gesundheitsfreundlichen Familie. Sein wissenschaftlicher Name lautet *Artemisia dracunculus*, und er ist ein Beifußgewächs, eng verwandt mit *Artemisia abrotanum*, der Eberraute, *Artemisia absinthium*, dem Wermut, und *Artemisia vulgaris*, dem Beifuß oder Gemeinen Beifuß, Kräutern, die in der Volksmedizin eine große Rolle spielten. Eher dietätisch als medizinisch im strengen Sinn war

der Gebrauch, den der große Koch Marie-Antoine Carême vom Estragon machte, als Georg IV. (damals Prince of Wales) infolge seines liederlichen Lebenswandels mit dem Tode rang. Carême verordnete ihm eine Diät, die Estragon als einziges Würzmittel gestattete, und Georg IV. erholte sich tatsächlich – ein mehr als zweifelhafter Vorteil in den Augen vieler, darunter Georgs III., doch der damalige Prince of Wales sah das anders und verehrte seinem Lebensretter eine goldene Tabatiere.

Estragon läßt sich ohne weiteres in jedem Balkonkasten ziehen, was William Wallace Irwin mit den Worten ausdrückte: »Nach erschöpfenden agronomischen Feldstudien gelangten wir zu dem Schluß, daß unter allen Balkonkräutern nur Estragon und Schnittlauch in einer hauptsächlich aus Abgasen bestehenden Atmosphäre gedeihen.«

Ludwigs XIV. Gärtner La Quintinie nannte Estragon eines der Kräuter mit dem stärksten Aroma, und Alexandre Dumas vertrat die Ansicht, Essig ohne Estragon sei kein Essig. Daß Estragon, wie man häufig zu hören bekommt, nach Lakritz schmecke, kann ich nicht finden, und ich bin nicht der einzige, dem es so geht. Estragon hat einen herben Geschmack, fein und dennoch stark, um nicht zu sagen aggressiv, was sich mit der anisparfümierten Süße von Lakritz nicht im mindesten deckt. Dürfte man in unseren amazonischen Tagen solches wagen, würde ich Estragon als männlich und Lakritz als weiblich bezeichnen, aber ich weiß, ich darf es nicht. Wenn Estragon nach irgend etwas anderem schmeckt, dann am ehesten nach Terpentin.

Estragon ist das einzige unter den bekannteren Kräutern der Alten Welt, das in der Antike nicht verwendet wurde. Manche Autoren versuchen sein Vorkommen im alten Rom nachzuweisen, doch ihre Beweisführung ist wenig überzeugend. So wird behauptet, die Pflanze, die der berühmte Pharmakologe Dioskurides *chrysocoma* nennt, sei Estragon, während sie allem Anschein nach die Schlangenwurzel *Aristolochia serpentaria* ist, und um sie handelt es sich auch bei *dragoneta*, das Karl der Große auf seinen Domänen anpflanzen ließ. Aus dem Namen *dragoneta* schloß man auf das altgriechische *drakonteion* (Drache) und erklärte dies mit der langen, gewundenen Hauptwurzel des Estragons. Es steht außer Zweifel, daß in Mittelalter und Renaissance Estragon als »Drachenkraut« bezeichnet wurde, doch dies scheint mir eine lautmalerische Adaption des ursprünglichen Namens der Pflanze zu sein, die im Arabischen *tarkhun* heißt.

Das Ursprungsland des Estragons ist unbekannt; man darf vermuten, daß er aus den Steppen Asiens stammt. Er erreichte den Okzident spät und wahrscheinlich im Gefolge der Mongolen, wofür spricht, daß er um die Mitte des 12. Jahrhunderts erstmals erwähnt wurde. Albeitar nennt die Pflanze im 13. Jahrhundert ein Gemüse, dessen junge Triebe gegessen werden, um den Appetit anzuregen und den Atem zu versüßen, und er weist darauf hin, daß schon Avicenna sie beschrieben hatte.

Brachten die Mongolen den Estragon in den Nahen Osten, so gelten die Kreuzritter als die Vermittler, die ihn nach Europa beförderten, was nicht unwahrscheinlich ist, obgleich er dort bis zum 16. Jahrhundert nicht von sich reden machte. Der erste Botaniker, der ihn erwähnt, scheint Ruellius zu sein; 1536 schreibt er, Estragon ergebe einen der köstlichsten Salate, da er weder Salz noch Essig benötige, indem er den Geschmack beider Würzmittel bereits besitze. Gegen 1548 spricht Gerard in seinem *Herball* ebenfalls vom Estragon, und 1682 vermeldet das *Diaeteticon* des Johann Sigismund Elsholtz zum Stichwort Dragun folgendes:

»Dragun oder Dragoncelle ist in den Schriften der Griechen unbekannt: unter den Arabern gedencket seiner Avicenna und Simeon Sethi unter den namen *Tharchon*. So viel der schmack der frischen Bletter nachricht giebet / ist der Dragun Hitzig und Trucken im 2. grad / bey sich führend eine sonderbare krafft das Blut zu reinigen / und dem Scharbock zu wiederstehen / fürnehmlich in phlegmatischen Leuten. Sotane frische Bletter unter andere kalte Salat-kreuter gemenget / temperiren nicht allein dieselben / sondern geben dem ganzen Salat eine besondere Anmutigkeit. Auch kan er mit unter andre Kreuter zu dem schmackhafften Fleisch-brühen gebraucht werden.«

Im Nahen Osten werden die jungen Triebe noch heute roh oder gekocht als Vorspeise serviert, während im Westen die Blätter nicht mehr als Salat, sondern nur noch als Gewürzkraut Verwendung finden, für Fisch-, Gemüse- und Geflügelgerichte, aber auch in Senf, Essig und Marinaden. Daß in den Vereinigten Staaten dem Estragon gegenüber keusche Zurückhaltung geübt wird, mag daran liegen, daß die dort erhältliche Sorte fast immer *Artemisia dracunculoides* ist, der sogenannte Deutsche oder Russische Estragon, und nicht *Artemisia dracunculus*, der Französische Estragon. *Artemisia dracunculoides* ist nicht hellgrün, sondern dunkler, mit einem silbrigen Schimmer auf den Blättern, und von grasig-strengem, wenig aromatischem Geschmack. Zum Trocknen eignet sich keine der beiden Arten, es sei denn, man legt Wert auf das Aroma von Heu.

Et steht für
ETROG, wie die Zedratzitrone (→ Ze) heißt, wenn sie aus Korfu stammt.

Eu steht für
EUKALYPTUS, eine artenreiche Gattung immergrüner Bäume aus Australien und Tasmanien, deren hartes Holz ihnen den Namen »Mahagonibäume« eingetragen hat, deren Harz von den Aborigines zu Sirup eingekocht wurde, deren in

den Blättern enthaltenes ätherisches Öl der Parfumherstellung und der Herstellung von Hustenmitteln dient und deren Zweige mit Blütenknospen im Winter den Blumenhandel beleben; für Eulenvögel, die Fürst Achille Murat in gekochter Form bevorzugte; für *Euphrasia*, den Augentrost, dessen Art *Eu. officinalis* eine alte Heilpflanze ist; für *Euryale*, eine im tropischen Asien verbreitete Gattung von Seerosengewächsen, deren Art *E. ferox* ihrer eßbaren Samen wegen in China angebaut wird; und es steht für Euter, das von schändlichen Nahrungsmittelverfälschern dreist als Körperteil der Gans ausgegeben wird, wenn sie es ihrer sogenannten *mousse de foie gras* beimengen.

Seit den Zeiten, da unsre Vorfahren auf einem Reisigfeuer Viertel von Bären brieten, im Schutz eines Felsens, haben wir einen wahren Fortschritt in der Küche nicht gemacht. Die Tafel des Königs in Fontainebleau, auf die man einen ganzen Hirschen in seinem zottigen Haar, mit seinem Geweih trägt, bietet dem Blick des Philosophen ein ebenso rohes Schauspiel wie jenes der Troglodyten, die in der Asche kauern und Pferdeknochen benagen. […] Aber eines Tages werden wir uns dieser barbarischen Gewerbe zu entledigen wissen. Wenn wir die im Tierkörper enthaltenen Nährstoffe genau kennen, so wird es möglich werden, dieselben Stoffe aus der leblosen Materie zu ziehen, die sie in reichem Maße liefern wird.

Anatole France

Fa steht für

FARNE, die in Europa bei Hungersnöten gegessen wurden, so wie Moose und Flechten, während in Amerika Euell Gibbons sie als eines der »delikatesten Wildgemüse überhaupt« pries; für den Faulbaum, aus dessen Rinde man Gallen-, Leber- und Wurmmittel gewinnt; und für das Faultier, das in prähistorischen Zeiten ein beliebtes Festessen war.

Und Fa steht nicht zuletzt für

FASAN. Im *Diaeteticon* des Johann Sigismund Elsholtz erfahren wir die etymologischen Hintergründe dieses Namens: »*Phasianus* hat seinen Namen von dem Flusse und von der Stadt Phasis auff der Insel Colchis, als bey welcher diese Vogel sich vorzeiten sehr heuffig gefunden / und von wannen sie in andere Provintzen verschicket worden.« In der Antike war Phasis der Grenzfluß zwischen Europa und Asien; heute heißt er Rion und fließt aus Georgien, dem ehemaligen Kolchis, ins Schwarze Meer. Der Legende zufolge sind Jason und seine Gefährten diesen Fluß entlanggesegelt, als sie das Goldene Vlies erbeutet hatten, und dabei sollen sie der Fasanen ansichtig geworden sein, von denen sie einige fingen und nach Griechenland mitnahmen. *Phasianus colchis* lautet folgerichtig der wissenschaftliche Name des Vogels. Auf jeden Fall lernten die Römer den Fasan in Griechenland kennen und exportierten ihn in der Folge in alle Landstriche, in die sie gelangten.

Geben wir noch einmal Magister Elsholtz das Wort: »Er ist neben den Pfawen der schönste Vogel von Federn und Schwantze: dannenhero / als der König *Croesus* in seiner grössesten pracht mit Scepter und Kron / mit Purpur / Gold und Edel-steinen bedecket / dem weisen *Soloni* sich zeigete / und ihn / Ob er jemahls schöners gesehen / fragete: da antwortete *Solon*: Mich bedüncket / daß die Phasanen und Pfawen schöner seyn / denn sie prangen mit einem natürlichen Zieraht / und haben keiner angenommenen Schmincke von nöhten.« Das Fasanengefieder kam der Freude der Römer am Prunk mehr als gelegen. Ihre schlichteste Zubereitungsart bestand darin, den Vogel sorgfältig zu enthäuten, zuzubereiten und danach wieder in das Gefieder einzukleiden, um ihn in all seiner natürlichen Schönheit zu Tisch zu bringen. Heliogabals Verschwendungssucht wird durch die Behauptung illustriert, er habe die Löwen, die er hielt, mit Fasanen füttern lassen, und Apicius ließ seinen Gästen als besonders gesuchte Köstlichkeit Fasanenhirn reichen.

Die römische Prunksucht wurde im Mittelalter treulich nachgeahmt. Fasanen wurden auf einem Tischaufsatz präsentiert, nachdem Schnabel und Beine zuvor vergoldet worden waren. Karl der Große war dem Fasan aus kulinarischen Gründen zugetan und verabscheute dergleichen Firlefanz von ganzem Herzen.

Der Wirkungsbereich des Fasans, bevor Jason ihn erweiterte, wird für gewöhnlich vom Kaukasus bis Japan angenommen; da es in Westafrika jedoch Vögel gibt, die nah mit ihm verwandt sind (insbesondere das Perlhuhn), besteht die von Fossilien untermauerte Theorie, daß die *Phasianidae* im Miozän auch im Bereich zwischen diesen beiden Gegenden lebten und aus wahrscheinlich klimatisch bedingten Gründen dort ausstarben.

Innerhalb dieses großen Gebietes darf man den Ursprungsort ziemlich weit im Osten vermuten. Stammt der Fasan am Ende aus China, wo Marco Polo Fasanen sah, »doppelt so groß wie in unserem Land«? Indien scheint mir naheliegender, denn nirgends sonst finden wir so zahlreiche Vertreter der 20 Gattungen und 48 Spezies dieser Familie, zu denen der Pfau zählt, der fast ein Fasan ist, und das indische Bankivahuhn, von dem alle Rassen des Haushuhns abstammen. Der prächtige Fasan und das bescheidene Huhn sind so enge Verwandte, daß man sie miteinander kreuzen kann.

Wildgeflügel wurde früher nur dann als eßbar betrachtet, wenn es lange genug gereift, das heißt abgehangen war. Die erlauchtesten Vertreter dieser Meinung (und auch die lautesten) waren Brillat-Savarin und Grimod de la Reynière, deren Abscheu vor kulturlosen Barbaren, die Fasane essen konnten, die noch nicht in Verwesung übergegangen waren, keine Grenzen kannte. Potentiellen Nachplapperern dieser Theorie sei hiermit zu bedenken gegeben, daß besagter Zug seit langem abgefahren ist und nirgends mehr erwartet wird; Zusteigen zwecklos. Selbst konservative Gourmets mit schwerfälligem Denkapparat haben seit längerem begriffen, daß der Hautgout früherer Zeiten keineswegs ein mühevoll erzieltes Wunschergebnis war, sondern die unumgängliche Begleiterscheinung unzulänglicher Kühlverfahren.

Der Fasan ist das beliebteste Wildgeflügel, und er erfreut sich des Rufes, auch das schmackhafteste zu sein. Hennen sind von subtilerem Geschmack als Hähne, aber schwerer zu bekommen. Fasanenfleisch ist mager und daher leicht verdaulich, was erklärt, warum die Brust vor dem Braten mit Speck umwickelt werden muß.

Ein gastronomischer Autor unserer Tage ist Urheber der Formulierung: »Der Fasanenhahn ist zwar polygam, aber dennoch außerordentlich eifersüchtig.« Wenn das kein *non sequitur* ist…

Fe steht für

FELCHEN, Maräne oder Renke, einen Fisch, der Meer und Süßwasser bewohnt; für Fennek, den Wüstenfuchs, der in der Sahara gegessen wird, obwohl er wie ein putziges Plüschtier aussieht; für Fette, die eine wichtige Funktion in der menschlichen Ernährung besitzen; und für Feuer, das vom Menschen hauptsächlich in Form scharfer Gewürze verzehrt wird.

Und Fe steht für

FEIGE, eine Frucht, die seit unvordenklichen Zeiten dem menschlichen Genuß dient. Spätestens um 3000 v. Chr. waren Feigen im ganzen Nahen Osten verbreitet; die Assyrer süßten mit Feigensirup; in den hängenden Gärten Babylons wuchsen Feigen; und wir wissen, daß sie sowohl in Ägypten kultiviert wurden als auch einen wichtigen Faktor der phönizischen Wirtschaft darstellten.

Die Griechen der Antike waren große Feigenliebhaber, ebenso wie die Römer, die importierte Früchte für wohlschmeckender hielten als die im eigenen Land angebauten. Apicius fütterte seine Schweine mit syrischen Feigen, um ihr Fleisch zur Vollendung zu bringen, doch weniger heikle Züchter gaben sich mit einheimischen Feigen und Honig zufrieden, um ihren Schweinen die Fettlebern anzumästen, aus denen sie Schweine-*foie-gras* machten.

Im 14. Jahrhundert konsumierte man in Paris die ersten getrockneten Feigen, und im 16. Jahrhundert wurden Feigenbäume in Deutschland und England zum erstenmal gepflanzt. Amerika erreichte die Feige durch die freundliche Vermittlung spanischer Kolonisten zur gleichen Zeit.

Die Gattung der Feige weist über 1000 Arten auf, deren einzelne Benennung ich dem gewogenen Leser erspare. Feigenbäume können als Lianen oder Epiphyten mit Luftwurzeln auftreten (die berühmten Würgerfeigen), als heilige Bäume wie der Banyan oder der Feigenbaum, unter welchem die Wölfin Romulus und Remus säugte, und auch der Gummibaum ist eine Feige im engeren und ein Maulbeergewächs im weiteren Sinn.

FENCHEL. Fenchel tritt allem Anschein nach gerne in Gruppen auf: Er ist Bestandteil des chinesischen Fünf-Gewürze-Pulvers, der mittelalterlichen vier scharfen Samen, der neuzeitlichen fünf appetitanregenden Wurzeln und der neun heiligen Kräuter der Angelsachsen, von denen Chaucer schreibt.

Die Zutaten des Fünf-Gewürze-Pulvers finden Sie unter Fu; die drei anderen Samen waren Anis, Kümmel und Koriander, die vier anderen Wurzeln waren oder sind wilder Sellerie, Spargel, Petersilie und Stechender Mäusedorn, aber hinsichtlich der anderen acht heiligen Kräuter müssen Sie, fürchte ich, Chaucer fragen.

Trotz einer jahrtausendealten Geschichte hat Fenchel nie eine große Rolle gespielt. Am beliebtesten ist er in Italien, was bei einer Pflanze, die aus dem Mittelmeergebiet zu stammen scheint, nicht verwundert. Den Italienern ist das Liebste an der Pflanze der verdickte Knollenschaft, der eine Wurzel vortäuscht, während die Franzosen die Blätter vorziehen, die sie als Salatkraut verwenden. Wie sie hielten es auch die Griechen der Antike; *marathon* heißt *Fenchel*, und die Ebene, auf der die berühmte Schlacht stattfand, war mit wildem Fenchel bewachsen. Die Römer liebten sowohl die Samen, die sie in den Brotteig mischten, als auch die Blätter, und den Galliern war Fenchel wohlvertraut, bevor die Römer ihr Land betraten.

Fencheltee beruhigt den Magen und wirkt Blähungen entgegen, Fenchelaufguß und -bonbons sind hustenlindernd.

Fi steht für
FINGERGRAS oder Fingerhirse, in Afrika ob der eßbaren Früchte kultiviert und in Europa und den USA dem Rasenfreund ein Graus; für das Fingerkraut, dessen zahllose Arten Volksheilmittel sind; und Fi steht für die Fingerzitrone, eine asiatische Varietät der Zedratzitrone, die vor allem in China ob ihrer dekorativen Eigenschaften geschätzt wird.

Nicht zuletzt steht es für

FISCH, der nach dem Getreide das zweitwichtigste Nahrungsmittel der Welt darstellt. Man sollte meinen, Fleisch wäre das zweitwichtigste Nahrungsmittel, aber für allzu viele ist es unerschwinglich.

Es gibt mehr als 20000 Fischarten – so viele wie alle Amphibien, Reptilien, Vögel und Säugetiere zusammengenommen –, und die meisten davon sind eßbar. Sie leben überall, wo ständig Wasser ist, und bisweilen sogar dort, wo Wasser nur zu bestimmten Zeiten zu finden ist, zum Beispiel in Wüstengegenden, wo die Flußläufe im Sommer austrockenen. Fische leben in Gebirgsbächen und in Seen, die unter dem Meeresspiegel liegen, in Strömen, die so schnell fließen, daß es sich nicht nur auf den Körperbau, sondern auch auf die Organe ihrer Bewohner auswirkt, und in Tümpeln mit so geringem Wasseraustausch, daß man es dem Fischfleisch anmerkt. In den Weltmeeren leben Fische im seichten, strandnahen Wasser, auf den Kontinentalsockeln (die vom Menschen am ausgiebigsten befischt werden), in verhältnismäßig tiefem Wasser und in den allertiefsten Abgründen.

Fische sind die ältesten der heute lebenden Wirbeltiere, und vielleicht sind sie auch die älteste tierische Nahrung, die unsere Vorfahren in größeren Portionen zu erlegen wagten. Man kann sich gut vorstellen, daß es prähistorischen Jägern eher möglich war, große Fische mit Keulenschlägen zu betäuben und zu töten, als Säugetiere oder Vögel mit einer solchen Waffe anzugreifen; sie verwendeten Speere zur Fischjagd als Vorform der Harpune, die im Mesolithikum von Pfeil und Bogen abgelöst wurden. Auch das Angeln ist eine Errungenschaft der Steinzeit; die ersten Köder waren Steinsplitter, die sich im Rachen der Beute verfingen, die es daraufhin schnell an Land zu ziehen galt, bevor sie den Fremdkörper ausspie. Den Steinsplittern folgten regelrechte Haken aus Dornen, später von Bein oder

Horn, und allmählich lernten die Fischer, ihre Leinen an Zweige zu binden, um so über eine größere Reichweite zu gebieten. So entstand die Angel. Dennoch mußten die ersten Fischer sich auf die Meeres- und Flußufer beschränken, bis endlich in der Jungsteinzeit oder dem Neolithikum das Ruder erfunden wurde, mit dessen Hilfe man die Beute in ihrem heimischen Element verfolgen konnte.

Die Assyrer, die schon vor 2300 v. Chr. 50 verschiedene Fischarten identifiziert hatten, hielten Fische in Vivarien, die Ägypter züchteten sie in Bewässerungsanlagen und die Chinesen auf ihren unter Wasser gehaltenen Reisfeldern. Aristoteles spricht von 110 Spezies, und tausend Jahre später kannte man kaum um die Hälfte mehr, obwohl nunmehr auch die Fische des Atlantiks neben die des Mittelmeers getreten waren. Die Griechen brachten das Fischessen den Römern bei, die das, was sie an Zeit wettzumachen hatten, durch Übereifer zu ersetzen suchten, so daß Cato (der Ältere) sich fragen mußte, wohin es mit einem Land kommen werde, in dem ein Fisch teurer war als ein Ochse.

Im Mittelalter wurden Unmengen an Fisch verzehrt, was vor allem daran liegt, daß die strengen Fastenvorschriften der katholischen Kirche ein fast zur Hälfte fleischloses Jahr bewirkten. Der Großteil der Fische, die in Mittelalter und Renaissance gegessen wurden, war der leichten Verderblichkeit des Rohstoffs wegen gedörrt, geräuchert, gesalzen oder mariniert.

Heute ist das weltweit zweitwichtigste Nahrungsmittel bedroht. Flüsse, Seen, Meere und sogar der Ozean verlieren ihre Fische an die Umweltverschmutzung. Flotten modernster Trawler pflügen den Meeresboden um und lassen keine Fischlein zurück, die neues Leben in die Wasserwüsten bringen könnten. Leider, leider erweist sich auch hier der *Homo sapiens* als unfähig, auf kurzfristige Gewinne zu verzichten, um langfristig zu überleben.

Fl steht für
FLAGEOLET, was eine besonders wohlschmeckende kleine grüne Bohne bezeichnet, die in Frankreich unweigerlich zu Lammbraten aufgetischt wird; für Flamingo, einen Vogel, den die Römer der Antike schätzten, die insbesondere seiner Zunge zugetan waren; für Fledermaus, von der Magellans Männer behaupteten, sie schmecke wie Huhn, während heutige Malaien sagen, sie schmecke wie Hase; für den Fledermausfisch, der an den Küsten Südafrikas und Madagaskars vorkommt und weder wie Huhn noch wie Hase schmeckt; für die Fliege, die fast überall nicht als Nahrung zur Kenntnis genommen wird, sieht man von Afrika ab; für den Floh, der meines Wissens nur von Affen verspeist wird; und es steht für eine Anzahl von Lebewesen, die sich durch eine Fähigkeit auszeichnen, um die der Mensch sie von jeher beneidet: die Flugfische oder Fliegenden Fische, die unabsichtlich so manchem Schiffbrüchigen das Leben gerettet haben, die Flugfrösche Südasiens, die sich durch Gleitflüge vor gierigen Verfolgern zu retten versuchen, die Flughörnchen, die aussehen wie Eichhörnchen mit einem Fallschirm zwischen den Beinen, die Flughühner Asiens und Afrikas, die eigentlich Taubenvögel sind, und die Flughunde oder Flederhunde Afrikas, Asiens und Australiens, die eigentlich Fledermausverwandte sind und deren Fleisch wie Hase oder Wildkaninchen schmeckt.

Und Fl steht für
FLEISCH. Die Naturwidrigkeit des Fleischgenusses sah Jean-Jacques Rousseau dadurch bestätigt, daß Kinder, je jünger, desto heftiger, Abscheu vor Fleisch bekunden oder zumindest wenig Interesse daran zeigen. Da Rousseau Philosoph war und nicht Anatom, konnte er nicht wissen, daß die Geschmacksknospen sich erst spät entwickeln; aus vermutlich dem gleichen Grund war ihm auch nicht aufgefallen, wie weise die Na-

tur es eingerichtet hat, daß Kinder erst dann Appetit auf Fleisch bekommen, wenn sie über die entsprechenden Kauwerkzeuge verfügen, und somit erstaunt es nicht, daß er zu der Schlußfolgerung gelangte, der Genuß von Blut mache die Menschen rachgierig und zornig. Mit solchen Thesen befindet er sich wenn schon nicht in guter, so doch wenigstens in großer Gesellschaft, denn es ist ein merkwürdiges, darum aber um nichts weniger wahres Phänomen, daß überzeugte Vegetarier so gut wie nie aus kulinarischen Gründen, beispielsweise einer Vorliebe für Gemüse, ihren Speisevorschriften huldigen, sondern aus rein moralischen Rücksichten. Man könnte zaghaft einwenden, daß, träfen obige Theorien zu, die Eskimos als einziges Volk, das sich fast ausschließlich von Fleisch ernährt, seit langem die Weltherrschaft an sich gerissen haben und erfolgreich ausüben müßten, aber es wäre sinnlos, denn durch Argumente hat sich noch kein einziger Fanatiker beeindrucken lassen.

Aller Verteufelung zum Trotz nimmt der Verzehr tierischen Fleisches jedes Jahr weltweit zu. Was den Fleischverzehr einschränkt, wenn man religiöse und kulturelle Verbote außer acht läßt, ist nicht Ethik oder Moral, sondern der Sachverhalt, daß Fleisch teuer ist. Könnte sich jeder Fleisch leisten, wäre es schon bald das zweitwichtigste Nahrungsmittel nach dem Getreide, wenn nicht gar wichtiger als dieses; in Ländern mit wachsendem Wohlstand verdrängt das Fleisch das Brot. Diese Entwicklung kann jedoch nicht endlos weitergehen, denn die Welt kann nicht beliebig viel Schlachtfleisch erzeugen.

Selbst wenn jeder Erdenbewohner in der Lage wäre, Fleisch zu bezahlen, hieße das nicht, daß er welches bekäme: Um das Fleisch zu erhalten, das allein die US-Amerikaner verzehren, sind zwei Morgen Landes pro Kopf erforderlich; weltweit steht jedoch kaum ein Morgen an Ackerland pro Person zur Verfügung – und dabei sind die Amerikaner nicht einmal die größten Fleischesser; Argentinien und Neuseeland führen die Statistik an. Die Europäer mit dem größten Fleischkonsum sind nicht etwa, wie man meinen könnte, die Briten, sondern die Franzosen, während Italiener und Griechen die letzten Plätze belegen.

Fleisch ist ein hochkonzentriertes Nahrungsmittel, dessen Nährstoffe (Eiweiß, Fett und Mineralstoffe) durch die Verdauung in hohem Maß ausgenutzt werden (mehr als bei Pflanzen, aber weniger als bei Fisch).

Aus Platzmangel will ich mich nicht ausführlicher mit den Gefahren beschäftigen, die unserer Gesundheit durch die Verwendung von Antibiotika und Hormonen bei der Tiermast drohen, ganz zu schweigen von so appetitlichen Verfahren wie dem Verfüttern von Kadavermehl an Wiederkäuer, deren Natur für diese Art der Eiweißaufnahme nicht eingerichtet ist; daß ein Großteil dieser Praktiken in vielen Ländern verboten ist, beeindruckt nur naive Menschen, nicht aber jene, die sich damit dumm und dämlich verdienen. Unabhängig davon, ob die Frankensteinmentalität moderner Tiermäster sich segensreich oder verhängnisvoll auf die menschliche Gesundheit auswirkt, sei mit allem Nachdruck darauf hingewiesen, daß sie für die Qualität des Fleisches im höchsten Grad verderblich ist. Die Natur läßt sich durch Medikamente nicht foppen: Künstlich hochgepäppeltes Fleisch besteht aus aufgequollenen Zellen, ist schwabbelig, bestenfalls geschmacklos und enthält hauptsächlich Wasser.

Fo steht für
FOGOSCH, wie der Zander heißt, wenn er aus dem Plattensee stammt; und für *folle avoine*, den Tauben oder Wilden Hafer, wie französische Entdeckungsreisende im 17. Jahrhundert den Wildreis nannten, der in der Tat dem Hafer verwandt ist.

Und Fo steht für

FORELLE. Daß die Forelle zu den Lachsartigen Fischen oder *Salmonidae* gehört, wird Ihnen jedes Nachschlagewerk verraten, doch weiter geht die Einigkeit nicht. Während der *Brockhaus* versichert, es handle sich bei allen Forellen um die gleiche Art – *Salmo trutta* –, läßt die *Encyclopaedia Britannica* verlauten, es sei selbst Ichthyologen nicht möglich, sich auf die Menge der Spezies zu einigen, um im selben Stichwort prompt *Salmo salar* unterzubringen, der nachweislich keine Forelle, sondern der Lachs oder Salm schlechthin ist.

Die ursprüngliche Heimat der Forelle scheinen Europas Gebirgsbäche und -flüsse zu sein, und von dort hat sie den Weg bis ins Meer gefunden, was erklärt, warum bis in die nähere Vergangenheit Verwirrung über die Artenzugehörigkeit der einzelnen Varietäten bestand.

Salmo trutta fario, die klassische Bachforelle mit ihrem braun-grünen Kleid und den roten Tupfen, war früher die beliebteste europäische Forelle, und sehr alte Menschen können sich vielleicht noch daran erinnern, eine gegessen zu haben. Englische Angler, ein auffallend konservativer Menschenschlag, setzten sie in den USA, in Neuseeland und sogar in Afrika erfolgreich aus (letzteres ist verblüffend bei einem Fisch, der kühles Wasser als Lebensraum braucht), so daß es heute möglicherweise leichter ist, in diesen Ländern eine Bachforelle zu angeln als in ihren Heimatgefilden.

Salmo trutta fario var. *lacustris* ist die sogenannte Seeforelle (nicht mit der Meerforelle zu verwechseln); sie ist größer als die Bachforelle, von blasserer Farbgebung und faderem Geschmack, und wenn man Ihnen erzählt, daß Gregor von Tours und Voltaire sie gerühmt haben sollen, dann bedenken Sie, daß es sich in beiden Fällen höchstwahrscheinlich um Saiblinge und nicht um Forellen gehandelt haben dürfte.

Die dritte europäische Forelle ist die Meerforelle oder *Salmo trutta fario* var. *marina*. Sie steigt gegen Winteranfang in die Flüsse auf, um dort zu laichen (die anderen Forellen laichen im Frühjahr). Man nennt sie auch Lachsforelle, weil ihr Fleisch rötlich ist wie das des Lachses, und Ausonius, der berühmte Dichter, der im 4. Jahrhundert in Burdigala, dem heutigen Bordeaux, lebte, glaubte, sie sei ein Zwischenstadium in der Metamorphose der Forelle zum Lachs, wie er uns in einem Gedicht verrät.

Den Atlantik scheint die Forelle nicht überquert zu haben, denn was an der amerikanischen Ostküste Meerforelle heißt, ist ein Seebarsch, und die sogenannte Bachforelle ist ein Saibling; der Osten der Vereinigten Staaten besitzt keine einheimische Forellenvarietät. Anders sieht es aus, wenn man die Rocky Mountains überquert hat; die Anwesenheit von Forellen jenseits des Gebirges läßt vermuten, daß sie die Neue Welt von Eurasien aus über die Beringstraße erreichten. Die hier anzutreffende Varietät ist die heute weltweit bekannteste und am häufigsten gegessene, die Regenbogenforelle oder *Salmo irideus*, ein – wie der Name andeutet – außerordentlich schön anzusehender Fisch.

Ihren Triumphzug um die Welt herum – über die Ostküste der USA nach Europa, Südamerika, Asien, Afrika, Australien und Neuseeland – verdankt die Regenbogenforelle dem Umstand, daß sie in künstlichen Bassins züchtbar ist, während die Bachforelle das fließende Wasser sauberer Bäche, Flüsse und Seen für ihr Gedeihen benötigt. Zum Geschmack dieser Fließbandforellen schwiege des Sängers Höflichkeit am liebsten; es sei nur soviel verraten, daß er sich zum Aroma echter, frisch gefangener Forellen verhält wie der von Sägemehl zu dem frischer Bambusschößlinge. Curnonsky beschrieb den Geschmack der Zuchtforelle als dem »feuchten Verbandmaterials« vergleichbar, und Robert Courtine nannte den Fisch ein »Ersatzprodukt von baumwollartiger Textur«. Ich fürchte, daß ich nie wieder Forellen oder Saiblinge zu essen bekommen werde wie die, die ich selbst in Vermont vor meiner Haustür angelte und sofort zubereitete, denn, wie Izaak Walton schreibt, taugen sie nichts, wenn sie länger als fünf bis sechs Stunden auf die Pfanne warten müssen.

Fr steht für
die FREGATTENMAKRELE, deren Fleisch rötlich gefärbt ist; für die Freiheitsmütze, einen Pilz, der in revolutionären Zeiten in Frankreich ob seiner Form so getauft wurde; für den Frosch, der in China unter der sittsamen Bezeichnung »Ackerhuhn« verspeist wird; und für *fruta bomba*, wie die Kubaner die Papaya nennen.

Fu steht für
den FUCHS, der in prähistorischen Zeiten überall eine willkommene Bereicherung des Speisezettels war, heute aber nur noch in Afrika in den Topf oder an den Bratspieß wandert; für das legendäre Fünf-Gewürze-Pulver, dessen Einzelbestandteile, sofern es sich um das chinesische Gewürz handelt, Pfeffer oder Szechuanpfeffer, Sternanis, Fenchel, Zimt und Nelken sind (und außerdem nicht selten getrocknete Mandarinenschale, obgleich diese es zu einem Sechs-Gewürze-Pulver macht), während das indische Gewürz gleichen Namens aus Anis, Bockshornklee, Kreuzkümmel, Schwarzkümmel und Senfsamen besteht; und es steht für den Fugu, das giftigste Mitglied der Familie der Kugelfische, dessen Muskelfleisch in Japan eine der teuersten Delikatessen ist, weil nur eigens ausgebildete Köche den Fisch so zu zerlegen verstehen, daß alle toxischen Teile *spurlos* entfernt werden, was sparsame und/oder verwegene Naturen nicht davon abhält, durch eigenhändige Fuguzubereitung gewissermaßen Harakiri zu begehen.

Man kocht weder mit der Stoppuhr noch mit der Briefwaage.

Fredy Girardet

Hausfrau: Oohoo! OOHOO! Wachtable man O-HOO! Wachtable man! Yoohoo! What you got? – Gemüsehändler: I gotta… honions… stringa binz… speenich… grappa frootz… pineopples… greena pep… cucumbs… swede potates… musharooms… stroomberries… cabbages… You lika maybe nize carrotz… collyflows… aggplantz… radeesh… sporragoos? Nize-a plooms… pitches… bananz. – Hausfrau: Hm! Never mind. I teenk, what I'll cook batter epricots mitt stoot proonz.

Milt Gross

Ga steht für
GALBANUM, ein Gummiharz, das auch den Spitznamen Diamantkitt trägt; für Galgant aus der Familie der Ingwergewächse, das im Mittelalter gefragter war, als es heute ist; für das Gallowayrind, das im Unterschied zum Angus- und zum Aberdeenrind seine Gene erst bei Kreuzung mit anderen Rinderrassen besonders vorteilhaft zur Geltung bringt; und für die Gardenie, deren Blüten als Salat oder fritiert verspeist werden können.

Und Ga steht für
die GANS. Der Abwechslung halber soll dieses Stichwort *nicht* mit der Anekdote eröffnet werden, wie der Gallierangriff auf Rom im Jahr 390 durch die Wachsamkeit der kapitolinischen Gänse, und so weiter und so weiter. Statt dessen wollen wir dem *Kleinen Pauly* das Wort erteilen, besser gesagt: Prof. Dr. Will Richter, der uns wesentlich interessantere Dinge über die »allen antiken Völkern bekannten« Gänsevögel mitzuteilen weiß.

»Für die Mittelmeerwelt kommen [als Wildgänse] fast nur die größere Graugans (*Anser cinereus*) und die kleinere Saatgans (*Anser segetum*) in Betracht. Reste beider Arten wurden in Troia II und in Schweizer Pfahlbausiedlungen gefunden. In Griechenland und Italien kannte man sie vornehmlich von ihren Zügen nach Norden, bei denen sie scharenweise in die Saatfelder einfielen. Ihr Geschrei galt als rauh und häßlich. Man schrieb ihr hitzige Natur zu, derentwegen sie das Wasser und feuchte Pflanzen liebe, ferner Vorsicht, feinen Geruchsinn, Geschwätzigkeit, Gefräßigkeit, fälschlich auch Dummheit. Ihre Jagd war schwierig, weshalb man sie mit hölzernen

Lockgänsen zu überlisten suchte. Eine nur in Ägypten verbreitete Art ist die ›Fuchsgans‹ (*Chenalopex aegyptiacus*), wie alle Gänse ein Wasservogel und dem Nilgott heilig. Daß man sie in Ägypten auch zähmte und zu Wasserjagden abrichtete, geht aus Bildern hervor; auch mumifizierte Fuchsgänse wurden gefunden. – Eine kleine in Britannien vorkommende Art hieß *cheneros*; sie galt als Leckerbissen.

Die Zähmung der Gans ist leicht und in den meisten Stromkulturen sehr alt. In Ägypten blühte die Gänsezucht vom Alten Reich an. Die Gans diente dort als Speise der Pharaonen und Priester, auch zur Fütterung heiliger Tiere, in Indien als Ehrengeschenk an Könige. Ungewiß ist die Rolle der Gänsezucht in Vorderasien. In Griechenland begegnet sie zuerst in der Odyssee, offenbar als Liebhaberei adeliger Damen. – Gänsehaltung zu wirtschaftlichen Zwecken ist erst vom 6. Jahrhundert an nachweisbar. Man verwertete vor allem das Fleisch, das zwar schwer verdaulich, aber kräftig und wohlschmeckend ist, daher gern gegessen wurde und auch für Ärmere ein erschwinglicher Leckerbissen war. Die Leber war eine Kostbarkeit; ihre Vergrößerung wurde durch spezielle Fütterung erstrebt. Die Flaumfedern dienten zur Füllung von Kissen und wurden zweimal jährlich gerupft; der Gänsekiel war bevorzugtes Vomitivgerät, als Schreibgerät ist er nicht vor Theoderich bezeugt. – Gegen den Genuß der Eier gab es Bedenken. –

Ein heiliger Vogel im engeren Sinn war sie in Griechenland nie, in Italien nur auf dem römischen Kapitol nach dessen bekannter Rettung vor dem Gallierangriff 390. Zugehörigkeit zu Juno ist daraus nicht zu erschließen; auch die Verbindung mit Priapus ist sonst nicht erweisbar. Der Schwur ›bei der Gans‹ diente frommer Schonung der Götternamen, hatte aber keine Rechtsbedeutung.« – Vielen Dank, Professor Richter!

Die nächsten 1000 Jahre, anders gesagt: das Mittelalter über, blieb die Gans in ganz Europa ein beliebtes Geflügel, vor allem in Frankreich, das erst im 17. Jahrhundert seine Vorreiterrolle an England und Deutschland abgab, um sich auf vornehmere Geflügelarten zu konzentrieren, wenngleich die Fettleber – *foie gras* – und das eingemachte Gänsefleisch oder Confit französische Spezialitäten blieben und noch heute sind. Über die Bekömmlichkeit des Fleischs machte man sich auch weiterhin keine Illusionen; Magister Elsholtz schreibt in seinem *Diaeteticon*: »Meines erachtens gehören die Gänse mit *inter cibos valentissimae materiae* / welche nemlich schwer zuverdawen / aber wan sie wol verdawet worden / starcke Nahrung geben. In summa / Gänse werden billig unter die süchtige Speisen gerechnet / welche schwächlichen leuten nicht dienen / und also den Krancken viel weniger. – Wie aber? Sol man deßwegen die Märtens-ganß gar abschaffen? Keines weges / sintemahl alßdan / und bis in den Winter sind die Gänse am fettesten: auch machet zugleich die antrettende Kälte den Magen in der Dawung stärcker / und ein guter Firnwein kan viel verbessern: zugeschweigen / daß man die Märtens-Ganß des Jahrs nur einmahl isset: jedoch es finden sich noch starcke Brüder genug / welche sie wol mehrmahls ohn sonderbaren schaden verzehren können.«

Was gäbe es dem hinzuzufügen? Gegen den Genuß der Eier gibt es nach wie vor Bedenken, auch wenn sie in Asien ebenso wie Enteneier mit Vorliebe mariniert werden; starcke Brüder wie beispielsweise Adalbert Stifter, der ohne viel Federlesens unter Assistenz seiner Ehefrau einen Gänsebraten verzehren konnte, ohne deshalb auf die übrigen Gänge der Mahlzeit zu verzichten, machen sich inzwischen rar, aber vielleicht stand in Stifters Fall die Völlerei in engem Zusammenhang mit der unheilbaren Melancholie, die ihn zuletzt zum Rasiermesser greifen ließ … beschränken wir uns also lieber darauf, nur einmal im Jahr in Gänsebraten zu schwelgen, wenn es der Psyche nützt. Halten wir uns nicht damit auf, uns darüber zu wundern, daß die Tierschützer regelmäßig das Gänsestopfen anprangern, die zugegeben unschöne Prozedur, bei der Gänse mit dem Trichter gefüttert werden, damit ihre Lebern zu goldschimmernden, duftenden Fettkissen anschwellen, während die Caviargewinnung niemandes Protest auslöst, und beschließen wir das Stichwort lieber pragmatisch mit zwei guten Ratschlägen – Gänse ersetzen den Rasenmäher mindestens so effizient wie Schafe und Ziegen, sind aber leichter zu halten als jene; bestellen Sie in neuseeländischen Restaurants das Gericht namens »Kolonialgans« nur dann, wenn Sie Lammfleisch essen wollen – und einer Erkenntnis Wilhelms Buschs: »Ein jeder, der Verstand hat, spricht: Einen schönren Vogel gibt es nicht.«

Ge steht für
den GEIER, dessen Genuß den Juden durch die Bibel verboten ist (und den Moslems möglicherweise durch den Koran), während unsereins nach Herzenslust Geier essen darf, obwohl nicht einmal Achille Murat, der unerschrockene Experimentator, für diesbezügliche Experimente bekannt ist; für Gelatine, einen durch Auskochen aus Knochen und Häuten gewonnenen Leim, dessen Ursprung nicht jedermann geläufig ist; für Gelbe Kohlrübe, den fünften Namen der Steckrübe; für die Gemse, die von Bergvölkern gern gejagt und gegessen wird; für Genipap, eine karibische Frucht, deren Äußeres an grüne Trauben erinnert, während ihr Inneres rosigem Melonenfleisch ähnelt; und für Genitalien, die wir besonders bei den Krustentieren schätzen (allerdings in rein kulinarischer Hinsicht; als Aphrodisiakum sind alle Genitalien recht, da es dann weniger um den Geschmack als um das Inhaltliche geht).

Und Ge steht für

GERSTE. In der Jungsteinzeit begannen die Menschen, Pflanzen zu kultivieren, und zu diesen Pflanzen zählt die Gerste, die somit eine der ältesten Getreidearten ist. Konsumiert wurde sie schon früher – in mesolithischen und paläolithischen Zeiten –, indem die Samen des wilden Grasgewächses als Gewürz über Fleisch oder was auch immer gestreut wurden. Vermutlich stammt sie aus Äthiopien. In ägyptischen hieroglyphischen Texten wird sie um 5000 v. Chr. erwähnt, auf sumerischen Tafeln in Keilschrift gegen 3500 v. Chr., und im Tal des Indus und im Nordwesten Europas wurde sie gegen 3000 v. Chr. zuerst angebaut. In den wedischen Schriften findet sie neben Reis als einer der zwei unsterblichen Himmelssöhne Erwähnung, und in chinesischen Texten aus der Zeit um 2800 v. Chr. wird sie als eine der fünf heiligen Kulturpflanzen Chinas erwähnt (die anderen vier sind Reis, Sojabohne, Weizen und Hirse).

Im Altertum war Gerste eines der wichtigsten Getreide, dem nur der Spelzweizen Konkurrenz machte; Roggen, Hafer, Mais und Reis waren noch unbekannt. Die Hebräer des Alten Testaments buken Brot aus Gerste und Spelzweizen, und in Griechenland war sie bis ins 4. Jahrhundert v. Chr. die Hauptgetreidesorte, die auch als die bekömmlichste für Mensch und Tier galt. Ab dieser Zeit begann der Nacktweizen die kleberarme Gerste als Brotgetreide zu verdrängen; Gerstenbrot wurde nun als »Sklavenfutter«, Gerstenbrei als »Hühnerfutter« verspottet, und die Römer konnten sich nie mit ihr anfreunden.

Bis ins 16. Jahrhundert hinein war Gerste das Hauptgetreide Europas, an Bedeutung dem Reis in Asien vergleichbar. Wie schon im antiken Griechenland verlor sie ihren Platz infolge ihres geringen Klebergehalts, der sie für Brotteige, die mit Hefe oder Sauerteig angesetzt werden, ungeeignet macht. Dennoch ist Gerste ein nährstoffreiches Getreide, das mehr Protein enthält als beispielsweise Reis, und in Regionen, in denen sich Weizen nicht anbauen läßt, wird sie noch heute kultiviert, auch wenn die Hälfte der heutigen Gerstenproduktion als Viehfutter verwendet wird und ein Großteil der anderen Hälfte vom Menschen flüssig, in Form von Bier, konsumiert wird.

Gi steht für
den GIBBON, einen südostasiatischen Affen, der in prähistorischen Zeiten auf Borneo gejagt wurde; für die Gingkonuß, die in Japan geröstet genossen wird; für Ginseng, eine Wurzel, über die jemand, der es wissen muß, da er von ihrem Anbau lebt, gesagt hat, sie sei zu nichts nutze, außer einem zu Geld zu verhelfen; für Gips, der, wie Plinius d. Ä. uns zuvorkommenderweise verrät, im Verhältnis von 1:3 zum Verfälschen von Weizenmehl verwendet zu werden pflegte; und es steht für die Giraffe, deren Knochenmark in Afrika eine der gesuchtesten Delikatessen ist.

Gl steht für
die GLADIOLE, aus deren Kormus die Römer der Antike Brot herstellten; für den Glattbutt, dem wir bei den Plattfischen ausführlicher begegnen werden; und für Glykol, zu dessen korrekten Anteilen in Speiseeis und Tafelwein Plinius leider keine Angaben hinterlassen hat.

Go steht für
den GÖTTERBAUM, dessen Blätter in China zu Zeiten des Überflusses Seidenraupen ernähren und zu Zeiten des Mangels Menschen; für Gold, das die Inder im Unterschied zum sagenhaften König Midas sehr wohl essen; für den Goldregenpfeifer, der im antiken Rom überaus begehrt war; und es steht

für Goma, wie Sesamsamen in der japanischen Küche genannt wird.

Gr steht für
GRAM, was nichts anderes ist als Kichererbsenmehl; für Granadille oder Grenadille, wie die eßbaren Früchte der Passionsblume heißen; für den Gravensteiner, eine Apfelsorte, die zur Bestäubung fremde Hilfe benötigt; für den Greifen, ein Mischwesen, meist mit geflügeltem Löwenkörper und Adlerkopf dargestellt, bisweilen aber auch mit Schlangenkopf, Skorpionschwanz und anderem mehr, der Achille Murat zweifellos interessiert hätte, wenn es möglich wäre, Fabelwesen zu probieren; für den Grizzly, der dem Menschen als Jagdbeute dient, sofern nicht der Mensch dem Grizzly als Jagdbeute dient; für den Großaugenhering, den wir als Alose kennengelernt haben; für den Gründling, ein gern in einem Atemzug mit Plötzen und Schleien genanntes Karpfenfischlein, an dem sich die Geister scheiden, denn den einen gilt es als »besonders feiner und delikater Speisefisch«, den anderen als Fisch, »der sich höchstens zum Köder eignet«; und für die Grüne Meerkatze, die in Westafrika verspeist wird, aber in neuerer Zeit aus außerkulinarischen Gründen in die Schlagzeilen geraten ist.

Und Gr steht für
GRANATAPFEL. Wie ich bereits andeutete, wäre die Wahl der Hebräer mit großer Wahrscheinlichkeit auf den Granatapfel gefallen, wenn, ja wenn es sie danach gelüstet hätte, der Frucht vom Baum der Erkenntnis ein eindeutiges Gesicht zu verleihen. In Ägypten war der Granatapfelbaum oder -strauch mindestens seit der 16. Dynastie kultiviert worden, lange vor Moses' Zeit; und in der Wüste jammerten die Juden nicht nur den Fleischtöpfen, sondern auch den Granatäpfeln Ägyptens nach; als sie Kanaan erkundeten, brachten sie von dort Trau-

ben, Granatäpfel und Feigen mit, was nicht erstaunt, wenn man bedenkt, daß die Phönizier den Granatapfel seit dem Neolithikum in Südeuropa und im Vorderen Orient verbreitet hatten.

Die vielen ins Fruchtfleisch eingebetteten Samen des Granatapfels prädestinierten ihn zum Fruchtbarkeitssymbol; sephardische Juden stellen noch heute beim jüdischen Neujahrsfest Rosch-ha-Schana eine Schale mit Granatäpfeln auf den Tisch, deren Samen versinnbildlichen sollen, daß die Feiernden durch viele Nachkommen gesegnet sein werden. In der phönizischen Religion ist der Granatapfel der Astarte geweiht, und in der griechischen Mythologie ist der Granatapfelbaum aus dem Blut oder dem Glied des Agdistis erwachsen, nachdem Zeus diesen getötet oder entmannt hatte. Aphrodite soll den Baum auf Zypern und in Griechenland eingeführt haben, und Persephone, die Tochter der Demeter, welche von Hades in die Unterwelt entführt worden war, aus der ihre Mutter sie auf flehentliche Bitten hin zurückholen durfte, hatte während ihres Aufenthalts im Jenseits Granatapfelkerne genossen, so daß sie auf alle Zeiten so viele Monate des Jahres in der Unterwelt verbringen muß, wie sie Samen verzehrt hat.

Punica granatum ist die uns bekannte Art, die seit prähistorischer Zeit gezüchtet wird; auf der Insel Sokotra gibt es eine zweite Art, eine Wildform, aber beide zusammen machen die ganze Gattung und Familie der *Punicaceae* aus. Die Heimat des Granatapfels kann in Afghanistan liegen, aber ebensogut in Persien, Armenien oder dem Kaukasus, während Indien mir nicht in Frage zu kommen scheint, auch wenn die Frucht dort schon früh bekannt war, denn es gibt eine Sanskritbezeichnung für sie. China erreichte der Granatapfelstrauch nicht vor 100 v. Chr. Rund um das Mittelmeer dagegen, vor allem an seinen Südufern, war der Granatapfel, wie eingangs bemerkt, von alters her eine der wichtigsten Früchte. Perser, Hethiter, Assyrer und Ägypter kultivierten den Baum, Theophrast, Herodot und Homer erwähnen ihn; die Etrusker scheinen Granatäpfel gezüchtet zu haben, während die Römer es vorzogen, die Früchte zu importieren, vorzugsweise aus Karthago, weshalb sie den Granatapfel *malum punicum*, den karthagischen Apfel, nannten.

Im 9. und 10. Jahrhundert brachten die Sarazenen den Granatapfelbaum nach Sizilien und nach Spanien mit, und im 14. Jahrhundert ist in französischen und englischen Texten die Rede von Granatäpfeln, doch blieben sie in Mittel- und Nordeuropa eine Marginalie, gemessen an der Beliebtheit und Verbreitung, deren sie sich im Vorderen Orient erfreuten und erfreuen. Die Franzosen und Italiener verwenden das Fruchtmark, das die Samen umhüllt, zur Herstellung von Sirup (Grenadine), und Wurzeln und Rinde des Baums enthalten Alkaloide, aus denen Wurmmittel gewonnen werden.

Den fleißigsten Gebrauch vom Granatapfel machten im Okzident die Künstler, zuerst in der Renaissance und später in der ihr verpflichteten präraffaelitischen Bruderschaft; heute steht es jedem von uns frei, Tapeten, Vorhangstoffe oder Geschenkpapier (besonders preiswert) mit Granatapfelmotiven von William Morris zu erstehen.

GRAPEFRUIT. Auf die Gefahr hin, heillose Verwirrung in den Köpfen meiner Leser zu stiften, weise ich vorsorglich darauf hin, daß es sich bei der Grapefruit ebensowenig um die Pampelmuse handelt, wie es sich bei Chicoree um die Endivie handelt (letztere sind zwei Arten der Gattung *Cichorium* oder Wegwarte, erstere zwei Arten der Gattung *Citrus*), obwohl die Grapefruit von der Pampelmuse abstammt. Die Grapefruit scheint die einzige uns bekannte neue Spezies einer Gattung zu sein, die in Amerika nach der Besiedlung durch Europäer entstanden ist. Sie ist keine zweihundert Jahre alt, und trotzdem wissen wir nicht, wann, wie und wo genau es zu der Mutation kam, durch die die Grapefruit – *Citrus paradisi* – aus der Pampelmuse oder Riesenorange – *Citrus grandis* oder *maxima* – hervorging. Wir wissen nur, daß es in Westindien geschah, vermutlich auf Jamaika, wohin Pampelmusensamen von Barbados aus gelangt zu sein scheint, wahrscheinlich durch Vögel, und daß die neue Spezies ihren botanischen Namen im Jahr 1830 erhielt, allem Anschein nach durch Wissenschaftler.

Es zeigte sich schnell, daß die Natur von ganz allein der Grapefruit Eigenschaften verliehen hatte, die menschliche Züchter ihr sicher gerne verliehen hätten, wären sie ihre Schöpfer gewesen. Der Baum beginnt früh zu tragen, trägt reichlich, ist anspruchslos in der Pflege, überlebt kurze Frostperioden, ist weniger windempfindlich als andere Zitrusarten und paßt sich fast jeder Bodenbeschaffenheit an; er benötigt allerdings etwas mehr Wasser als beispielsweise Orangenbäume und reagiert empfindlich auf alkalische Böden. Die Grapefruit besitzt mehr Fruchtfleisch im Verhältnis zur Schale als die Pampelmuse, und ihr Fleisch ist angenehm süßlich-säuerlich mit einer leisen bitteren Note, während Pampelmusenfleisch von strohiger Konsistenz ist und zu bitter, um ohne Zucker gegessen zu werden. So kam es, daß im Verlauf des 19. Jahrhunderts die Grapefruit überall dort, wo die Pampelmuse (oder Pomelo) bisher angebaut worden war – in Afrika, in Südostasien und im Mittelmeergebiet –, ihre Vorfahrin zu verdrängen begann.

Haupterzeuger der Grapefruit in unseren Tagen sind die USA, genauer gesagt: Kalifornien, Florida, Texas und Arizona, und Texas ist die Heimat der rosa Grapefruit, von der manche behaupten, sie schmecke süßer als ihre gelbe Verwandte, doch kann ich mich des leisen Verdachts nicht erwehren, daß sie nur gezüchtet wurde, um der infantilen Vorliebe der Amerikaner für Farben (möglichst indiskrete Farben) an Nahrungsmitteln

Rechnung zu tragen. Die Grapefruit ist nach der Orange die zweitwichtigste Zitrusfrucht der Welt, obwohl sie in ganz Europa erst nach dem Zweiten Weltkrieg bekannt wurde und sogar in den USA nicht vor den zwanziger Jahren dieses Jahrhunderts. Während der Depression nahm ihr Verzehr sprunghaft zu, weil Zitrusfrüchte gegen Lebensmittelmarken abgegeben wurden, und so gelangte sie in Haushalte, die dieser Frucht so ahnungslos gegenüberstanden, daß die Wohlfahrtsbehörden sich wiederholt mit der gleichen Beschwerde konfrontiert sahen: Hausfrauen hatten Grapefruits stundenlang gekocht, ohne daß sie weich geworden waren.

Gu steht für
den GUAJAKBAUM oder *lignum vitae*, dessen Harz beim Kauen ein mittleres Feuerwerk im Rachen entzündet; für das Guanakokamel, das die Inkas und Charles Darwin als Wild verzehrten; für den Guineapfeffer, der zu den Ingwergewächsen gehört; für Gumbo, wie die Okraschote in Afrika heißt; für Gurami, einen indischen Süßwasserfisch, der kurzfristig ohne Wasser überleben kann, wenn der böse Mensch es zuläßt; für Guter Heinrich, den Spinatamarant, heute als Schuttunkraut verunglimpft, einst als Küchenkraut geschätzt; und für Guttapercha, ein dem Kautschuk vergleichbares Produkt aus Pflanzensäften, dem wir Golfbälle und Kaugummi verdanken.

Und Gu steht für
GUAJAVE oder Guayave oder auch Guave. Antonio Pigafetta, Chronist der Magellanschen Reise, berichtet, daß sie auf den Molukken eine Frucht fanden, welche dem Pfirsich ähnelte und *guau* hieß, woraus vorwitzige Geister messerscharf folgerten, daß damit nur die Guajave gemeint sein könne. Mit weniger Scharfsinn und mehr botanischen Kenntnissen kann man das ausschließen, da die Guajave im Jahre 1492 zum erstenmal

von einem anderen Auge als dem eines Arawakindianers erblickt wurde, dem von Christoph Kolumbus, der Wichtigeres zu tun hatte, als rechtzeitig bis zur Ankunft Magellans, der seine Reise 1519 antrat, die Guajave auf die Molukken zu bringen, eine Inselgruppe, von der er noch nie gehört hatte und die ihn wohl kaum interessiert hätte.

Es gibt ungefähr 150 Guajavenarten, die ausnahmslos aus dem tropischen Amerika stammen. Ihren Gattungsnamen *Psidium* verdanken sie dem griechischen Wort für »Granatapfel«, weil sie aus weichem Fruchtfleisch und vielen darin eingebetteten Samen bestehen, doch im Unterschied zu den Granatapfelkernen, die man ohne weiteres essen kann, sind die Guajavenkerne unangenehm rauh und scharfkantig. Das Fruchtfleisch der Guajave ist hoch aromatisch und verströmt einen etwas strengen Duft, dem der Durian (→ Du) nicht unähnlich –, nicht zuletzt darin, daß er nicht jedermanns Wohlgefallen erregt.

Schon im 8. Jahrhundert v. Chr. wurde die Guajave in Peru kultiviert; heute wächst sie in allen tropischen und subtropischen Gegenden der Welt, aber ihre kommerzielle Bedeutung ist gering. Guajaven sind gesund; sie sind reich an Mineralien und enthalten oft mehr Vitamine als jede Zitrusfrucht.

GURKE. Dr. Johnsons Meinung nach gehören Gurken aufgeschnitten, mit Pfeffer und Essig angemacht und dann zum Fenster hinausgeworfen; Sarey Gamp, Dickens' unsterbliche Krankenwärterin, hätte an den ersten zwei Schritten zweifellos nichts auszusetzen, würde für den dritten aber wahrscheinlich die Gurke durch den erlauchten Doktor ersetzt sehen wollen; um uns mit keiner der hitzigen Parteien anzulegen, die um das kühle Gemüse hadern, wollen wir uns lieber auf das vergleichsweise sichere Gebiet der Geschichte flüchten.

Gurkensamen von offenbar kultivierten Pflanzen aus der Zeit um 7750 v. Chr. wurden im Grenzgebiet von Burma und

Thailand gefunden, was die bis dahin ältesten Funde aus Indien um gut 3000 Jahre übertraf. Auf assyrischen Tafeln ist von einer Pflanze die Rede, die als »Wüstengurke« oder »Spritzgurke« übersetzt wurde; mit Wüstengurke ist offenbar die Wassermelone gemeint, und sowohl Wassermelone als auch Spritzgurke sind zwar keine Gurken, gehören aber wie diese zur Familie der Kürbispflanzen. Koloquinte, Zaunrübe und Schwammgurke sind weitere Kürbisgewächse, die im Altertum als Gurke bezeichnet wurden, und wenn Plinius oder Vergil *Cucumis* schreiben, können wir nicht sicher sein, daß sie damit immer *Cucumis* meinen.

Angenommen, die Römer meinten Gurke, wenn sie von *Cucumis* sprachen, dann waren sie große Liebhaber dieser Gemüse- und Salatpflanze. Vergil pries sie, Apicius führte Rezepte auf, in denen er empfahl, sie mit Honig zuzubereiten, um die Bitternis auszugleichen, und römische Gärtner legten Gurkensamen vor dem Pflanzen in mit Honig gesüßten Wein ein, um zu süßeren Gurken zu gelangen.

Nur zögerlich fand die Gurke den Weg nach Norden, wo das rauhere Klima ihr nicht gewogen war. In England und Frankreich scheint sie im 14. Jahrhundert erstmals aufzutreten, während sie in württembergischen Chroniken noch im 16. Jahrhundert als Neuheit behandelt wird. Die Spanier führten sie in Amerika ein, wo die Puebloindianer sie so begeistert aufnahmen, daß spätere Autoren Gurken oft für ein neuweltliches Gemüse hielten.

Gurken sind erfrischend, aber ihr Nährwert ist denkbar gering. Es heißt zwar, sie seien reich an Vitamin A und C, aber viel enthalten sie nicht davon, und wenn man sie schält, beraubt man sie auch dessen weitestgehend. Vielleicht hatte der gelehrte Doktor gar nicht so unrecht.

Daß die chinesische Einstellung gegenüber Hundefleisch sich von der euro-amerikanischen grundlegend unterscheidet, ist kein Geheimnis. […] Und was den Dienst angeht, den Hunde anderswo als Gesellschaft für den Menschen leisten, so ist Gesellschaft das einzige, wovon man in einem Land mit einer Milliarde Einwohner jede Menge kriegt.

Marvin Harris

Ha steht für
den HALBSCHNÄBLER, einen Fisch, dessen Unterkiefer länger ist als der Oberkiefer, was seinem Wohlgeschmack keinen Abbruch tut, aber das scheint sich nur in Afrika herumgesprochen zu haben; für den Hammerhai, der ebenfalls keinen Schönheitswettbewerb gewinnen könnte, als Speisefisch von den Japanern jedoch sehr geschätzt wird; für den Hamster, der seit prähistorischen Zeiten in den unterschiedlichsten Winkeln der Welt als Speisenager geschätzt wird; für Hanf, aus dessen Blättern man Haschisch und aus dessen Samen man Suppe macht; und für Haselmäuse, die von den Römern für die Tafel gemästet wurden.

Und Ha steht für
HAFER, ein von alters her scheel angesehenes Getreide. Kopfschüttelnd fragte sich Plinius angesichts der Vorliebe der Germanen für Haferbrei, wie man als Mensch freiwillig Tierfutter essen könne, und im Mittelalter, als es Mode war, alles zu klassifizieren, wurde Hafer unter die groben Nahrungsmittel eingereiht, welchen man unterstellte, daß sie diese Eigenschaft beim Verzehr übertrugen.

Der Umstand, daß Hafer in kälteren Gegenden gedeiht, scheint mir die Theorie zu widerlegen, derzufolge er aus dem Mittelmeergebiet stammen soll. Schon um 1000 v. Chr. wurde Hafer in den Ländern angebaut, die heute Dänemark, Deutschland und die Schweiz sind, während er im Vorderen Orient unbekannt war, und ich hege die Vermutung, daß er aus Norddeutschland stammt. Schon im Neolithikum wurde in Nordeuropa Hafer gegessen – möglicherweise Wildpflanzen –, in der Bronzezeit wurde er in Mitteleuropa kultiviert, und nach

Britannien gelangte er in der Eisenzeit, zu welcher Epoche er möglicherweise auch das Mittelmeergebiet erreichte.

Die Römer verabscheuten den Hafer, doch die Griechen, die schon die verachtete Gerste geliebt hatten, kannten und schätzten einen Kuchen aus Hafermehl, Käse und Honig namens *plakous*; vielleicht war Haferbrei auch ein Bestandteil des heiligen Getränks Kykeon, das bei den Eleusinia geleert werden mußte und eher als Mutprobe denn als Genuß aufzufassen ist.

Mag der Hafer noch so verachtet sein, seine Rolle in der menschlichen Ernährung ist dennoch groß. Er wurde zwar schon immer als Tierfutter verwendet, doch gerade in armen Ländern und zu Zeiten des Mangels besinnen sich die Menschen gern auf das bescheidene Getreide, das überall wächst, wo der anspruchsvollere Weizen den Dienst verweigert.

Manche Völker zogen Hafer selbst dann vor, wenn andere Getreide verfügbar waren, so die Germanen, darin den Galliern Vorbild (statt umgekehrt, wie es in neueren Zeiten der Fall zu sein pflegt). Die größten Liebhaber des Hafers waren keltische Völker, allen voran die Schotten. Ein altes schottisches Kochbuch bezeichnet Hafer als eines der köstlichsten Getreide überhaupt, welche Meinung wahrscheinlich nicht auf weltweiten Zuspruch rechnen dürfte. In Schottland stellt es einen herben Gesichtsverlust dar, wenn man Haferbrei mit Milch oder Zucker verfälscht; Milch oder Sahne darf zum Porridge genossen werden, aber nur als Zugabe, nicht hineingerührt.

Neben den Schotten sind die begeistertsten Anhänger des Hafermehls Waliser, Iren und Bretonen. Feinde des Hafers haben das Gerücht in die Welt gesetzt, die berühmte schwarze Suppe der Spartaner sei mit Hafermehl angedickt gewesen.

HASE. Stammvater der Gattung ist *Lepus europaeus,* in England, Mittel- und Südeuropa und dem Kaukasus beheimatet und Nichtlateinern als Feldhase bekannt. In nördlicheren Gefilden, in Schottland, Skandinavien, Nordeuropa und Nordasien, auf der Kamtschatka und in Japan lebt der kleinere Schneehase oder *Lepus timidus,* der im Sommer ein braunes, im Winter ein weißes Fell trägt. In Irland, wo der Feldhase nicht vorkommt, ist der Schneehase unter dem Namen *Lepus hibernicus* jahrein, jahraus im braunen Sommerfell anzutreffen, und in Spanien nennt er sich *Lepus granatensis*; in italienischen, schweizerischen und französischen Gebirgsgegenden besitzt er wieder je eigene Bezeichnungen.

Hasen sind von jeher beinahe weltweit verbreitet, und nur in Australien, Neuseeland und Madagaskar wurden sie erst durch den Menschen eingeführt; letzteres gilt auch für Südamerika, denn der dort lebende Goldhase, das Aguti, ist kein Hase, sondern ein dem Meerschweinchen verwandter Nager. In Nordamerika gibt es, von Norden nach Süden, den Polarhasen *Lepus arcticus* samt seinem Nachbarn *Lepus groenlandicus*; der Polarhase teilt mit dem europäischen Schneehasen die Wandelbarkeit der Färbung seines Fells, das im Winter hell, im Sommer dunkel ist. *Lepus americanus* ist ein Hase, der die Temperaturen in Alaska dank einer Besonderheit seiner Behaarung verträgt, die darin besteht, daß die Haare innen hohl sind und dadurch mehr Volumen haben. Weiter südlich in den USA kommen *Lepus californicus* und *Lepus townsendii* vor. Die amerikanische Unart, Hasen als Kaninchen zu bezeichnen, hat nicht einmal vor dem altehrwürdigen Osterhasen haltgemacht, der in den USA inzwischen Osterkaninchen heißt.

Die Verbindung zwischen Hase und Ostern ist älter als das Osterfest selbst. Im alten Ägypten brachte man den Hasen mit dem Mond in Verbindung. Lange vor seiner christlichen Bedeutung war das Osterfest der Erneuerung der Vegetation im

Frühling geweiht. Im alten Ägypten hieß der Hase *un*, und *un* war zugleich das Wort, welches »Wiederkehr« und »Erblühen« bedeutete; da der Hase in der ganzen Antike für seine Fruchtbarkeit berühmt war, ist es einleuchtend, daß die Ägypter ihn mit demselben Begriff bezeichneten wie die Fruchtbarkeit an sich. Die Griechen waren von der Fruchtbarkeit des Hasen so beeindruckt, daß sie sogar eine Fortpflanzung ohne Begattung für möglich hielten; das Vorkommen von Embryonen im männlichen Hasen, dem »Rammler«, war jedoch selbst ihnen als krassestes Jägerlatein suspekt. Wie Meister Lampe ist und war das Ei zu allen Zeiten ein Fruchtbarkeitssymbol, und das Aufeinandertreffen beider im Osterkult erklärt hinreichend, wie sie zur Fabel vom eierlegenden Osterhasen verschmelzen konnten.

Hasenknochen kennen wir aus prähistorischen Küchenabfällen so weit auseinanderliegender Gegenden wie Neuengland, Rußland und Afrika. Den Hebräern des Alten Testaments galt Hasenfleisch als unrein, während die Griechen glaubten, der Genuß verursache Schlaflosigkeit. Davon unbeeindruckt und obwohl der Hase bei Apicius keine Erwähnung findet, frönten die Römer dem Genuß dieses Wildes, dessen Verzehr Schönheit verleihen sollte, und sie hielten Hasen in Wildgehegen. Die Gallier, die Kaninchenfleisch als fade ablehnten, schätzten den Hasen, vorausgesetzt er war nicht zu alt.

Berghasen gelten als wohlschmeckender als ihre Verwandten aus dem Tiefland, was daran liegen kann, daß die ihnen zur Verfügung stehenden Gräser aromatischer sind als die Nutzpflanzen, von denen sich der Flachlandhase ernährt. Daß es Unsinn ist, Hasen »abhängen« zu lassen, muß ich hoffentlich nicht eigens betonen. Die Natur hat dem hocharomatischen dunkelroten Hasenfleisch allen Wildgeschmack verliehen, dessen es bedarf. Leider kommen die meisten Hasen (und

Wildkaninchen) heute nicht bei der Jagd ums Leben, sondern auf Autobahnen und Landstraßen.

HASELNUSS. Die Haselnuß ist ein liebenswürdiges Nahrungsmittel; sie ist unaufdringlich und zurückhaltend und eine der süßesten Nußsorten, in rohem Zustand süßer noch als die Kastanie, die erst geröstet ihr diesbezügliches Stärkepotential offenbart. Gleichzeitig besitzt die Haselnuß ein unverwechselbares Aroma, das sich durch Vergleiche nicht beschreiben läßt. Statt dessen wird es gerne zitiert, um die Aromen anderer Lebensmittel zu charakterisieren – den Duft ungesalzener französischer Rohmilchbutter, den Nachgeschmack bestimmter Weine, den ephemeren Geschmack mancher Pilze und sogar einen der Bestandteile des typischen Briegeruchs, der ein sehr komplexes olfaktorisches Erlebnis ist.

Paul Lacroix schreibt in seinem Buch über Frankreich im Mittelalter, die Haselnuß sei vom Hellespont aus nach Westeuropa gelangt, und Plinius bezeichnet sie als pontische Nuß, *Corylus pontica.* Ihre engere Heimat ist schwer zu bestimmen, weil *Corylus* vor *Homo* vorhanden war und sich nach Belieben ausbreiten konnte. Die ganze Steinzeit hindurch waren Haselnüsse die nach Eicheln meistverzehrten Nüsse, was nicht für die größere Beliebtheit der Eicheln spricht, sondern nur für deren verbreiteteres Vorkommen. Hebräer, Griechen und Römer pflanzten Haselsträucher, doch im Mittelalter beschränkte man sich darauf, die Nüsse der wilden Sträucher zu sammeln, wie es schon die Gallier getan hatten.

Die amerikanischen Haselnüsse sind denen der Alten Welt geschmacklich unterlegen, und europäische Varietäten, die man in den USA anpflanzte, ergaben den einheimischen Sorten gegenüber minderwertige Nüsse. Haselnüsse sind dort am besten, wo ihre Heimat ist.

He steht für
die HEIDELBEERE, die unter dem Stichwort Blaubeere abgehandelt wurde; für den Hermelin, der im Neolithikum möglicherweise noch nicht getragen, mit Gewißheit aber gegessen wurde; für das Herz, ein Organ von etwas zäher Beschaffenheit, das ebenso wie das Hirn in allen Kulturen und zu allen Zeitaltern aus einer Vielzahl von außerkulinarischen Motiven verzehrt wurde; und es steht für Heuschrecken, die in China gerne unter dem Namen »Strauchkrabben« den Speisezettel bereicherten.

He steht außerdem für
HECHT, einen Fisch, der aussieht, als wäre er von einem Artillerietechniker entwickelt worden. Seine Tarnfärbung bietet ihm optimalen Schutz, wenn er zwischen den Wasserpflanzen der ahnungslosen Beute auflauert. Sein körpereigenes Sonargerät informiert ihn, wenn es Zeit ist zu handeln, sobald es die Vibrationen auffängt, die andere Fische im Wasser verursachen. Nicht der Geruchssinn, wie es sonst bei Räubern üblich ist, sondern ein beneidenswert perfektionierter Gesichtssinn erlaubt dem Hecht, die Position seiner Beute zu orten. Da er sich tief im Wasser zu verschanzen pflegt, ist er mit einem Periskop ausgestattet, denn seine Augen sind erhaben oben auf dem Kopf angebracht; zwei Furchen, die von ihnen zur Schnauze verlaufen, bilden Visiere. Hechte können ihre Opfer bei Tageslicht auf eine Entfernung von fast 20 Meter erkennen (nachts sehen sie auch), und wenn die Beute in Reichweite ist, schießen sie los wie ein Torpedo; die Konstruktion seiner Afterflosse und der weit hinten befindlichen Rückenflosse machen den Hecht zum schnellsten aller Süßwasserfische. Der blitzschnelle Vorstoß läßt dem Opfer keine Chance zu entkommen, und das Maul des Raubfischs ist eine tödliche Falle. Der Oberkiefer ist zahnlos, und die langen, spitzen und kräfti-

gen Zähne des Unterkiefers lassen sich nach hinten legen, so daß die Beute schnell verschlungen werden kann, um in einem geraden Darmtrakt zu landen, der es dem Hecht ermöglicht, Fische zu verschlucken, die fast so groß sind wie er selbst, und das Schicksal des Opfers besiegeln die 700 rasiermesserscharfen kleineren Zähne, mit denen Zunge und Gaumen des Hechts besetzt sind.

Gebiß und Gefräßigkeit haben dem Hecht die Bezeichnung Flußwolf oder Süßwasserhai eingetragen; im *Diaeteticon* heißt es diesbezüglich: »Er ist ein rechter Wasser-Wolff: sintemahl was der Wolff unter den Thieren im Walde thut / eben daß verrichtet der Hecht im Wasser unter den Fischen«, während der Franzose das Kompliment umkehrt und den Barrakuda, den zweifellos gefährlichsten Meeresbewohner, dessen Untaten dem Hai oftmals zu Unrecht angelastet werden, Meereshecht nennt, was nicht zu Verwechslungen mit dem Seehecht (→ Se) führen sollte, der seinen Namen ebenfalls nicht aus Versehen führt. Grimod de la Reynière sprach vom Hecht als dem »Attila der Teiche und Flüsse«.

Die übliche Hechtnahrung sind andere Fische, aber die Gefräßigkeit des Hechts verleitet ihn dazu, nach allem zu schnappen, was ihm vor das Sonar kommt. Es gibt zahllose Berichte von unkonventionellen Mageninhalten frischgefangener Hechte – Enten, Bläßhühner, Frösche, Wasser- und Bisamratten, Füchse und sogar kleinere Hunde sollen sich gefunden haben –, und selbst nach Abzug der üblichen Quote an Anglerlatein muß man zugeben, daß *Esox lucius*, die in Nord- und Mitteleuropa, Nordasien und dem Norden der Vereinigten Staaten verbreitete Art, ein rechter Vielfraß ist. Er lebt am liebsten in Seen, Teichen und Flüssen, deren Wasser sich gemächlich bewegt. In Italien, Griechenland, Spanien und Portugal ist er unbekannt und war es schon in der Antike. Heute macht dem Hecht die Wasserverschmutzung das Leben schwer.

Im Mittelalter war der Hecht einer der begehrtesten Speisefische Europas, obwohl seine unzähligen Gräten den Genuß nicht gerade erleichtern. Aus der Literatur des Mittelalters wissen wir, daß er vornehme Tafeln zierte und daß die Köche sich bemühten, durch aufwendige und kostspielige Zubereitungsweisen dem luxuriösen Charakter des Fischs Rechnung zu tragen. Fast immer wurde der Fisch nicht im Ganzen, gekocht oder gebraten, serviert, sondern als Haschee, als Farce; beliebte Saucen zu diesen Hechtpasteten, den Vorläufern der Hechtklößchen und des Schüsselhechts unserer Tage, waren damals Pfeffersauce, Eiersauce, Kräutersauce, Meerrettichsauce, Senfsauce oder Safransauce.

Die Hechtklößchen stellen eine französische Spezialität aus dem frühen 19. Jahrhundert dar; Escoffier vertrat die Ansicht, daß durch sie der Fisch selbst vom Tisch des kultivierten Feinschmeckers verdrängt werde, und das zu Recht. Diese Meinung kann ich überhaupt nicht teilen, weshalb es mir keine geringe Genugtuung ist zu lesen, daß Robert Courtine, der Gastronomiekritiker von *Le Monde*, Hechtklößchen für »überbewertet« hält. Es hat mir nie eingeleuchtet, worin der Reiz eines Rezepts bestehen soll, bei dem ein Fisch von wenig ausgeprägtem Eigengeschmack mit Eiern, Mehl und Sahne zu einem klebrigen Knödelteig verarbeitet wird, es sei denn darin, daß man den Fisch selbst nicht mehr wahrnimmt, sondern als Vehikel der Sauce behandelt, und in der Tat sind die besten und berühmtesten Anrichteweisen der Hechtklößchen die mit *beurre blanc* und mit *sauce Nantua* – Weißer Buttersauce und Krebssauce. Denke ich an diese Saucen, kann ich guten Gewissens sagen: Hecht ist ein hervorragender Fisch, vorausgesetzt, die Sauce stimmt.

HERING. Hering und Kabeljau waren in den Tagen vor der Erfindung von Kühlmöglichkeiten und schnellem Transport die wichtigsten Seefische, weil beide gepökelt und somit haltbar gemacht werden konnten; frisch aß man sie nur in Hafenstädten. Der Kabeljau war dem Hering gegenüber im Vorteil, weil er leicht gesalzen an der Luft getrocknet werden konnte, während der fette Hering erst aufholte, als das Räuchern entwikkelt wurde, das fetten Fischen besser bekommt als mageren.

Das Räuchern kam zwar später in Mode als das Trocknen an der Luft, doch schon im 12. Jahrhundert war der Hering eines der Grundnahrungsmittel Europas. In Frankreich hießen die Fischhändler, die Flußfische verkauften, *poissoniers*, nämlich »Fischhändler«, die, welche Meeresfische verkauften, jedoch *harengères*, »Heringshändler«, und sie waren die Fürsten unter den Fischhändlern, denn Hering galt im 12. Jahrhundert als ein fürstlicher Genuß. Schon ein Jahrhundert darauf war der Fisch durch sein reiches Vorkommen in den Ruf geraten, ein billiges Nahrungsmittel für die Armen zu sein, von welcher Reputation er sich bis heute nicht erholt hat, obwohl er inzwischen wieder selten zu werden droht.

Das erste Volk, dem der Hering Wohlstand brachte, sind die Dänen, und ihnen folgten Engländer, Franzosen und Holländer; der Reichtum und die Unabhängigkeit der Hansestädte verdankte sich nicht zuletzt dem Heringshandel. Im 16. Jahrhundert erreichte die holländische Heringsfischerei ihren Höhepunkt, und scherzhaft hieß es, Amsterdam sei auf Heringsgräten errichtet. Seit der Mitte des 15. Jahrhunderts hatten die Holländer die anderen Fischereiflotten überflügelt, und sie bauten ihren Vorteil systematisch aus. Es ist keine Übertreibung, wenn man behauptet, daß die Seemacht der Holländer und der Engländer auf dem Heringsfang basierte.

Heute dominiert Großbritannien die Heringsfischerei; es fängt mehr Heringe als alle anderen europäischen Nationen zusammen. Die hohen Fangquoten unserer Zeit sind jedoch nicht das Ergebnis einer neuen Liebe zum Hering, sondern der Notwendigkeit, die sich daraus ergibt, daß der Kabeljau überfischt und vom Aussterben bedroht ist – ein Schicksal, das auch dem Hering blühen wird, da nicht zu befürchten steht, daß wir aus unseren eigenen Fehlern lernen.

Neben dem Atlantischen Hering *Clupea harengus* gibt es den Pazifischen Hering *Clupea pallasi*; ihre Zirkumpolarität hat einige Meeresbiologen zu der Annahme verleitet, es handele sich bei ihnen um die gleiche Art, doch dies trifft nicht zu. Der Pazifische Hering, den man in Sibirien und Japan antreffen kann, ist weiter südlich an der amerikanischen Pazifikküste zu finden als sein atlantischer Konterpart an der Ostküste, weil die Kaltwasserströme vor der Küste Kaliforniens ein Habitat für diesen nördlichen Fisch bieten. In Maine werden junge Heringe als »Sardinen« zu Konserven verarbeitet.

In Deutschland hießen Lebensmittelhändler noch bis zu Beginn unseres Jahrhunderts »Heringsbändiger«, weil sie eine so große Vielfalt eingelegter und geräucherter Heringe feilhielten, daß man hätte meinen können, sie seien ihr einziger Artikel. Auch die ebenfalls deutsche »Leinweberforelle« ist natürlich nichts anderes als ein Hering, der Salzhering nämlich, den arme Familien in Sachsen und Schlesien, so heißt es, über dem Tisch aufhängten, damit jedes Familienmitglied – je nach Quelle – daran riechen oder daran lecken konnte, bevor es sich über seine Portion Kartoffeln oder Knödel hermachte, die – selbstverständlich – ohne Beilage gereicht wurde.

Hi steht für
HIBISKUS, den Eibisch, ein Malvengewächs, das herrlich anzusehende Blüten besitzt und einen erfrischenden Tee liefert, doch kaum ändert man das eine oder andere Gen, hat man schon *Hibiscus esculentus* vor sich, dessen Früchte nichts an-

deres sind als Okraschoten (→ Ok); für den Hippopotamus, das Flußpferd oder Nilpferd, den die Jäger Ostafrikas so leidenschaftlich lieben, daß er schon vor 1000 Jahren seine Lebensgewohnheiten umstellen mußte, um ihnen zu entgehen, und seitdem des Nachts seine Nahrung zu sich nimmt; für den Hirscheber, eine auf Celebes lebende und von der Ausrottung bedrohte Wildschweinart, dessen doppelte Eckzähne Alexandre Dumas veranlaßten, ihn mit einem wiederverheirateten Witwer zu vergleichen, einer Spezies, die inzwischen möglicherweise auch vom Aussterben bedroht ist; für Hirschhorn, das im Hirschhornsalz der mittelalterliche Vorläufer des Backpulvers war und heute noch seinen festen Platz in der Weihnachtsbäckerei hat, allerdings nur dem Namen nach, denn das Hirschhornsalz unserer Tage wird nicht aus pulverisierten Hirschgeweihen gewonnen; und für die Hirschzunge oder den Zungenfarn, im 16. Jahrhundert als Aphrodisiakum empfohlen.

Und Hi steht für
HIMBEERE. Vor mehr als zwanzig Jahren schrieb ich in *The Food of France*: »Zwischen allen Dingen und den Orten, wo sie vorkommen, besteht Harmonie. Müßten Sie wissen, wie der Pekinese heißt, um zu erraten, daß er aus China stammt? Niemand könnte bezweifeln, daß der Pfau und auch das Huhn aus Indien kommen. Und woher sollte der Eukalyptus stammen, wenn nicht aus Australien?«

Nicht anders verhält es sich mit der Himbeere, die den Stempel *Made in Asia* zu tragen scheint. Alles an ihr deutet auf den Orient hin – ihr Duft ist üppig, würzig, berauschend und mit einer Spur Moschus angereichert. Botaniker, die zur Sachlichkeit neigen, werden erklären, daß die Himbeere aus Asien stammt, und die meisten unter ihnen werden die Heimat der Frucht auf Ostasien eingrenzen, wo es mehr als 200 uns bekannte Himbeerarten gibt. (Europa besitzt nur eine einzige Spezies, Nordamerika kennt drei bedeutende und ein paar unbedeutende Arten.)

Die Himbeere gehört zu den aromatischsten Beerenfrüchten, die wir kennen, und es fällt uns schwer zu begreifen, daß sie jahrhundertelang westlich des Berges Ida (in der Türkei, nicht auf Kreta) mißachtet wurde; an diesem Berg wuchsen die köstlichsten Himbeeren der Antike, weshalb er ihr wissenschaftlicher Namenspatron ist – *Rubus idaeus* heißt die europäische Himbeere.

Plinius erwähnt die Himbeere, allerdings nur als Wildfrucht, und vor nicht allzu langer Zeit konnte ich anläßlich eines Aufenthalts in Italien selbst die Erfahrung machen, daß die Italiener auch heute wenig Liebe für diese Frucht erübrigen, denn niemand, den ich befragte, konnte mit ihrer Beschreibung etwas anfangen.

Bruyérin-Champier, der Leibarzt Heinrichs II. von Frankreich, erwähnt um die Mitte des 16. Jahrhunderts, daß Himbeeren als Wildfrucht bekannt waren; kultiviert wurden sie erst 100 Jahre später, und das trifft auch auf England zu. Die Wildfrucht war seit der Steinzeit in Mittel- und Nordeuropa beliebt, wie uns prähistorische Küchenabfälle aus Dänemark, England und der Schweiz offenbaren; in diesen Ländern und in Deutschland zählten Brombeeren und Himbeeren zu den schon immer begehrtesten Früchten, und ihre Wildformen waren geschmacklich kaum noch zu verbessern.

Himbeere und Brombeere bilden die Gattung *Rubus*; in Europa kommt von Natur aus nur *Rubus idaeus* vor, die Europäische Himbeere, während die Vereinigten Staaten mehrere Arten kennen. Rote Früchte trägt *Rubus strigosus*, die 1607 zum erstenmal von einem Franzosen beschrieben wurde; als die amerikanische Himbeere schlechthin gilt *Rubus occidentalis*, die Schwarze Himbeere, deren Säuregehalt und Aroma sie zum Kochen, Backen und Konservieren besonders geeignet macht. *Rubus leucodermis* ist eine Frucht des Westens der USA, *Rubus deliciosus*, die so schmeckt, wie sie heißt, ist die Coloradohimbeere, *Rubus triflorus* die Zwerghimbeere und *Rubus trivialis* die Strauchhimbeere.

Keine Himbeeren sind neben den Brombeeren die Japanische Weinbeere (*Rubus phoenicolasius*), die subarktische Moltebeere *Rubus chamaemorus*, die Steinbeere oder *Rubus saxatilis* und die Kratzbeere *Rubus caesius*, die der Brombeere ähnlich ist.

Von Joris Karl Huysmans wird kolportiert, er habe einen Pfefferkuchen mit Butter und Himbeerkonfitüre bestrichen verzehrt – eine Tat, die dunkel an die Küchenpraxis seines Helden Des Esseintes erinnert und wahrscheinlich aus Zwecken der Blasiertheit und nicht des Genusses erfolgte.

HIRSE. Als Hirse bezeichnet man sowohl die eigentliche Hirse, die Echte oder Rispenhirse (*Panicum miliaceum*), als auch ihr ähnelnde Getreidegräser wie *Sorghum*, die Mohrenhirse, *Setaria*, die Kolbenhirse, *Digitaria*, die Fingerhirse, *Pennisetum*, die Borstenhirse, *Echinochloa*, die Hühnerhirse, *Coix*, das Tränengras, *Eragrostis*, das Liebesgras, *Holcus*, das Honiggras, nebst einer stattlichen Anzahl weiterer Süßgräser, die über keine deutschen Namen verfügen, da sie ausschließlich in den Tropen und Subtropen vorkommen und nur dort von Bedeutung sind, wenn auch von großer Bedeutung, womit bereits ein wesentliches Merkmal aller Hirsen angesprochen ist: Sie spielen eine Hauptrolle in der Ernährung armer Völker. Je nachdem, wie weit man den Begriff Hirse faßt, kommt sie weltweit nach Reis und Weizen an dritter oder nach Weizen, Reis und Mais an vierter Stelle, und sie ist Grundnahrungsmittel der am schlechtesten ernährten Menschen in Afrika, Indien und China. An Proteingehalt steht sie dem Weizen kaum nach, und verschiedene tropische Hirsesorten sind weitaus reicher an Mineralien als andere Getreide. Ihr größter Vorteil ist jedoch ihre Anspruchslosigkeit, denn Hirse gedeiht auf nährstoffarmen Böden, auf denen kein anderes Getreide wachsen würde. In Afrika ist Hirse oft das erste Getreide, das auf brandgerodetem Boden gepflanzt wird, und das letzte Getreide, das der Boden hergibt, bevor er zu Wüste wird.

Hirse war im Neolithikum wahrscheinlich das erste Getreide, das kultiviert wurde. Gerste und eine Vorform des Spelzweizens gesellten sich bald hinzu, doch auf Jahrhunderte hinaus war ihre Rolle neben der der Hirse marginal. Die Heimat der Hirse (wenn man so verallgemeinernd von den unzähligen Gräsern sprechen darf, die wir Hirsen nennen) scheint Afrika oder Asien gewesen zu sein, was durch folgende Eigenschaft der Pflanze bestätigt würde: Hirse verharrt in ihrem Wachstum, wenn Wasser fehlt, und wächst mit geradezu atemberaubender Geschwindigkeit, sobald sie Wasser erhält. Die Mauren der Sahara, die noch heute große Hirseesser sind, pflanzen Hirse aus, sobald Regenpfützen vorhanden sind, denn das Getreide reift innerhalb von 45 Tagen, so daß man daraus ableiten kann, daß das Getreide in Ländern entstanden ist, die dem Monsun unterworfen sind, wo Trockenperioden mit unvermittelten Regenschauern abwechseln.

Die erste schriftliche Erwähnung von Hirse stammt aus der Zeit um 2800 v. Chr. und aus China, und ihr entnehmen wir, daß Hirse neben Sojabohnen, Reis, Weizen und Gerste eine der fünf heiligen chinesischen Getreidepflanzen war; Nachweise finden sich auch in indischen und europäischen Fundstätten, doch in Europa verbreitete sich die Hirse erst im 1. Jahrtausend v. Chr. Sie scheint über die Steppen Eurasiens nach Europa gelangt zu sein, was eine nördlichere Route bedeutet als die durch das Mittelmeerbecken, und erst von Nord- und Mitteleuropa aus gelangte die Hirse in den Süden, während sie gleichzeitig von Asien aus in den Vorderen Orient wanderte, denn sie wird im Alten Testament erwähnt und wuchs in den hängenden Gärten Babylons. Herodot erzählt, daß die Assyrer Hirse züchteten, die so hoch wuchs, daß er es nicht zu sagen wagte aus Furcht, man könne ihn für einen Aufschneider halten. In Ägypten jedoch, einem Land, das im fruchtbaren Tal des Nils Weizen und Gerste kultivierte, wurde die Hirse nie heimisch, während sie im Saharagebiet und weiter südlich oft die einzige Getreidefrucht war.

In Gallien und auch im cisalpinen Gallien, der heutigen Lombardei, wurde Hirse kultiviert. Die cisalpinen Gallier, besser gesagt die Etrusker, verarbeiteten die Körner zu *puls*, einem Brei, der von den Römern, als sie ihn als Armennahrung übernahmen, die Bezeichnung *pulmentum* erhielt. Doch in Rom konnte Hirsebrei sich ebensowenig durchsetzen wie Gerstenbrei; beides stand stets im Odium, Hühner-, Sklaven- und Armenfutter zu sein.

Karl der Große ließ Hirse auf seinen Domänen als Fastenspeise anbauen und ernten, und während des Mittelalters wurde in Europa mehr Hirse als Weizen angebaut und konsumiert.

Hirse ist ein widerstandsfähiges Getreide, das sich gegen Unkraut und schlechte Bodenbeschaffenheit unbekümmert durchzusetzen vermag, und sobald ihm ein Mindestmaß an Pflege zuteil wird, lohnt es das sofort. Da die Körner klein sind, verbreiten sie sich mit Hilfe von Vögeln und des Windes. Hirse läßt sich gut lagern; Fingerhirse, die dauerhafteste Art, konnte bis zu fünf Jahre lang aufbewahrt werden; dies erklärt, warum Hirse noch heute ein Vorratsgetreide für den Fall einer Hungersnot ist. Die Nachteile der Hirse bestehen darin, daß die kleinen Körner umständlich zu bearbeiten sind und daß der niedrige Kleberanteil das Getreide zur Brotbereitung ungeeignet macht; außer Hirsebrei kann man aus ihr nur Fladenbrot herstellen. Ein größeres Handicap scheint der Eigengeschmack der Hirse zu sein, der als minderwertig gegenüber dem des Weizens und sogar der Gerste empfunden wird, obgleich die Tuaregs und Haratins der Sahara dieser Meinung widersprechen würden – aber sie bleiben in der Minderheit.

Die in gemäßigten Gegenden am häufigsten angebauten Hirsesorten sind Echte Hirse, Mohrenhirse, Kolbenhirse und Borstenhirse. *Panicum miliaceum*, die Echte Hirse, wird in China, Japan, Afrika, Arabien, Rußland und – spärlicher – in Südeuropa gegessen, während die Kolbenhirse *Selaria italica* den meisten nur als Vogelfutter bekannt ist. Die Mohrenhirse *Sorghum* wird weltweit als Viehfutter, aber auch zum menschlichen Verzehr angebaut, und bis weit ins 19. Jahrhundert wurde aus den zuckerhaltigen Stengeln mancher *Sorghum-Arten* ein Sirup gewonnen, der im Südosten der Vereinigten Staaten noch heute Verwendung als Süßungsmittel findet.

Pennisetum und *Eleusine* sind die verbreitetsten tropischen Hirsen, die auch mit einem Minimum an Wasser überleben können, und es ist eine Eigenart tropischer Hirsearten, sich ganz auf die spezifischen Gegebenheiten eines relativ kleinen Gebiets einzustellen: *Digitaria exilis* wächst nur in wenigen, besonders wasserarmen Winkeln Westafrikas und Nigerias; *Paspalum* beschränkt sich auf bestimmte Gegenden Afrikas und die Hiobsträne *Coix lachryma-jobi* auf bestimmte Gegenden Südasiens und der Philippinen. *Eragrostis abyssinica* oder Tef ist das äthiopische Grundnahrungsmittel schlechthin, während es in der übrigen Welt so gut wie unbekannt ist.

Leider können wir Bertolt Brecht nicht mehr fragen, welche Hirse und Hirseart beziehungsweise Varietät er vor Augen hatte, als er »Die Erziehung der Hirse« schrieb – ob *Panicum* oder *Sorghum* –, und die Besenhirse *Sorghum dochna* ist eine gefährdete Pflanze, deren natürliches Habitat zunehmend vom Staubsauger okkupiert wird.

Ho steht für
HÖRNER, gewöhnlich die des Hirschs, welche zu Gelee verarbeitet Frauen zur Fruchtbarkeit und Männern zur Potenz verhelfen sollen; für den Holzapfel, dessen Früchte zu sauer sind, um dem Menschen als Obst zu gefallen, und dessen Holz zu hart ist, um dem Menschen als Rohstoff zu gefallen; für den Hornhecht, eine gefährliche Beute, denn es ist vorgekommen, daß ein Hornhecht aus dem Wasser schoß und die Halsschlagader des Fischers aufschlitzte, der daraufhin anstelle des Fischs den Geist aufgab; für Hottentottenbrot, den Wurzelstock der Schildkrötenpflanze, einer Yamswurzel, der roh giftig, gekocht jedoch ein bedeutender Stärkelieferant ist; und für das Houdanhuhn, das sich vor allem durch seinen auffälligen Federkopfputz hervortut.

Ho steht außerdem für
HOLUNDER, ein Geißblattgewächs, auch Holder- oder Fliederstrauch genannt, und letzterer war sein eigentlicher Name in vielen Gegenden, bevor er ihn an den Zierstrauch Syringa abtreten mußte, der im 16. Jahrhundert nach Europa eingeführt wurde. Im engeren Sinn war Fliederstrauch der Name des Schwarzen Holunders *Sambucus nigra*, dessen Blüten einen schwer zu beschreibenden süßen Duft besitzen und ebenso wie die Beeren seit der Antike, vielleicht auch schon zuvor, als Volksheilmittel Verwendung finden. *Sambucus racemosa*, der seltenere Berg- oder Traubenholunder, besitzt leuchtendrote Beeren, und *Sambucus ebulus*, der Zwergholunder oder Attich oder Hirschholler, ist giftig.

Wer sich an Holundersträuchern vergreift, zieht dadurch Unglück auf sich, doch wer Holunder um sich duldet oder gar ermutigt, befreit sich von Krankheiten und ist gegen Blitzeinschläge und Schlangenbisse gefeit.

Die Blüten sind ausgebacken von köstlichem Geschmack,

und auch die Beeren (die Rede ist von *Sambucus nigra*) sind begehrt, weshalb es nicht ratsam ist, sich im Herbst, wenn die Stare ziehen, in die Nachbarschaft von Holunderbüschen zu begeben, es sei denn, man will die Leistungsfähigkeit der Reinigungsfachbetriebe erproben.

HONIG. Der Bibel zufolge benötigt der Mensch zum Leben Wasser, Feuer und Eisen, Salz, Milch und Mehl zum Backen sowie Honig, Trauben, Öl und Kleidung. In biblischen Zeiten kam dem Honig größere Bedeutung zu, als es heute der Fall ist, denn er war der wichtigste und oft genug einzige Süßstofflieferant des Menschen. Die wenigen Alternativen, die die Antike kannte, waren nicht sonderlich befriedigend: Traubenzucker im westlichen Mittelmeergebiet, Johannisbrotschoten im südlichen Mittelmeergebiet (von ihnen heißt es, sie seien der »wilde Honig« Johannes des Täufers gewesen) und Dattel- oder Feigensirup in Kleinasien und Afrika sowie Sirup aus dem Mark bestimmter Süßgräser, der jedoch nur von lokal begrenzter Bedeutung war. Sogar im Orient, wo Zuckerrohr wuchs, das einzige Süßgras mit mehr als lokaler Bedeutung, wurde diesem oft der Honig vorgezogen, weil er leichter zu gewinnen und zu verwenden war; in Indien ersetzte Zuckerrohr den Honig als Hauptsüßungsmittel erst im 3. Jahrhundert. Europa erreichte das Zuckerrohr im 13. Jahrhundert, doch blieb es zu kostspielig und zu selten, um dort vor dem 18. Jahrhundert eine bedeutende Rolle zu spielen.

Die älteste bekannte Darstellung der Honiggewinnung befindet sich in der Höhle von Arana nahe Valencia; sie zeigt einen Steinzeitmenschen beim Ausplündern eines Nests wilder Bienen. (Noch heute wird Honig dort auf die gleiche Art geerntet; auch auf Ceylon beziehungsweise Sri Lanka raubt man den Honig aus den Nestern der wilden Bienen in den Felsspalten, während die Hottentotten in Südafrika die Bienen aus ihrem

Schlupfwinkel herausräuchern.) Lange Zeit genügte dem Menschen der Honig, den er wilden Bienen abspenstig machen konnte, doch spätestens seit der Bronzezeit änderte sich das.

Ägyptische Basreliefs aus der Zeit um 2600 v. Chr. schildern die Bienenhaltung durch den Menschen nicht viel anders, als sie noch heute praktiziert wird. Die Bienenkörbe sind zylindrisch geformt, wahrscheinlich in Anlehnung an die hohlen Baumstämme, die die allerersten »Bienenkörbe« bildeten, und zylindrische Bienenkörbe werden heute noch in Ägypten verwendet. Zweifellos lernten die Griechen von den Ägyptern, wie man Bienen hält, doch sie bevorzugten den Honig der Wildbienen. Die Römer wiederum verfeinerten die Bienenhaltung zu einer Kunst und Wissenschaft, wenngleich ihre Praxis ihrer Theorie überlegen war, denn die Sexualität der Bienen war ihnen nicht recht ersichtlich, da sie die Königin als König bezeichneten (doch das taten alle westlichen Kulturvölker bis zur Mitte des 17. Jahrhunderts, als der Zootom Jan Swammerdam zuerst entdeckte, daß die als Könige betrachteten Insektenherrscher in Wahrheit Weibchen sind).

Karl der Große befahl, daß Bienenwachs und Honig stets vorrätig zu sein hatten, und das ganze Mittelalter hindurch war Honig das verbreitetste Süßungsmittel. Klöster waren besonders verläßliche Honigproduzenten; sie hielten Bienen, um Wachs zu erzeugen, das sie für Kerzen benötigten, und so war der Honig gewissermaßen ein Abfallprodukt der Wachsherstellung. Als Heinrich VIII. die Klöster abschaffte, wurde in England Honig zur Mangelware – glücklicherweise zu einer Zeit, da Zuckerrohr bekannt und billig genug wurde, um bald seinen Platz einzunehmen.

Die ersten Spanier, die die Neue Welt erreichten, stellten fest, daß sowohl Azteken als auch Mayas den Honig einer gezähmten einheimischen Bienenart verzehrten, die wir heute *Melipona beecheii* nennen, doch die Pilgerväter zogen es wenig später vor, ihre europäische Honigbiene *Apis mellifica* nach Amerika mitzunehmen, wo diese von den Indianern prompt als »Fliege des weißen Mannes« bezeichnet wurde.

Honig ist möglicherweise das einzige vorverdaute Nahrungsmittel, das der Mensch kennt (mit Ausnahme der Muttermilch, die man nur in einem bestimmten Alter zu sich nimmt, und der Vogelnester der asiatischen Küche, deren eßbarer Anteil nicht Zweiglein sind, sondern die Sekrete der Schwalben). Der Verdauungsprozeß, der den Nektar der Blüte in Honig verwandelt, beginnt bereits auf dem Rückflug der Biene zum Bienenkorb. In ihrem Honigmagen fügt die Biene dem Nektar ein enzymhaltiges Sekret ihrer Kropfdrüsen hinzu. Die Mischung wird sodann in den Waben des Bienenstocks gespeichert, wo sie unter Wasserverdunstung und enzymatischen Reaktionen zum Honig heranreift.

Der Wabenhonig ist flüssig; viele glauben, kristallisierender Honig sei nicht mehr genießbar, doch dies ist ein Irrtum: Die Kristallisierung ist ein natürliches Ergebnis der voranschreitenden Wasserverdunstung, und man kann sie rückgängig machen, indem man den Honig behutsam erhitzt (allerdings nicht über 50 Grad Celsius, denn sonst verliert er Nährstoffe und Aroma); Honig, der nicht zum Kristallisieren neigt, ist leider nicht naturrein.

Honig enthält den Duft und das Aroma der Pflanzen, die den Nektar lieferten, aus dem er entstanden ist. An erster Stelle unter den begehrtesten Sorten scheint von alters her der Thymianhonig zu figurieren, und dasselbe kann man guten Gewissens auch vom Akazienhonig, vom Millefiori-Blütenhonig, vom Apfel-, Orangen- und Heideblütenhonig, vom Rosmarin-, Nelken-, Salbei- und sogar Löwenzahnblütenhonig sagen. Tannenhonig hingegen ist nicht unbedingt jedermanns Sache, obwohl er überaus aromatisch ist. Jean Paul erfand die Begriffe »Honigwoche« und »Honigzeit«; offenbar mißtraute er dem

Honigmond, denn, wie das Sprichwort sagt, »zuviel Honig macht speien«.

HOPFEN. Die meisten von uns können sich zweifellos unter Hopfen nichts anderes vorstellen als etwas, was zum Bierbrauen gehört, doch das ist falsch. Hopfen zählt seit dem Altertum zu den Pflanzen, die der menschlichen Ernährung dienen. Heutzutage verzehrt man nur noch die jungen Triebe, die Hopfensprossen (auch Hopfenspargel genannt), die im Frühjahr geerntet werden, bevor sie verholzen können. Ihr Geschmack ist dem des Spargels nicht unähnlich, und Alexandre Dumas steht mit seiner diesbezüglichen Meinung nicht allein. Früher, als Hopfen fast überall angebaut werden konnte, waren die Sprossen ein beliebtes Gemüse der Ärmeren, doch diese Zeiten sind unwiederbringlich vorbei. Heute, wo ganze Hopfenernten von großen Brauereien aufgekauft werden, sind Hopfensprossen eine seltene und teure Delikatesse. Die größten Hopfensprossenliebhaber sind die Belgier, die während der kurzen Saison *jets de houblon* mit Sahne zu fast allem servieren, sogar als Hauptgericht, mit pochierten Eiern. Auch in Bayern ißt man heute noch den Hopfenspargel und ebenso am Bodensee, in einer der wenigen Gegenden Deutschlands, wo man sich auf die Gemüsezubereitung versteht.

Die Hopfensorte, deren junge Triebe abgeschnitten werden, um den verbleibenden Dolden besonders üppiges Gedeihen zu garantieren, ist *Humulus lupulus*. Linné prägte diesen Namen, weil die Römer der Antike den Hopfen *lupus salictarius* nannten, den Wolf der Weidenbüsche – ein Vergleich, den jeder nachvollziehen kann, der erlebt hat, was wilder Hopfen, der sich als Unkraut einschleicht, im Garten anzurichten vermag.

Humulus japonicus, der asiatische Japan- oder Zierhopfen, ermangelt des Bitterstoffs, der den Gemeinen Hopfen *Humulus lupulus* für die Bierbereitung so wichtig macht.

Mit ziemlich großer Gewißheit läßt sich sagen, daß der Hopfen ein Kind der gemäßigten Klimazonen Europas und Westasiens ist. Während des 15. Jahrhunderts breitete er sich mit freundlicher Unterstützung der Holländer, die ganz Nordeuropa mit Hopfen belieferten, weit über seine natürliche Heimat hinaus aus. In England wurde er 1520 zum erstenmal in größerem Maßstab angebaut, und Olivier de Serres soll ihn gegen Ende des 16. Jahrhunderts nach Frankreich eingeführt haben, entweder aus England oder aus Flandern.

Hopfen kann sehr empfindlich sein; er ist anfällig für Mehltau, Frost und Insekten, doch wenn er diese Unbill überlebt, ist er höchst ertragreich, weshalb er in früheren Zeiten mit einem weit höheren Zehnt belegt war als andere Ackerpflanzen. Hopfen wächst schnell und hält sich mittels rechtswindender Sprossen mit Klimmhaaren an den Stangen fest, die ihm der Bauer zur Verfügung stellt. Männliche und weibliche Blüten wachsen nicht an denselben Pflanzen, und zur Gewinnung des Hopfenbitters für das Bierbrauen werden nur weibliche Pflanzen in den sogenannten Hopfengärten kultiviert.

Da der Hopfen zur Gattung der Hanfartigen gehört, beschränkt sich seine Nützlichkeit nicht auf das Obengenannte. Bestes Papier, haltbare Seile und grobe, aber unverwüstliche Gewebe lassen sich aus ihm fertigen, sein Pflanzensaft ergibt Farbe, seine Stengel liefern Wachs, und die Wurzeln schenken uns Glukose und Tannin. Vor der Entwicklung des Zelluloids wurden fotografische Platten mit einer Lösung bestrichen, die Hopfensaft enthielt. Zu den medizinischen Eigenschaften, die dem Hopfen unterstellt werden, gehört die, der Schlaflosigkeit entgegenzuwirken. Sollte der Hopfen allein dies nicht zustande bringen, muß man es vielleicht mit Starkbier versuchen.

Hu steht für
den HUCHEN oder Donaulachs, einen Verwandten der Forelle von imponierenden Ausmaßen, der schon fast als ausgestorben galt, mittlerweile aber wieder vereinzelt gesichtet wurde; für den Hund, der einem in Hongkong serviert wird, wenn man dort »Rindfleisch spezial« bestellt; für den Hundshai oder Dornhai, dem wir bereits unter Do begegnet sind; und für die Hundsrose, deren Hagebutten von ägyptischen Pharaonen ebenso geschätzt wurden wie von chinesischen Kaisern.

Hu steht aber auch für
HUHN. »Wenn Franzosen nicht wissen, was sie essen wollen, sagen sie im Zweifelsfall Huhn«, behauptet Alice B. Toklas, und wahrscheinlich hat sie recht, nicht nur für Franzosen.

Trotz seiner tropischen Ursprünge konnte das Huhn fast überall auf der Welt außer in den kältesten Regionen heimisch werden, und nur der Hund überrundet es als Haustier. Hühner lassen sich ohne größere Schwierigkeiten und Unkosten halten und stellen folglich in Regionen, wo anderes Fleisch zu teuer wäre, die Hauptquelle animalischen Proteins dar.

Das Huhn ist vielseitig – es läßt sich braten, backen, dünsten, dämpfen, kochen, ganz oder zerteilt, sparsam oder exzentrisch gewürzt. Wir finden es in Nationalgerichten wie dem arabischen *couscous*, dem österreichischen Backhendl, dem chinesischen Betrunkenen Huhn, dem flämischen *waterzooi*, dem florentinischen *pollo alla Diavola*, dem georgischen *chakhokhbili*, dem ungarischen Paprikahuhn, dem indischen Tandoorihuhn, dem indonesischen *sambal hati-hati*, dem japanischen *oyako domburi*, dem malaiischen *satai*, dem marokkanischen *bastelah*, dem pakistanischen *murghi biryani*, dem russischen *kurnik*, dem schottischen *cock-a-leekie*, der spanischen *olla podrida* und dem Kreolischen Huhn Westindiens. Wundern Sie sich aber nicht, wenn man Ihnen im Rheinland ein Käsebrot mit Senf serviert, wenn Sie eine Halve Hahn bestellt haben, und ebensowenig, wenn man Ihnen in New York Würstchen als Coney-Island-Huhn verkauft.

Die enge Beziehung zwischen Mensch und Huhn nahm aller Wahrscheinlichkeit nach um das Jahr 2000 v. Chr. ihren Anfang, und zwar in Indien, wo Wildgeflügel zum erstenmal auf der Welt domestiziert wurde – offenbar als heilige Vögel, die für religiöse Veranstaltungen benötigt und gezähmt wurden. Die Hühnervögel verbreiteten sich nach Norden und nach Osten, und so erreichten sie China und die Pazifischen Inseln; wann sie dort ankamen, wissen wir nicht, aber sie waren vor den Weißen dort.

Merkwürdig scheint der Weg zu sein, auf dem das Huhn nach Westen gelangte. Die meisten asiatischen Nahrungsmittel erreichten den Okzident über das Mittelmeergebiet; das Huhn scheint gegen 1500 v. Chr. zum erstenmal in Mitteleuropa aufzutreten, im Vorderen Orient jedoch frühestens ein Jahrhundert später. In Ägypten gab es bis dahin zwar Enten und Gänse, doch keine Hühner. Die früheste Darstellung eines Huhns in der ägyptischen Kunst, die mir bekannt ist, stammt aus dem Grab Tutanchamuns, also aus der Zeit um 1350 v. Chr., und die älteste Hühnerdarstellung Kleinasiens findet sich auf assyrischen Siegeln aus dem 8. Jahrhundert v. Chr. Die Hebräer des Alten Testaments scheinen ebenfalls keine Hühner gekannt zu haben, denn sie werden nicht einmal in den Listen der erlaubten und verbotenen Tiere erwähnt.

In Griechenland traf das Huhn bis etwa zum 5. Jahrhundert v. Chr. auf bestenfalls moderates Interesse; Hühner hielt man um ihrer Eier wegen, wie das entsprechende Stichwort verrät. Auch den Römern eilte es nicht damit, ihre Hühner zu Bratgeflügel heranzuzüchten; doch 200 Jahre darauf änderte sich dies, denn wir wissen, daß nach 185 v. Chr. Huhn in Rom ein beliebtes Geflügel war. Möglicherweise hatten die römischen

Armeen während ihres Asienfeldzugs auf der Insel Kos gelernt, wie man Hühner für die Tafel mästet. Keine 100 Jahre später galten Hühnergerichte in Pompeji, einer Stadt, wo man sich auf gutes Essen verstand, als besonders fein. Apicius hat uns eine Vielzahl von Rezepten hinterlassen, und zur Zeit Trajans war das Huhn ein Eckpfeiler der römischen Küche geworden.

In nördlicheren europäischen Gefilden erfreuten sich Hühner besonders im Mittelalter großer Beliebtheit, vor allem in Form des Kapauns, und 1682 konnte Magister Elsholtz in seinem *Diaeteticon* »von Hünern« schreiben: »Diesen gebühret unter den Erd-vögeln die erste stelle«, und vom Kapaun: »Wan nun das Castriren gehörig verrichtet / und die Capaunen folgendes wol gemästet werden / so lassen selbige das Fleisch alles andern Geflügels weit hinter sich.«

Alle Hühnerrassen der Welt, und es sind nicht eben wenige, stammen von *Gallus gallus* ab, dem indischen Bankivahuhn, das vor 4000 Jahren zuerst gezähmt wurde. Das Huhn unserer Tage, das seinem Ahnen am ähnlichsten sieht, ist das Kampfhuhn. Ein direkter Nachfahre der ersten Hühner, mit denen Griechen und Römer zu tun hatten, scheint das Huhn aus dem französischen Witz zu sein, das in einem Gebirgsnest als Bresse-Huhn auf der Karte figuriert und von dem Gast, der so unklug war, es zu bestellen, mit den Worten kommentiert wird: »Armes Tier! Es sieht aus, als hätte es den ganzen Weg zu Fuß zurückgelegt.«

HUMMER. Zur Etymologie wollen wir Magister Elsholtz das Wort erteilen: »Das Wort Hummer ist entsprungen aus dem Lateinischen oder vielmehr Griechischen *Gammarus*«, und *Homarus gammarus* lautet der Name des Europäischen Hummers, *Homarus americanus* der des Amerikanischen Hummers, welche beiden Arten sich lediglich dadurch unterscheiden, daß der Amerikanische Hummer etwas größer ist als sein europäischer Bruder. Im *Webster's* ist außerdem von einem Hummer namens *Homarus capensis* die Rede, dem real existierenden Kaphummer, der vor der Küste Südafrikas lebt und trotz guter Qualität keine kommerzielle Bedeutung besitzt, weil er mit nicht einmal 10 cm Länge noch kleiner ist als der Norwegische Hummer *Nephrops norvegicus*, dessen Verbreitungsgebiet von Island bis Nordafrika reicht und der auch Kaisergranat, Scampo oder Langustine heißt.

Kein Hummer ist hingegen die geschmacklich eng verwandte Languste, deren europäische Spezies *Palinurus elephas* und *Palinurus mauritanicus* sind. Hummer bewohnen die nördliche Hemisphäre und den Atlantik (der Kaphummer ist eine Ausnahme), Langusten außer dem Mittelmeer alle tropischen und subtropischen Meere, und für sie gilt die Regel: je exotischer, desto farbenprächtiger und desto größer. Kein Hummer ist auch der Bärenkrebs, der wie Hummer, Langusten und Flußkrebse zu den Panzerkrebsen zählt; er lebt im Mittelmeer, im Ostatlantik, im Indischen Ozean und im Pazifik.

Der wahre Hummer, der »Kardinal der Meere«, wie Jules Janin ihn (frei nach Rabelais) nannte, übertrifft alle seine näheren und ferneren Verwandten an Wohlgeschmack, und die besten Hummer sind die aus kälteren Gewässern, die bretonischen Hummer und die aus dem Norden der USA beispielsweise. Auch im Mittelmeer und sogar im Bosporus sollen exzellente Hummer vorkommen, aber auch hier hebt die Ausnahme nicht die Regel auf. Bedenkt man, wovon Hummer sich ernähren, hat ihr feines Aroma etwas Paradoxes, denn zu Recht könnte man sie als Geier des Meeres bezeichnen. Der Geruchssinn leitet sie auf der Suche nach ihrer Lieblingsspeise, verrottetem Fisch und Meeresgetier, und dieses geben die Fischer als Lockspeise in die Hummerkörbe, mit denen sie die Aasfresser fangen. Trotz der langen Augenstiele, die ihm eine Art Panoramablick ermöglichen, verfügt der Hummer über kein besonders gutes Sehvermögen, und auch in seinem Oberstübchen ist es wahrscheinlich nicht zum besten bestellt; sein Geruchssinn als seine hervorstechendste Fähigkeit lockt ihn in den Hummerkorb, wo er sich sattfrißt, bevor er dem Menschen zur Nahrung dient.

Hummer muß frisch aus dem Meer kommen, wenn er wirklich gut sein soll. Es genügt nicht, lebende Hummer zu kaufen, denn sie beginnen zu verkümmern, sobald sie aus dem Meer genommen werden, und lassen sich durch Aquarien nicht täuschen. Dies erklärt, warum man eher einen frischen Hummer bekommen kann, wenn man Hummer kauft, der in Algen eingewickelt oder auf Eis frischgehalten ist, als wenn man einen aus dem Wasserbehälter der Fischhandlung nimmt. Nach fünf Tagen in Gefangenschaft ist der Geschmack des Hummers unwiederbringlich dahin. Tiefgefrorene rohe Langustenschwänze sind eine Alternative für sensible Seelen, die es nicht übers Herz bringen, lebende Tiere in kochendem Wasser zu töten, und für ängstliche Esser, die sich vor dem Anblick der Innereien ekeln. Tiefgefrorene gekochte Hummer sind Geldverschwendung, denn sie sind übergart, mehlig und ausgelaugt.

Während des Zweiten Weltkriegs wurden Hummer von den Briten mobilisiert, und zwar als Tarnung für Spionageaktivitäten, die von kleinen Booten im Ärmelkanal ausgingen, getarnt als Boote von Hummerfischern. Um eventuelle deutsche Beobachter zu täuschen, verbrachten die Männer an Bord viel Zeit damit, Hummerkörbe aus dem Wasser zu hieven und ihnen die Gummihummer zu entnehmen, die nach Einbrechen der Dunkelheit in denselben Körben wieder zu Wasser gelassen wurden, um am Tag darauf wieder eingeholt zu werden. Von deutscher Seite sind wir über den Erfolg dieser Aktion leider nicht informiert; sollten irgendwelche Deutsche sich jedoch davon haben täuschen lassen, dann müssen sie in der gleichen seligen Ahnungslosigkeit über die Farbe lebender Hummer befangen gewesen sein wie die britischen Hersteller der leuchtendrot gefärbten Gummifaksimiles.

Hy steht für
HYÄNE, ein Tier, das im alten Ägypten für die Tafel gemästet wurde; für die Hyazinthe, deren Zwiebeln von halbverhungerten Studenten des Radley College in England ausgegraben und gegessen wurden; und für *Hyssopus*, wie der Name der Ysopgewächse wissenschaftlich korrekt lautet.

Der Pfau war in alten Zeiten bei festlichen Bewirtungen sehr beliebt. Er wurde manchmal in eine Pastete getan, an deren einem Ende der Kopf mit seinem ganzen Gefieder und mit reich vergoldetem Schnabel hervorragte, während am anderen der Schweif seine Pracht entfaltete. Solche Pasteten servierte man bei den festlichen Banketten der Ritter, wobei sich die fahrenden Ritter anheischig machten, irgendein gefahrvolles Abenteuer zu bestehen; daher kommt der alte Schwur: »Bei Pfau und Pastete!«

Washington Irving

I steht für
IGEL, eine von den Römern des 5., den Engelländern des 15. und den Afrikanern des 20. Jahrhunderts hochgeschätzte Delikatesse; für Impala, eine Antilopenart, die zum begehrtesten Wild Afrikas zählt; für Indische Nuß und Indisches Salz, wie der Europäer Muskatnuß und Zucker anfangs nannte; für Indianerreis oder Wildreis, der kein Reis, sondern eine Art Hafer ist; für Innereien, zu deren Umschreibung in allen Sprachen die blumigsten Euphemismen dienen; und für Insekten, die vom Menschen von alters her in verblüffender Vielfalt verzehrt wurden und werden und die Aristophanes vorsichtig als »vierflügeliges Geflügel« bezeichnet.

Und es steht für
INGWER. Da Nützlichkeit einer der Hauptzwecke meines Buches ist, will ich dieses Stichwort mit zwei nützlichen Hinweisen eröffnen. Wenn man einem gewissen Dr. Fallet Glauben schenken darf, soll Ingwer »jenem, der ihn verwendet, unfehlbare Macht über jeden Tiger verleihen, dem er begegnet; der Tiger wird so zahm, daß man auf ihm reiten kann wie auf einem Pferd«. Sollten Sie mit Tigern keine Schwierigkeiten haben, verrate ich Ihnen einen zweiten Tip: Ingwer vertreibt Inkuben.

Ingwer ist die Wurzel (botanisch gesprochen das Rhizom) von *Zingiber officinale,* laut *Webster's* »wahrscheinlich aus dem pazifischen Raum stammend«, worauf man nur sagen kann: »Wahrscheinlich nicht.« Als Dokumenten zufolge Ingwer in Indien bereits verbreitet war, waren die Inselgruppen des Pazifiks noch unbesiedelt; aber *Webster's* irrt sich nicht als einziger. Es scheint verzeihlich, wenn John Gerard im 16. Jahrhundert in seinem *Herball* schreibt, Ingwer wachse »in Spanien, im Land der Berber, auf den Kanareninseln und den Azoren. Unsere Männer, welche Domingo in den Indischen Landen erstürmten, gruben die Wurzel dort vielerorten aus«, aber was soll man davon halten, daß André Castelot, der französischen Fernsehzuschauern als seriöser Historiker gilt, behauptet, der Ingwer stamme aus Westindien? Ingwer gelangte erst mit den Europäern in die Neue Welt. Was in den USA als wilder Ingwer bezeichnet wird, ist das gleiche, was im antiken Rom als wilder Ingwer bezeichnet und aus Ägypten und Illyrien bezogen wurde – Haselwurz (*Asarum*), eine Pflanze, die in Geruch und Geschmack an Ingwer erinnert, aber zu den Pfeifenwinden- und Osterluzeigewächsen gehört.

Der Ingwer stammt aus Ostasien, wo er seit so langer Zeit gezüchtet wird, daß es keine Wildform mehr zu geben scheint. Als engere Heimat kommen Indien und Malaysia in Frage. Der Name leitet sich vom Sanskritwort *ṣṛngavēra* ab, was »der Hornförmige« bedeutet, und er ist in fast allen Sprachen wiederzuerkennen: *zingiberis* im Griechischen, *zingiber* im Lateinischen, *zenzero* im Italienischen, *gengibre* im Spanischen, *gingembre* im Französischen und *ginger* im Englischen.

Die Römer wußten nicht genau, woher der Ingwer stammte, den sie konsumierten, aber da er sie über das Rote Meer erreichte, mutmaßten sie einen Ursprungsort irgendwo in Südarabien; man darf allerdings vermuten, daß er aus Indien kam. Weil er als Wurzel befördert wurde, überstand er die Reise besser und in größeren Mengen als andere, verderblichere Gewürze. Daß Ingwer im alten Rom einen stolzen Preis hatte, obwohl er nicht selten war, liegt an der auf ihn erhobenen Luxussteuer, über die Plinius beredt Klage geführt hat.

Es heißt, nach dem Zusammenbruch des Römischen Reiches sei der Ingwer aus der europäischen Küche verschwunden, bis Marco Polo ihn in China und Indien wiederentdeckte, doch es scheint, als hätte er zumindest in kleinen Mengen weiterhin über den Ozean gefunden. Seit dem 13. Jahrhundert finden sich häufig Nachweise europäischen Ingwerkonsums, wenngleich der Verbrauch in Ländern wie Frankreich, wo mehr Wert auf die Verfeinerung des Geschmacks gelegt wurde als auf frappierende Geschmackserlebnisse, bald auffallend zurückging. England blieb dem Ingwer treu. Elisabeth I. soll höchstpersönlich den mit Ingwer parfümierten Lebkuchenmann erfunden haben, als sie kleine Kuchen mit Ingwergeschmack in Form von Abbildern ihres Zirkels backen ließ, wobei die Ähnlichkeit notgedrungen eine eher ungefähre gewesen sein dürfte.

Die Engländer brachten ihre Vorliebe für Ingwer nach Amerika mit, und dieses Land verschrieb sich dem Gewürz von Anbeginn seiner Geschichte an mit Haut und Haar. Die Soldaten der Revolutionstruppen hatten Ingwer im Tornister, und Salem in Massachusetts war die erste Hälfte des 19. Jahrhunderts hindurch der weltgrößte Gewürzhandelshafen, worauf möglicherweise zurückzuführen ist, daß noch heute in Neuengland – und sonst nirgends auf der Welt – Ingwereis hergestellt wird.

Von seiner asiatischen Heimat aus hat der Ingwer viele tropische Gegenden erobert; er wächst in Australien, in Südamerika, in Indochina, wo er besonders scharf und würzig ist, in Afrika, wo er herb und pfeffrig ausfällt, und auf Jamaika, wo er von blasser Farbe und besonders zartem, subtilem Aroma ist.

Schließen will ich mit einem Hinweis auf eine weitere mögliche Nutzanwendung: Pferdehändler pflegen ihrer Ware ein Stück Ingwer als Zäpfchen einzuführen, um die Tiere dazu zu bringen, den Schwanz hochzuhalten, was offenbar als Zeichen von Feuer und Gesundheit gedeutet wird. Diese Information ist nur so lange von praktischem Wert, als das Pferd dem Menschen erhalten bleibt, denn eine Wirkung von Ingwer auf Verbrennungsmotoren ist bislang nicht nachgewiesen.

Jardin de la France: einer von vier Vins de Pays der Region, erfaßt das Loiretal; etwas mehr Rot- als Weißwein, Gamay und Sauvignon Blanc meist sortenrein. – Jasnières: sehr rarer, Vouvray-ähnlicher, aber trokkener Wein aus der nördlichen Touraine. – Juliénas: führendes Gewächs aus dem Beaujolais; gehaltvoller, fruchtiger Wein, 2 bis 3 Jahre haltbar. – Jura: verschiedene leichte und helle Weine; Arbois darf als besser gelten. – Jurançon: ungewöhnliche, hocharomatische und langlebige Spezialität aus Pau in den Ausläufern der Pyrenäen, eine Art urwüchsiger Sauternes, höchst probierenswert.

Hugh Johnson

Ja steht für
JACANA, einen Wasservogel, der sich ein schwimmendes Nest baut; für den Jaguar, den die Indianer im heutigen Südwesten der USA vor 8000 Jahren jagten und verspeisten; und für Jalapeño, eine Chilisorte, die unschuldig grün und erfrischend aussieht, doch der Schein trügt.

Und Ja steht für
die JAKOBSMUSCHEL. Im Mittelalter war Galicien in Nordspanien einer der wenigen Orte, wo Jakobsmuscheln gefischt wurden, und deshalb brachten Pilger, die den Jakobsweg nach Santiago de Compostela auf sich genommen hatten, um am Grab des Heiligen zu beten, Muschelschalen mit zurück, zum Beweis, daß sie die Pilgerfahrt wirklich absolviert hatten. Eine andere Überlieferung besagt, daß die Pilger unterwegs ihre Nahrung erbetteln mußten und die Schalen der Jakobsmuschel (die bis zu 15 cm Durchmesser erreichen können) sich als Gefäß für die Almosen idealerweise anboten. Mit Sicherheit wissen wir zumindest, daß zurückkehrende Pilger Schalen der Jakobsmuschel am Hut trugen.

Die Jakobsmuschel, auch Pilger- oder Kammuschel genannt, ist die beweglichste aller Muscheln. Indem sie ihre ungleichen Schalenhälften öffnet und schließt, kann sie auf dem Meeresgrund umherspringen oder wie eine Rakete davonschießen, was sie durch zwei Wasserstrahlen noch verstärken kann. Zwischen den Tentakeln des Mantelrandes besitzt sie 40 bis 60 hochentwickelte Linsenaugen, die blau erscheinen, obwohl sie eher grün zu nennen sind, doch der Eindruck entsteht durch die türkisfarbene Umrandung. Diese Augen mit Hornhaut, Linse und Sehnerv sind den Augen der Wirbeltiere ähnlicher als die jedes anderen wirbellosen Lebewesens. Sie erlauben es der Jakobsmuschel, etwaige Feinde auszumachen, auch wenn sie nur Licht und Bewegung registrieren, ohne auf Formen zu reagieren.

Jakobsmuscheln gibt es in allen erdenklichen Färbungen: Sie können weiß sein, gelb, rosa, rot, purpurn, blau, braun und schwarz, monochrom, aber auch gesprenkelt, mit konzentrischen Kreisen oder sternförmig verlaufenden Streifen gemustert. Weltweit gibt es an die 300 Arten, und alle sind eßbar.

Wie viele Schalentiere und Muscheln sind auch Jakobsmuscheln am besten, wenn sie aus kalten Gewässern stammen.

Vor einigen Jahren sah es aus, als würde es bald keine Jakobsmuscheln mehr geben, doch strikte Auflagen haben in relativ kurzer Zeit zu einem merklichen Anwachsen der erschreckend geschrumpften Bestände geführt.

Es wird gern gemunkelt, daß Fischhändler ohne Ehrgefühl mit runden Plätzchenformen aus dem Fleisch von Hai, Lotte oder anderen festfleischigen, weißen Fischen Jakobsmuschelfleisch »herstellen«, doch möglicherweise haben wir es hier mit Anglerlatein zu tun.

In Südostasien gibt es Jakobsmuscheln nur für westliche Touristen, und in Thailand heißen sie nach den Schildern einer bekannten Firma pragmatischerweise *hoy shell.*

Jo steht für
den JOB JAUNE oder Jobfisch, auf den Seychellen Capitaine genannt, in allen tropischen Gewässern zu Hause und vor allem im westpazifischen Raum ein wichtiger Speisefisch; für die Jochelbeere, die Karl Foerster in Bornim aus (wie man sich denken kann) Johannis- und Stachelbeere gekreuzt hat und die sich im Garten meiner Übersetzerin beharrlich weigert, Früchte zu tragen; für Johannisbrot, Karobe oder Karube, angeblich der »wilde Honig« und die »Heuschrecken«, von denen

sich Johannes der Täufer in der Wüste ernährte (die Hülse bildete die Heuschrecken, das süße Fruchtmus in ihr den Honig); und für den Jonathan-Apfel, eine amerikanische Züchtung, die aus dem Jahr 1820 stammt.

Jo steht außerdem für
JOHANNISBEERE. Die Johannisbeere ist im Bereich etwa des mittleren Drittels der nördlichen Hemisphäre verbreitet, und möglicherweise stammt sie aus Skandinavien, denn die ältesten uns bekannten Funde von Johannisbeerkernen stammen aus Dänemark, was die Lokalität, und aus dem Mesolithikum, was die Epoche angeht. Die wichtigste heute noch existierende Stammart ist die Waldjohannisbeere (*Ribes sylvestris*); *Ribes rubrum*, die Gartenjohannisbeere, ist seit dem 15. Jahrhundert in Dänemark, den Niederlanden und den baltischen Ländern als Kulturpflanze bekannt; in England und Frankreich wurde sie zur Zeit Elisabeths I. eingeführt. Zu Beginn des 17. Jahrhunderts brachten englische Siedler Johannisbeersträucher nach Amerika mit, weil sie nicht wußten, daß entsprechende Arten der Gattung *Ribes* dort bereits vorhanden waren – sowohl Johannisbeeren als auch Stachelbeeren (→ St).

Von den mehr als 100 Arten der Gattung sind Rote Johannisbeeren als Beerenobst am beliebtesten. Weiße Johannisbeeren sind nicht weiß, sondern gelblich; botanisch und nicht ästhetisch gesehen, sind es Rote Johannisbeeren, die ihre Pigmentierung und dabei auch einen Teil ihrer Säure eingebüßt haben, was sie zur süßesten und seltensten Art macht. *Ribes nigrum*, die Schwarze Johannisbeere oder Ahlbeere, findet wegen des unangenehm penetranten und bitteren Geschmacks ihrer Früchte nur Verwendung für Gelees, Sirupe und Liköre (Cassis!).

Das berühmteste Gelee aus Roten Johannisbeeren ist das aus Bar-le-Duc in Frankreich, für dessen Zubereitung die

Kerne mit Hilfe von Federkielen aus den Früchten entfernt werden.

Ju steht für
JUDASOHR, einen Ohrlappenpilz, der mit Vorliebe an alten Holunderstämmen wächst und seinen Namen der Legende verdankt, derzufolge Judas sich aus Reue über seinen Verrat an einem solchen Baum erhängt haben soll; für Judendorn oder Brustbeerbaum, wie die Jujube (s. unten) auch genannt wird; und für Judenkirsche oder Lampionblume, hinter welchen Namen sich die Blasenkirsche verbirgt, die im Verlauf des weltweiten Siegeszugs der *nouvelle cuisine* als Desserttellerdekoration unter ihrem wissenschaftlichen Namen *Physalis* jedermann zum Begriff geworden ist, während die hübschen Namen der eßbaren Früchte, die da Kapstachelbeeren, Ananaskirschen, Erdkirschen oder Erdbeertomaten lauten, bedauerlicherweise niemandem mehr geläufig zu sein scheinen.

Und Ju steht – selbstverständlich – für
die JUJUBE, ein Kreuzdorngewächs. Als Odysseus nach neuntägiger Sturmfahrt das Land der Lotosesser erreichte, verfielen seine Gefährten dem Genuß des Lotos, der sie alles vergessen machte und ihnen nur den Wunsch beließ, zu bleiben und vom Lotos zu kosten, so daß Odysseus sie gewaltsam auf die Schiffe zurückbringen und unter den Ruderbänken anbinden mußte, bis man weit genug vom Land entfernt war. Homer geht nicht näher auf die Eßgewohnheiten der Lotophagen ein, und er schweigt sich auch zur Lokalisierung ihres Landes aus, was andere nicht entmutigte, sich über beides ausführlich Gedanken zu machen. Den meisten antiken Autoren nach ist das Land der Lotosesser gleichzusetzen mit der Großen und der Kleinen Syrte, und unter Lotos ist weder die entsprechende ägyptische Seerosenart noch der indische Lotos, noch die Dattelpalme

oder der Zürgelbaum zu verstehen, sondern die Lotosjujube (*Zizyphus lotus*), deren Hauptverbreitungsgebiet von jeher Nordafrika ist; laut Herodot lebten die Lotophagen von Lotos allein, während Artemidoros auch Milch und Fleisch als Nahrung gelten ließ. Zu Recht weist Herodot auf die Ähnlichkeit hin, die sowohl im Aussehen als auch geschmacklich zwischen den Früchten der Jujube und Datteln besteht, und aus beiden lassen sich geistige Getränke brauen, deren durchschlagende Wirkung ein ganz eigenes Vergessen mit sich bringt.

Asien gilt gemeinhin als Ursprungsland aller *Zizyphus*-Gewächse, doch ist man sich nicht einig, ob sie aus China oder aus Syrien stammen, aus Asiens westlichen oder östlichen Gefilden. China scheint mir aus verschiedenen Gründen die wahrscheinlichere Heimat der Jujube zu sein: Es ist der Ursprungsort der verbreitetsten Art *Zizyphus jujuba*, der Gemeinen Jujube; in China wachsen die wohlschmeckendsten Varietäten; in China werden Jujuben seit mindestens 4000 Jahren kultiviert, und die Jujube hat einen festen Platz in der chinesischen Küche. Im Mittelalter war eine der »acht Köstlichkeiten« Chinas Spanferkel mit einer Füllung von Früchten, die in den Übersetzungen als Datteln bezeichnet werden, aber wahrscheinlich Jujuben waren, und Marco Polo berichtet von Jujuben, aus denen die Chinesen Brot bereitet haben sollen und die doppelt so groß gewesen sein sollen wie Datteln. Noch heute zählt die Jujube zu den fünf wichtigsten Früchten Chinas.

Man nimmt an, daß Jujuben in Assyrien angebaut wurden, allerdings nicht vor dem 1. Jahrtausend v. Chr., wenn wir den Historikern Glauben schenken wollen. Für Homer ist das ein wenig spät; Plinius behauptet gar, Italien habe die Jujube erst zur Zeit des Augustus erreicht. Selbst wenn wir es mit den Jahrhunderten nicht so genau nehmen, läßt sich sagen, daß die Jujube das Mittelmeergebiet erst eroberte, als sie nicht nur in China, sondern auch in Indien schon lange bekannt war.

Wer keine Jujuben mag, kann sich an den Insekten erfreuen, die sich von den Blättern des Baums ernähren: Die Seidenraupen, die Tussahseide erzeugen, schätzen keine Maulbeerblätter, sondern nur Jujubenblätter, und *Coccus lacca*, die Lackschildlaus, der wir den kostbaren Schellack verdanken, hält sich ebenfalls am liebsten an den Blättern der Jujube auf.

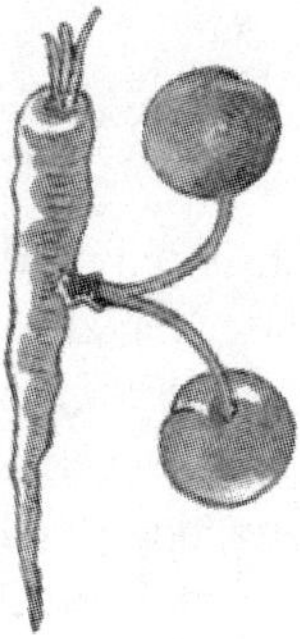

Ein wahrer Bürgerkrieg um den Begriff koscher *spielt sich auf den Firmenschildern der Nahrungsmittelgeschäfte im Quartier Saint-Paul ab. […] Ein einziger Fleischerladen in der Rue des Ecouffes begnügt sich mit den drei Konsonanten:* kschr.

Egon Erwin Kisch

Nein, ehrlich, wie soll man die Zutaten dazu bringen, eins zu werden, das gleiche mit allem anderen: wie die Nacht, daß sie aufhört, wie den Schuh, daß er zum anderen zurückkommt, wie das Püree, daß es zu Kartoffeln wird. Nur gut, daß mit dem Kochen alles kleiner wird im Topf.

Friederike Kretzen

Ka steht für
das KÄNGURUH, aus dessen Schwanz Ochsenschwanzsuppe gemacht wird; für den Kaiserpilz oder Kaiserling alias *Amanita caesarea*, der den Römern war, was uns der Steinpilz ist, obwohl er zur Sippschaft der Knollenblätterpilze gehört, was Agrippina, die Gattin des Claudius, auf den Gedanken brachte, diesem ein paar giftige Wulstlinge in sein geliebtes Pilzragout zu schmuggeln (das Ergebnis ist bekannt); für Kakaobohnen, denen wir unter dem Stichwort Schokolade begegnen werden; für Kalk, dem wir bereits unter dem Stichwort Gips begegnet sind und der von der Antike bis heute ein bei Nahrungsmittelverfälschern überaus beliebter unerlaubter Zusatzstoff war und ist, mittels dessen sich Milch und Mehl nach Hahnemanns System schier unendlich verlängern lassen; für den Kapaun, der uns in Kochrezepten fast immer in Begleitung des Adjektivs »fett« begegnet und dem im Hühnerstall ein unverträglicher und tückischer Charakter zugeschrieben wird, den er möglicherweise als unerwünschtes Nebenprodukt seines Kastratendaseins entwickelt, das er unfreiwillig antritt; für den Kapokbaum, dessen Samenhaare als Polstermaterial Verwendung finden und dessen Samen in Westafrika zu Mehl vermahlen werden; für die Kapuzinerkresse, deren Blätter und Blütenblätter sommerlichen Salaten Farbe und eine angenehme Schärfe verleihen und deren eingelegte unreife Knospen einen interessanten Kapernersatz bilden; für Kardamom, das zweitteuerste Gewürz der Welt nach Safran, dessen eindringliches Parfum sich einem ätherischen Öl verdankt, weshalb der Erwerb gemahlenen Kardamoms sich erübrigt, da dieses Pulver sich ohne weiteres durch Hausstaub oder jede andere pulverförmige Substanz ersetzen läßt; für die Kardone,

eine Artischockenart (→ Ar), die in Frankreich und Italien sehr beliebt und weiter nördlich sehr unbekannt ist; für Kariblätter, Indiens Antwort auf Lorbeerblätter; für Karobe oder Karube alias Johannisbrot; und für Kaulquappen, die von den Azteken sehr geschätzt und aus den Gewässern um ihre Hauptstadt bezogen wurden.

Ka steht aber auch für
KABELJAU. Junge Kabeljaue wachsen langsam, und es dauert Jahre, bis sie groß und kräftig genug sind, um sich in der grausamen Welt des Meeres zu behaupten. Trotz dieser Achillesferse garantierte die immense Fruchtbarkeit des Kabeljaus bis in allerjüngste Vergangenheit nicht nur Überleben, sondern sogar Zunahme der Bestände, doch inzwischen droht dem Fisch die Ausrottung durch das schlimmste und gefährlichste aller Raubtiere, den Menschen.

Diese Entwicklung ist neu. Seit prähistorischen Zeiten stellte der Mensch dem Kabeljau nach und blieb dennoch sein harmlosester Feind, bis er riesige Trawler und Fabrikschiffe erfand, deren Schleppnetze mit ihren feinen Maschen keine Fische entkommen lassen und das Meer zur Wasserwüste machen. Japanische und russische Fischereiflotten durchkämmen sogar die Beringsee nach Kabeljau.

Man kann den Kabeljau ohne zu übertreiben als wichtigsten Seefisch in der menschlichen Ernährung bezeichnen, dicht gefolgt vom Hering, doch früher als diesem schenkte der Mensch dem Kabeljau seine Gunst. In Küchenabfällen aus der Steinzeit fanden sich große Mengen Kabeljaugräten, und zu Beginn des Mittelalters wurde Kabeljau in Westeuropa zu einer wichtigen Handelsware, wenngleich wir nicht wissen, ob Nordländer oder Franzosen zuerst mit gesalzenem und getrocknetem Kabeljau handelten. Laberdan nennt man den frisch eingesalzenen Kabeljau, Stockfisch den bloß getrockneten und Klippfisch den gesalzenen (gepökelten) und getrockneten; Klippfisch verdarb auch auf langen Schiffsreisen nicht (und an Land hält er sich jahrelang). Geräucherte oder gepökelte Heringe sind ebenfalls haltbar, doch umständlicher zu bearbeiten und deshalb wahrscheinlich jünger als Klipp- und Stockfisch. In Zeiten mit beschränkten Kühlmöglichkeiten waren Klippfisch und Stockfisch oft die einzigen Arten von Seefisch, die Binnenlandbewohner jemals kennenlernten.

Frischer Kabeljau ist von angenehmem Geschmack – nicht zart und subtil, sondern klar und einfach; das Fischfleisch ist weiß, fettarm und zerfällt bei Erhitzen ähnlich wie das des Schellfischs zu großen Flocken oder Scheiben. Neufundländer werden Ihnen versichern, daß das Köstlichste am Kabeljau die Zunge ist; Norweger vertreten die Ansicht, das Beste sei der Kopf des Fischs, insbesondere das Fleisch, das sich in einer kleinen Vertiefung oben auf dem Schädel befindet, und Neuengländer schätzen ebenfalls den Kopf, vor allem die sogenannten Bäckchen.

Der strenge Geruch des bekannten und gefürchteten Lebertrans lädt nicht zum Verzehr ein, aber Kabeljau- und Dorschleber (der Kabeljau ist ein Dorsch) ist eine vielbegehrte Spezialität, die keineswegs nach Tran schmeckt, und auch der Rogen ist eine hochgeschätzte Delikatesse und wird gern geräuchert verspeist.

Die Zeit vom ausgehenden 8. bis zum frühen 11. Jahrhundert nennt man das Zeitalter der Wikinger, doch mit genausoviel Berechtigung könnte man sie Zeitalter des Kabeljaus nennen, denn gesalzener Kabeljau, »das Beefsteak des Seefahrers«, war Proviant und zugleich Handelsware der Kämpfer zur See, die zugleich Fischhändler zur See waren. Baskische und bretonische Fischer fuhren weit in den Atlantik hinaus, wahrscheinlich auf der Jagd nach Walen, und entdeckten im Verlauf des ausgehenden Mittelalters große Fischbestände vor Neufundland; sie müssen geahnt haben, daß sich hinter diesen Fischgründen ein Kontinent befand, und vielleicht verdankte Kolumbus seine Intuition ihren Erzählungen und Mutmaßungen.

Die Geschichte Neufundlands ist bis auf den heutigen Tag mit der des Kabeljaus eng verknüpft. Kabeljau führte zur Einrichtung der Handelsflotte Neuenglands und war einer der Anlässe für den Ausbruch des Unabhängigkeitskrieges, und Kabeljau spielte eine wichtige Rolle im Sklavenhandel, denn in Afrika bezahlte man Sklaven mit einer der drei gültigen Währungen, die hießen: spanisches Münzgeld, Rum oder Klippfisch. Die westindischen Zuckerrohrplantagen waren große Abnehmer neuenglischen Klippfischs, den sie zur Ernährung ihrer Sklaven benötigten und mit Melasse bezahlten, aus der in Neuengland Rum destilliert wurde.

Die Kabeljaufischerei Neuenglands überlebte die Aufhebung der Sklaverei, aber vor den Trawlerflotten anderer Länder mußte sie kapitulieren.

KALB. Die eifrigsten Kalbfleischesser der Welt sind die Italiener, und Varro hat die Theorie geäußert, der Name des Landes gehe auf die Bezeichnung für Kalb zurück (*vitulus* oder *vitellus*); hätte er ein Jahrhundert früher gelebt als von 116 bis 27 v. Chr., wäre ihm allerdings aufgefallen, daß die Römer der Antike vor dem 2. vorchristlichen Jahrhundert dem Kalb keine Beachtung schenkten. Selbst zu Trajans Zeit (52–117) kam das Kalbfleisch erst an vierter Stelle nach Schwein, Lamm oder Schaf und Ziegenfleisch, und erst unter Alexander Severus (208–235) hätte Varro erste Belege für seine These finden können, aber da war der Name Italien schon seit langem eingebürgert.

Katharina von Medici, der Historiker gern die Einführung jeglichen Nahrungsmittels nach Frankreich zuschreiben, dessen Weg sie sich nicht erklären können, soll auch das Kalbfleisch in ihrer neuen Heimat populär gemacht haben, obwohl mehr als anderthalb Jahrhunderte vor ihrer Ankunft im *Ménagier de Paris* bereits zahlreiche Rezepte für Kalb verzeichnet sind. Im 16. Jahrhundert galt es in Frankreich als das feinste Schlachtfleisch, und von Mazarin wird behauptet, er habe nur das Fleisch von Kälbern zu essen geruht, die ausschließlich mit Milch, Eigelb und Biskuit gefüttert worden waren.

Das früheste englische Kochbuch, das Kalbfleisch behandelt, stammt aus dem Jahr 1378, und im 16. und 17. Jahrhundert erfreute Kalbfleisch sich in England größter Beliebtheit. Im *Diaeteticon* aus dem Jahr 1682 wird Kalbfleisch eher am Rande erwähnt, doch Grimmelshausen spricht in seinem 1668 zuerst erschienenen *Simplicissimus* von einem gekochten Kalbskopf, »von welchem man zu sagen pflegte, daß sie kein Armer fressen dörffe«, und die kaum zu überblickende Vielzahl von Kalbfleischgerichten der österreichischen Küche legt ebenso wie das Zürcher Geschnetzelte die Vermutung nahe, daß das Kalb in diesen transalpinen Regionen weit länger seinen festen Platz im Küchenzettel behauptet, als die Kulturhistoriker wahrhaben wollen.

Die besondere Vorliebe der Italiener für Kalbfleisch zeugt von seiner vielseitigen Verwendbarkeit, die erlaubt, kulinarische Kunstfertigkeit vollendet zu entfalten, während Fleisch mit ausgeprägterem Geschmack dieser engere Grenzen setzt. Diese Eigenschaft empfahl das Kalb, ähnlich wie Huhn und Seezunge, auch der klassischen französischen Küche, wovon 288 Rezepte für Kalbfleisch in Auguste Escoffiers und 117 in Henri-Paul Pellaprats Standardwerk sowie bescheidene 70 in Curnonskys Klassiker (der sich allerdings stärker an die Hausfrau als an den Berufskoch wendet) beredtes Zeugnis ablegen. Grimod de la Reyniàre nannte das Kalb seines neutralen Geschmacks wegen das »Chamäleon der Küche« (ein Bonmot, das ihm ausnehmend gut gefallen haben muß, da er es – im übrigen zu Recht – auch über die Seezunge zum besten gab, und das Eugen von Vaerst gleichfalls so gut gefiel, daß er es in seine *Gastrosophie* übernahm, ohne es umständlich als Zitat zu kennzeichnen), während Charles Monselet vorsichtiger schrieb, mit Ausnahme des Schweins gebe es fast kein Tier, das sich zu so vielen Metamorphosen in der Küche eigne wie das Kalb. In der mittelalterlichen Küche, die es liebte, Nahrungsmittel als das auszugeben, was sie nicht waren, war es Mode gewesen, Kalbfleisch so zuzubereiten, daß man es als Fisch deklarieren konnte, und der klassische französische Kalbskopf auf Schildkrötenart ist wie das italienische *vitello tonnato* Nachfahre oder Relikt dieser Mystifikationen.

Köche des Mittelalters hätten wahrscheinlich nicht schlecht gestaunt, wenn es ihnen möglich gewesen wäre zu erfahren, daß im späten 20. Jahrhundert Hühner mit Fischgeschmack gezüchtet werden, aber keineswegs aus Snobismus und auf Wunsch dekadenter Feinschmecker, sondern in Befolgung von Gesetzmäßigkeiten, über die sie den Kopf schütteln müßten; Gesetzmäßigkeiten, die auch zur künstlichen Erzeugung eines Kalbfleischs geführt haben, das geschmacklich stark an Styropor erinnert, zum Ausgleich jedoch den, der es verzehrt, ausreichend mit Antibiotika versorgt. In *The Taste of America* schreiben John und Karen Hess zu diesem erfreulichen Thema: »In Vorkriegszeiten verwendeten skrupellose Garköche billiges Kalbfleisch statt teuren Hühnerfleischs für *chicken à la King*. Heutzutage ist Kalbfleisch so teuer und Huhn so verhältnismäßig billig geworden, daß einem Huhn als Kalb angedreht wird, aber was macht das schon aus – beide kriegen das gleiche Futter, haben die gleiche Textur und hätten den gleichen Geschmack, wenn sie nach irgend etwas schmecken würden.«

Trotz alledem sei nicht verschwiegen, daß Extremitäten und Innereien des Kalbs geschmacklich die aller anderen Schlachttiere übertreffen und daß die Reduktion aus Kalbsfußknochen am Anfang aller Saucen der feinen Küche auf Fleisch- und Knochenbasis steht. Daß ein Wiener Schnitzel so dünn sein muß, daß man durch es hindurch die Zeitung lesen kann, und trotz der Behandlung in siedendem Schmalz so trocken, daß man sich unbesorgt draufsetzen kann, muß wohl kaum eigens betont werden, und wer wäre schon so dumm, ein »Schnitzel Wiener Art« zu bestellen, wenn es ihn nach Kalbfleisch gelüstet?

KAMEL. Die ersten Kamelesser, von denen wir wissen, sind die Indianer Nordamerikas. Knochen von Vorfahren der heutigen Dromedare (mit einem Höcker) und Kamele oder Trampeltiere (mit zwei Höckern) wurden in Nevada gefunden und stammen der Datierung mittels der Radiokarbonmethode nach aus der Zeit um 23000 v. Chr. In Zentralasien, wo viele die Heimat des Kamels vermuten, gibt es keinerlei annähernd so alten Funde, und ich wage die Behauptung, daß es gegen Ende des Pliozäns, vor etwa 1 Million Jahren, von Amerika nach Asien ausgewandert und später in seiner ursprünglichen Heimat ausgestorben ist.

Waren die ersten Kamelesser Indianer, so waren die zweiten Chinesen, und die dritten, die noch heute Kamel essen, sind die Araber Nordafrikas und des Nahen Ostens. Den Hebräern des Alten Testaments war der Kamelgenuß verboten, und die Griechen der Antike aßen Kamel nur in Zeiten der Not; im Rom des Heliogabal galten Kamelfüße mit Straußenzungen als der letzte Schrei, und zu Zeiten Galens hielt man Kamelfleisch für besonders gesundheitszuträglich.

Wenn möglich, essen die Araber am liebsten junges, zartes Kamel, im Ganzen am Spieß gebraten – das berühmte Festessen namens *méchoui*, bei dem Hammelfleisch nicht erste Wahl, sondern armseliger Ersatz für köstliches Kamelfleisch ist. Seit das Kamel als Lasttier durch Autos und landwirtschaftliche Maschinen verdrängt wird, züchtet man Kamele hauptsächlich um des Fleisches willen, und heute findet man auf Kairoer Tiermärkten leichter gute Fleischkamele als ausdauernde Karawanentiere.

Zum Geschmack von Kamelfleisch schreibt mir Dr. Lloyd Cabot Briggs, ein Anthropologe, der lange Zeit in der Sahara gearbeitet hat: »Das Besondere des Kamelgeschmacks macht sich auf sehr subtile Weise bemerkbar. Während des Essens schmeckt das Fleisch eigentlich wie normales Rindfleisch oder sehr kräftiges Kalbfleisch – je nach Alter des Tiers –, aber nach dem Herunterschlucken entdeckt man plötzlich einen leicht süßlichen Nachgeschmack im Mund, entfernt dem Geschmack von Pferdefleisch vergleichbar, einen zarten, aber eigentümlichen Geschmack.«

KANINCHEN. Trotz der großen geschmacklichen Nähe zum Huhn hat das Kaninchen nie die Gunst der feinen Küche finden können, oder in den Worten Horst Scharfenbergs: »Kaninchen, auch Stallhasen genannt, trugen früher viel mehr als heute zur Fleischversorgung der Bevölkerung bei. Sie wurden für Sonn-, Feier- und Festtage geschlachtet. Besonders ausgefallene Rezepte wurden keine dabei entwickelt. Die häufigste Zubereitungsart war Frikassee oder Ragout. Viel Sauce half beim Sattwerden einer großen Familie, weil damit die Beilagen (Nudeln, Kartoffeln) angefeuchtet werden konnten.« Ähnliche Feststellungen lassen sich bei Robert Courtine für die französische Küche nachlesen, in der Kaninchen als Armeleuteessen gilt, das zwar wohlschmeckend, aber nicht sonderlich fein ist und meist als Ragout, *gibelotte* genannt, aufgetischt wird. Italiener und Spanier dagegen schätzen das weiße Fleisch des leicht zu haltenden Hauskaninchens seit langem und haben eine große Palette von Zubereitungsarten entwickelt. Magister

Elsholtz schreibt in seinem *Diaeteticon*: »*Cuniculus* hat seinen Namen von den Gängen / die es unter der Erden gräbet / wie die Minirer im Kriege. Varro hält es / für das dritte Geschlecht des Hasen / welches aus Spanien kummen wäre: wie dan Jonstonus glaubet / daß / der das erste Kaninchen gegessen / sey ein Spanier gewesen.«

In der Antike scheint das Kaninchen erst in hellenistischen Zeiten bekannt gewesen zu sein – allerdings wurde es genau vom Hasen unterschieden, und ebenso wie die Bezeichnung *cuniculus* soll auch ihr Signifikat aus dem Süden Europas stammen. Kaninchen wurden rasch zur Landplage, wo immer sie erschienen, und die Kaninchenjagd diente in erster Linie nicht kulinarischen, sondern Vernichtungszwecken. Die Kaninchenzucht, das fraglos sinnvollste und kräftesparendste Verfahren, um die enorme Fruchtbarkeit des Nagers in geregelte Bahnen zu lenken, war im Altertum noch nicht bekannt. Bis ins Mittelalter galt als größter Leckerbissen der fast ausgetragene Kaninchenfötus, und im *Diaeteticon* heißt es diesbezüglich: »Plinius [welcher die] aus Mutterleibe geschnittenen / oder von der Mutter-milch genommenen jungen Kaninchen rühmet / daß selbige vor eine liebliche Speise gehalten worden / wan sie mit samt dem Eingeweyde zu gerichtet würden. Wiewol man nun dergleichen ungeborne *Lapins* bei uns nicht achtet: so ist doch kein zweiffel / daß [...] die jungen Kaninchen weit zärter / als die schon eines Jahres alt.«

Nach Amerika gelangten Kaninchen (und Hase) vor den Europäern, die sie dort vorfanden. Die Azteken kannten eine Kaninchengottheit, die in Zusammenhang mit dem Mond verehrt wurde, die präkolumbischen Indianer verzehrten Kaninchenfleisch, und die Schoschonen jagten Kaninchen auf komplizierte, rituelle Weise, bei der lange Netze in einem riesigen Halbkreis angebracht wurden (unter Anleitung eines erfahrenen Kaninchenjägers, *rabbit boss* geheißen), damit Frauen und Kinder die Kaninchen hineintreiben und die Männer sie dann totschlagen konnten.

Es heißt, sowohl Wild- als auch Hauskaninchen stammten aus Südwesteuropa, von der iberischen Halbinsel, um genauer zu sein, wenngleich ebensogut denkbar ist, daß die Kaninchen von Afrika aus nach Spanien gelangten, bevor sie dann via Frankreich die restliche Welt überfluteten. Sie scheinen zu den Spezies zu gehören, die die Beringstraße überquerten, bevor das Ende der Eiszeit dies unmöglich machte, aber vielleicht brachten sie auch die Wikinger mit oder die Fischer, die vor der »Entdeckung« Amerikas vor Neufundland den Kabeljau jagten.

Das Wildkaninchen ist dem Hauskaninchen geschmacklich fast so fern wie der Hase, dem es weit mehr ähnelt, doch frisch bekommt man es heutzutage noch schwerer als Hasenfleisch. Hauskaninchen ähnelt geschmacklich einem Tier, das in der europäischen und amerikanischen Küche als einigermaßen verpönt gilt, obwohl es jedem Dickens-Leser als Ingrediens von Londoner Kalbfleischpasteten wohlvertraut ist und von Fynes Moryson, einem englischen Autor des frühen 17. Jahrhunderts, unvoreingenommen zum Vergleich herangezogen wird, wenn er schreibt: »Es gibt dort auch viele Kaninchen, deren Fleisch fett, zart und köstlicher ist als alles, was ich anderswo zu essen bekam. Die Kaninchen der Deutschen schmecken eher wie gebratene Katzen.«

KAPERN. Die pikanten, kleinen grünen Früchte, die wir Kapern nennen, sind die unreifen, in salzige Essiglösung eingelegten Blütenknospen des Kapernstrauchs, mit denen man seit der Antike Speisen zu würzen pflegt, die von Natur aus ein wenig zu milde ausfallen. Alexandre Dumas schreibt, der Kapernstrauch stamme ursprünglich aus Asien, womit er gar nicht so unrecht hätte, vorausgesetzt, er meint Kleinasien, während man anderswo lesen kann, die Pflanze habe ihren Ursprung »im Orient«, was vorsichtig ausgedrückt, aber allzu großzügig ist, und sich einer dritten Quelle entnehmen läßt, sie sei in Italien heimisch. Ich vertrete die Ansicht, daß der Kapernstrauch aus keinem der drei obengenannten Gebiete stammt, sondern aus der Sahara, dem denkbar ungeeignetsten Ort für das Entstehen von Vegetation. *Capparis spinosa*, der Echte oder Dornige Kapernstrauch, hat tiefreichende Wurzeln und ledrige, etwas fleischige Blätter, und er benötigt starkes Sonnenlicht, um zu gedeihen; ein Großteil der 170 Kapernstrauchgewächse wachsen in der Sahara und in angrenzenden Gebieten.

Brillat-Savarin sagt, daß Kapern gepflückt gehören, bevor sie sich entwickelt haben, und er hat recht. Die feinsten und teuersten Kapern sind die kleinsten, die Nonpareilles, die Stecknadelkopfgröße haben können. Allzu üppig herangewachsene Kapern muß man zerteilen, und sie besitzen oft einen aufdringlichen Salz- und Krautgeschmack, den sie wie Löschpapier aus ihrer Marinade aufgesaugt haben.

KAROTTE. Eßbare Wurzeln zählen zu den ersten Nahrungsmitteln, die dem Menschen zur Verfügung standen, und zu ihnen wiederum zählt die Karotte oder Möhre. Ihre Heimat ist Afghanistan, doch im Mittelmeerraum wurde sie schon lange vor Einsetzen unserer Zeitrechnung kultiviert. Griechische Autoren erwähnen sie um 500 v. Chr., doch weder Griechen noch Römer waren begeisterte Karottenesser, und die Römer zogen ihr die Rübe vor.

Zu den Domänen Karls des Großen zählten große Teile des heutigen Deutschlands und heutigen Frankreichs, und er ließ dort Karotten anbauen. Dieser Umstand verrät uns, daß Karotten in diesen Gegenden seit dem 9. Jahrhundert kultiviert wurden, was noch immer 1000 Jahre zu spät wäre, wenn man dem französischen Historiker Alain Decaux glauben will, der behauptet, daß Karotten vor der christlichen Zeitrechnung in Gallien kultiviert wurden. Für England ist verbürgt, daß im 12. Jahrhundert die Samen wilder Möhren von denen bevorzugt wurden, denen die Zuchtkarotten geschmacklich nicht zusagten.

Da die Karotte nicht aus Europa stammt, ist denkbar, daß es bereits eine Zuchtform war, was als erste Karotte nach Nordeuropa gelangte, und daß die Wildsorten, die dort heute verbreitet sind, verwilderte Formen kultivierter Möhren darstellen. Dasselbe gilt für Nordamerika, denn in der Neuen Welt waren Karotten unbekannt, bevor die ersten Siedler aus England sie mitbrachten.

Karotten oder Mohrrüben existieren in allen nur denkbaren Formen und Färbungen – sie können rund, kurz und stämmig, lang und dünn sein, mit rundlichen oder spitzen Enden, gelblich-weiß, rosa, orangegelb, rot oder purpurn. Karotten enthalten mehr Zucker als jedes andere Gemüse mit Ausnahme roter Bete, doch ungeachtet dieses diätetischen Vorzugs spielen sie in der Küche nur eine bescheidene Rolle. Abgesehen von Suppen und bestimmten Vorspeisen gibt es kaum Karottengerichte, doch Karotten brillieren in einer Disziplin, wo man sie kaum vermuten würde: bei den Desserts. Süßspeisen aus Karotten finden wir bei Völkern, die wenig Verbindung untereinander aufweisen: bei den Iren, die Karotten poetisch als »Honig der Erde« bezeichnen, den Hindus, die *gajar halva* aus Karotten mit Blattsilber verzieren, bei den Juden, die *zimmes*, einen Eintopf, der hauptsächlich aus Karotten besteht, mit Honig süßen, und bei den Schweizern und Österreichern, die einen Kuchen aus Karotten fertigen, der mit Marzipankarotten geschmückt wird. In England und den Vereinigten Staaten wird bisweilen Marmelade aus Karotten gekocht und (noch seltener, Gott sei es gedankt) ein »Karottenwein« hergestellt.

KARPFEN. Zwei Dinge zeichnen den Karpfen aus: Während die meisten Fische ihre Nahrung ungekaut verschlingen, kaut der Karpfen alles, was er ißt, und wenn das Wasser, in dem er lebt, zu sauerstoffarm wird oder bei Hitzeperioden austrocknet, verschluckt er eine große Luftblase, die er in der Nähe der Kiemen im Maul behält, so daß er Sauerstoff aus ihr beziehen kann, solange seine Kiemen feucht bleiben. Zudem ist der Karpfen der vielleicht weltweit wichtigste Süßwasserfisch.

Es gibt nur einen Karpfen, *Cyprinus carpio*, aber an die 1500 Varietäten dieser Spezies, darunter grüne, rosa, blaue und weiße Karpfen, braune, gelbe und goldene Karpfen, See-, Teich- und Flußkarpfen, Schuppenkarpfen, Spiegelkarpfen und Lederkarpfen, und die zwei letztgenannten bilden die wohlschmeckendste beziehungsweise kulinarisch unbefriedigendste Sorte der Karpfenfamilie im engeren Sinn.

Der Karpfen stammt aus Ostasien, wahrscheinlich aus China. Da er als Süßwasserfisch nicht aus eigenen Kräften die Ozeane überqueren konnte, wurde er von Menschenhand in die anderen Gebiete eingeführt, wo man ihn heute vorfindet – Europa, Afrika (mit Ausnahme Madagaskars), Nordamerika und Teile Indonesiens. Weder in Südamerika noch in Australien gibt es Karpfen.

Wann der Karpfen in den Westen gelangte, wissen wir nicht. Den Griechen und Römern der Antike war er unbekannt. Im *Larousse Gastronomique* kann man lesen, er sei um 1614 nach England eingeführt worden, doch dort muß er schon zu Anfang des 17. Jahrhunderts, gegen 1603 oder 1604, etabliert gewesen sein, denn sonst hätte Shakespeare in *Hamlet* nicht schreiben können: »Ein Lügenköder fängt den Wahrheitskarpfen«. Wir haben Belege für das Vorhandensein von Karpfen in Augsburg aus dem Jahr 1558, denen sich entnehmen läßt, daß Karpfen viermal so teuer war wie Rindfleisch. Wie so vieles soll auch der Karpfen durch die Köche

Katharina von Medicis nach Frankreich gebracht worden sein, doch beinahe anderthalb Jahrhunderte vor ihrer Ankunft ist auf der Liste der Gerichte eines Festessens, das der Abbé de Lagny zu Ehren des Bischofs von Paris gab, »Karpfen aus der Marne« aufgeführt. Amerika kann der Karpfen kaum vor dem 17. Jahrhundert erreicht haben, und er wurde dort mit gemischten Gefühlen aufgenommen, denn er stand im Ruf, Wasserpflanzen auszurotten und Fische zu verdrängen, die mehr geschätzt wurden als er. Bis heute ist er in den USA als Speisefisch nicht sonderlich beliebt, doch vielleicht ändert sich das eines Tages, dann nämlich, wenn seine Fähigkeit, Luft zu verschlucken, ihn Fische überleben läßt, die der Wasserverschmutzung zum Opfer fallen – vorausgesetzt, es wird noch Sauerstoff in der Luft geben, wenn im Wasser schon lange keiner mehr ist.

In China und anderen asiatischen Ländern züchtet man Karpfen auf den überschwemmten Reisfeldern, und dasselbe gilt für Norditalien. Diese sogenannten Graskarpfen erfreuen sich in letzter Zeit auch in Gegenden ohne Reisfelder großer Nachfrage, da sie nützliche Unterwasser-Rasenmäher darstellen, die die allzu üppige Vegetation überdüngter Gewässer in Schach halten helfen. In Deutschland und Osteuropa ist Karpfen ein beliebter Fisch, vor allem zur Winterszeit, und in Israel bürgerten ihn die Emigranten und Einwanderer aus jenen Gegenden ein.

Karpfen wachsen schnell und erreichen oft eine beträchtliche Größe. Karpfen von hundert Pfund wurden in Europa schon gewogen, doch die indischen und burmesischen Riesenkarpfen übertreffen dieses Gewicht noch. Legenden zur Langlebigkeit des Karpfens sind schwerer zu überprüfen, da es das Schicksal des Zuchtkarpfens will, daß er vor dem Ende seiner eventuellen natürlichen Lebensdauer blau, gebacken oder als *gefilte Fisch* auf dem Tisch landet.

»La carpe se plaît dans la vase«, sagt der *Petit Larousse* mit französischer Lakonik, und er hat leider recht: Mit Leidenschaft geht dieser Fisch in trüben und modrigen Gewässern dem nach, was man im Deutschen »gründeln« nennt, und das beeinträchtigt den Geschmack nicht unerheblich. Früher pflegte man deshalb den Weihnachtskarpfen einige Tage lang in der Badewanne einer Frischwasserkur zu unterziehen, doch heute findet dieser Schritt in den Aquarien der Fischhandlungen statt. Alexandre Dumas hat uns eine Blitzdiät für Karpfen hinterlassen, die darin besteht, dem Karpfen ein Glas Essig einzuflößen, bevor man ihn tötet; er sagt allerdings nicht, wie man den Karpfen dazu bringt, den Essig zu schlucken.

KARTOFFEL. Das bedeutendste geistige Ereignis während der Regierungszeit Ludwigs XV. (dem man schwerlich vorwerfen kann, persönlich in irgendeiner Weise dazu beigetragen zu haben) war das Erscheinen der *Encyclopédie* Diderots und d'Alemberts. Sie verbreitete im Okzident soviel Aufklärung, wie die Behörden gestatteten, doch nicht bei allen Erläuterungen hatte sie eine glückliche Hand, und so definierte sie die Kartoffel als eine ägyptische Frucht, die sich in den Kolonien möglicherweise nutzbringend anbauen lasse.

Wie es der Zufall wollte, war die Kartoffel in Frankreich damals nicht unwichtig als Lebensmittel, ohne daß sie sich deshalb großer Wertschätzung erfreut hätte. 1749 schmähte der Botaniker Raoul Combes sie mit den Worten: »Dies ist in aller Augen das abscheulichste Gemüse, doch das Volk, welches den größeren Teil der Menschheit ausmacht, ernährt sich davon.« Zweifellos begreift der gewogene Leser – und die gewogene Leserin –, in welchem Sinn das Wort »Volk« hier zu verstehen ist. 1783 stieß Legrand d'Aussy in das gleiche Horn und erklärte, daß der Genuß der Kartoffel, eines eigentlich unverdaulichen Nahrungsmittels, nur für die gemeineren Klassen anzuraten sei, da diese über die entsprechenden Verdauungsorgane verfügten. Vor diesem Hintergrund verwundert es nicht, daß Brillat-Savarin kein Kartoffelfreund war. Nietzsche vertrat die Ansicht, daß übermäßiger Genuß von Reis zur Opiumsucht verführe und übermäßiger Genuß von Kartoffeln zum Alkoholismus, und bis heute gibt es erbitterte Feinde des »verdummenden Gemüses«.

Aber lassen wir jetzt die Zahlen sprechen. Laut der *Encyclopaedia Britannica* zählt die Kartoffel zu den wichtigsten Nahrungspflanzen der Welt, James Trager ordnet sie nur dem Weizen unter, der Welternährungsrat der UNO nennt sie an vierter Stelle nach Mais, Weizen und Reis, laut Frances Moore Lappé und Joseph Collins gehört sie zu den fünfzehn Nahrungsmitteln, von denen sich die Weltbevölkerung ernährt, und sie ist in den Worten der *Practical Encyclopaedia of Gardening* das »am einfachsten zu lagernde vegetarische Nahrungsmittel der gemäßigten Zonen«.

Der unbestreitbare Erfolg der Kartoffel als Nahrungsmittel läßt sich wahrscheinlich auf zwei Eigenschaften zurückführen: Der verhältnismäßig neutrale Eigengeschmack der Knolle macht sie zum idealen Begleiter fast aller eigenwilligeren Nahrungsmittel, und ihr hoher Stärkegehalt sättigt schneller – und billiger –, als es die inneren Werte der meisten anderen Pflanzen vermögen (nur Brot kommt ihr darin gleich).

Wann trat die Kartoffel ihren weltweiten Siegeszug an? Die Kartoffel, die Sir Francis Bacon als »hygienisch und kräftigend« empfiehlt, war die Süßkartoffel (→ Su). Dasselbe gilt für die Kartoffel, die Shakespeare verschiedentlich erwähnt. Andere meinen, wenn sie von Kartoffeln sprechen, die Erdbirne (*Apios tuberosa*) oder möglicherweise die Topinambur (*Helianthus tuberosus*). Als Kolumbus Westindien erreichte, entdeckte er schon bald die Süßkartoffel, doch weder er noch andere Europäer seiner Zeit bekamen jemals eine echte Kartoffel zu sehen, denn dieses Nachtschattengewächs ist in Südamerika und nicht in Mittelamerika beheimatet, genauer gesagt in den Anden, wo man begonnen hatte, es anzubauen, weil Mais, das Grundnahrungsmittel der südamerikanischen Indianer, ab etwa 3000 Meter Höhe nicht mehr gedeiht. Die ersten Europäer, die mit der Kartoffel Bekanntschaft schlossen, wahrscheinlich um 1530, waren Pizzaros Gefolgsleute, und einer von ihnen, Pedro de Cieza de Leon, beschrieb sie in einem Bericht, der 1553 gedruckt wurde. Zur Zeit ihrer Entdeckung durch die weißen Eroberer war die Kartoffel im Inkareich schon eine uralte Kulturpflanze. Nachweise ihres Anbaus lassen sich bis 750 v. Chr. zurückverfolgen, und man vermutet, daß sie schon seit 3000 v. Chr. als Nahrungspflanze genutzt wurde.

Man darf also vermuten, daß Pedro de Cieza de Leon die ersten Kartoffelpflanzen nach Europa sendete oder mitbrachte. Und was geschah dann? – Das weiß niemand. Eine Legende besagt, sie seien von den Mönchen kultiviert worden, die das Hospital de la Sangre in Sevilla verwalteten, und der früheste Nachweis des Kartoffelanbaus in Spanien, den ich ausgraben konnte, stammt aus dem Jahr 1539, doch verifizieren konnte ich ihn nicht. Erst 1753 ist die Existenz der Kartoffel außerhalb ihrer Heimat in Belegen besagten Hospizes zweifelsfrei nachgewiesen.

In Spanien verlagerte der Anbau der Kartoffel sich bald nach Galicien, und von dort aus gelangte die neue Erdfrucht nach Genua, so daß Italien das erste europäische Land nach Spanien gewesen zu sein scheint, das die Kartoffel in erkennbarem Ausmaß zur Kenntnis nahm. Man könnte meinen, daß weder Klima noch Küche dieses Landes dem neuen Gemüse viel Sympathie entgegengebracht hätten, doch Kartoffeln waren die ideale Armennahrung, und an Armen herrschte in Italien kein Mangel.

Die erste uns bekannte Abbildung der Kartoffel stammt im übrigen weder aus dem *Herball* John Gerards (1597) noch aus Rembert Dodoens' *Stirpium historiae pemptades* (1583) und ebensowenig aus Teodor Tabernaemontanus' *Icones plantarum* (1590), sondern aus dem *Neuw Kreuterbuch* des Jacob Bergzaben aus dem Jahr 1588.

Aber nun kommen wir zu den Gebrüdern Bauhin – Jean, dem älteren, und Gaspard, dem berühmteren (Botaniker und Anatom) –, die einen herausragenden Platz in der Geschichte der Kartoffel einnehmen. 1590 erhielt Gaspard einige Pflanzen, wahrscheinlich direkt aus Peru, und beide Brüder interessierten sich sogleich für das exotische Gewächs, das sie 1592 in ihrem Basler Garten bereits unter wissenschaftlichen Gesichtspunkten kultivierten. 1596 erschien in Gaspard Bauhins *Phytopinax* die vermutlich erste halbwegs akkurate Beschreibung der Kartoffel, die er *Solanum tuberosum esculentum* nannte, und Carl von Linné behielt die ersten zwei Bezeichnungen bei, als er seine Taxonomie entwarf. Manche Autoren behaupten, die Brüder Bauhin hätten die Kartoffel nach Frankreich eingeführt, andere vermuten, sie sei via Deutschland nach dort gelangt, und die Deutschen gehören noch heute zu den weltweit größten Kartoffelessern – eine Gewohnheit, die fraglos nicht von heute auf morgen erworben wurde. In der Tat entsprechen sowohl die klimatischen Gegebenheiten als auch die eher schwere Küche der deutschsprachigen europäischen Gebiete der Verwendung dieser Knollenfrucht weit eher als Spanien oder Italien. Johann Sigismund Elsholtz schreibt in seinem *Diaeteticon* (1682): »Dieses ist gleichfals in den alten Kreuterbüchern nicht zu finden / sondern ein newes Gewechs aus Peru. [...] Casp. Bauhinus nennet sie gar bequem [wir wissen, wie].« Auch die baltischen und slawischen Länder nahmen die Kartoffel schnell auf, doch schriftliche Zeugnisse sind rar.

Friedrich Wilhelm I. erlegte den preußischen Bauern um 1720 den Kartoffelanbau auf, mit Androhung drakonischer Strafen im Fall von Unbotmäßigkeit (aufgrund verheerender Mißernten beim Getreide), doch er hatte damit keinerlei Erfolg, denn 1750 mußte Friedrich II. den Erlaß wiederholen, dem sich die Bauern erneut widersetzten. Im Glauben, daß Kartoffeln aussätzig machten, gruben sie die Kartoffeln aus, die Friedrich der Große hatte anpflanzen lassen, so daß er die Kartoffelfelder von Soldaten bewachen lassen mußte. Der Legende zufolge soll er seinen Untertanen den Kartoffelgenuß schmackhaft gemacht haben, indem er auf dem Balkon seines Palastes vor den Augen der staunenden Öffentlichkeit demonstrativ Kartoffeln aß; dies mag sein, doch als 1774 in Kolberg eine Hungersnot ausbrach und der König Wagenladungen von Kartoffeln schickte, weigerten die Halbverhungerten sich, die Knollen anzurühren. In anderen deutschen Staaten stand man dem neuen Gemüse möglicherweise weniger ablehnend gegenüber als in Preußen, aber noch so spät wie 1797, als Benjamin Thompson, Graf Rumford, der einzige amerikanische Adelige von Pairsrang des Heiligen Römischen Reichs Deutscher Nation, eine Gerstensuppe zur Verköstigung der Armen erfand, wurde diese später berühmt gewordene Rumford-Suppe vom Zielpublikum schlecht aufgenommen, weil sie mit Kartoffeln angedickt war.

Die Theorie, daß die Kartoffel in Großbritannien zum erstenmal im Jahr 1586 von Sir Walter Raleigh auf seinem irischen Landgut angebaut wurde, läßt sich zwar nicht überprüfen, ebensowenig wie die Legende, daß er Königin Elisabeth einige Pflanzen zum Geschenk gemacht haben soll, einem Geschenk, das auf wenig Gegenliebe traf, da der ratlose Koch die Knollen wegwarf und die Blätter zubereitete (sagt die Legende), aber nachweisbar ist, daß er John Gerard Kartoffelpflanzen gab, und Gerard läßt in seinem *Herball* durchblicken, daß er sehr wohl wisse, daß die Knollen der eßbare Teil der Pflanze sind, ohne zu vergessen, uns zu erklären, daß die Blätter denen der Kresse geschmacklich ähnelten, nur etwas schärfer und bitterer seien.

Ob die Kartoffel nun durch Raleigh oder – so eine andere Theorie – durch ein an der irischen Küste gestrandetes Schiff der Großen Armada nach Irland gelangte – für ein Land, das unablässig vom kollektiven Hungertod bedroht war, stellte sie anfangs ein wahres Gottesgeschenk dar. Selbst auf dem nährstoffarmen Boden Irlands war der Kartoffelanbau sechsmal so ertragreich wie jeglicher Getreideanbau. 1740 rettete die Kartoffel Irland vor einer Hungersnot, aber 1845, als die Kartoffelfäule ausbrach, die in vielen Ländern Europas die Ernte vernichtete, erlitt Irland die verheerendsten Folgen dieser Seuche, denn es hatte sich gänzlich auf den Kartoffelanbau umgestellt. Ein Nebeneffekt dieser Spezialisierung bestand darin, daß die Iren das Kochen verlernten. »Es gibt im Westen Irlands kaum eine Bäuerin, deren kulinarische Fähigkeiten über das Kochen von Kartoffeln hinausreichen«, schrieb Charles Edward Trevelyan, britischer Schatzmeister, im Jahr 1846. »Brot bekommt man fast nie zu sehen, und der Ofen ist ihnen unbekannt.« Pater Matthew, ein Temperenzler aus jener Zeit, erklärte, die Kartoffelschwemme der letzten zwanzig Jahre habe alle anderen Nahrungsmittel aus den Katen der Dörfler verdrängt und das Wissen um die Kochkunst in Vergessen geraten lassen. In unseren Tagen schreibt ein Dubliner Ernährungswissenschaftler, Dr. Stephen Boyle, der allem Anschein nach die Geschichte unter verschwörungstheoretischen Gesichtspunkten definiert, ohne die Einführung der Kartoffel hätten »die machiavellistischen Bestrebungen der Londoner Regierung und der in England lebenden Landeigner niemals Früchte tragen können«.

In England wurde die Kartoffel zurückhaltender aufgenommen als in Irland, doch wir wissen, daß sie im 17. Jahrhundert dort bereits bekannt war. Unterlagen belegen ihren Anbau in Lancashire seit 1634, wenngleich die englischen Botaniker sie erst 1728 entdeckten. Im Jahr 1663 empfahl die Royal Society of England den Kartoffelanbau im Hinblick auf mögliche Hungersnöte, und ein Jahr darauf veröffentlichte John Forster eine Schrift zum Lob der Kartoffel. 1698 wird in einem französischen Text die Kartoffel als in England verbreitetes Gemüse erwähnt, und im folgenden Jahr wundert ein englischer Gelehrter sich schriftlich darüber, daß in Paris keine Kartoffeln erhältlich seien – »jene Knollen, welche in England so häufig anzutreffen sind«. Desungeachtet fanden die eminenten Botaniker der britischen Inseln wenig Gutes über die Grundbirne oder den Erdapfel zu sagen. Worlidge schrieb 1687: »Mir ist nicht bekannt, ob man versucht hat, diese Früchte in größeren Mengen zum Nutzen der Schweine und anderen Viehs zu erzeugen«, und John Mortimer vertrat 1708 ebenfalls die Ansicht, Schweine könnten möglicherweise vom Kartoffelgenuß profitieren, während Bradley 1719 immerhin so tolerant ist einzuräumen, daß Kartoffeln zwar weniger würzig seien als Meerrettich, Rettich oder Schwarzwurzeln, aber dennoch Liebhaber besäßen, weshalb er sie nicht schmähen wolle; doch Miller erklärt uns 1754 kategorisch, die Wohlhabenden verachteten die Kartoffel und sie gelte nur für das gemeine Volk als angemessenes Nahrungsmittel – eine Ansicht, die der der französischen Botaniker jener Zeit völlig entsprach.

Das gemeine Volk in England kannte die Kartoffel in der Tat sehr wohl. 1832 änderten die englischen Behörden die Brotgesetze, so daß es fortan erlaubt war, dem Brot Kartoffelmehl zuzusetzen, ohne sich strafbar zu machen, und 1845 schrieb Friedrich Engels in *Die Lage der arbeitenden Klassen in England:* »Die besserbezahlten Arbeiter, besonders solche Fabrikarbeiter, bei denen jedes Familienmitglied imstande ist, etwas zu verdienen, haben, solange das dauert, gute Nahrung, täglich Fleisch und abends Speck und Käse. Wo weniger verdient wird, findet man nur sonntags oder zwei- bis dreimal wöchentlich Fleisch, dafür mehr Kartoffeln und Brot; gehen wir allmählich tiefer, so finden wir die animalische Nahrung auf ein wenig unter die Kartoffeln geschnittenen Speck reduziert – noch tiefer verschwindet auch dieses, es bleibt nur Käse, Brot, Hafermehl (porridge) und Kartoffeln, bis auf der tiefsten Stufe, bei den Irländern, nur Kartoffeln die Nahrung bilden.«

In Schottland wiederum widersetzte sich die presbyterianische Geistlichkeit dem Kartoffelverzehr, da die Kartoffel in der Bibel nicht erwähnt wird und ihnen folglich als gottloses Gemüse erscheinen mußte. Dennoch setzte sie sich durch, im Jahre 1683 oder 1725 oder 1728 oder 1739, je nachdem, welchem Autor man Gehör schenken will.

Für Frankreich erfahren wir von allen Autoren die gleiche Geschichte: daß die Franzosen sich geweigert haben sollen, die Kartoffel zu essen, bis Antoine-Augustin Parmentier zu Beginn der siebziger Jahre des 18. Jahrhunderts die beherzte Tat vollbrachte, sie ihnen im übertragenen Sinn in den Rachen zu stopfen. Die Zurückhaltung der Franzosen wird gern mit dem Glauben erklärt, die Kartoffel sei unbekömmlich, welche Vorstellung sich nicht auf Frankreich beschränkte, wie wir gesehen haben. Immer wieder erfahren wir von einem Erlaß des Parlaments von Besançon aus dem Jahr 1630, in welchem der Anbau von Kartoffeln aufgrund ihrer gesundheitsschädlichen Wirkung untersagt worden war, und auch ich habe diese Behauptung kolportiert, bevor ich zu begreifen begann, daß hundert Autoren die gleiche Geschichte erzählen können, ohne deshalb auf hundert verschiedene Quellen zurückzugreifen, indem sie einfach neunundneunzigmal voneinander abschreiben. Inzwischen weiß ich, daß es 1630 überhaupt kein Parlament in Besançon gab; das Regionalparlament hatte seinen

Sitz in Dôle, und ein französischer Forscher namens Roze, der eine Geschichte der Kartoffel verfaßte, konnte dort nichts entdecken, was nur entfernt besagtem Dekret entsprochen hätte, um zu dem Schluß zu gelangen, daß es nie existiert hat.

Wie in anderen europäischen Ländern trat die Kartoffel lange vor ihrer vermeintlichen Einführung auch in Frankreich unbemerkt in Erscheinung und war verbreitetes Volksnahrungsmittel, bevor sie von Botanikern und Lexikographen zur Kenntnis genommen wurde. Da uns konkrete Belege für diesen Zeitraum leider nicht zur Verfügung stehen, müssen wir den ersten nachweislichen Anbau der Kartoffel in Frankreich bis auf weiteres im Jahr 1593 situieren, und zwar in der späteren Franche-Comté – unabhängig davon, ob sie durch die Brüder Bauhin oder Carolus Clusius oder über einen dritten Mittelsmann dorthin gelangte. Gaspard Bauhin schrieb: »Diese Pflanze namens *Cartoufle* trägt Früchte gleichen Namens, wie es die Trüffel tut, weshalb manche sie so nennen. Sie gelangte vor nicht allzu langer Zeit aus Deutschland in das Dauphiné.«

Im Jahr 1600 verfaßte Olivier de Serres sein Werk über den Ackerbau, in dem er in einem eigenen Kapitel die Frucht namens *cartoufle* oder *truffe* behandelte, die er selbst anbaute. Manche behaupten, es habe sich dabei um die Topinambur gehandelt, doch obgleich de Serres die Knolle nicht sonderlich deutlich beschreibt, steht außer Frage, daß er die Kartoffel meint. Raoul Combes, Kartoffelverächter, verrät uns in seinem Buch *Ecole du potager* zumindest, daß die Kartoffel zu seiner Zeit (wie Sie zweifellos erinnern, erschien das Buch 1749) in Frankreich wohlbekannt war und seit langem gegessen wurde.

Parmentiers Auftritt verdanken wir der Hungersnot von 1770. Die Akademie von Besançon lobte einen Preis aus für die beste Untersuchung zum Thema von Nahrungsmitteln, welche sich eigneten, die Folgen der Hungersnot zu lindern. Parmentier gewann den Preis. Andere Teilnehmer hatten ebenfalls die

Kartoffel vorgeschlagen, aber Parmentier hatte noch eine Vielzahl anderer Nahrungsmittel genannt, darunter Ahornsamen, Roßkastanien und den Kormus von Iris und Gladiolen. – Wer war Antoine-Augustin Parmentier?

Parmentier war ein Militärapotheker, der als Zwanzigjähriger im Siebenjährigen Krieg (dem sogenannten Kartoffelkrieg) kämpfte, verwundet wurde und in deutscher Kriegsgefangenschaft die überragende Bedeutung der Kartoffel für die Ernährung der Deutschen erfuhr. Als er seine preisgekrönte Schrift verfaßte, bekleidete er den Majorsrang und leitete das Heereslabor des Hôtel des Invalides, was ihm den Zugang zum Hof ermöglichte. Es gehört zur Ironie der Geschichte, daß man ihn heute hauptsächlich als Streiter für die Kartoffel kennt (wobei er sich mehr durch Einsatz als durch Erfolg auszeichnete), denn er unterhielt vielfältige Interessen. Er schrieb 95 Bücher und Streitschriften zu den verschiedensten Themen, und seine Errungenschaften auf anderen Gebieten als dem der Kartoffelzucht waren vielleicht bedeutsamer – so beispielsweise sein Forschen nach Ersatzstoffen für Zuckerrohr, seine Verbesserungsvorschläge zum Ausmahlen des Mehls und zur Brotherstellung, seine bahnbrechenden Forschungen auf dem Gebiet der Kühltechnik und, vor allem, sein Eintreten für die Einführung der Impfung, um der Pocken in der Armee Herr zu werden. Den Ruf des Kartoffelverfechters errang er posthum. Zu seinen Lebzeiten waren seine diesbezüglichen Ansichten bestenfalls umstritten, und als sein Freund François de Neufchâteau vorschlug, die Kartoffel in Frankreich zu Ehren ihres »Entdeckers« *parmentière* zu nennen, fand dies kein Gehör. Heute ziert sein Name eine Suppe, ein Haschee und ein Omelett (mit Kartoffeln, versteht sich), und in nicht wenigen Kochbüchern wird ihm die Urheberschaft dieser Gerichte zugeschrieben.

Widerstand gegen die Einführung eines unbekannten neuen

Nahrungsmittels ist kein außergewöhnliches Phänomen. Im Fall der Kartoffel wurde er durch den weitverbreiteten Glauben genährt, sie sei giftig, was weniger absurd ist, als es heute klingen mag. Die Kartoffel ist – oder besser: war – gifthaltig. Alle grünen Teile der Pflanze, auch die Beeren und die am Licht ergrünten Knollen, enthalten das für die ganze Gattung *Solanum* typische Glyko-Alkaloid Solanin (die Tollkirsche zählt als Nachtschattengewächs ebenfalls zu den *Solanaceae*), und obgleich die Kartoffeln heutiger Zeiten zu wenig Solanin aufweisen, um es mit dem Knollenblätterpilz aufnehmen zu können, gilt dies nicht für die Erdäpfel des 16. und 17. Jahrhunderts. Man konnte zwar auch mit ihnen niemanden ohne viel Federlesens ins Jenseits expedieren, ihr höherer Giftgehalt verursachte jedoch Hautausschläge, die ängstliche Gemüter befürchten lassen mußten, sie seien am Aussatz erkrankt, einer der gefürchtetsten Krankheiten jener Zeit.

Ein weiteres Handicap stellte der mangelnde Wohlgeschmack der neuen Erdfrucht dar. Die eingangs zitierten abfälligen Bemerkungen über die Kartoffel waren nicht der Ausfluß bloßer Vorurteile, sondern bezogen sich auf den Eigengeschmack der Kartoffeln jener Tage, die sich qualitativ mit unseren heutigen Sorten nicht messen könnten. Zuallererst krankten sie an einem unseligen Erbe. Wenn Botaniker heute eine Pflanze züchten wollen, suchen sie die hervorragendsten Exemplare aus, um so Generation um Generation die gewünschten Eigenschaften weiterzuproduzieren und die unerwünschten abzuschwächen. Die Indios der Andenregion pflegten bedauerlicherweise die besten Kartoffeln zu essen und die weniger guten zum Pflanzen zu verwenden, so daß ihre Kartoffeln immer kleiner, mehliger und reizloser ausfielen, und genau diese Kartoffeln gelangten nach Europa. Daß fast nie jemand das neue Gemüse schälte, dürfte die Anziehungskraft der Kartoffel nicht unbedingt gesteigert haben.

Wie vermehrte man die Kartoffeln in Europa? Wie Sie und ich es tun (nur daß wir unsere Saatkartoffeln von Züchtern beziehen), indem man Kartoffeln vom Vorjahr, die ein oder mehrere Augen enthalten, in Stücke schneidet und sie auspflanzt. Dieses Verfahren verhindert die Evolution im guten wie im schlechten, denn die Kartoffel der zweiten Generation ist nicht wirklich eine Kartoffel der zweiten Generation, sondern ein Replikant (jeder Science-Fiction-Freund versteht) der Vorjahrskartoffel. Trotzdem verbesserten die Kartoffeln sich aus eigenem Antrieb: Wenn sie in besseren Boden gelangten oder besser gedüngt wurden als sonst, brachten sie Mutanten von besserer Güte hervor. Aber erst 1760 begannen Züchter, die Kartoffel systematisch zu verbessern, indem sie Saatkartoffeln heranzüchteten. Als die Kartoffeln besser mundeten, wurden sie vermehrt angepflanzt und verzehrt – zum rechten Zeitpunkt, um Parmentier das Verdienst daran zuzusprechen.

Fast niemand achtet auf den Eigengeschmack von Kartoffeln, außer sie schmecken abscheulich. Ihr Geschmack ist verhältnismäßig neutral und ordnet sich anderen Geschmacksausprägungen unter; die Kartoffel scheint wenig Eigenleben zu besitzen und wenig Variationen, und weil wir das denken, lassen wir beim Kartoffelkauf sträflichen Leichtsinn walten und neigen dazu, Kartoffeln zu erstehen, die unser Vorurteil nur bestätigen können

Wer sich die Mühe macht, wirklich gute Kartoffelsorten mehliger, festkochender, halbfester, früh- oder spätreifender Eigenart zu probieren (und sich nicht darauf versteift, mehlige Kartoffeln zu Salaten und festkochende Sorten zu Klößen zu verarbeiten, und wirklich gute Kartoffeln sind nicht unbedingt die mit höchsten Kunstdüngerdosierungen zu krankhaftem Wachstum angetriebenen Exemplare), der wird feststellen, daß die vielgeschmähte Knolle (von der es in der Nachkriegsbundesrepublik hieß, sie gehöre in den Keller – vielleicht weil man befürchtete, auf dem Teller könne sie selbst in ihrer fadesten Inkarnation das beliebte Grillhähnchen geschmacklich weit abschlagen) über eine subtile, aber überraschend breite Vielfalt des Geschmacks verfügt. Aber leider gibt es heutzutage immer weniger Möglichkeiten, wirklich gute Kartoffeln kennenzulernen, denn nachdem man die Kartoffeln bis an die Grenze ihrer geschmacklichen Möglichkeiten verbessert hatte, verbesserte man sie weiter, doch nun in Hinsicht auf den Profit, und heute müssen wir feststellen, daß die neuesten Varietäten qualitativ den alten Sorten nicht das Wasser reichen können und obendrein hochgradig anfällig für Schädlinge sind, deren chemische Bekämpfung den Pflanzen eine nicht immer magenfreundliche Imprägnierung verleiht.

Ich fürchte, daß es nur eine einzige Möglichkeit gibt, den wahren Charakter der unterschiedlichen Kartoffelsorten kennenzulernen: indem man seine Kartoffeln selbst anbaut, wie ich es getan habe, doch dafür benötigt man mehr Ackerland, als selbst der großzügigste Blumenkasten auf dem Balkon hergibt.

KASTANIE. »Im Schatten des Kastanienbaums / Steht unsres Dorfes Schmiede«, schrieb Longfellow, der nicht ahnen konnte, daß fünfzig Jahre nach seinem Tod nicht nur die Dorfschmiede, sondern auch der Kastanienbaum nur noch in seinen Zeilen existieren würden. Zu seinen Lebzeiten bedeckten unermeßlich große Kastanienwälder den Osten der Vereinigten Staaten. Doch im Jahr 1904 wurden auf Long Island Kastanienschößlinge aus Fernost angepflanzt, die von *Endothia parasitica* befallen waren, einem Pilz, der sich in die Rinde einfrißt und die Bäume tötet. Die in Asien verbreitete Pilzerkrankung ist dort für die Bäume nicht allzu schädlich, aber Arten, die sich ihr zum erstenmal ausgesetzt sehen, gehen unweigerlich an ihr ein. 1908 stellte man fest, daß die Krankheit sich weiter ausgebreitet hatte, doch niemand ahnte, wie die Folgen auf lange Sicht aussehen würden. Als man die Gefahr erkannte, war es zu spät, und im Jahr 1940 gab es in Nordamerika keinen einzigen Kastanienbaum mehr.

Die Rede ist von *Castanea sativa*, der Eß- oder Edelkastanie, die ein Buchengewächs ist und außer der Form und Farbe ihrer Früchte keinerlei Ähnlichkeit zu *Aesculus* aufweist, der Seifenbaumpflanze, die wir Falsche oder Roßkastanie nennen. Im fünften Jahr nach dem Pflanzen oder Pfropfen trägt sie zum erstenmal Früchte, und im Alter von sechzig Jahren ist ihr Ertrag am höchsten (und nicht nur der Ertrag, da sie bis dahin auch wahre Riesengröße erreicht hat).

Die Früchte der Kastanie werden seit Anbeginn der Menschheit roh, geröstet oder gekocht verzehrt; sie dienen zu so köstlichen Verwendungsarten wie der Füllung gebratener Gänse und Truthühner, dem Maronenpüree, einer französischen Spezialität, die gern zu Wild serviert wird, und der Herstellung von *marrons glacés*, einer weiteren französischen Spezialität, eines Konfekts, das mit Worten nicht zu beschreiben ist.

Es heißt, die Kastanie sei aus Castan in Ostthessalien, woher ihr Name stamme, nach Europa gelangt. Theophrast und Plinius beschreiben sie, und seit Varro finden wir sie in landwirtschaftlichen Schriften regelmäßig erwähnt. Die Vorliebe der Römer für diese Nuß hat zu der Annahme geführt, daß römische Legionäre sie (ebenso wie die Walnuß) in ganz Europa eingeführt hätten. Möglicherweise kam die Kastanie aus dem Kaukasus oder – etwas enger eingegrenzt – aus Anatolien, bevor sie in Thessalien angebaut wurde, aber Genaues wissen wir nicht. Wie dem auch sei, im 13. Jahrhundert finden wir sie in Frankreich, und zwar als Importware aus der Lombardei, doch im 16. Jahrhundert wird sie in der Gegend um Lyon und im Massif Central angebaut und sogar bei Hofe serviert. Daß Kastanien in England wohl bekannt waren, läßt die Passage aus

Macbeth erahnen, in der die drei Hexen sich unterhalten und Kastanien als Volksnahrungsmittel erwähnen.

Japan, Italien und Frankreich, die drei Länder, in denen noch heute die meisten Kastanien konsumiert werden, haben diese Nuß oft genug hauptsächlich als Armennahrung kennengelernt. Im 3. Jahrhundert v. Chr. war sie in Italien verbreitet, und nach dem Zusammenbruch des Römischen Reichs waren gekochte oder geröstete Kastanien für viele Italiener die Hauptnahrung. Ebenso bildeten Kastanien in Frankreich das vorrangige Nahrungsmittel der Armen, bevor die Kartoffel dort in die Speisekammer gelangte, und auf Korsika, einer der von jeher und immer noch ärmsten Gegenden des Landes, konnten Kastanien sich bis vor nicht allzu langer Zeit sogar gegen die Kartoffel behaupten, die sich auf dem Festland längst eingebürgert hatte, aber was der Korse nicht kennt... Die Korsen verwendeten Kastanien sogar als Brotersatz, weshalb ein Spottname der Kastanie »korsischer Brotbaum« lautet.

Ke steht für
KEDONGDONG, eine Zwergmango malaiischer Herkunft; für Keladi, eine Knolle, die der Yamswurzel (→ Y) ähnlich sieht und nach Seife schmeckt, was die Malaien nicht davon abhält, sie mit Genuß zu verzehren; für den Kerguélenkohl, der, wie der erste Bestandteil seines Namens verrät, in einer überaus wirtlichen Gegend der Erde vorkommt, nämlich in der Antarktis, wo er eine der achtzehn Pflanzen bildet, die dort überhaupt gedeihen; für den Ketalachs, der dem Lachskaviar den Namen gegeben hat; und für die Keylimone aus Florida (besser gesagt: von den Key-Inseln Floridas), die im Gegensatz zu anderen Limonenarten grünes Fruchtfleisch unter einer gelben Schale besitzt.

Und Ke steht selbstverständlich auch für

KERBEL, seinem griechischen Namen *chairephyllon* zufolge das »Kraut der Freude«. Er stammt aus Südwestrußland und Westasien und gelangte über Kleinasien lange vor Einsetzen der christlichen Zeitrechnung in das Mittelmeergebiet. Die Griechen verwendeten ihn als Gewürzkraut, die Römer hingegen bereiteten ihn als Gemüse zu, doch kann es sich sehr wohl um zwei verschiedene Pflanzen gehandelt haben: den Kerbel, wie wir ihn heute kennen (*Anthriscus cerefolium*), und den sogenannten Aniskerbel oder Myrrhenkerbel beziehungsweise die Süßdolde namens *Myrrhis odorata* (wie der echte Kerbel ein fledriges Doldengewächs und nicht mit der Myrrhe zu verwechseln, die aus dem Harz von Balsambaumgewächsen gewonnen wird).

Seit römischen Zeiten gehörte Kerbel zur Grundausstattung französischer (gallischer?) Küchengärten, und in England erfreute er sich im 16. und im 17. Jahrhundert großer Beliebtheit, doch nur in dieser Zeitspanne. Die Deutschen kennen ihn hauptsächlich als Bestandteil der Frankfurter Grünen Soße und anderer Fastenspeisen mit großem Grünanteil, und bis heute ist Frankreich weltweit führend im Kerbelverbrauch geblieben.

Kerbel ist mit der Petersilie verwandt, der er in manchem ähnelt, wenngleich er sie in Geruch und Geschmack übertrifft, was die Zurückhaltung der Angelsachsen ihm gegenüber erklären dürfte, da diese Kräuter bevorzugen, die sich durch die Absenz jeglichen Eigengeschmacks auszeichnen; ähnlich wie die Süßdolde duftet und schmeckt Kerbel nach Fenchel und nach Anis, allerdings weniger ausgeprägt als jene und mit einem Anflug von Süße. Wie Estragon und Basilikum verträgt er es nicht, lange gekocht oder gar zum Zweck der Konservierung getrocknet zu werden, aber wie Senf wächst er in Zeitraffergeschwindigkeit, so daß jeder, der über ein paar Quadratzentimeter Platz im Blumenkasten gebietet, den ganzen Sommer über frischen Kerbel zur Hand haben kann.

Ki steht für
die KIRSCHTOMATE, die besonders klein und besonders wohlschmeckend ist; und für die Kiwi, die Frucht des Chinesischen Strahlengriffels (*Actinidia chinensis*), die von ihren neuseeländischen Züchtern und Exporteuren mit dem Namen des Wappentiers belegt wurde, als man feststellen mußte, daß im Amerika McCarthys das Wort »chinesisch« nicht viel verkaufsfördernder war als Begriffe wie »kommunistisch« oder »Weltrevolution«, so daß die Frucht heute weltweit Kiwi heißt, die Pflanze, die sie hervorbringt, hingegen Chinesischer Strahlengriffel.

Und Ki steht für
KICHERERBSE, eine Gattung der Schmetterlingsblütler, die vom Menschen seit so langer Zeit kultiviert wird, daß es nirgendwo auf der Welt mehr eine Wildform gibt, nicht einmal in der Gegend, aus der *Cicer arietinum*, die hauptsächlich angebaute Varietät, stammen dürfte und die sich südlich des Kaukasus und nördlich von Persien befindet. Kichererbsen wurden vermutlich im vorsteinzeitlichen Sizilien verzehrt und ganz gewiß im steinzeitlichen geographischen Pendant zur heutigen Schweiz, denn in dortigen Pfahlbaurelikten fanden sich besagte Hülsenfrüchte. Kichererbsen wuchsen in den hängenden Gärten Babylons und waren im alten Ägypten eine verbreitete Feldfrucht. In homerischen Zeiten boten die Gemüsegärten der Antike außer Kichererbsen höchstens breite Bohnen, Linsen und – natürlich – Zwiebeln und Knoblauch zur Auswahl, und Pompeji exportierte in Amphoren konservierte Kichererbsen mit Speck in alle römisch besetzten Gebiete.

Die berühmte Anekdote, daß Cicero seinen Namen einer kichererbsenförmigen Warze auf der Nase verdanken soll, könnte nur dann ein Mindestmaß an Glaubwürdigkeit geltend machen, wenn diese Warze eine Art von Erbkrankheit dargestellt hätte, da Cicero der seit Generationen familienübliche Nachname des berühmten Redners war und keineswegs ein Spitzname.

Ihrem Namen zum Trotz ist die Kichererbse keine Erbse, wenngleich sie zur selben Unterfamilie der *Leguminosae* wie die Erbse zählt, zu der der *Papilionoideae* (anders ausgedrückt: zu den Schmetterlingsblütlern, die zu den Hülsenfrüchten gehören).

Legte man eine Weltkarte an, die die Verbreitung der Kichererbse aufzuzeigen hätte, besäße man eine recht zutreffende Karte der ärmsten Gebiete, denn diese Hülsenfrucht, die bei einem Minimum an Einsatz ein Maximum an eiweißreicher Nahrung gewährleistet, stellt eines der wichtigsten Nahrungsmittel der Armen unserer Welt dar. In Indien, wo die Hungersnot an der Tagesordnung ist, bilden Kichererbsen ein Grundnahrungsmittel, und in Afrika, wo Nahrungsknappheit ebenfalls kein Fremdwort ist, verhält es sich nicht viel anders. In reichen Ländern wird dieses stärkehaltige Gemüse wie andere Bodenfrüchte mit vergleichbaren Eigenschaften mit Verachtung gestraft, doch dies gilt nicht für die Länder der Neuen Welt, in denen der Reichtum sich auf eine verschwindend kleine Oligarchie beschränkt.

KIRSCHE. Autoren, die sich mit der Geschichte der Kirsche beschäftigen, haben eine große – um nicht zu sagen unüberwindliche – Vorliebe für die Anekdote, daß dieses Pflaumen- oder Steinobstgewächs durch Lucullus persönlich nach Italien gelangt sein soll, und wie im Fall der Kartoffel (→ Ka) mußte ich auch hier die schmerzliche Erfahrung machen, daß es sich dabei um nichts weiter als um eine Form von Echolalie handelt, deren Ursache (wenn man es so nennen darf) hier eine Bemerkung Plinius' d. Ä. darstellt, die jahrhundertelang kolportiert wurde, obwohl die Etrusker lange vor Lucullus' Lebenszeit Kirschbäume kultivierten (Wildkirschen waren seit prähistorischen Zeiten in ganz Europa verbreitet und bekannt).

Lucullus kann durchaus eine bestimmte Sorte aus Kleinasien nach Italien eingeführt haben, möglicherweise die veredelte Süßkirsche (*Cerasus avium*), die er in den Gärten seiner Villa nicht weit von Pompeji angepflanzt haben könnte, wo Plinius sie kennenlernte. Doch auch ohne seine Hilfe kann die Kirsche sehr wohl aus Kleinasien nach Italien gekommen sein, da anzunehmen ist, daß sie aus Nordostasien stammt, wir aber wissen, daß sie schon in prähistorischen Zeiten nicht nur Europa, sondern ganz Asien und Nordamerika erreicht hatte.

Eine Subspezies der Süßkirsche ist die Vogelkirsche *Cerasus avium avium*, deren Name uns daran erinnert, daß es nicht leicht ist, die Kirschenernte einzubringen, bevor Vögel einem die Arbeit abnehmen. Addison schrieb im *Spectator*, sein Garten sei ihm ob der vielen Amseln lieber, als er es mit vielen Kirschen sein könne, ohne zu bedenken, daß er die Gesellschaft der Amseln dem vorherigen Vorhandensein vieler Kirschen verdankte.

Sauerkirschen wachsen auf kleineren Bäumen als Süßkirschen, und Wildkirschen werden von Liebhabern nach wie vor geschätzt. Der weltweit größte Kirschenproduzent unserer Tage sind die Vereinigten Staaten, die den Ertrag aller europäischen Länder zusammen über mehr als ein Drittel übertreffen.

Kl steht für

KLEE, dessen Samen auf Kreta von den Armen gegessen werden, dessen Rhizome in Lappland und Finnland gemahlen zu einer Art Brot verbacken werden und dessen Blätter in Shanghai als Wintergemüse dienen (der Ehrlichkeit halber sei hinzugefügt, daß es sich hierbei um drei grundverschiedene Arten der Gattung *Trifolium* handelt); für Kleie, ein Abfallprodukt der Getreideauswertung, das als Viehfutter und Armennahrung bekannt ist; für die Klein-Seezunge, die ihren Namen einem Ichthyologen und nicht etwa ihrer Körpergröße verdankt; für Kleister, einen Klebstoff aus Stärke, Mehl oder verwandten Substanzen unter Zugabe von Wasser, der sich in Vergangenheit und Gegenwart verdächtig oft auf das Gebiet der Nahrungsmittel verirrt hat, ohne dort etwas zu suchen zu haben; für die Kliesche, der wir unter dem Stichwort Plattfische begegnen werden, denn sie gehört zu den Schollen; und für Klippfisch, welches Wort sowohl Seefische des Klippenbereichs wie die Korallenfische bezeichnet als auch den gesalzenen und getrockneten Kabeljau (→ Ka).

Kn steht für
die KNACKBEERE oder Knackelbeere, hinter deren forschem Namen sich eine Erdbeerart verbirgt; für die Knäkente, eine Wildentenart von großem Wohlgeschmack;

und Kn steht für
KNOBLAUCH, Knobloch oder Knofel, *Allium sativum* var. *sativum*, eine Lauchart und damit ein Liliengewächs, das in der klassischen und in der bürgerlichen französischen Küche mit größter Zurückhaltung verwendet wird, während die sogenannte internationale Küche – eine Erfindung des 20. Jahrhunderts und der westlichen Welt – so heftig vor ihm zurückscheut, daß man meinen könnte, sie sei eine Küche der Vampire, doch als Rückschlag folgte ihr eine Welle maßloser Knoblauchbegeisterung, die wiederum mehr vom guten Willen und vom Enthusiasmus der Bleichgesichter kündet als von kulinarischem Augenmaß.

Mehr vom rechten Umgang mit den geruchsintensiven

Knoblauchzwiebeln verstehen die Länder, in denen sie nie in Vergessenheit geraten waren, was für ganz Asien gilt, für Indien, den Mittelmeerraum, den Balkan und die slawischen Länder. In Frankreich und Italien ist die Verwendung von Knoblauch ein regionales Phänomen, das sich im einen Fall auf die Gebiete südlich der Loire beschränkt, insbesondere das Languedoc, das Roussillon und die Provence, im anderen auf Ligurien und den Piemont im Norden und den ganzen Süden des Landes.

Was erzählt uns Alexandre Dumas in seinem *Grand Dictionnaire de Cuisine* (1873) über die Geschichte des Knoblauchs? »Jedermann kennt den Geruch des Knoblauchs mit Ausnahme dessen, der davon gegessen hat und nicht versteht, warum sich alle abwenden, denen er nahe kommt. Athenaios erzählt, daß jene, welche Knoblauch genossen hatten, die der Kybele geweihten Tempel nicht betreten durften. Vergil nennt ihn eine nützliche Pflanze, die die Erntearbeiter kräftigt, so daß sie auch bei großer Hitze nicht ermatten [...]. Die Ägypter liebten ihn über alles, die Griechen hingegen verabscheuten ihn, und die Römer aßen ihn mit Vergnügen. Horaz, der sich am Tag seiner Ankunft in Rom an einem Hammelkopf mit Knoblauch den Magen verdorben hatte, war ihm überaus abhold.«

Es steht außer Frage, daß die Ägypter wie alle Völker des alten Orients Knoblauch, Lauch und Zwiebeln als Würz- und Nahrungsmittel schätzten; aber der Glaube, die Sklaven, die die Pyramiden bauten, seien hauptsächlich mit Knoblauch ernährt worden, stützt sich auf eine allzu enge Auslegung des von Herodot verwendeten Wortes, das jede Lauchart bezeichnen kann; daß die Ägypter ein an Abgötterei grenzendes Verhältnis zum Knoblauch gehabt haben sollen, ist eine Ausgeburt von Plinius' Phantasie, dem die Zwiebel allein als Lieblingsspeise dieses Volkes nicht genügte. Moly, das Zauberkraut, mittels dessen Odysseus Kirkes Macht überwindet, wird gern als Knoblauch identifiziert, weil Linné eine Lauchart *Allium moly* genannt hat, bei der es sich jedoch um den Goldlauch und nicht um den Knoblauch handelt. Woher Dumas sein Wissen um den Abscheu der Griechen vor Knoblauch bezogen hat, wissen wir nicht, aber wir wissen, daß er einem Irrtum unterlag, da die Griechen wie die Ägypter und Römer Knoblauch und Zwiebeln als Gemüse und als Gewürz verzehrten. Ob Knoblauch, Bärlauch oder Goldlauch – Homer ist für Griechenlands Knoblauchkonsum der älteste Zeuge, Aristophanes der redseligste.

Seit hellenistischer Zeit scheint sich ein Geschmackswandel vollzogen zu haben, in dessen Folge alle Lauchpflanzen, besonders aber der Knoblauch mit seinem strengen Duft, bei den feinen Kreisen nicht nur Griechenlands und Roms als Nahrung des gemeinen Volkes in Verruf gerieten. Elsholtz schreibt in seinem *Diaeteticon*: »Er kömmet bey uns nicht auff fürnehme Taffeln / wie wol in Polen und Mußcaw geschiehet: sondern er wird mehr für eine Baurn-arzney gehalten«, und Carl Friedrich von Rumohr äußert 1822 in seinem zuerst unter Pseudonym veröffentlichten *Geist der Kochkunst*: »Gewiß ist das Knopflauch, sparsam und in Verbindung mit allerley Wohlriechendem angewendet, in den meisten derben, fleischigen und fetten Speisen als Würze anwendbar.« Brillat-Savarin erwähnt in seiner 1825 erschienenen *Physiologie des Geschmacks* den Knoblauch erst gar nicht, während Eugen von Vaerst den Mut besitzt, in seiner *Gastrosophie* aus dem Jahr 1851 von einem Vorurteil gegen Zwiebeln und Knoblauch in unseren Breiten zu sprechen und hinzuzufügen, daß allein unsere gewöhnliche Zubereitungsweise dieses verdiene, nicht jedoch das Gemüse. Auch Alexandre Dumas hat nichts gegen den Knoblauch einzuwenden und sagt, die Luft der Provence sei mit Knoblauchduft imprägniert und daher sehr gesund zu atmen.

Die engere Heimat des seit fast 5000 Jahren weitverbreiteten Knoblauchs können wir nur vermuten – sei es Zentral-, Süd- oder Westasien, der Vordere Orient oder das Mittelmeergebiet im weiteren wie im engeren Sinn –, doch zu unserem Erstaunen berichteten Reisende schon früh von Knoblauch in Regionen, die in gänzlich anderen Erdstrichen als den obengenannten liegen: Magellan will Knoblauch in der Gegend der Philippinen gesichtet haben, und ein Mitglied der Cortez-Expedition in Mexiko, das zur Strafe für unbotmäßiges Verhalten in den Stock geschlossen wurde, beschwerte sich über den Knoblauchgeruch, der von dem Holz ausging (und ihm vermutlich von den eingeborenen Zimmerleuten verliehen worden war); dieser Mann hatte eine gute Nase, denn in Amerika ernährten die präkolumbischen Indianer sich nicht viel anders als die Griechen der Antike vorrangig von einheimischen Wildformen der Zwiebel und des Knoblauchs, bevor die weißen Eroberer die europäischen Zuchtformen einführten und die Menschen, die die Wildformen aßen, ausrotteten.

Ko steht für
das KOBE-RIND, eine japanische Spezialität, die in den Restaurants astronomische Preise hat, da die Ochsen täglich massiert und mit Bier gefüttert werden, um ein besonders saftiges und fettgeädertes Fleisch zu erhalten; für die Kohlrübe, womit wir beim sechsten Namen der Steckrübe angelangt wären; für die Kolanuß, die in Afrika um ihres Koffeingehalts willen gekaut wird, wie man anderswo einen Espresso trinkt; für die Koloquinte, auch Purgiergurke oder Teufelsapfel genannt, deren Fruchtfleisch bitter schmeckt und in größeren Mengen giftig ist, während die bitterstofffreien Samen von den Bewohnern der Sahara, die mit allem, was halbwegs genießbar ist, vorliebnehmen müssen, gesammelt und zu Mehl vermahlen werden (was man aus geschälten und getrockneten Koloquin-

ten herstellt, verrät ihr zweiter Name); für Kombu, einen Blatttang von ledriger Beschaffenheit, der in Japan als Suppengrundlage dient und mehrmals nacheinander ausgekocht werden kann; für die Korallenpilze, die auch Ziegenbart oder Hirschschwamm heißen und deren beliebtester die Krause Glucke ist, während die Herkuleskeule vom Pilzsammler gemieden wird; für den Kormoran, den »Raben des Meeres«, der sich vorzüglich auf den Fischfang versteht und deshalb aus verschiedenen Gründen besser nicht gegessen wird, was bestimmte Völker Nordeuropas davon nicht abzuschrecken vermochte; und für die Kornelkirsche, ein Hartriegelgewächs, dessen längliche, rote, etwas herb schmeckende Früchte früher beliebter waren, als sie es heute sind.

Und Ko steht für
die KÖNIGSKRABBE Alaskas, auch als Kamtschatkakrabbe bekannt (*Paralithodes camschatica*), die als *crabmeat* in Dosen jedem, der schon einmal ein Lebensmittelgeschäft oder einen Supermarkt betreten hat, unter die Augen gekommen sein dürfte. In der freien Natur ist sie Bewohnerin des Pazifiks, und zwar der Beringsee und des nördlichsten Nordpazifiks, denn sie liebt eisigkaltes Wasser. Je südlicher man sie antrifft, um so weniger wohlschmeckend fällt sie aus, bis sie überhaupt nicht mehr vorkommt, in nur leicht modifizierter Form jedoch in den allersüdlichsten kalten Gewässern des Südpazifiks zwischen Chile und Südaustralien erneut auftritt.

Die Konservenindustrie liebt die Königskrabbe, da ihre beträchtliche Körpergröße es erlaubt, ohne allzuviel Aufwand viele Dosen *crabmeat* abzufüllen. Das meiste Fleisch sitzt in den langen und dicken Beinen, doch auch der Körper enthält Fleisch, das allerdings schwieriger zu extrahieren ist. Die große Zuneigung der Konservenindustrie hat bedauerlicherweise dazu geführt, daß einst unerschöpflich scheinende Königskrabbenbestände inzwischen kurz vor dem Erlöschen stehen und immer kleinere und jüngere Krabben gefangen werden.

Ebenfalls Königskrabbe heißt *Limulus polyphemus*, ein Schwertschwanzkrebs, bei dem nur die Eier eßbar sind und der gar kein Krebs und auch keine Krabbe ist, sondern ein lebendes Fossil, das seit etwa 200 Millionen Jahren existiert und schlicht vergessen hat, mit den Dinosauriern auszusterben.

KOHL. Es ist nicht immer einfach, die Herkunft gerade althergebrachter Nahrungsmittel zu bestimmen; im Fall der Kohlpflanze befinden wir uns jedoch in der glücklichen Lage, über detaillierte Dokumente zu verfügen. Lykurgos, Thraker, Sohn des Dryas, König der Edonen, war so leichtsinnig, sich mit Dionysos anzulegen, worauf dieser (oder Zeus, je nach Quelle) ihn blendete und zerreißen ließ; aus den Tränen, die Lykurgos vergoß, entstanden die ersten Kohlpflanzen.

Den modernen Botanikern genügte diese poetische Erklärung nicht, weshalb sie nach anderen Gründen suchten, um uns folgende Ergebnisse anzubieten: Wenngleich die erste schriftliche Kunde vom Kohl aus dem Mittelmeergebiet stammt, scheint es wenig naheliegend, dort seine Heimat zu vermuten, da er in kühlen und feuchten Gegenden am besten gedeiht. Folglich brachte man die Ansicht vor, er stamme aus den Küstengegenden Mittel- und Nordeuropas, und diese Theorie scheint durch den Umstand erhärtet, daß in diesen Landstrichen noch heute der Meerkohl (*Crambe maritima*) als Wildpflanze vorkommt, der den uns heute bekannten Formen des Blätterkohls entfernt ähnelt, eßbar ist und wie der Kohl im engeren Sinn (*Brassica*) eine Gattung der Kreuzblütler bildet. Unterstützung erhält diese Theorie durch den Umstand, daß der Kohl sich von dort nach Osten und Süden ausgebreitet zu haben scheint, denn wenn er – wie manche behaupten – aus dem Mittleren Orient zum Mittelmeerraum gelangt wäre, dann hätten die Hebräer ihn kennen müssen, aber in der Bibel wird er nicht erwähnt. Sie würde auch erklären, warum die Griechen den Kohl weniger enthusiastisch aufnahmen als die Römer (weil sie ihn als letzte erst kennenlernten). Die Griechen der Antike aßen viel Kohl, aber nur weil er sättigend und billig war, während die Römer ihm von Anfang an so zugetan waren, daß es lange dauerte, bis weniger Wohlhabende sich dort Kohl leisten konnten. Kohl anzubauen war eine sichere Geldquelle für Roms Gemüsebauern, die folglich keine Mühen scheuten, um besonders große oder farblich beziehungsweise von der Form her extravagente Pflanzen zu erzeugen.

Das Mittelalter war dem Gemüsegenuß gegenüber nicht sonderlich aufgeschlossen, bis es Taillevent im 14. Jahrhundert gelang, die Vorurteile seiner Zeitgenossen zu überwinden. Das Gemüse, das er kühn bei einem Bankett an prominenter Stelle servierte, war ein Kohlgericht. Von da an bildete Kohl neben Zwiebeln und Getreide fast überall eines der wichtigsten Volksnahrungsmittel.

Der Kohl ist nicht nur eines der ältesten vom Menschen kultivierten Gemüse, sondern auch eines der vielseitigsten. Neben den Kohlsorten, die jeder Laie als Kohl zu identifizieren vermag, wie Weißkohl, Rotkohl und Wirsing, zählen auch Blätterkohl, Blumenkohl, Brokkoli, Braun- oder Grünkohl, Kohlrabi und Rosenkohl zu den Varietäten des Gartenkohls alias *Brassica oleracea*. Sie sind Ergebnis weder von Hybridisation noch von Mutation, sondern lediglich des Entwickelns bestimmter Eigenarten, die dem »Urkohl« bereits innewohnten.

Die heute existierenden Kohlarten, die einer Urform am nächsten sein dürften, sind die Varietäten der Sorte Blätterkohl (*Brassica oleracea* var. *acephala*), sowohl als schwach ondulierter eigentlicher Blätter- oder Blattkohl als auch als Grün-, Braun-, Kraus- oder Winterkohl mit stark gekräuselten

Blättern. Bei ihnen sind die am Stengel stehenden Blätter nicht in Kopfform geschlossen. Blätterkohl gehört in den Vereinigten Staaten noch heute zum Repertoire des *soul food*, dessen Erwähnung jedem wahren Südstaatenpatrioten das Wasser in die Augen steigen läßt, und auch in Afrika ist Blätterkohl nach wie vor ein populäres Gemüse, weshalb man annehmen darf, daß er von dort in den Süden der USA gelangte. Grünkohl findet zum erstenmal als solcher (und nicht als Blätterkohl schlechthin) Erwähnung bei Theophrast, während das von Plinius geschilderte Gemüse Meerkohl zu sein scheint. Grünkohl ist gesund: 100 Gramm gekochten Grünkohls enthalten nur 28 bis 31 Kalorien, und das Gemüse ist außerordentlich reich an Vitamin C und an Kalzium. Dennoch lehnen ihn viele wegen seines strengen Geruchs und Geschmacks ab, doch dies gilt nicht für die Südstaaten der USA, Portugal (wo *caldo verde* eine Art Nationalgericht bildet), Dänemark, Schottland und Norddeutschland, wo man ihn nicht ohne Stolz Oldenburger Palme nennt und im Winter sogenannte Kohlfahrten oder Kohlpartien unternimmt, zu welchem Thema Horst Scharfenberg anmerkt: »Nur besondere Fans werden sich aus der Zukkerdose bedienen, die man in manchen deutschen Küstenstrichen neben die Grünkohlterrine stellt.«

Kopfkohl (var. *capitata*), auch Kraut oder Kappes genannt, gibt es als Weißkohl runder oder spitzer Form (der spitze gilt als zarter), aus dem Sauerkraut entsteht, wenn man ihn einsalzt und zerschneidet, und als Rotkohl (nur rund bekannt, aber ich lasse mich gerne belehren), dessen Blätter Anthozyan enthalten; ebenfalls dem Kopfkohl zumindest ähnlich ist der Wirsing oder Welschkohl (var. *sabauda* beziehungsweise *bullata*) mit grünlichen, runzligen Blättern, der in der feinen Küche dem Weißkohl oft vorgezogen wird.

Rosenkohl, Sprossenkohl oder Brüsseler Kohl (var. *gemmifera*) gehört ebenso wie Brokkoli (var. *italica* oder *asparago-*

ides, → Br) zu den wenigen Gemüsesorten, die China vom Westen übernahm. An seinem bis zu einem Meter hohen Stamm wachsen im Herbst knospige Köpfchen in den Blattachseln; sie vertragen Frost, aber keine übermäßige Wärme.

Blumenkohl (var. *botrytis* oder *cauliflora*) gilt als feinstes aller Kohlgemüse und ist entsprechend anspruchsvoll, was die Pflege betrifft. Wie beim Brokkoli bildet auch hier der Blütenstand das Gemüse statt der Blätter, doch im Unterschied zum Brokkoli kommt Blumenkohl in den unterschiedlichsten Tönungen vor, von weiß über grün bis violett. Die größten Liebhaber des Blumenkohls sind Franzosen und Inder, und beide verstehen sich auch am besten auf seine Zubereitung, während die klassischen Kohlländer Mittel- und Nordeuropas seinen zarten Eigengeschmack durch Mehlsaucen oder – wie in England – gründliches und ausschließliches Abkochen in schwach gesalzenem Wasser einer fürchterlichen Prüfung unterziehen, die er kaum siegreicher zu bestehen vermag als jede vermeintliche Hexe die Feuer- oder Wasserprobe.

Kohlrabi (var. *gongylodes*) wiederum ist eine Kohlsorte, bei der der oberirdisch verdickte beblätterte Sproß gegessen wird; es gibt weißen und violetten Kohlrabi, und jeder wird Ihnen versichern, der violette sei von würzigerem Geschmack als der weiße; beide leiden im Unterschied zum Grünkohl nicht unter übertrieben stark ausgeprägtem Eigengeschmack, sind jedoch zart und schmackhaft, wenn sie jung genug und nicht verholzt sind.

Nicht zur Sorte *Brassica oleracea* gehören der Chinakohl *Brassica chinensis* oder *pekinensis* und sein Verwandter Pak-Choy; ersterer ist ein Kopfkohl mit wirsingähnlicher Blattstruktur, doch von länglicher Form und zartgelber bis weißlicher Farbe, letzterer ein Blätterkohl mit weißen, fleischigen Stengeln und hell- bis tiefgrünen Blättern von weicher und glatter Struktur.

Die Kohlpalme, auch Millionärskohl geheißen, gehört überhaupt nicht zu den Kohlpflanzen, sondern zu den Palmengewächsen; die Vegetationsspitzen der *Roystonea oleracea* werden als Gemüse gegessen, doch um an sie heranzukommen, fällt man bedenkenlos die Bäume.

KOKOSNUSS. Für Amerikaner oder Europäer mag die Kokosnuß eine interessante, aber nicht unbedingt notwendige Bereicherung des Dessertangebots darstellen, aber einem Drittel der Weltbevölkerung gilt sie als Hauptnahrungsmittel, und in feuchten tropischen Gebieten ist sie sogar noch wichtiger als die Dattel in trockenen tropischen Ländern. Auf Bali dürfen Frauen Kokospalmen nicht berühren, um die Fruchtbarkeit des Baumes nicht auf sich selbst abzuleiten, in Thailand ist das erste Essen, das ein Kleinkind erhält, das junge, gallertartige Fleisch der Kokosnuß, und auf den Philippinen werden alte Kämpfe um das wertvolle Kokosöl in rituellen Tänzen beschworen.

Die westliche Welt scheint nicht vor dem 6. vorchristlichen Jahrhundert von der Kokosnuß Kenntnis genommen zu haben: damals brachten ägyptische oder arabische Händler sie von den Ufern des Indischen Ozeans nach Ägypten. Allzuviel Begeisterung scheint sie dort nicht geweckt zu haben, denn wir hören erst wieder von ihr, als Marco Polo sie in Indien und auf Sumatra »wiederentdeckt«; ihre ägyptische Vergangenheit scheint ihm bekannt gewesen zu sein, denn er bezeichnete sie als ›Pharaonennuß«. Wieder vergingen zweieinhalb Jahrhunderte, ohne daß der Westen sich um die Kokosnuß scherte, bis Magellan auf sie traf, diesmal auf einer Insel in der Nähe von Guam, und im Verlauf des 16. Jahrhunderts begannen Frankreich und England sich mit der Kokosnuß anzufreunden, wenn auch zögerlich.

Die Herkunft der Kokosnuß konnte nie befriedigend aufgeklärt werden, denn die Nüsse sind schwimmfähig und schlagen Wurzeln, wo immer sie an Land getrieben werden. Die sinnfälligste Vermutung scheint mir die zu sein, daß die Heimat der Kokospalme sich im indomalaiischen Raum oder auf den pazifischen Inseln befindet. Weder Kolumbus noch nachfolgende Erforscher der Karibik ließen ein Sterbenswörtchen über Kokosnüsse verlauten, während sie sonst akribisch aufzulisten und zu beschreiben pflegten, was ihnen unterkam. Dennoch gab es Kokospalmen in der Neuen Welt vor Kolumbus' Lebenszeit, ohne daß er es wissen konnte: Sie befanden sich am anderen Ende Südamerikas. Auf präkolumbischen Tongefäßen finden wir Kokosnüsse abgebildet, und die Indios im nördlichen Chile süßten ihre Speisen mit eingekochtem Kokosnußsaft. Dies scheint die Theorie zu bestätigen, daß die Kokosnuß von den Inseln des Pazifiks aus nach Südamerika gelangte.

Cocos nucifera, wie der botanische Name der im übrigen einzigen Art der Palmengattung *Cocos* lautet, gedeiht in den Tropen überall, wo es nie kälter wird als 20° und genügend Grundwasser vorhanden ist sowie ausreichende Regenfälle. Das Keimen des Samens dauert fast ein halbes Jahr, und zwischen dem fünften und dem siebten Jahr fangen die Bäume an, Früchte zu tragen, was 70 bis 80 Jahre anhalten kann. Die Nüsse selbst reifen langsam – sie brauchen dafür insgesamt fast ein Jahr –, doch machen sie dies dadurch wett, daß zehn- bis dreizehnmal jährlich neue Nüsse entstehen, so daß der glückliche Besitzer einer Kokospalme das ganze Jahr über gleichmäßig mit Nahrung versorgt ist.

Keine Kokosnuß ist die Frucht der Seychellenpalme *Lodoicea maldivica* bzw. *sechellarum*, die Seychellen-, Malediven- oder Doppelkokosnuß heißt; die riesigen Doppelfrüchte, ebenfalls schwimmfähig, können ein Gewicht von 35 Pfund und eine Länge von einem halben Meter erreichen.

Kokosmilch ist nicht etwa das dünne Rinnsal, das man im

Inneren einer frischgeöffneten Kokosnuß vorfindet, sofern diese nicht völlig überlagert ist, sondern die Flüssigkeit, die man beim Auspressen in Wasser eingeweichten, geraspelten Kokosnußfleisches erhält, und Kokosnußcreme oder -butter ist eine Reduktion aus dieser Milch; beide sind Milch und Butter tierischen Ursprungs ähnlicher als jedes andere vegetabilische Fett und werden in der tropischen Küche nicht weniger fleißig verwendet als ihre tierische Entsprechung in der französischen Küche.

Wirklich köstliche Kokosnüsse bekommt man nur dort zu kosten, wo sie wachsen, denn es sind junge, noch nicht gereifte Nüsse, deren Fleisch, das die Konsistenz von Melonenfleisch hat, mit dem Löffel gegessen werden kann; es schmeckt fruchtiger, wenig man so will »grüner« als das der vertrockneten Exemplare, die man bei uns bekommt, aber es ist zu empfindlich für den Transport.

KORIANDER. Ein namenloser Witzbold hat einmal geschrieben, Koriander sei eigentlich nichts anderes als ein vom Menschen kultiviertes Unkraut, und natürlich herrschte kein Mangel an ähnlich originellen Geistern, die diese Platitüde bis zum Erbrechen (des Lesers beziehungsweise Zuhörers, leider nicht des Causeurs) wiederholten. Jeder, der sich die Mühe machen würde, für ein paar Sekunden nachzudenken, käme von ganz allein auf den Schluß, daß alle Nahrungspflanzen vom Menschen kultivierte Unkräuter sind – mit Ausnahme derer, die wir als Wildform sammeln.

Aber um zum Koriander zurückzukehren: Louis Lagriffe schrieb über ihn, er sei eine Pflanze voller Widersprüche und Kontraste, sowohl in bezug auf den Geruch als auch auf das Verhalten.

Bereits morphologisch sind diese Widersprüche zu erkennen, denn ein und dieselbe Pflanze trägt zwei verschiedene Arten von Blättern und auch von Blüten. Das Doldengewächs *Coriandrum sativum* gehört zur selben Familie wie die Möhre (→ Ka), deren Samen jedoch nicht lange haltbar ist, während Koriander sogar noch Jahre nach der Ernte fruchtbar sein kann. Zudem ist der Koriander eines der wenigen Mitglieder seiner Familie, deren Früchte eine konkave Oberfläche aufweisen.

Was den Geruch betrifft, könnte das Urteil der Mitwelt beim besten Willen nicht unterschiedlicher ausfallen. Das Wort Koriander selbst stammt vom griechischen *koris* ab, was die Volksnamen Wanzendill und Wanzenkraut erklärt, denn schon in der Antike fanden manche, die Pflanze dufte wie das namengebende Insekt. Andere haben den Geruch mit dem von Gummi verglichen, und Olivier de Serres lobte den Koriander gar, weil er durch den eigenen Gestank andere Pflanzen als besonders wohlriechend erscheinen lasse. Dennoch verwendet man ihn bei der Herstellung von Parfums und Seifen, denen er Maiglöckchenduft verleiht, und in Südfrankreich wird er gekaut, wenn man Knoblauch gegessen hat. Elizabeth David, gewiß keine schlechte Autorität, schreibt, er dufte nach Orangenschale, während andere seinen Geruch mit dem von Zitronenschale verglichen haben und seinen Geschmack mit einer Mischung aus Kümmel und Kreuzkümmel; die Bibel vergleicht ihn mit Honig.

Koriander war eines der ersten vom Menschen verwendeten Gewürze. Seine Samen fand man sowohl in bronzezeitlichen Ruinen auf Thera (Santorin) und Therasia als auch in Pharaonengräbern, und wir wissen, daß er in Assyrien und Babylon angebaut wurde. Die Ägypter legten ihn in Wein ein, um die Rauschwirkung zu verstärken; die Inder verwendeten ihn bei magischen und religiösen Bräuchen. Die Hebräer nannten ihn *gad* und schätzten ihn sehr. In Mykene, einer der ältesten Städte Griechenlands, diente er als Würzmittel, um die fade Kost zu beleben. Bei den Römern galt Koriander aus Ägypten als der beste, und sie würzten mit ihm Brot und Eintöpfe und kannten ihn als Bestandteil ihres römischen Bouquet garni.

Im Mittelalter züchtete man Koriander am Mittelmeer und exportierte die Pflanzen in nördlichere Teile Europas; Koriander zählt zu den Gewächsen, die Karl der Große auf seinen Domänen pflanzen ließ. Nach einer kurzzeitigen Pause scheint Koriander sich im 14. Jahrhundert erneut großer Beliebtheit erfreut zu haben, genau wie andere Gewürze und Würzkräuter. Die Spanier führten Koriander in die Neue Welt ein, und die Indios begeisterten sich sofort für ihn.

In der asiatischen, insbesondere der chinesischen und indischen Küche wird das Kraut und nicht der Samen verwendet (mit der Einschränkung, daß letzterer in bestimmten Gewürzmischungen figuriert), und in geringerem Maß gilt dies auch für Nordafrika, den Vorderen Orient, Lateinamerika, Madagaskar und Zypern. Die größten Korianderliebhaber in deutschen Landen sind die Franken, die jede Art von Brot freigebig damit würzen.

KORN. Was man unter dem Begriff Korn zu verstehen hat, hängt davon ab, wo man sich befindet. In Amerika bezeichnet man Mais als Korn, in England Weizen, in Schottland Hafer und in Irland ebenfalls. In Norddeutschland ist Korn Roggen (Vollkornbrot ist Roggenbrot), in Süddeutschland hingegen Weizen. In Südafrika gibt es Kaffernkorn, eine Hirse (*Panicum*). Es sei nicht verschwiegen, daß das gleichnamige norddeutsche alkoholische Getränk aus Getreide destilliert wird.

Kr steht für
KRAKEN, die keine Polypen sind und niemals ganz zubereitet werden; für den Kranich, der im alten China, im antiken Rom, von Papst Clemens V., Richard II. und Captain John Smith gegessen wurde, heute aber nur noch bei Afrikanern Gnade fin-

det, die sich aus Alexandre Dumas' Befund, der Kranich sei »zäh, ledrig, geschmacklos und schwerverdaulich«, offenbar nichts machen; für die Kranichbeere und die Krannbeere (→ Bl); für die Krautrübe, bei der es sich um den siebten Namen der Steckrübe handelt; für Kreuzkümmel, der unter dem Stichwort Kümmel ausführlicher abgehandelt wird; für Krill, einen Kleinkrebs, der zu den Leuchtkrebsen gehört und im Südpolarmeer lebt und der seit dem drastischen Verschwinden der Wale, die sich von ihm ernährten, in so großen Schwärmen auftritt, daß das Meer stellenweise wie eine unermeßlich große Krebssuppe aussieht, was sich zweifellos in absehbarer Zeit ändern wird, da man entdeckt hat, daß Krill sich aufgrund seines hohen Protein-, Vitamin- und Mineralgehalts für die menschliche Ernährung eignet; für die Kröte, die von einem Rouennaiser Zoologen namens Pouchet im vergangenen Jahrhundert in Form einer *blanquette* serviert wurde, im heutigen Volta hingegen getrocknet und gemahlen bevorzugt wird; und für den Krötenfisch des adriatischen Meeres, der so häßlich ist, daß er nur ohne Kopf verkauft wird.

Kr steht außerdem für
KRABBEN, welcher Name alle Mitglieder der *Decapoda*, der zehnfüßigen Krebse, bezeichnet mit Ausnahme der unter den Stichworten Krebs und Hummer aufgeführten, während die sogenannten Hummerkrabben und alle Garnelen Krabben sind. Viele glauben, als Krabben würden nur die im Süßwasser lebenden Zehnfüßer bezeichnet, doch das ist ein Irrtum. Krabben kommen so gut wie überall vor, in Bächen und Meeren, an seichten und tiefen Stellen, in warmen und kalten Gewässern.

Andere Krustentiere wiederum gelten zu Unrecht als Krabben, so die Langustinen, Langustinos oder Scampi, in deutscher Zunge Kaisergranat geheißen, bei denen es sich um Miniaturhummer handelt. Ein Hauptunterschied zwischen

Krebsen im engeren Sinn (beziehungsweise Hummern) und Krabben besteht im äußerlichen Erscheinungsbild; Krabben erinnern figürlich an Insekten, nicht an Krebse, wie wir sie kennen, und ihr Panzer ist nicht opak, sondern transparent.

Die Variationsbreite im Reich der Krabben ist enorm. Weiße Krabben, wie sie an der Nordostküste der Vereinigten Staaten vorkommen, enthalten weniger Jod als rosafarbene, und besonders kräftig gefärbte Exemplare im Golf von Mexiko schmecken aufdringlich nach Medizin, so jodhaltig sind sie. In Belgien, Norddeutschland und England liebt man besonders die sogenannten grauen Krabben oder Garnelen, die graubraun und rosa zugleich gefärbt sind und unendlich klein ausfallen können. Leider erhält man sie heute fast nie mehr frisch, da sie auf den Fischereischiffen bereits abgekocht werden. Von Kalifornien bis Alaska findet man eine Krabbenart, die mit roten Streifen verziert ist, doch neben der mexikanischen Riesenkrabbe, die purpurblau schimmert, schwindet ihr Körperschmuck zur Bedeutungslosigkeit; noch exotischer mutet eine Sorte an, die in Panama vorkommt und blau-weiße Zebrastreifen aufweist.

Den Krabbenfischer interessiert weniger die farbliche Gestaltung der Krabben als ihre Körpergröße, denn der Preis richtet sich danach, wie viele Krabben auf ein Pfund Gewicht kommen. (In New Orleans beispielsweise lauten die Kategorien: Riesenkrabbe = 10 bis 12 Stück pro Pfund, Jumbo = 15 bis 20 Stück, große Krabben = 20 bis 25, Medium = 25 bis 35, kleine = 35 bis 45, Mini = 75 bis 100; darunter ist die Krabbe für den Amerikaner nicht von Interesse, aber in Nordeuropa liebt man Krabben, die 150 bis 300 Stück zählen müssen, um ein Pfund Gewicht auszumachen, und die häufig mit Stumpf und Stiel verzehrt werden.)

Zu den kleinsten Krabben zählt *Artemia salina*, der »Wasserwurm« der Sahara, eine winzige Süßwasserkrabbe, der die

Dauda ihren Namen verdanken (»Wurmsucher«, »Wurmfänger«) und die obendrein im Meer vorkommt; möglicherweise gelangte sie während der Kreidezeit, als die heutige Sahara überschwemmt war, dorthin und fand nicht rechtzeitig ins Mittelmeer zurück. Nicht weniger winzig ist *Euphausia superba*, der Krill des Südatlantiks, dessen Verwertbarkeit als menschliche Nahrung in letzter Zeit heftig erforscht wird.

Während die Meereskrabben erstaunlich klein ausfallen können, zeichnen Süßwasserkrabben sich oft durch die entgegengesetzte Eigenschaft aus. Unter Experten herrscht allerdings keine Einigkeit darüber, ob nun *Macrobrachium carcinus* von den Philippinen oder *Macrobrachium jamaicense* mit einem Gewicht von bis zu drei Pfund die Siegespalme gebührt.

Erst die moderne Kühltechnik und die schnellere Beförderung der heutigen Zeiten haben dazu geführt, daß Krabben überall gegessen werden. Ihre große Empfindlichkeit, verbunden mit der Unmöglichkeit, sie lebend aufzubewahren, sobald sie ihrem ursprünglichen Element entnommen sind, ließen sie bis dahin den Küstenbewohnern vorbehalten sein, während Landratten mit Krabbenpaste und *potted shrimps* vorliebnehmen mußten oder – in Asien – mit getrockneten Krabben.

Die Griechen der Antike zogen große Krabben sogar Hummern und Langusten vor und bereiteten sie am liebsten in Feigenblättern zu, damit sie saftig blieben. Die Römer machten ihre delikateste Form von *liquamen*, der römischen Sojasauce, aus Krabben. Im Mittelalter hören wir aus naheliegenden Gründen nichts über die Krabben, doch wendet man seinen Blick nach Asien, sieht es anders aus, da die Chinesen schon früh Krabben trockneten und ins Landesinnere brachten, ebenso wie getrocknete Fische.

In Japan, dem Land, wo Fischgeschäfte mittags ihre Pforten schließen, da frischer Fisch nachmittags nicht mehr frisch ist, werden, wie jeder Europäer und Amerikaner weiß, Krabben lebendig verspeist, wenngleich die Wahrheit eine Spur weniger sensationell aussieht: In den Sushi-Bars, den Stehlokalen, wo der Japaner sein Mittagessen einnimmt, ergreift der Koch/Kellner/Wirt die lebende Krabbe, köpft sie und entkleidet sie ihrer Schale mit zwei schnellen Bewegungen, die aussehen wie eine, und reicht sie dem Gast, der das noch zuckende Tier in die Sauce stippt und verzehrt.

Die Bezeichnung »Strauchkrabben« auf chinesischen Speisekarten sollte einen nicht darüber hinwegtäuschen, daß es sich bei diesen possierlichen Tierchen um Heuschrecken handelt.

KREBSE. Hier haben wir es mit Meeresbewohnern zu tun, die auch, genau wie die Krabben, im Süßwasser gern ihren Wohnsitz haben. (Im übrigen handelt es sich bei der Königskrabbe Alaskas selbstverständlich um einen Krebs und nicht um eine Krabbe.) Meereskrebse sind oft von eher rundlicher Figur, so der Taschenkrebs, aber auch die Meerspinne, und haben lange, stachlige Beine, mit denen sie sich ungehinderter seitwärts als vorwärts bewegen können. Es gibt mehr als 4400 Spezies von Meereskrebsen, darunter den Bärenkrebs, die Blaukrabbe, die Schneekrabbe, die Rennkrabbe, die Strandkrabbe, die Wollhandkrabbe, die Winkerkrabbe und so weiter und so fort. Flußkrebse, die aussehen wie niedliche Miniaturhummer, kommen überall auf der Welt vor, und sie variieren beträchtlich, was die Größe betrifft. Obwohl jeder Kontinent sie seit ewigen Zeiten kennt, waren sie schon immer eine Spezialität der Alten Welt. Im Mittelalter waren sie die einzigen Krustentiere, die in Europa in nennenswerten Mengen gegessen wurden, da man sie überall fangen und in frischem Wasser transportieren und kurzzeitig aufbewahren konnte. Noch im 16. Jahrhundert läßt Rabelais seinen Gargantua in Pariser Gewässern Krebse fangen – was heute infolge Nichtvorhandenseins der Beute aussichtslos wäre und wovon aus gesundheitlichen Gründen abgeraten werden müßte, hätten die Krebse es fertiggebracht, die Wasserverschmutzung zu überleben. Die große Zeit des Krebsessens in Frankreich wie auch in Deutschland und Osteuropa war das 19. Jahrhundert, und die Preise stiegen im Verlauf des Jahrhunderts um mehr als das Zehnfache. 1880 büßte man in Frankreich und Deutschland durch die Krebspest fast alle Bestände an Edelkrebsen ein (auch Europäischer Flußkrebs genannt, mit wissenschaftlichem Namen *Astacus astacus*), und das bedeutete fürs erste das Ende der Champagner- und Krebsdiners in den Séparées der Belle Epoque und der ländlichen sommerlichen Krebspartien, bei denen Ehefrauen und Kinder ausnahmsweise erwünschte Teilnehmer waren. Ab 1890 setzte man den Nordamerikanischen Flußkrebs *Oronectes limosus* als Ersatz für den Edelkrebs aus, und die meisten Krebse, die man heutzutage in Fischhandlungen kaufen kann, gehören dieser Spezies an und werden aus der Türkei importiert, da es mit der Reinheit der Gewässer in den europäischen Industrienationen nicht zum besten steht.

Große Krebsesser waren und sind die Skandinavier (wenngleich böse Menschen ihnen unterstellen, sie benutzten die Krebse nur als Vorwand, um unzählige Glas Aquavit zu kippen) und die Bewohner Louisianas und der Sumpfgebiete von Texas; in Beaux Bridge, Louisiana, findet jedes zweite Jahr ein großes Krebsfestival inklusive Wettessen statt, und der mir zuletzt zur Kenntnis gekommene Rekord in dieser Disziplin lautete: dreiundvierzig Pfund Krebsschwänze innerhalb von zwei Stunden. Darauf einen Aquavit!

KRESSE. Schon in alten Zeiten war diese Pflanze bekannt, und wir begegnen ihr in der Geschichte, sobald von einer solchen die Rede sein kann, doch wenn wir ihr begegnen, können wir nicht mit Gewißheit sagen, um welche Art von Kresse es sich jeweils handelt. Um wenigstens oberflächlich für Ordnung zu sorgen, wollen wir die Kressen grob in solche unterteilen, die auf trockenen Böden gedeihen und deren bekannteste die Gartenkresse (*Lepidium sativum*) ist, und solche, die Wasser benötigen, wie etwa die Brunnenkresse (*Nasturtium officinale*). Mit Ausnahme der Kapuzinerkresse, die ein Storchschnabelgewächs ist und aus Südamerika stammt, sind alle Kressen Kreuzblütler und kommen über die ganze Erde verbreitet vor.

Nicht viel anders als bei der Gurke wissen wir auch bei der Kresse nicht, welche Art oder Gattung die Griechen und Römer der Antike meinten, wenn sie von Kresse sprachen; überdies verwendeten sie verschiedene Bezeichnungen, die sie obendrein recht willkürlich handhabten. Trotz dieser Unsicherheiten können wir annehmen, daß die alten Römer Brunnenkresse kannten und schätzten; allerdings scheinen sie sie nicht gezüchtet, sondern an Bächen gesammelt zu haben, wie es in England noch heute üblich ist. Ob das Kraut *sisymbrium*, das Karl der Große auf seinen Domänen angepflanzt haben wollte, Brunnenkresse oder Gartenkresse war, wissen wir nicht, aber wir wissen, daß der Saft von ausgedrückter Brunnenkresse oft Bestandteil des mittelalterlichen *Verjus* war und durch Zitronensaft ersetzt wurde, als die Kreuzfahrer diese neue Frucht aus dem Nahen Osten mitbrachten, möglicherweise im 13. Jahrhundert. In den Klostergärten des Mittelalters wurde die Brunnenkresse zweifellos angebaut, da man ihren pfeffrigen und zugleich erfrischenden Geschmack als heilsam für die Körpersäfte betrachtete. 1682 schreibt Magister Elsholtz in seinem *Diaeteticon* zum Thema Kresse(n): »Garten-kresse [er meint Brunnenkresse] ist im Frühling fast das erste kleine Salat-kraut / und war vorzeiten der Perser zugemüß / als welche / nach dem zeugniß Platonis und Xenophontis [er meint Xenophons] by Brod und Kresse / als damals tapffere

Soldaten / gelebet haben. Auf sotane geringe Diaet folgete eine truckenheit und völlige Gesundheit des Leibes / also daß sie weder spucketen / noch auß-schnaubeten / noch dickleibich wurden«, und er empfiehlt, für Salate Brunnenkresse mit anderen Salatkräutern und -pflanzen zu mischen. Brunnenkresse allein ist in England die obligatorische Beilage zu Lamm- oder Hammelkoteletts, aber bisweilen auch zu Roastbeef, und Brunnenkresse ist – zusammen mit Kartoffeln – die Grundlage der französischen Kressesuppe, neben der Kartoffelsuppe mit Lauch namens *potage parmentier* einer der Grundpfeiler der bürgerlichen französischen Küche.

Die Winterkresse *Barbarea vulgaris* ist eine heute zu Unrecht vernachlässigte Gattung der Kressen, die auf trockenen Böden wachsen, denn man kann sie den ganzen Winter über pflücken, sofern nicht gerade Frost herrscht. Am besten mundet sie Ende Februar, Anfang März, wenn kein anderes Freilandgrün sich hervorwagt.

Am verbreitetsten ist heute die gewöhnliche Gartenkresse, die pfeffriger und schärfer schmeckt als die Brunnenkresse und sowohl im Geschmack als im Aussehen an Senfsaat erinnert; tatsächlich besteht der englische Salat des Namens *small salad* aus beiden. In Afrika wird sie als Wildkraut gesammelt, in Nordafrika, Nordamerika, Asien, Indien und Europa gezüchtet; es hat sich in letzter Zeit eingebürgert, sie nicht mehr in Sträußchen zu verkaufen, sondern samt Wurzeln auf einem Substrat, das die feuchte Baumwolle ersetzt, auf der man zu Lebzeiten Alexandre Dumas' Kresse in der Wohnung zog. Asiatische beziehungsweise japanische Daikonkresse sieht aus wie Gartenkresse, die man durch ein starkes Vergrößerungsglas betrachtet, schmeckt aber wie ohne Vergrößerungsglas.

Ku steht für
den KUCKUCK, dessen Schmackhaftigkeit schon Plinius rühmte und über den ein französischer Autor des Mittelalters sagte, kein anderer Vogel, der dem Menschen zur Speise diene, könne es an Wohlgeschmack mit einem gerade flügge gewordenen Kuckuck aufnehmen; die Kugelfische, die sich durch die Fähigkeit auszeichnen, bei Gefahr so viel Wasser in ihren Magensack zu pumpen, daß sie zu einer bedrohlich aussehenden Kugel anschwellen; die inneren Organe fast aller Kugelfische sind giftig (→ Fu); für Küken, die man, wie Brillat-Savarin uns fürsorglich mitteilt, in jungem Alter verzehren sollte, wenngleich seine Fürsorge übertrieben erscheint, da Küken *qua definitonem* kein anderes Alter als die Jugend kennen; für Kukuruz, wie der Mais vor allem in Österreich heißt; für Kurkuma (→ Cu); und für Kuttelfisch, der ein monogames Leben führt, zumindest in der Gefangenschaft (und darin dem Menschen ähnelt?),

und es steht für
KÜMMEL, und zwar sowohl für *Carum* als auch für *Cuminum*, anders ausgedrückt: für den Gemeinen oder Wiesenkümmel alias *Carum carvi* und für den Kreuzkümmel oder Mutterkümmel beziehungsweise *Cuminum cyminum*, beide im übrigen Doldengewächse, beide seit der Antike in Gebrauch, aber unterschiedlicher Herkunft und unterschiedlich auch in der Intensität des Kümmelgeschmacks, gleich nur in der Form der Samen, die jedoch beim Kreuzkümmel etwas heller ausfallen als beim Gemeinen, Echten oder Wiesenkümmel.

Schon in der Antike wurde nicht immer genau zwischen beiden Gattungen unterschieden, ganz zu schweigen von den etwa 20 Arten des Gemeinen Kümmels, und obwohl es laut Pflanzenlexika nur eine Art von Kreuzkümmel gibt, lagen mir drei sehr verschieden aussehende Arten von Samen gleichzeitig vor, so daß ich nur vermuten kann, daß es Varietäten dieser Art gibt.

Die Meinung, der Kümmel stamme aus dem Orient, geht höchstwahrscheinlich auf die Verwechslung mit dem Kreuzkümmel zurück, der in der Tat aus Vorderasien oder dem östlichen Mittelmeergebiet stammen dürfte, während der Echte oder Kümmel schlechthin sich durch Charakteristika auszeichnet, die auf kühlere Gebiete schließen lassen; bezeichnenderweise stammen die ältesten uns bekannten Funde entsprechender Samen aus neolithischen Siedlungen am Bodensee. In Frankreich wächst Kümmel in den Vogesen und den Alpen, Regionen, wo auch im Sommer kühles Wetter an der Ordnung ist. Möglicherweise lernten die Römer der Antike den Kümmel in Gallien kennen, wo man ihn zum Würzen der Würste verwendete, und importierten ihn von dort. Auch das Gewürz, das sie aus Galicien in Nordspanien bezogen und das ebenfalls in den Bergen wuchs, scheint Kümmel gewesen zu sein.

Aus Ägypten hingegen importierten die Römer Kreuzkümmel, der damals im östlichen Mittelmeerraum bereits auf eine lange Geschichte zurückblicken konnte. In Mykene verwendete man 2000 Jahre vor unserer Zeitrechnung Kreuzkümmelsamen, und in noch älteren Pharaonengräbern soll sich Samen von kultiviertem Kreuzkümmel gefunden haben. Sowohl Ägypter als auch Hebräer verkauften Pflanzen dieses Gewürzes auf ihren Kräutermärkten, und aus der Bibel erfahren wir, daß Kreuzkümmel Suppen, Ragouts und Brot würzte. Im alten Griechenland war ein Geizhals jemand, »der alles zerteilt, sogar den Samen des Kreuzkümmels«.

Der Kümmel war seit dem Anbeginn unserer Geschichte in Nordeuropa wohlbekannt, doch der Kreuzkümmel scheint erst kurz nach Einsetzen der christlichen Zeitrechnung über das Mittelmeergebiet hinausgekommen zu sein. Karl der

Große ordnete an, daß er auf seinen Domänen gepflanzt wurde, und Hildegard von Bingen – ausnahmsweise gastronomischen Gesichtspunkten medizinischen gegenüber den Vorrang einräumend – riet, Käse mit Pfeffer und Kreuzkümmel zu bestreuen, um seinen Wohlgeschmack zu erhöhen. Im Jahr 1393 gibt der anonyme Autor des *Ménagier de Paris* ein Rezept für Hühnchen mit Kreuzkümmel, und in ihrem 1954 erschienenen Kochbuch erwähnt Alice B. Toklas ein Rezept für Kümmelhahn in Teig (mit Kreuzkümmel, nicht mit Echtem Kümmel), das sie ein klassisches Gericht der französischen Küche nennt. Sowohl Käse als auch Brot und nicht zuletzt zahlreiche Kohlgerichte werden mit Kümmel gewürzt, um verdaulicher zu sein (diesmal mit dem Echten Kümmel), und das Getränk namens Köhm wird aus Kümmel gebraut, nicht aus Kreuzkümmel.

Beim Vergleich könnte man den Geschmack des Kümmels als ordinärer, den des Kreuzkümmels als exotischer, orientalischer, auch kräftiger bezeichnen. Die unfreundlichste Beschreibung des Geschmacks von Kreuzkümmel, die ich kenne, vergleicht ihn mit dem von Koriander und von Wanzen, doch frage ich mich, wie der Betreffende zu seiner Kenntnis des Wanzengeschmacks gelangte.

KÜRBIS. Damit Sie, liebe Leser, nicht aus der Übung kommen, haben wir es auch hier mit verschiedenen Gattungen der Kürbispflanzen zu tun, den Gattungen *Lagenaria* (Flaschenkürbisse), *Citrullus* (Wassermelonen und Koloquinten) und *Cucurbita* (alles, was wir als Kürbis bezeichnen: Gartenkürbis, Zucchini, Riesenkürbis, Eikürbis, Feigenblattkürbis usw. usf.), und aus der Aufzählung ersehen Sie bereits, daß das, was man heutzutage als Kürbis zu betrachten gewohnt ist, der Gattung *Cucurbita* angehört, die aus der Neuen Welt stammt.

Um die Mitte des 16. Jahrhunderts berichtete Hernando de

Alvarado, der als Späher bei Coronados Erforschung des Südwestens von Amerika diente, von Melonen, die in dem von ihm erforschten Gebiet wachsen sollten. Um Melonen kann es sich nicht gehandelt haben, da diese Früchte der Alten Welt erst durch die Europäer nach Amerika gelangten. Es können also nur Kürbisse gewesen sein, die die Spanier in Ermangelung einer besseren Bezeichnung bis auf weiteres Melonen nannten, da die einzige Frucht der Alten Welt von annähernd vergleichbarem Aussehen die Melone war (der Flaschenkürbis kaum, wie sein Name verrät).

Was in der Alten Welt bis dahin den Namen Kürbis trug, das waren die Flaschenkürbisse (*Lagenaria siceraria* oder *vulgaris*), die zwar auch in der Neuen Welt vorkommen, aber irgendwann in sehr grauer Vorzeit dorthin gelangt sein müssen, und die in eßbaren Varietäten existierten, nicht nur in denen, aus welchen man Kalebassen zu schnitzen pflegte. Was sagt der *Kleine Pauly* zu diesem Thema? Er sagt: »Wahrscheinlich ist der Kürbis [in der antiken Welt] nicht der uns geläufige, sondern der im alten Ägypten durch Bildwerke früh bezeugte Flaschenkürbis. [...] Die Bezeichnung als indischer Kürbis zeigt, daß er nach antikem Glauben aus Indien eingeführt war. Fruchtfleisch und Samen waren als Lebensmittel geschätzt, die Schalen wurden als Flaschen und Körbe verarbeitet. [...] Seneca in der boshaften Satire auf den Tod des Kaisers Claudius [des nämlichen, der von seiner Gattin Agrippina mittels Pilzen vergiftet wurde] läßt diesen statt in einen Gott in einen Kürbis verwandelt werden.«

So leicht es ist, in der Antike Belege für die Verwendung des Flaschenkürbisses zu finden, so unmöglich ist es, ähnliches für den neuweltlichen Kürbis zutage zu fördern. Weder in ägyptischen Darstellungen oder Beschreibungen noch in der Bibel läßt sich die leiseste Spur auftun, es gibt kein Sanskrit-Wort, das ihn bezeichnet, in chinesischen Aufzeichnungen ist von keinerlei Kürbispflanze die Rede (die chinesische Wintermelone, in deren Schale die heiße Melonensuppe im Winter serviert wird, ist ein Wachskürbis der Gattung und Art *Benincasa cerifera*, kein Kürbis im engeren Sinn), und in ganz Asien konnte nicht die kleinste Wildform aufgetrieben werden. Kein einziges Werk der Botanik erwähnt vor der Entdeckung Amerikas den Kürbis, doch schon kurz danach ist er in aller Munde, da die ersten Europäer, die auf ihn stießen, von der neuen Gemüsepflanze so beeindruckt waren, daß sie sie umgehend Naturforschern zukommen ließen. Kolumbus schreibt in seinem ersten Reisebericht von einem Dorf auf Kuba, an dessen Rand Felder mit einheimischen Pflanzen, darunter Flaschenkürbissen (er meinte natürlich Kürbisse, für die er keine Bezeichnung besaß), bestellt waren. (Sein Sprachgebrauch sollte sich durchsetzen, denn in der Karibik heißen Kürbisse noch heute *calebazas*.) Ähnliche Beobachtungen machten Cabeza de Vaca 1528 in Florida und de Soto in Westflorida, und ihnen folgten die ersten Botaniker.

Möglicherweise waren Kürbisse das erste Gemüse, das die Indianer Amerikas kultivierten; zumindest scheint es sich als erstes ihrer drei vegetarischen Grundnahrungsmittel – Mais, Bohnen und Kürbis – durchgesetzt zu haben, einer Ernährung, die sich seit vorgeschichtlichen Zeiten kaum mehr verändert hat und sowohl in Nordamerika wie im Süden vorherrschte. Archäologische Funde in Mexiko aus der Zeit zwischen 4000 und 9000 v. Chr. enthielten Kürbiskerne von Zuchtformen, während die Bohnen aus denselben Ausgrabungen noch Wildformen darstellten (und von Mais noch keine Spur am geschichtlichen Horizont zu sehen war), und in Grabhügeln der Adana-Kultur (sie blühte im heutigen Südohio, Nordkentucky und Nordwestvirginia) aus dem 1. Jahrtausend nach der Zeitenwende wurden Kürbissamen gefunden, Mais jedoch nicht.

Bernardino de Sahagún schrieb, daß auf der Tafel Montezumas sowohl die Kerne oder Samen als auch die Blüten der Kürbispflanze aufgetragen wurden, und beides wird noch heute genossen, die Kerne geröstet oder frisch (wie Pistazien oder Erdnüsse), die Blüten gefüllt oder fritiert (sowohl in der Küche der Indios als auch in der der Alten Welt, insbesondere der italienischen, die sich die Kürbisform des Zucchini als Lieblingsgemüse erwählt hat). Obwohl die Botaniker sich sogleich für den Kürbis interessierten, waren die Köche der Alten Welt zögerlicher, und es dauerte lange, bis er sich in der Küche durchsetzte. Olivier de Serres zeigte sich wenig begeistert, als er den Kürbis die »Rache Neapels und Spaniens« nannte, und bis heute erfreut der Kürbis sich in Frankreich keiner sonderlich großen Beliebtheit, sieht man von der volkstümlichen Kürbissuppe ab. Im *Diaeteticon* des Johann Sigismund Elsholtz werden die Gattungen *Citrullus* und *Lagenaria* einfach als Arten der Gattung *Cucurbita* aufgeführt; die neuweltliche Herkunft des Gewächses scheint dem Magister nicht bekannt gewesen zu sein, doch zur Entschädigung für diese Wissenslücke wartet er mit Beobachtungen auf, die sehr zutreffend sind: »Die Natur spielet sehr in der gestalt der Kürbisse«, schreibt er, »derer einige einem Stern / ander einer Melonen / oder Citronen / oder Pommeranzen / oder Limonen / oder Quitten / oder Birne / oder einem Käse / und dergleichen dinge mehr / ähnlich sehen: wie denn ein und die andere sorte hievon zu lust geziehlet werden.«

Heute wird in der Alten Welt vor allem in Italien und Spanien Kürbis gegessen, mehr als dort jedoch in Afrika, wo man besonders wenig Angst davor hat, bäuerlicher Eßgewohnheiten geziehen zu werden. Kürbiskernöl ist hingegen eine österreichische Spezialität – ein hocharomatisches, beinahe schwarzes, eigentlich grünlichbraunes Öl, das zu kaltem Rindfleisch und winterlichen Salaten ganz wunderbar mundet. Weitere Verwendungsmöglichkeiten für *Cucurbita* kann man dem Film *Halloween* entnehmen.

KUMQUAT. Diese Frucht aus Ostasien, auch Zwergorange oder Zwergpomeranze genannt, wurde im Okzident spätestens im 17. Jahrhundert bekannt, unter der Bezeichnung *kam kwat*, aber nach Europa eingeführt wurde sie nicht vor 1846, welcher Umstand sich Robert Fortune verdankte, der für die London Horticultural Society in Asien Pflanzen sammelte. Zum Lohn dafür nannten die europäischen Botaniker die Kumquat *Fortunella* statt *Citrus japonica*, wie man sie bis dahin geheißen hatte (*man* bedeutet: die wenigen Spezialisten, die von ihrer Existenz wußten) – zur großen Freude all jener Botaniker, die die Ansicht vertraten, daß die Kumquat nicht wirklich zu den Zitrusgewächsen zu rechnen sei, wenngleich diese eine Minderheit in ihrer Kaste bilden. Wie alle Zitronenartigen ist auch die Kumquat ein Rautengewächs, und die meisten botanischen Nachschlagewerke zählen sie heute zu diesen.

Tatsächlich sieht die Kumquat exakt so aus, wie es der Name Zwergorange vermuten läßt – wie eine Orange, die zufällig nicht größer ist als eine Olive. Ihr Geschmack wird von den einen als so sauer und bitter beschrieben, daß man sie roh nicht essen könne, von anderen als umgekehrt im Verhältnis zu anderen Zitrusfrüchten sich verhaltend, indem die Rinde süßer schmecke als das Fruchtfleisch. Möglicherweise liegen diese unterschiedlichen Auffassungen darin begründet, daß verschiedene Spezies untersucht wurden. Neben der verbreitetsten, *Fortunella margarita*, die sowohl säuerlich-bitter als auch süß schmeckt, gibt es *Fortunella japonica*, von ausgesprochen saurem Geschmack, und *Fortunella crassifolia*, eine, wie es scheint, auf natürlichem Weg entstandene Hybridform aus den zwei anderen Arten.

Weniger natürliche Hybridisation wurde der Kumquat vom Menschen immer wieder aufgezwungen – sei es, um ihr die Säure zu nehmen, sei es, um ihre Eigenschaften anderen Zitrusartigen zu vermitteln, denn sie verträgt mehr Kälte und klimatischen Norden als andere Rautengewächse ihrer näheren Verwandtschaft. Sogar dreifache Hybridisation wurde ausprobiert, indem man sie mit der Citrange, dem Produkt der Kreuzung von *Citrus sinensis* mit *Poncirus trifoliata*, kreuzte. Das Ergebnis dieser Tat trägt den grauenhaften Namen Citrangequat, und wir können von Glück sagen, daß es nur eine weitere Zitrusartige zu sein scheint und nicht ein Mutant mit unerwarteten Eigenschaften wie der, die Weltherrschaft übernehmen zu wollen (aber vielleicht gilt letzteres nur für den Menschen, auch ohne Hybridisation).

KUTTELN. Johann Sigismund Elsholtz befindet zu diesem »Bestandteil des Bauches von Schlachttieren«: »Der Magen und die Kaldaunen haben eine harte und kalte Substanz / welche zu verdawen ein starcker Magen erfordert wird: ja wan sie schon verdawet / geben sie doch wenig / und nicht gut Geblüt. Deßwegen sie mit Gewürz im zurichten verbessert werden müssen.« Alfred Walterspiel, der große deutsche Koch des 20. Jahrhunderts, ist weniger zimperlich, wenn er schreibt: »In vielen Ländern, besonders in den deutschsprachigen, hat man gegen die Tripes, vielleicht weil man sie Kutteln oder Kaldaunen nennt, ein Vorurteil. Dieses Vorurteil ist völlig unberechtigt. Natürlich muß man die Tripes mit der größten Sorgfalt behandeln, reinigen und in fließendes Wasser legen [das nimmt einem heutzutage der Metzger ab]. In Frankreich und in der Schweiz ist diese sorgfältige Behandlung eine selbstverständliche Voraussetzung. Für Frankreich ist der Tripier charakteristisch, in dessen Geschäft wir nur die Innereien der Tiere finden. Seine Spezialität und sein ganzer Stolz ist die unübertreffliche, saubere Herstellung der Tripes.« Die Meinungen zum Magen der Wiederkäuer scheinen in zwei entgegengesetzte Richtungen zu tendieren. Aber damit nicht genug, werden in manchen Regionen sogar Gerichte aus Kutteln von Tieren angeboten, die einen solchen Wiederkäuermagen gar nicht besitzen, Schweinekutteln zum Beispiel, worunter alle möglichen Innereien zu verstehen sind, und – wie ich der Speisenliste eines Banketts entnehme, das 1571 in Paris zu Ehren Elisabeths von Österreich gegeben wurde – Kabeljaukutteln; die Fischer des Languedoc bereiten heute noch eine dortige Spezialität zu, deren Hauptzutat Thunfischkutteln sind (aber fragen Sie mich bitte nicht, welche Körperteile des Fischs das sein sollen - ich weiß es nämlich nicht).

Wird die Definition des Pansens schon so sträflich locker gehandhabt, wie sieht es dann mit der Geschichte dieses Nahrungsmittels aus? Lassen wir die Beispiele für sich sprechen.

Sowohl der *Nouveau Larousse Gastronomique* als auch der *Guide Gourmand de la France* aus der Feder Henri Gaults und Christian Millaus finden nichts dabei, uns diesbezüglich mit dem Text eines Autors namens Philéas Gilbert aufzuwarten. Literarische Gründe kann das nicht haben; Gilberts Stil ist schwerfällig und bemüht und läßt das Bestreben transpirieren, Bildung zur Schau zu stellen, was immer gefährlich ist. Folglich dürfen wir annehmen, daß sein Text als wichtige Informationsquelle zitiert wird, auf die der Historiker ungern verzichten würde. Und was erfahren wir aus diesem Text? Daß Wilhelm der Eroberer »sich an primitiven [sic] Kutteln delektierte, zu denen er Saft aus neustrischen [!] Äpfeln trank; die Geschichtsschreibung, welche gänzlich zu Unrecht solcherlei kleinen Einzelheiten keinerlei Beachtung schenkt, vergißt zu erwähnen, daß ein Streit um *gaudebillaux* [so nannte Rabelais die Kutteln] am Anfang des Zerwürfnisses war, das zwischen Wilhelm und dem französischen König Philippe I. eintrat – ein Streit, welcher letzteren zu einem Scherz veranlaßte [nicht näher erläutert], auf welchen ersterer mit dem ebenso berühmten [?] wie bedrohlichen Wort antwortete, er werde ›seinen Kirchgang [?] nach Notre Dame in Paris tun und zehntausend Hellebarden als Kerzen mitbringen‹. Und so geschah es, daß im 10. Jahrhundert ein gastronomischer Streit die Ursache für den Normanneneinfall war.«

Sieht man von kleinlichen Einwendungen ab wie der, daß Wilhelm der Eroberer eigentlich in England einfiel und nicht südlich der Normandie, fragt man sich dennoch, wie es möglich ist, daß zwei nicht übel beleumundete Nachschlagewerke solche gewichtigen Behauptungen publizieren (von der Kühnheit des Verfassers, sie aufzustellen, ganz zu schweigen!), ohne einen einzigen Gedanken auf den Umstand zu verschwenden, daß Wilhelm der Eroberer im Jahre 1087 das Zeitliche segnete, mit der Erbauung Notre Dames jedoch nicht vor 1163 begonnen wurde.

Nun, gut. Sehen wir uns die etwas neuere Geschichte an. Da erfahren wir beispielsweise, daß die Einwohner Portos von allen übrigen Portugiesen »Kuttelesser« genannt werden, weil Heinrich der Seefahrer, wie er später hieß, in jüngeren Jahren alles Rindvieh schlachten ließ, um 1415 seine Flotte mit Proviant zu versehen, damit sie sich an der Kreuzzügen beteiligen konnte. Für die Bewohner Portos blieben nur die Eingeweide der geschlachteten Tiere übrig, und deshalb entwickelten sie eine Leidenschaft für diese Körperteile (das Gegenteil hätte man eher erwartet). Übrigens segelte Heinrich mit seiner solcherart verproviantierten Flotte nicht etwa, wie man aufgrund des Berichts meinen könnte, nach Palästina, sondern nur nach Ceuta in Marokko, sozusagen gleich um die Ecke, was die ganze Geschichte nicht unbedingt glaubwürdiger macht.

Wem auch das nicht gefällt, dem kann ich noch eine Geschichte über die französische Stadt Olargues anbieten, wo man sich mit einem Kuttelgericht brüstet, das der Teufel persönlich im 12. Jahrhundert kreiert haben soll. Er bot den Einheimischen an, über Nacht eine Brücke für sie zu bauen, wenn ihm dafür das erste Lebewesen zugesprochen würde, das sie betrat. Die gerissenen Städter trieben daraufhin eine Ziege auf die Brücke, die der Teufel in seiner Wut in tausend Stücke zerriß, und ihre Eingeweide schleuderte er den Bewohnern der Stadt ins Gesicht. Leute mit Kutteln zu bombardieren, scheint mir zwar nicht der unmittelbarste Weg zur Erfindung eines neuen Gerichts zu sein, aber zwei andere Fragen, die diese Geschichte aufwirft, erscheinen mir interessanter. Erstens: Warum wird der Teufel so häufig als Brückenbauer geschildert? Zweitens: Warum ist er immer so leicht zu übertölpeln?

Eine dritte Frage, die sich aus allen drei Beispielen erhebt, ist die, warum gastronomische Schriftsteller beim Thema der Kutteln besonders häufig der Versuchung erliegen, in hochtrabendem Tonfall ausgemachten Unsinn daherzufaseln. Liegt es vielleicht daran, daß unsere *arbitri elegantiarum* meinen, sie müßten durch Vornehmheit des Stils von der Schäbigkeit des Themas ablenken? Ich fürchte, daß es in der Tat daran liegt. Nicht daß Kutteln ein schäbiges Nahrungsmittel wären; billige, schlichte Nahrungsmittel sind niemals schäbig, sie sind bloß nicht luxuriös; in den Augen jener, die den Wert aller Dinge nur nach ihrem Preis ermessen können, mögen sie folglich schäbig erscheinen, was kein gutes Licht auf besagte »Gastrosophen« wirft.

Was den Eigengeschmack der Kutteln betrifft, schließen wir uns Magister Elsholtz an; Kutteln haben wenig geschmackliche Individualität und dienen meiner Meinung nach als Grundlage oder Hintergrund für den Geschmack von Zutaten, die man nicht pur essen kann. Wenn Samuel Pepys die Kutteln mit Senf lobt, die er gegessen hat, drückt er damit, ohne es zu wissen, genau aus, was ich meine.

In Italien, Spanien und Südfrankreich werden Kutteln mit viel Knoblauch und Tomaten geschmort, in Lyon werden sie mit Zwiebeln zubereitet (wie in England auch), und in der

Normandie werden sie mit Möhren und Zwiebeln in Cidre gekocht. In Louisiana gibt es zwei Sorten von Kuttelwürsten, *chaudin* und *andouille*, die von den Franzosen eingeführt wurden, denn die USA sind kein Land von Kuttelliebhabern.

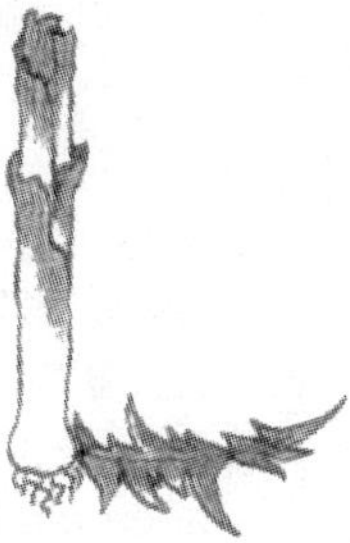

Das weitaus bekannteste Gericht, das man mit dem Gemeinschaftsmahl in Sparta in Verbindung bringt, ist die schwarze Suppe. Pollux bietet folgende Beschreibung: »Die sogenannte schwarze Suppe, die häufigste lakonische Speise, ist die als Blutsuppe bezeichnete.« Diese dunkle Brühe bestand, wie die spärlichen antiken Nachrichten zeigen, aus Blut und gekochtem Schweinefleisch. [...] Plutarch, dessen Anliegen es war, die vorbildhafte Bescheidenheit der Spartaner hervorzuheben, schreibt: »Nur Essig und Salz wird den Köchen der Lakedaimonier gegeben; alles übrige nehmen sie aus dem Schlachtvieh.«

Monika Lavrencic

Die Unsitte des Trinkgeldgebens hat erfreulicherweise einer würdigeren Form Platz gemacht. Drücken Sie dem Personal die Hand, jedem fest ins Auge sehend, und finden Sie ein aufrichtiges Wort des Dankes, dann wird man Sie nie vergessen.

Loriot

La steht für
die LABLABBOHNE, Helmbohne oder Faselbohne, die im Nordosten Afrikas und im Südosten Asiens gegessen wird, vorzugsweise in gekochtem Zustand, denn roh kann sie giftig sein; für *Lactarius deliciosus*, den Reizker, der auf einem pompejanischen Fresko als vielleicht erster Pilz porträtiert ist; für Lakritz, den Auszug aus der Süßholzwurzel (und nichts anderes bedeutet der Name); für die Lamprete oder das Neunauge, den Dracula unter den Fischen, der nur in Frankreich wirklich gern gegessen wird; für das Lanzettfischchen, das sich nicht recht entscheiden kann, ob es ein Fisch oder lieber ein Wurm sein will, und das in China sehr geschätzt wird; und es steht für Laos alias Galgant, eine dem Ingwer nicht unähnliche Wurzel, die in der asiatischen Küche verwendet wird.

La steht außerdem für
LACHS oder Salm. In vergangenen Zeiten war es üblich, dem Hauspersonal vertraglich zuzugestehen, daß es nicht öfter als ein- oder zweimal wöchentlich Lachs essen mußte. Ausnahmen von diesem Usus bildeten die Bretagne (dreimal) und Norwegen (fünfmal), allerdings noch immer weit abgeschlagen hinter der Abtei von Lavôute-Chaillac, wo die Mönche rebelliert haben sollen, als man ihnen zumuten wollte, sie mehr als einmal täglich Lachs essen zu lassen. Dickens schreibt von der engen Verbindung zwischen Lachs und Armut, so daß wir annehmen dürfen, daß Lachs noch nach 1850 ein ausgesprochen billiger Fisch war. Dickens würde nicht schlecht staunen, wenn wir heute mit ihm in ein Luxusrestaurant Lachs essen gehen könnten.

Erst seit den fünfziger Jahren unseres Jahrhunderts hat die

Entwicklung dieses Fischs zum Luxusartikel eingesetzt – zum Luxusartikel besonders in Form des Räucherlachses, zu welchem Thema es einiges zu sagen gäbe, was zu sagen ich mir aus Platzgründen untersagen muß. Bis dahin hatte nicht Mangel an Lachs geherrscht, sondern Überfluß. Der Rhein war der lachsreichste aller Flüsse gewesen (und selbst ich habe noch Lachs aus dem Rhein im Elsaß gegessen), bevor er zum chemikalienreichsten aller Abwässer verkam, das den Giftmüll von vier Ländern in die Nordsee trägt. Die Wasserverschmutzung rottete die Lachse aus.

Nicht viel anders war es um das Schicksal des Lachses in Frankreich bestellt, wo vom Mittelalter bis in die Nachkriegszeit selbst in der Seine Lachse gefischt wurden. Heute gibt es freilebende Lachse nur noch in der Loire, der in sie mündenden Allier und der Adour in den Pyrenäen. Portugal war früher das südlichste Lebensgebiet europäischer Lachse, doch weder in Portugal noch in Spanien sind noch nennenswerte Lachsbestände anzutreffen. Der letzte Lachs, der sich freien Willens in die Themse begab, wurde vor mehr als 150 Jahren dort gesichtet, und die für ihren Lachsreichtum einst berühmten Gewässer Irlands und Schottlands haben nur mehr kümmerliche Bestände aufzuweisen. Auch in Nordamerika hat der Lachs den Rückzug angetreten, aus den gleichen Gründen, aus denen er in europäischen Flüssen nicht mehr zu finden ist.

Lachse reagieren besonders empfindlich auf die Umweltverschmutzung unserer Zeit. Kein anderer Fisch außer den engsten Verwandten des Lachses, der Forelle und dem Saibling, benötigt zum Laichen so kühles, sauberes, sauerstoffreiches Wasser mit Kiesboden, wie man es heutzutage fast nirgends mehr vorfindet. Und neben die Umweltverschmutzung ist als zweite Gefahr die industrialisierte Tiefseefischerei getreten, die Kabeljau und Hering auszurotten droht und auch die Lachsbestände der Zukunft vernichtet, da sie die jungen

Lachse fischt, die noch nicht gelaicht haben. Daß fast alle Staustufen in den Flüssen angelegt wurden, ohne daß man dabei an Aufstiegsmöglichkeiten für die Fische gedacht hätte, versteht sich fast von selbst; inzwischen versucht man, dies zu beheben, so gut es geht. Ein weiterer Ausrottungsfaktor ist die sogenannte Sportfischerei, die sich in manchem nicht sonderlich vom Wilderertum unterscheidet, das sich in vielem überhaupt nicht von den Methoden rechtsradikaler Terroristen unterscheidet, indem man beispielsweise eine gehörige Ladung Dynamit in den Fluß wirft oder Strom ins Wasser leitet, damit einem ja kein Fisch lebend entkommt.

Das Stadium im Leben eines Lachses, da er am besten mundet, folglich das Stadium, da er am ausgiebigsten gefangen wird, ist das Stadium, wo man ihn nicht fangen sollte, wenn einem am Überleben der Spezies gelegen ist. Lachse sind dann am wohlschmeckendsten, wenn sie sich vom Meer in die Flüsse zurückbegeben, um dort zu laichen. Dann ist ihr Fleisch rot und fest, es strotzt vor Fett und Nährstoffen, denn die Fische haben sich Reserven angefressen, um die anstrengende Wanderung die Flüsse hinauf und das Laichen zu überstehen. Am zweitbesten schmecken junge Lachse im Meer, die sich von den winzigen Krustentieren ernähren, denen sie die Farbe ihres Fleisches verdanken; auch sie werden nie laichen, wenn man sie fängt. Der drittbeste Lachs ist der Süßwasserlachs, der das Meer noch nicht erreicht hat; auch er hinterläßt keine Nachkommen, wenn man ihn fängt. Kurzum: Was das Überleben des Lachses betrifft, so gibt es keinen Zeitpunkt, zu dem man Lachse in größeren Mengen fischen kann, ohne den Fortbestand der Population zu gefährden, außer der Zeit nach dem Laichen; dann aber schmeckt der Fisch nicht.

Unübertroffen unter den Lachs genannten Fischen ist *Salmo salar*, der Europäische oder Atlantiklachs, der in keiner anderen Art vorkommt. Weniger geschätzt als er sind alle Arten der

Gattung *Oncorhynchus*, die sogenannten Pazifiklachse, die bereits von den präkolumbischen Indianern in fünf Arten unterteilt wurden, zu deren bekanntesten der Chinooklachs und der Ketalachs zählen, welch letzterer hauptsächlich in Form seines Rogens verzehrt wird.

Salmo salar, ein Fisch, der kaltes Wasser liebt, ist kein Mittelmeerbewohner und war in der Antike weitestgehend unbekannt; die einzige Ausnahme bilden die Römer, die sich – vorausgesetzt, sie konnten es bezahlen – aus dem Atlantik über Gallien und die Alpen Lachs bringen ließen, lebendigen, der in mit Blei ausgeschlagenen Zisternen transportiert wurde, oder geschlachteten, der in Eis und Schnee verpackt war.

Als die amerikanischen Siedler zum Pazifik vorstießen, betraten sie das Reich des pazifischen Lachses. Wenige Gesellschaften waren so eng mit einem bestimmten Nahrungsmittel verbunden wie die Indianer des Nordwestens der heutigen USA mit dem Lachs. Drei Viertel ihrer Ernährung bestanden aus Fisch und Krustentieren, und von diesen drei Vierteln waren drei Viertel Lachs. Es erstaunt nicht, daß in verschiedenen indianischen Sprachen das Wort »Lachs« für den Begriff »Fisch« steht. Manche Autoren behaupten, die Indianer der Pazifikküste verfügten über sechsundsechzig verschiedene Rezepte der Lachszubereitung; diese Autoren würden sich wahrscheinlich gewaltig wundern, konfrontierte man sie mit einer der schier endlosen Rezeptabfolgen der klassischen französischen Küche, aber vielleicht meinen sie nicht wirklich Rezepte, sondern Zubereitungsweisen, und zweifellos verdanken wir den Indianern einige unserer heutigen Zubereitungsweisen für Lachs, darunter das Räuchern.

In letzter Zeit ist Lachs wieder billig geworden, da man in Europa dazu übergegangen ist, Lachse zu züchten, sogar in Schottland und Irland, wo sie in riesigen Meerwasserabteilen mit Kraftfutter künstlich herangepäppelt werden. Diese Fische sind träge, schlaff und höchst anfällig für Krankheiten und Parasiten, wie es in der Natur der Dinge liegt, so daß ihrem Futter auch gleich die erforderliche Menge an Antibiotika beigemengt sein muß. Wie das Fleisch dieser Fische schmeckt, verglichen mit echtem Lachs, der sich selbst ernährt und ein wendiger Schwimmer ist, kann man sich denken. Nur gut, daß inzwischen auch das Hauspersonal zu einer aussterbenden Spezies gehört, so daß vertragliche Vereinbarungen zum diesbezüglichen Verpflegungsanteil mangels Vertragspartnern kaum mehr Relevanz erlangen dürften.

LAMM. In ihrem Buch über Haushaltsführung, das 1861 erschien, schrieb Isabella Beeton, die bis zur Jahrhundertwende eine gottähnliche Autorität im englischsprachigen Teil der Welt genoß, das Lamm sei dem Menschen als Nahrung tierischer Art am nützlichsten. Aus dem Mund einer Engländerin mag das für den einen oder anderen verwunderlich klingen, doch jeder Araber würde Mrs. Beeton beipflichten; wenn Araber von Fleisch sprechen, ohne näher auf die Art einzugehen, meinen sie ausnahmslos Lamm- oder Hammel- beziehungsweise Schaffleisch.

Die Vorherrschaft des Lammfleischs in der Küche des Nahen Ostens hat eine lange Geschichte. Im Irak wurden die bisher ältesten Knochenfunde von Zuchtschafen ausfindig gemacht; sie stammen aus der Zeit um 9000 v. Chr., und es handelt sich ausnahmslos um Knochen von Schafen, die getötet wurden, bevor sie ein Jahr alt waren, was beweist, daß der prähistorische Mensch, den wir uns gerne als nicht allzu kultiviert vorstellen, genug Tischkultur besaß, um Lammfleisch dem Hammel- oder Schaffleisch des ausgewachsenen Tiers vorzuziehen. Ähnliche Funde gibt es aus Libyen, wo sie aus der Zeit um 4800 v. Chr. stammen, und in ägyptischen Gräbern finden sich Darstellungen von Schafherden aus der Zeit um 2500

v. Chr. Gegen 2000 v. Chr. spätestens läßt sich die Schafhaltung in Mesopotamien nachweisen (zweifellos ist sie weit älter), und auch im vorgeschichtlichen Griechenland züchtete man Schafe; Lammfleisch ist noch heute das bevorzugte Fleisch der Griechen, die zu Ostern Milchlamm (oder Ziegenkitz) essen, eine Tradition, die die Italiener als Nachfolger der Römer von den Griechen übernommen haben.

Auch in Indien ist das Lamm ein wichtiger Fleischlieferant, besonders in Gegenden mit hohem moslemischen Bevölkerungsanteil, wo Rind und Kalb aus klimatischen Gründen und Schwein aus religiösen Erwägungen nicht in Frage kommen; doch auch jene Hindus, die keine Vegetarier sind, bevorzugen Lamm. In Kaschmir beispielsweise ißt die Hindubevölkerung seit wedischen Zeiten Lamm und tut es noch heute, da sie zu jener Zeit, als es in Hindukreisen Mode wurde, den Fleischverzehr aufzugeben, von den Religionsgenossen durch die hohen Berge abgeschnitten war und den neuen Trend verpaßte. Festmähler in Kaschmir bestehen aus sieben traditionellen Gerichten – sieben verschiedenen Lammfleischgerichten.

In China gehört Lamm neben Schwein und Geflügel zu den köstlichsten Feiertagsspeisen, allerdings mehr im Norden und Nordwesten als im fischreichen Osten und Süden. Eine besondere Spezialität der nordchinesischen Küche ist die Lammfleischsülze, deren Gelatine aus den Lammfüßen gewonnen wird, denn wie die Franzosen sind auch die Chinesen Meister im Verwerten aller Teile ihres Schlachtviehs.

Im westlichen Kulturkreis essen Franzosen und Italiener das jüngste Lamm, das tatsächliche Milchlamm, das in Italien *abacchio* heißt und mit nichts anderem als Muttermilch ernährt worden sein sollte. Das französische *agneau de lait* darf knapp über 10 Kilo wiegen, was heißt, 5 bis 7 Wochen alt sein, jedoch nicht weniger als 7 Kilo, da das Fleisch darunter als zu neutral gilt; heißt das Lamm *agneau blanc*, hat es neben der

Milch bereits Gras zu sich genommen, und ein *broutard* ist ein Lamm im Alter bis zu 3 Monaten, das nicht mehr gesäugt wurde. Als *broutard* dürfte man demnach das deutsche Milchlamm bezeichnen, denn es wird nicht vor diesem Alter geschlachtet, und selbst Lämmer von 3 Monaten stellen für deutsche Lammliebhaber eher einen Wunsch denn die Realität dar; die meisten deutschen Milchlämmer sind zwischen 3 und 5 Monaten alt und wiegen 12 bis 15 Kilo.

Die nächste Entwicklungsstufe des Lamms heißt in Frankreich *agneau de boucherie* (Metzgerlamm), da es nicht länger vom Geflügelhändler verkauft wird, wie es beim Milchlamm üblich ist, sondern vom Metzger; das Metzgerlamm wiegt zwischen 13 und 22 Kilo, und ihm folgt ein über 5 Monate altes Lamm von 22 Kilo Gewicht aufwärts, das den Namen *laiton* trägt und über einen ausgeprägten Eigengeschmack verfügt, weshalb man für jene sonderbaren Menschen, die Lammfleisch wünschen, das nicht nach Lamm schmeckt, *agneau d'écurie* anbietet, »Stallamm«, das im Stall mit Mengfutter ernährt wurde und in der Tat nach fast nichts schmeckt. In Deutschland heißt jedes Schaf, das älter als 5 Monate ist, aber nicht älter als 1 Jahr, Lamm, und in Neuseeland heißt Lamm, das kein Milchlamm mehr ist, zuerst *hogget* und bis etwa zum Alter von einem Jahr *two-toother.*

An und für sich werden französische Lämmer mit einem Jahr zu Schafen (oder Hammeln), doch nennt man die Lämmer, die nur zwei Zähne vorzuweisen haben, bisweilen *antenais*, bis der böse dritte Zahn erscheint, der sie unwiderruflich zu Schafen umwandelt, und in Deutschland schiebt man den gefürchteten Tag von sich, indem man Lämmer bis zum hohen Alter von 18 Monaten als »einjährig« bezeichnet.

LATTICH. In seinem *Diaeteticon* schreibt Johann Sigismund Elsholtz zum Thema »Lactucke«: »Hievon sind bei uns acht arten breuchlich. 1. *Lactuca sativa*, die gemeine Lactucke / so nicht in Köpffe schließet. / 2. *Lactuca crispa*, Krause Lactucke. 3. *Lactuca folio oblongo*, Capuzin oder Chavonische Lactucke. 4. *Lactuca foliis Endiviae*, Weiß Sommer-Endivien. 5. *Lactuca folio obscurius virente, semine nigro*, Braun Sommer-Endivien. 6. *Lactuca capitata*, Kopff-Lactucke. 7. *Lactuca capitata spadicea*, Braune oder Spanische Kopff-Lactucke. 8. *Lactuca prolifera*, Viel-köpffige Lactucke / weil auff einem Stiel zween / drey oder vier Köpffe wachsen.«

Spätestens aus dem Jahr 800 v. Chr. besitzen wir den ersten schriftlichen Nachweis des Lattichverzehrs, denn da finden wir den Namen der Pflanze auf einer assyrischen Liste von Kräutern, die in den Gärten des Königs Merodach-Baladan zu Babylon angepflanzt wurden. Gegen 550 v. Chr. schrieb Herodot vom Lattich auf den Tafeln der Könige Persiens, und wir wissen auch, daß er in Ägypten kultiviert wurde. In ägyptischen Grabstätten fand man Salatsamen, und es gibt Beschreibungen der Salalpflanzen auf ägyptischen Feldern, selbst wenn sie uns nicht verraten, welche der acht Sorten, die Magister Elsholtz kannte, wohl angebaut wurde.

Lactuca capitata kann es nicht gewesen sein, denn die ersten Salatsorten bildeten keinen Kopf, sondern wuchsen blattweise um einen Stengel herum (ein Phänomen, das wir an unseren heutigen Kultursorten studieren können, wenn sie verwildern). Deshalb bezeichneten die Griechen der Antike den Salat als Spargel, mit welchem Namen sie alle Pflanzen belegten, die entfernt an Speere erinnern. Die Römer unternahmen es, den lose wachsenden Blattsalat zum Kopfsalat zu erziehen, doch dies geschah nicht von heute auf morgen, denn noch im 1. Jahrhundert n. Chr. schildert Columella diverse Sorten von Salat, ohne eine zu erwähnen, die Köpfe ausbildet.

Den Weg in den Orient scheint der Salat oder Lattich nur langsam gefunden zu haben; nicht vor dem 5. Jahrhundert n. Chr. hören wir von seinem Anbau in China. In Europa verbreitete er sich unterdessen vom Mittelmeergebiet aus nach Norden und nach Westen. Die Angelsachsen pflückten die Wildsorten, kultivierten jedoch keinen Lattich, während Karl der Große ihn auf seinen Domänen anbauen ließ. In französischen Gärten wurde Lattich zu einer bekannten Pflanze, wenngleich man ihm Brunnenkresse das ganze Mittelalter hindurch als Salatpflanze vorziehen sollte.

Im 15. Jahrhundert scheint man in England gelernt zu haben, Salat anzubauen, denn 1440 finden wir den Lattich in einer Auflistung von Gemüsepflanzen, die im englischen Klima gedeihen, und nicht viel später galten Lattich, Kohl, Spinat und Rettich als die beliebtesten Gemüse Englands. In Frankreich erlebte seine Popularität im 17. Jahrhundert ungeahnte Höhenflüge, weil Ludwig XIV. ein Salatnarr war (er schätzte seinen Salat mit Estragon, Bibernelle, Basilikum oder – wenn die Saison es erlaubte – Veilchen und, natürlich, Lattich). Zur Zeit der Französischen Revolution war es sowohl in Frankreich als auch in England Mode, den Salat »scharf angemacht« zu essen, indem man ihm Sardellen, Hering oder andere marinierte Fische, Kapern und Senf hinzufügte, um dem milden Eigengeschmack des Lattichs völlig den Garaus zu machen.

Kolumbus persönlich soll Lattich in die Neue Welt mitgebracht haben, und dort wurde er in den folgenden Jahrhunderten in der Hauptsache von denen gegessen, die ihn im eigenen Garten anbauten (Thomas Jefferson wie immer allen voran). Merkwürdigerweise setzte der Salatverzehr sich in den Vereinigten Staaten erst nach dem Zweiten Weltkrieg durch, dann allerdings so erfolgreich, daß man heute fast kein Gericht findet, in das das eine oder andere Salatblatt nicht Einzug gehalten hat.

Niemand weiß, wo die Heimat dieser Pflanze liegt, sieht man davon ab, daß es sich bei ihr um ein Gewächs aus der nördlichen Hemisphäre handelt, wahrscheinlich aus Eurasien. Möglicherweise bildet der Kaukasus ihre engere Heimat, denn wir lernen sie zuerst in Kleinasien kennen, und ihre Hitzeempfindlichkeit weist darauf hin, daß sie sich in einem relativ kühlen Klima entwickelt haben muß, was in jenem Teil der Welt Bergklima bedeutet.

Die Vorform unseres Kulturlattichs scheint *Lactuca scariola* zu sein (daher der Name Eskariol für die Breitblättrige Endivie, die schon den Ägyptern und Römern vertraut war, ohne daß sie sie botanisch vom Lattich gesondert hätten); sie kommt als Wildform noch heute überall in Eurasien und auch in Nordamerika vor, wohin sie aus der Alten Welt eingeführt worden war.

Lactuca sativa, der nur als Kulturpflanze auftretende Gartenlattich, stammt höchstwahrscheinlich von obigem ab und läßt sich in vier Gruppen unterteilen: die Varietät *augustana* oder Spargelsalat, die heute kaum noch bekannt ist und erklärt, warum die Griechen Spargel zum Salat sagten, denn sie zeichnet sich durch fette, röhrenförmige Stengel aus, die man kocht und wie Spargel behandelt, zwei Varietäten, die runde Köpfe ausbilden, var. *capitata* (Kopfsalat) und var. *crispa* (Schnitt- oder Pflücksalat), wobei der Kopf bei letzterer weniger ausgeprägt und lockerer beschaffen ist, und var. *longifolia*, den Römischen oder Romanasalat, auch Sommerendivie genannt, dessen Blätter einen sehr lockeren und länglichen Kopf bilden.

Der Kopfsalat (Sie erinnern sich: *Lactuca sativa*, var. *capitata*) ist einer der feinsten Salate mit seinen zarten und doch knackigen Blättern von feinem Nußaroma und einer Farbe, die von buttrigem Gelb innen zu saftigem Grün außen changiert (was eben beschrieben wurde, hat nichts mit dem sogenannten

Kopfsalat aus dem Treibhaus zu tun, der heutzutage das ganze Jahr über die internationale Restaurant- und Imbißküche heimsucht und sich durch ein leises, aber ununterdrückbares Jauchearoma auszeichnet), und er ist besonders empfindlich, sowohl im Beet als auch bei Transport und Lagerung. So kam es, daß die Sorten Eisberg- und Krachsalat mit ihrer groberen Blattstruktur sich durchsetzten und heute das Salatangebot bestimmen, denn sie sind zwar für den Gourmet weniger erfreulich, um so mehr aber für den Händler; außerdem bedeutet ihre größere geschmackliche Neutralität, daß man ihnen die Treibhausbehandlung weniger anmerkt als dem verräterischen Kopfsalat.

LAUCH. Bei Lauch handelt es sich eigentlich um die Gattung der Liliengewächse namens *Allium*, zu der unter anderen der Knoblauch (*Allium sativum*), die Zwiebel (*Allium cepa*), der Schnittlauch (*Allium schoenoprasum*) und der Porree oder Lauch im engeren Sinn (*Allium porrum* oder *ampeloprasum*) zählen, wie uns jedes Nachschlagewerk erklären kann; dies wollen wir auch nicht bezweifeln, wohl aber die ebenfalls gern gelieferten Erläuterungen, der Lauch werde vom Menschen seit so langer Zeit kultiviert, daß es keine Wildformen mehr gebe, und er stamme aus dem östlichen Mittelmeergebiet.

Zweifellos wurde Lauch seit Anbeginn unserer Geschichte kultiviert. *Allium ampeloprasum*, die Wildform, die noch heute überall anzutreffen ist, darf mit an Sicherheit grenzender Wahrscheinlichkeit als Vorfahrin unseres Gartenlauchs *Allium porrum* gelten; dieselben Informanten, die uns weismachen wollen, es gebe keinen Wildlauch, erzählen im gleichen Atemzug treuherzig, wilder Lauch weise eine entfernte Ähnlichkeit oder Verwandtschaft zu kultiviertem auf.

Die Hypothese der südländischen Herkunft wird durch die Natur des Gewächses widerlegt, denn Lauch ist eines unserer kälteresistentesten Gemüse, das man den ganzen Winter über im Freien lassen kann, sofern nicht allzu strenger Frost auftritt. Selbst in richtig kalten Gegenden kann man im Spätherbst oder frühen Winter Lauch aussäen, der im Frühjahr sprießen wird. Weniger gut bekommt dem Lauch die Hitze; er wird oft – genau wie Spargel – in flachen Gräben gepflanzt und mit Erdwällen angehäufelt, damit er schöne weiße Blätter entwikkelt, doch wenn es in den Erdhaufen zu warm wird, verfault die Pflanze, was man von einem mediterranen Gewächs nicht erwarten würde. Aber woher stammt der Lauch dann?

Einer irischen Legende zufolge soll der heilige Patrick einmal eine Frau besucht haben, die im Sterben lag; sie erzählte ihm, ein Gesicht von einer Pflanze gehabt und eine innere Stimme gehört zu haben, die ihr sagte, sie werde sterben, wenn sie nicht von dieser Pflanze esse. »Was war das für eine Pflanze?« fragte der Heilige, und die Frau antwortete: »Sie sah aus wie Binsen.« Der heilige Patrick verwandelte daraufhin Binsen in Lauch, den sie aß, und sie genas.

Niemand muß glauben, daß es sich hierbei um die verbürgte Herkunftsbescheinigung des Lauchs handelt, doch kann man aus dieser Legende ableiten, daß Lauch in Irland keine unbedeutende Rolle spielt; das gleiche gilt für Wales, denn dort ist Lauch das Nationalemblem. Am Tag von Sankt David tragen die Waliser Lauch im Knopfloch zum Gedenken an den Sieg König Cadwalladers über die Sachsen im Jahr 640 (in dieser Schlacht trugen die Waliser Lauch am Hut, um sich untereinander zu erkennen und nicht versehentlich umzubringen). Wilder Lauch wächst in beiden Landstrichen, und die alte englische Form des Wortes Lauch, *lēac (leek)*, wirkt fraglos keltisch. Dies beweist noch lange nicht, daß der Lauch aus dem keltischen Britannien stammt, aber eine wahrscheinlichere Heimat als das Mittelmeergebiet ist diese nördliche Region ganz gewiß; vielleicht wurde der Lauch auch von Kelten des

Festlands aus dem nördlichen Europa nach Britannien und in den Mittelmeerraum gebracht.

Woher auch immer sie ihn erhalten haben mögen, die Ägypter der Antike kultivierten Lauch seit Anbeginn der Geschichte, und Juvenal schrieb, in Ägypten verehre man die Zwiebel und betrachte den Lauch als Gottheit. Diese Behauptung findet sich in seinen *Satiren*, woraus man schließen darf, daß er sie scherzhaft meinte; humorlose Vergangenheitszerpflücker haben jedoch beliebt, sie uns als historische Wahrheit zu präsentieren. Herodot berichtet, daß Lauch zur Ernährung der Arbeiter gehörte, die die Pyramiden bauten, und von König Cheops wissen wir, daß er seinem Oberpriester 1000 Pfirsiche, 100 Kannen Bier, einen Ochsen und 100 Stangen Lauch bezahlte. Plinius schrieb, die besten Lauchpflanzen seiner Zeit seien aus Ägypten importiert worden, und die Israeliten beweinten auf ihrer Flucht aus Ägypten mit bitteren Tränen die »Gurken, Melonen und den Lauch«, die sie verlassen hatten.

Die Geschichte des Lauchs scheint jedoch weiter zurückzureichen als bis ins alte Ägypten. Man vermutet, daß er bereits in der frühen Bronzezeit als menschliche Nahrung diente, doch das früheste Datum, über das wir mit einiger Gewißheit verfügen, ist die Zeit um 2100 v. Chr., denn da baute Ur-Nammu ihn in seinen Gärten zu Ur an. Aus einem assyrischen Text erfahren wir, daß Lauch als Mittel gegen das Ergrauen der Haare beliebt war, aber nicht, ob er innerlich oder als Spülung angewendet wurde.

Die ältesten chinesischen Aufzeichnungen, die die Lauchpflanze erwähnen, wurden gegen 1500 v. Chr. verfaßt. Demokrit (460 bis 380 oder 370 v. Chr. – das heißt in etwa) empfahl in seinen Schriften, die Samen anderer Gemüse in Lauchsaft einzuweichen, um sie so gegen Mehltau und Fäule zu imprägnieren. Hippokrates lehrte, durch Lauchgenuß lasse sich das Nasenbluten eindämmen, und Aristoteles schrieb die gellenden Stimmen der Pfauen ihrer Vorliebe für Lauch zu, so daß Nero keineswegs unvernünftig gehandelt haben dürfte, als er täglich Lauchsuppe aß, um seine Stimmgewalt zu mehren und die selbstverfaßten Verse eindrucksvoller deklamieren oder zur Leier singen zu können, was ihm den Spitznamen »Porrophagus« eintrug.

Karl der Große ließ Lauch auf seinen Domänen pflanzen, und das ganze Mittelalter hindurch gehörte Lauch zu den am häufigsten verzehrten Gemüsen. Nicht jeder konnte sich jedoch mit seinem Geschmack anfreunden; so schrieb Chaucer, der Mut einer Maus sei in seinen Augen keinen Lauchstengel wert, und in Italien gibt es noch heute den Begriff »kein Lauchblatt wert sein«, was dem deutschen sprichwörtlichen Pfifferling entspricht, der einst eben ein sehr kommuner Pilz war. Freunde des Lauchs hingegen vergleichen seinen Geschmack mit dem des Spargels – weniger fein und durchdringender, aber nicht unähnlich –, und oft heißt er »Spargel des armen Mannes«; daß sie gar nicht so unrecht haben, kann man feststellen, wenn man Lauch wie Spargel zubereitet – nicht zu weich gekocht und mit einer Vinaigrette aus Nußöl, Orangensaft und etwas Orangenschale angemacht.

Le steht für
das LEGHORN, eine in den USA gezüchtete Hühnerrasse, die sich vorzüglich auf das Eierlegen versteht und deshalb zum Verzehr weniger geeignet ist; für den Leguan, eine artenreiche Echsengattung, der Hollywood von den ersten Gruselfilmen bis zum heutigen Tag zu unendlichem Dank verpflichtet ist und die in Französisch-Guyana gerne »provenzalisch« serviert wird, wobei man geflissentlich darüber hinwegsieht, daß es in der Provence keine Leguane gibt; für Leiche, wie militante Vegetarier jegliche Nahrung nichtpflanzlicher Natur nennen, die zum Zweck des Verzehrs geschlachtet wurde (und eigentlich

wüßte man gern, wie sie tierische Nahrung nennen, die lebendig gegessen wird), eine Sichtweise, der kannibalisch veranlagte Menschen (so heißen die, die Leichen essen, im Sprachgebrauch kompromißloser Pflanzenkostvertreter) höchstens entgegenhalten können, daß, wie unsere neuesten Nachschlagewerke zu berichten wissen, »entgegen früherer Annahme bei der Eiweißzersetzung kein spezifischer Giftstoff (Leichengift) entsteht«; für den Leindotter, aus dessen Art *Camelina sativa* (Öldotter) das sogenannte Dotteröl gewonnen wird, das nicht mit dem Leinöl zu verwechseln, aber ebenfalls ein mögliches Speiseöl ist; für Leinsamen, den Samen des Ölleins, aus dem besagtes Leinöl gewonnen wird; für den Lemming, ein Nagetier, das selten gegessen wird und aufgrund seines Hangs zur Massenvermehrung zweimal jährlich große Wanderungen vornimmt, bei denen es nicht selten vorkommt, daß ganze Rudel im Meer ertrinken, was der Mensch zu einem Suizidwunsch des Kleinsäugers hochstilisiert, während die schnöde Wahrheit darin besteht, daß die Tiere nicht rechtzeitig zwischen Flußläufen und Seen und dem weiten Ozean unterscheiden; und es steht für den Lemuren, einen Halbaffen, den ältesten Primaten der Welt, den früher die jüngsten Primaten der Welt zu jagen und zu verspeisen pflegten und der trotz ihrer inzwischen geübten Zurückhaltung heute zu den vom Aussterben bedrohten Arten zählt.

Und Le steht für
LEBER. Phantasielos, wie der moderne Mensch nun einmal ist, reduziert er den Nährwert des Organs Leber auf seinen hohen Gehalt an Kalzium, Eisen, den Vitaminen A, D, E, K, und vor allem B, insbesondere B_1, B_2, B_6 und B_{12}. In früheren Zeiten schrieb man der Leber mystische Werte zu, denn sie galt als Sitz des Mutes und der Tapferkeit, weshalb die Dakota vor gar nicht so langer Zeit und manche afrikanischen Stämme in noch

jüngerer Vergangenheit menschliche Leber verzehrten, um sich ihre heroischen Werte einzuverleiben, obwohl sie sich ansonsten nicht durch kannibalistische Gelüste hervortaten. In Afrika galt es als unumgänglich, sie roh zu essen, da ihr Zauber durch Erhitzen zerstört worden wäre, und unabhängig davon, ob man Zauber durch Erhitzen zerstört oder nicht, will uns das als weise Maßnahme erscheinen, denn Vitamine zerstört man bekanntlich durch Erhitzen.

Jene unter uns, die sich – ohne Kannibalen zu sein – vor dem Genuß von Innereien nicht ekeln, werden darin übereinstimmen, daß Kalbsleber am schmackhaftesten ist, gefolgt von Lammleber, die im Nahen Osten an erster Stelle steht. Die Leber ausgewachsener Schafe ist von zäherer Textur und strengerem Geschmack und nimmt denselben Rang ein wie Schweineleber, die von zarterer Beschaffenheit ist als die Schafleber, aber von noch strengerem Geschmack, was nur ausgesprochene Enthusiasten zu entzücken vermag. Rinderleber schmeckt weniger aufdringlich, ist jedoch am zähesten und ledrigsten von allen Sorten, aber was den Vitamingehalt betrifft, käme ihr die Siegespalme zu.

Beim Wort Leber denkt fast jeder automatisch an die oben aufgezählten Organspender, doch sie sind bei weitem nicht die einzigen. Im China des 2. Jahrhunderts stellte Hundeleber eine der acht Köstlichkeiten dar; Eskimos schätzen Seehundleber, und in den Vereinigten Staaten gibt es Fans, die auf Stachelschweinleber schwören. Hühnerleber wird fast überall konsumiert, ebenso wie Enten- und Gänseleber, welche allerdings unter besonderen Mastbedingungen zu außergewöhnlichen Delikatessen werden können, die nur mehr vage an ihren Ursprung erinnern, und Truthahnleber und Kaninchenleber sind von festerer Textur und süßerem Geschmack als Hühnerleber. Die Leber von Hummern und Krebsen ist grün, aber köstlich, und Dorschleber ist ebenfalls nicht zu verachten.

Menschen, die der Leber als Nahrungsmittel nichts abgewinnen können, haben zumindest die Möglichkeit, sie als erprobtes Instrument des Wahrsehens zu ästimieren, selbst wenn besagte Methode heutzutage durch die Astrologie weitgehend verdrängt worden ist. Den Etruskern, ausgewiesenen Meistern der Weissagung, der Omen- und der Blitzdeutung, verdanken wir die berühmte Leber von Piacenza, eine große Leber aus Bronze, auf der eingetragen ist, welche Teile der Leber welchen Himmelsregionen und Behausungen der etruskischen Götter entsprechen – nicht unähnlich den Einteilungen am menschlichen Schädel, wie sie im vergangenen Jahrhundert die Jünger der Phrenologie vorzunehmen pflegten, vielleicht nur mit dem Unterschied, daß es sich beim Tun der Etrusker noch eher um eine Wissenschaft gehandelt haben dürfte als beim Wirken der Schädelvermesser.

Li steht für
den LIEBESAPFEL, wie einer der poetischen Namen der Tomate lautet; für Liebstöckel, ein Kraut, das heute nur noch in den Bouquets für Fleischbrühen einen bescheidenen Auftritt hat, in vergangenen Jahrhunderten hingegen wie Sellerie als Gemüse gegessen wurde und aus dessen kandierten Stengeln man einen ausnahmsweise legitimen Angelikaersatz bezog; für die Lilie, fälschlich als Wappenblüte der Bourbonen bezeichnet (in Wahrheit ist das eine Iris, wie jeder sehen kann), aus deren Zwiebeln Thoreau sich eine Suppe kochte, die ihm als recht annehmbar erschien, ihn aber an irische Armensuppen erinnerte; für die Limabohne, deren leichte Giftigkeit ihrem Wohlgeschmack keinen Abbruch tut; für die Limequat, eine Kreuzung aus der Limette mit *Fortunella margarita* (→ Kumquat); für die Limone oder Limette, deren Saft im 19. Jahrhundert von Seeleuten ihrem Grog zugefügt wurde, um sie vor Skorbut zu schützen, und der heute auch bei Landratten als

Mixzutat beliebt ist, weil er aromatischer und würziger schmeckt als Zitronensaft; und es steht für die Litschi oder Lychee oder Lichee, die zusammen mit der Frühlingsrolle und dem rätselhaften Gericht namens Chop-Suey für jedermann im Westen die chinesische Küche repräsentiert.

Und Li steht für

LINSEN. Während des Ersten Weltkriegs brachte mein Vater eines Tages eine große Papiertüte mit nach Hause, die er wortlos über dem Küchentisch ausleerte. Der Inhalt erinnerte vage an Splitt, und auf die Frage meiner Mutter, was das sei, erwiderte er: »Linsen.« Das war das erste Mal, daß ich Linsen als etwas kennenlernte, was sich zur menschlichen Ernährung eignet.

Menschen von aufgeschlossenerem Geist als die Bewohner der Vereinigten Staaten zählten die Hülsenfrucht seit ältesten Zeiten – anders gesagt: seit mehr als 8000 Jahren – zu ihrer Nahrung; Linsen sind eines der Gemüse, die als erste kultiviert wurden. Ihre Herkunft ist ungewiß, wenngleich es als vernünftig erscheint, sie mit den ältesten Fundorten in Verbindung zu sehen: im heutigen Nordostirak, wo Linsen sich laut Radiokarbonmethode bis 6750 v. Chr. nachweisen lassen, in der Türkei (5500 v. Chr.) und in Anatolien. Wir wissen, daß König Merodach-Baladan um 800 v. Chr. in Babylon Linsen anbauen ließ, obgleich sie dort in weit früheren Zeiten bereits bekannt gewesen sein müssen, denn über Babylon erreichten sie einst Ägypten, wo sie spätestens 3000 v. Chr. bestens bekannt waren, wie uns die Archäologie verrät. Jenseits oder diesseits des Mittelmeers – je nach Standpunkt – wurden Linsen, wie wir durch Herodot wissen, von den Kallipidai kultiviert, einem allem Anschein nach skythischen Volksstamm; offenbar wanderten sie (die Linsen, nicht die Skythen) die Donau entlang, denn schon in der Steinzeit begegnen sie uns auf dem Balkan, in Süddeutschland und der Voralpenregion, wie Funde aus Neolithikum und Bronzezeit belegen. Daß sie früh nach Indien gelangten, dürfen wir aus dem Umstand folgern, daß Indien das Land der Welt ist, wo Linsen am ausgiebigsten verzehrt werden; in Indien baut man an die 50 Varietäten der Hülsenfrucht an, und es gibt ein parsisches Linsengericht, das eine Mischung aus 3 bis 9 verschiedenen Sorten erfordert.

Zu allen Zeiten waren Linsen, verglichen mit anderen Nahrungsmitteln, verhältnismäßig wohlfeil, und das hat ihnen die Verachtung der Snobs und Angeber eingetragen; jene, die Speisen nach anderen Kriterien als ihrem Preis beurteilen, wußten sie jedoch schon immer zu schätzen. Wenn Aristophanes von einem Neureichen sagen läßt, er esse keine Linsen mehr, kann dies auf zweierlei Weise ausgelegt werden. Apicius, der römische Genießer, war zweifellos ein Snob, und dennoch gibt er in seinem Kochbuch gleich drei Linsenrezepte: eines für Linsen mit Kastanien, eines für Linsen mit Muscheln und eines für Gerstensuppe mit Linsen, Erbsen und Kichererbsen. Heliogabal, den gewiß niemand der übertriebenen Bescheidenheit verdächtigt, reichte bei einem seiner Festmähler Linsen, in die Topase gemischt waren, so daß seine Gäste sich vor der Alternative sahen, ein Vermögen zu gewinnen oder einen Zahn zu verlieren.

Im Mittelalter galten Linsen nicht nur als Armennahrung, sondern außerdem als schwer verdaulich; man sagte ihnen nach, sie reizten den Magen, schwächten das Augenlicht und verursachten schwere Träume. Magister Elsholtz schreibt dazu in seinem *Diaeteticon*: »Ihr ruhm ist sonst gar schlecht [...] wenn Linsen gar zu offt in der Speise genossen würden / so beschwerten sie nicht allein den Magen / und bleheten die Gedärme auff: sondern verursachten auch melancholisch Geblüt / und die darauff folgenden Kranckheiten / als da sind *Cancer & Elephantiasis*: ja sie schadeten dem Gesicht / und so weiter.« Andererseits ließ Karl der Große auf seinen Domänen Linsen anbauen. Der französische Arzt Ambroise Park empfahl sie im 16. Jahrhundert als Mittel gegen die Pocken. Unter Ludwig XIV. äußerte Madame de Sévigné sich begeistert über Linsensuppe, und einen König später erhielten die kleinen grünen Linsen, die bis heute als die besten gelten, den Ehrennamen *lentilles à la reine,* weil die polnische Ehefrau Ludwigs XV. sie am Hof in Mode gebracht haben soll. Im 1806 zuerst erschienenen Kochbuch des politisch anpassungsfähigen Kochs Viard, das nacheinander betitelt war *Le Cuisinier Impérial, Le Cuisinier Royal, Le Cuisinier national,* daraufhin wieder *Le Cuisinier Impérial* und zuletzt erneut *Le Cuisinier national,* findet sich bereits ein vorzügliches Rezept für Ente mit Linsenpüree.

Mit Ausnahme der Sojabohne ist die Linse die proteinreichste Hülsenfrucht; um den Proteingehalt von 100 Gramm Linsen zu erreichen, müßte man 134 Gramm Rindfleisch verzehren. In katholischen Ländern waren Linsen bei dem Bevölkerungsanteil, der sich keinen Fisch leisten konnte – und bis vor nicht allzu langer Zeit war das die überwältigende Mehrheit –, die willkommenste aller Fastenspeisen.

Wie bei allen Hülsenfrüchten gilt auch für Linsen, daß sie nicht zu alt sein dürfen, denn dann kann man sie getrost wochenlang einweichen, ohne die Konsistenz von Rollsplitt erkennenswert abzumildern. Die kleinen grünen Linsen brauchen nicht eingeweicht zu werden.

Lo steht für

die LOGANBEERE, eine Kreuzung zwischen Brombeere und Himbeere, die 1881 in Kalifornien das Licht der Welt erblickte; für Longan, eine subtropische Frucht, die aussieht wie eine lockere Traube gelblicher Weinbeeren und in China als »Drachenaugen« bezeichnet wird (geschmacklich ähnelt sie der Litschi); für das Longhorn, eine englische Rinderrasse; für die Long-Island-Ente, die ihrem Namen zum Trotz aus Peking kommt; für die Lorchel, einen Speisepilz minderer Qualität, dessen Frühjahrsarten Giftstoffe enthalten, während Herbstlorcheln ohne vorheriges Abkochen genießbar, aber zäh sind; für die Loris, den Lemuren ähnliche und ihnen nicht unverwandte Halbaffen, die Allesfresser sind und denen ein anderer Allesfresser nachstellt; für Lotos, ein Seerosengewächs, das nicht von Homers Lotophagen gegessen wurde, wohl aber von heutigen Chinesen gegessen wird, vor allem seine Rhizome und Samen; und für den Löwen, der im steinzeitlichen Europa häufiger gejagt wurde als das damalige Wildschwein.

Und Lo steht für
LÖWENZAHN. Im Alten Testamant wird der Löwenzahn, wenn ich mich recht erinnere, nicht namentlich erwähnt, doch gewiß ist er dort mitgemeint, wo von bitteren Kräutern die Rede ist. Die Anrainer des Mittelmeers aßen in antiken Zeiten Löwenzahn, erwähnten ihn jedoch nur als Heilpflanze, was sich bis weit ins Mittelalter nicht ändern sollte. In Schriften der Renaissance wird er als Mittel bezeichnet, das den Teint der Damen verbessert, nicht als Salatkraut. Erstaunlich ist das nicht, denn der Genuß grüner Pflanzenblätter ist ein verhältnismäßig junges Phänomen. John Evelyn war seiner Zeit kulinarisch weit voraus, als er gegen Ende des 17. Jahrhunderts ausführlich über Salate schrieb und für die meisten seiner Rezepte Löwenzahnblätter als Ingrediens nannte. Löwenzahnblätter können Bestandteil des gemischten Grünzeugs sein, das hauptsächlich aus Blätterkohl (→ Ko) besteht und eine der Grundfesten des *soul food* der Südstaaten der USA bildet, und die Pennsylvania Dutch (womit Leute ursprünglich deutscher und nicht etwa niederländischer Herkunft gemeint sind) machen ihren traditionellen Löwenzahnsalat mit warmem Essig,

einer Spur Zucker und gebratenem Speck an, wie es in Süddeutschland und Frankreich ebenfalls üblich ist. Den vielleicht ungewöhnlichsten Gebrauch von Löwenzahn macht man in Algerien, wo die Blätter Bestandteil des algerischen Honigkuchens namens *yubba* sind.

Frankreich ist das Land der leidenschaftlichsten Löwenzahnesser, und dort wird Löwenzahn kultiviert, indem man die Pflänzchen mit Erde anhäufelt, damit sie schön weiß werden und zart bleiben. Ihre Stiele sind weiß, die Blätter goldgelb, und ihr Geschmack ist zart, manchen, die den wilden Löwenzahn vorziehen, zu zart. Wilder Löwenzahn enthält mehr Vitamine und Mineralstoffe als gezüchteter, und er ist am besten, wenn man ihn in der freien Natur sammelt und nicht auf dem Rasen im eigenen Garten. Wilder Löwenzahn ist nur im Frühjahr zart.

Viele meinen, lediglich die Blätter dieser Pflanze seien eßbar, was ein großer Irrtum ist. Die geschlossenen Knospen schmecken fast wie Pilze, wenn man sie in Butter brät, und auch die Wurzeln sind nicht zu verachten – Euell Gibbons, der große Experte auf dem Gebiet wildwachsender Nahrungsmittel, hält sie für »schmackhafter als Pastinaken oder Schwarzwurzeln«. Man kocht sie geschält und wechselt mehrmals das Wasser, um die Bitterstoffe zu entfernen, doch im Sommer ist die Wurzel so bitter, daß auch diese Maßnahme nichts mehr fruchtet.

Löwenzahnhonig ist besonders sämig; Naturfreunde brauen Tee und Wein aus Löwenzahn, und aus der gerösteten und gemahlenen Wurzel wird ein Ersatz für Kaffee gewonnen, den viele nicht von echtem Kaffee unterscheiden können. Daß der Genuß von Löwenzahn den Harnfluß anregt, bezeugen die Volksnamen, die der Pflanze im Deutschen und Französischen verliehen wurden: Seichblume heißt sie rechts, *pissenlit* links des Rheines.

LORBEER (*Laurus nobilis*) ist ein Strauch oder Baum, dessen Blätter in keiner Küche fehlen. Lorbeer ist ein so dominierendes Gewürz, daß die meisten Gerichte nicht mehr als ein Blatt vertragen – Ausnahmen (Aal mit Lorbeer) bestätigen die Regel. Am häufigsten begegnet man ihm im Bouquet garni in Gesellschaft eines Thymianzweigs und einiger Petersilienstengel, was manche noch durch einen Zweig Rosmarin ergänzen. Wer kein Lorbeerbäumchen sein eigen nennt, muß sich mit getrockneten Blättern begnügen, doch Lorbeer gehört zu den Gewürzpflanzen, die auch in getrockneter (aber nicht in pulverisierter!) Form viel von ihrem Geschmack bewahren.

Seit der Antike gilt Lorbeer als Symbol des Sieges und des Ruhmes. Die Griechen krönten ihre siegreichen Athleten mit Lorbeerkränzen, die Römer ihre siegreichen Generale. Feinde Julius Cäsars kritisierten seine Vorliebe für Lorbeerkränze, und seine Freunde entschuldigten diese Schwäche mit Eitelkeit, da die Kränze seine Glatze verdeckten. Die Römer schrieben dem Lorbeer blitzabwehrende Wirkung zu, und Tiberius, ein vorsichtiger Mensch, trug bei Gewittern stets einen Lorbeerkranz.

All diese Eigenschaften gelten selbstverständlich nur für den Echten oder Edlen Lorbeer. Die Blätter anderer Bäume oder Sträucher, die wir als Lorbeer bezeichnen, sind meist bitter, oftmals sogar giftig. Bastard- oder Steinlorbeer bezeichnet den Schneeball, Rosenlorbeer den Oleander, Sommerlorbeer den Sassafrasbaum, Giftlorbeer den Falschen Sternanis (→ An), wilder Lorbeer die Stechpalme, Kampferlorbeer den Kampferbaum, Berglorbeer die Lorbeerrose und Kirschlorbeer den Kirschlorbeer. Am giftigsten sind die Blätter des Berglorbeers, aus denen die Delaware-Indianer ihre Version des Schierlingstranks zu Selbstmordzwecken brauten.

Lu steht für

LUDER, das wir unter Aas kennengelernt haben; für Luffa, die Schwammgurke, auch Schwammkürbis, ein Kürbisgewächs der Alten Welt, dessen Früchte in unreifem Zustand eßbar sind; für die Lumme, einen dem Alk ähnlichen Meeresvogel, der auf Felsklippen birnenförmige Eier legt, die im Kreis rollen, wenn sie angestoßen werden, und nicht vom Kliff fallen; für die Lupine, die – ob mit oder ohne giftige Bitterstoffe – hauptsächlich als Viehfutter dient, in den Anden jedoch seit mehr als 1000 Jahren von den Indios um ihres eßbaren Samens willen kultiviert wird, dem diese die Bitterstoffe durch mehrtägiges Einweichen entziehen; und für Luzerne, eine der ältesten und vielseitigsten Futterpflanzen, die wir als Alfalfa kennengelernt haben.

Das Meerwasser – sogar das reinste, weitab von aller möglichen Vermischung auf See entnommen – ist leicht weißlich und ein wenig klebrig. Hält man es zwischen den Fingern, so entrinnt es fädig und läuft nur langsam ab. […] Die meisten Kinder [des Meeres] scheinen Fötusse in gallertartigem Zustand, welche die schleimige Materie absorbieren und selbst erzeugen, die Wasser damit anfüllen und ihnen die fruchtbare Zartheit einer unermeßlichen Matrix verleihen, wo die fortwährend neu ankommenden Kinder wie in lauwarmer Milch dahintreiben.

Jules Michelet

Ma steht für
den MAIAPFEL oder Fußblatt, ein Sauerdorngewächs, dessen Früchte als »wilde Limonen« bezeichnet werden, während Rhizom und Wurzel zu Abführmitteln und Mitteln zur Warzenbeseitigung verarbeitet werden; zum Geschmack der Früchte schrieb Euell Gibbons: »Ich fühle mich an verschiedene Tropenfrüchte erinnert, an die Guajave, die Passionsfrucht und die Cherimoya, aber ehrlich gesagt kann ich nicht behaupten, daß der Geschmack wirklich vergleichbar wäre«; für den Maifisch, dem wir zuerst unter dem Stichwort Alose begegneten; für die Malve, deren Verzehr der Mensch im 16. Jahrhundert aufgab, um sie fortan nur mehr als Futterpflanze zu kultivieren; für den Mammeiapfel, der auf den Antillen und in den Anliegerländern des Karibischen Meers gern gegessen wird und, da er eigentlich kein Apfel ist, auch tropische Aprikose heißt, obwohl er keine Aprikose ist, oder Marmeladenpflaume, obwohl er erst recht keine Pflaume ist; für das Mammut, das aufgrund einer dramatischen Verknappung des Grundmaterials seit der Eiszeit auf unserer Speisekarte nicht mehr recht Fuß fassen konnte; für die Mandarine, die auch Clementine oder Tangerine heißt und zur großen Familie der Zitronenartigen gehört; für die Mandarinente, die ihren Namen der Farbenpracht ihres Gefieders verdankt; für die Zucker- oder Schnee-Erbse, die hier unter ihrem französischen Namen *mangetout* erscheint, der uns verrät, daß alles an ihr gleichermaßen zart ist; für die Mangostane, eine Frucht aus Malaysia, deren Wohlgeschmack allseits geschätzt wird, was nichts daran ändert, daß sie schwierig anzubauen ist, sehr langsam reift und den Transport fast nie übersteht; für die Mangrove, eine Tropenfrucht der Alten und der Neuen Welt,

die süß schmeckt und gesund ist, aber gepflückt werden sollte, bevor sie Wurzeln zu entwickeln beginnt; für den Marder, eine Wieselart, die in der Steinzeit in Frankreich gegessen wurde und heute nicht nur in Frankreich Gummiverkleidungen von Kabeln unter Motorhauben zernagt; für Mark, das sich bei Kannibalen ähnlicher Wertschätzung wie Hirn und Leber erfreut, aus verwandten Gründen, wie man sich denken kann; für den Markkürbis, der in England bevorzugt gegessen wird und aus Amerika stammt; für den Marmoralk, der seine Eier so geschickt versteckt, daß es noch keinem Menschen gelang, sie zu finden; für Mastix, ein Harz mit Lakritzgeschmack, das in der arabischen Küche gern verwendet wird; für den Matjeshering oder Jungfrauenhering, der köstlich zart und fett ist (auch wenn fette Jungfrauen in unseren magersüchtigen Zeiten ein wenig aus der Mode gekommen sind); für das Maultier, das, wie mir ein Anthropologe schrieb, »in Spanien hervorragend zubereitet wird und geschmacklich dem Pferd weit überlegen ist«, und für die Maus, deren Stückpreis auf Magellans Schiffen zwischen einem Dukaten und einem halben Dukaten variierte, da man nach der Umrundung der Südspitze Südamerikas sonst nichts mehr zu essen an Bord hatte.

Ma steht aber auch für
MAIS, Welschkorn oder Kukuruz, den zwei von Kolumbus ausgesandte Späher auf Kuba am 5. November 1492 als erste Europäer in Augenschein nahmen – als erste Europäer der Neuzeit, denn Leif Ericsson hatte 500 Jahre früher bereits von einem sogenannten Weizen berichtet, den es auf Vinland gebe (Weizen gelangte erst mit den Europäern nach Amerika).

Mais (Zea *mays*) ist eine äußerst vielseitige Pflanze. Manche Sorten sind kaum 60 Zentimeter hoch, andere mehr als sechs Meter; die Kolben können daumennagelgroß sein, aber auch einen halben Meter lang; sie können zwischen 16 und 500 Körner tragen, und diese Körner sind häufig weiß oder gelb, können aber genausogut rosa, rot, purpurrot, blau, braun oder grün sein. Fast überall auf der Welt reift monatlich Mais zur Ernte. Schnellreifende Varietäten benötigen dafür 60 Tage, bedächtigere 11 Monate. Mais wird unterhalb des Meeresspiegels (im Kaspischen Becken) und hoch oben in den Anden Perus angebaut. Er gedeiht von 58 Grad nördlich in Kanada und Rußland bis 40 Grad südlich in Südamerika und Afrika, solange es während der Wachstumszeit warm genug wird und es das Jahr über ausreichend regnet.

Mais ist nach Reis und vor Weizen des zweitertragreichste Getreide der Welt. Tiere konsumieren mehr Mais als die Menschen, die ihn natürlich zu guter Letzt zumindest indirekt in Form von Schweinen, Geflügel, Kalbfleisch, Rindfleisch, Eiern oder Milch verzehren.

Mais ist mit Sicherheit das einzige Getreide, wahrscheinlich die einzige Nahrungspflanze und möglicherweise das einzige Nahrungsmittel vegetabilischer oder animalischer Natur, das sich nicht ohne menschliche Hilfe fortpflanzen kann. Seine Samen (die Maiskörner) werden durch die dichte, wachsartige Haut, die den Kolben umschließt, daran gehindert, den Erdboden zu berühren; würde der Mensch nicht den Kolben öffnen und die Körner säen, müßte der Mais von einem Jahr zum anderen aussterben. Wie eine so beschaffene Wildpflanze lange genug überlebt haben soll, um es bis zu einer Zuchtform zu bringen, ist ein Rätsel, und Wildmais konnte tatsächlich noch nirgends entdeckt werden. Eine der einleuchtendsten Theorien zu diesem Thema unterstellt, daß es nie wilden Mais gegeben hat und daß unser heutiger Mais aus einem bereits gezüchteten Gras entstanden ist, auf dem Weg zufälliger oder bewußt herbeigeführter Mutation.

Als Cortez nach Mexiko gelangte, aß Montezuma die Maistortillas und Tamales, die noch heute die Grundlage der mexikanischen Küche bilden. Mais war im Überfluß vorhanden und wurde am Straßenrand angebaut, damit Bedürftige sich dort bedienen konnten. Niemand mußte in Mexiko Hungers sterben zu einer Zeit, da diese Todesart in Europa an der Tagesordnung war. In Peru trafen die Spanier auf ein Inkareich, dessen Prosperität im Mais gründete, und sie beeilten sich, die Prioritäten der Inkas, die den Mais vor dem Gold ansiedelten, umzukehren und Peru die Unterernährung zu bescheren.

Der Mais ließ sich Zeit dabei, von seinem wahrscheinlichen Ursprungsort – Honduras, Guatemala und die angrenzenden Gebiete Mexikos – über den Rio Grande nach Norden zu wandern. Es gibt Maiskörner aus der Zeit um 6600 v. Chr. aus Mexiko, während die ältesten Funde aus Neumexiko gute 2000 Jahre jünger sind, und in der Adana-Kultur des heutigen Ohio kam der Mais erst vor knapp 2000 Jahren an.

Der erste nennenswerte Maisanbau in Europa läßt sich auf 1525 datieren und in Andalusien lokalisieren, von wo aus er das Mittelmeergebiet eroberte. Vom Nahen Osten gelangte der Mais nach Mittel- und Nordeuropa, was den Namen Türkischer Weizen erklärt, unter dem er in alten Büchern figuriert. John Gerard nennt ihn in seinem *Herball* aus dem Jahr 1562 ein Getreide, das als weniger nahrhaft gilt als Weizen, Reis, Roggen oder Hafer und obendrein als schwer verdaulich, während Magister Elsholtz 1682 in seinem *Diaeteticon* zum Stichwort »Türckischer Weitze« zu vermelden weiß »Oder vielmehr Indianischer / weil er nicht aus der Türckey / sondern aus dem Mitternächtigen theil *Americae* anfänglich in Europa ankommen: und zwar allererst nach erfindung selbiger Newen Welt / daher die alten Scribenten dessen keine meldung thun. Die Indianer nennen ihn *Mehiz* oder *Mays*. [...] Was sein Temperament betrifft / da ist er bey nahe in allen vier Qualitäten [kalt, warm, feucht, trocken] mittelmäßig.«

Im großen und ganzen begegnete man in Europa dem neuen

Getreide mit Zurückhaltung. Ausnahmen bildeten nur die Fälle, wo sich Speisen daraus bereiten ließen, die Traditionswert besaßen – so in Italien, wo die Polenta seit den Etruskern gekocht wurde und wird, sukzessive aus Hirse, Spelzweizen, Roggen, Weizen und schließlich Mais –, und Länder, wo Nahrungsmangel herrschte, wie Rußland, das heute der weltweit zweitgrößte Maisproduzent ist. Der Versuch Sir Robert Peels, im Jahr 1846 den Iren Mais schmackhaft zu machen, um so den schrecklichen Folgen der Kartoffelfäule von 1845 zu begegnen, war vergebens; die Iren nannten das Getreide seiner Farbe wegen ›Peels Schwefel‹; es wurde gemunkelt, daß alle, die gewagt hatten, es zu kosten, diese Kühnheit mit dem Leben bezahlt hätten, und Armenhäusler revoltierten, als man ihnen Mais vorsetzte.

Nach Afrika gelangte der »Indianische Weizen« über die portugiesischen Kolonien, die er wiederum von Brasilien aus erreichte, all das im 16. Jahrhundert. In Afrika pflanzten die Portugiesen ihren brasilianischen Mais, um die Sklaven zu verköstigen, die sie nach Amerika brachten.

In China erfahren wir spätestens um 1550, daß Mais als Tribut entrichtet wurde, doch schon fünf Jahre später erwähnt ihn eine Regionalchronik der Provinz Honan.

In den USA war Mais aus der Nationalgeschichte nie wegzudenken. Der Herzog von Liancourt schrieb anläßlich eines Amerikaaufenthalts, Indianischer Weizen sei dort das Getreide schlechthin und werde von der Bevölkerung dreimal täglich in Form gepökelten Schweinefleischs gegessen. Während des Bürgerkriegs entschied sich Großbritannien nach langem Zögern, nicht zugunsten des Südens einzugreifen, weil es möglicherweise den Mais des Nordens noch dringender benötigte als die Baumwolle des Südens. Die heutzutage beliebteste Varietät – der Zuckermais – war den ersten Siedlern, die Nordamerika betraten, nicht bekannt. Spätestens seit Beginn des

17. Jahrhunderts wurde er von den Indianern jenseits der Appalachen angebaut, und erst 1799 entdeckten Weiße ihn. Nach dem Bürgerkrieg nahm sein Anbau explosionsartig zu, und heute stellt er die begehrteste und meistverkaufte Konserve der Vereinigten Staaten dar, obwohl Zuckermais wie die meisten Gemüse am köstlichsten schmeckt, wenn er ganz frisch geerntet in den Topf wandert.

MAJORAN. Majoran und Oregano wurden seit Anbeginn ihrer Geschichte miteinander verwechselt, und ausnahmsweise ist daran nicht der Volksmund schuld, sondern eine wissenschaftliche Autorität, und zwar kein Geringerer als Carl von Linné persönlich, der die folgenschwere Entscheidung traf, den Majoran *Origanum majorana* zu nennen, obwohl Majoran zur Gattung *Majorana* gehört und nicht zur Gattung *Origanum*, der Oregano oder Dost angehört. Angesichts dieser Fehlentscheidung muten Irrtümer bezüglich der Zuordnung beider Pflanzen, die dem – sagen wir – Mann aus dem Garten unterlaufen, naturgemäß entschuldbar an.

Halten wir also fest: Majoran gehört zur Gattung *Majorana* und ist uns nur in Form des Gartenmajorans *Majorana hortensis* bekannt, einer einjährigen (eigentlich zweijährigen, aber sie ist so empfindlich, daß sie fast nie überdauert) Gewürzpflanze mit stark aromatisch duftenden kleinen, graugefärbten Blättern. Die engere Heimat des Majorans dürfte sich in der Nähe des Mittelmeerraumes befinden – manchen zufolge in Südeuropa, anderen zufolge in Kleinasien, in Nordafrika oder sogar in Persien. Gartenmajoran wird über einen halben Meter hoch, und die Pflanze duftet erst, wenn man ihre Blätter zerreibt. Wie viele Kräuter besitzt Majoran das meiste Aroma als frisch geerntete Pflanze; getrockneter Majoran ist noch immer aromatisch, aber bitterer und strenger als der milde, süße Duft der frischen Blätter.

Im Bereich der Küche unterliegen wir alsbald der üblichen Konfusion, und Hausfrauen, die Majoran verwenden, wissen meist nicht, daß sie es nicht mit Oregano zu tun haben, dem Gewürz, das die meisten Kochbuchautoren im Auge haben, wenn sie – zu Unrecht – von Majoran reden.

Der zarte und gleichzeitig würzige Duft des Majorans empfahl ihn für Potpourris und Duftsäckchen, und in früheren Zeiten streute man Majoran, Minze und Duftgeranien auf den Stubenboden, damit es im Haus gut roch. Das ätherische Öl der Pflanze dient zur Kosmetik- und Parfumherstellung, wie es schon in der Renaissance und im antiken Griechenland üblich war.

In der Antike symbolisierte Majoran Liebe und Ehrenhaftigkeit, und deshalb wurden Brautkränze mit Majoran versetzt, und Majoran wurde auf Gräbern gepflanzt. Aus der Mythologie erfahren wir, daß Majoran geruchlos war, als Aphrodite das Kraut zu züchten begann, und seinen süßen Duft erst durch ihre Berührung erlangte. Daß es sich dabei um Majoran und nicht um Oregano handelte, beweist uns der Name Amarakos, den Theophrast, Plinius und andere verwenden und der in erster Linie unseren Majoran bezeichnet.

MAKRELE. Die Makrele ist ein türkischer Fisch, jedenfalls in Italien, wo der Name *pesche turchino* jeden fetten Fisch bezeichnet, vorzugsweise solche von blauer oder dunkler Färbung, eine in der Ichthyologie wenig gebräuchliche Kategorisierung. Man trifft die Makrele zwar nahe der Türkei an, aber ebensogut überall sonst in der nördlichen Hemisphäre; fett ist sie aber in der Tat, und wie. Fische, deren Fleisch mehr als 1 Prozent Fettanteil aufweist, gelten als fett; bei der Makrele beträgt dieser Anteil zwischen 6 und 13 Prozent je nach Varietät, Lebensraum, Nahrung und Jahreszeit. Dieser hohe Fettanteil ist daran schuld, daß das Fleisch des Fischs so schnell verdirbt, und man tut gut daran, Makrelen nicht auf Vorrat zu kaufen. Die schlechte Haltbarkeit des Makrelenfleischs hatte den rufschädigenden Nebeneffekt, Schriftsteller mit einem aussagekräftigen Bild der Verderbnis zu versorgen: Shakespeare läßt Falstaff von Ländereien sprechen, so billig zu haben wie eine stinkende Makrele; Catull und Martial nennen gewisse literarische Produkte Einwickelpapier für Makrelen.

Frische Makrelen hingegen erfreuen sich von alters her größter Beliebtheit. Übergehen wir ruhig die Berge von Makrelengräten in den Küchenabfällen unserer neolithischen Vorfahren, die gewiß keine Feinschmecker waren, befassen wir uns nicht weiter damit, daß die Römer ihre Universalwürzsauce *garum* an liebsten aus Makrelen gewannen, und begeben wir uns ins 12. Jahrhundert, wo wir im *Roman du comte d'Anjou* Makrele als einen der »wohlschmeckendsten Fische« aufgeführt finden. Im 19. Jahrhundert schrieb Charles Monselet, der Monat Mai sei nicht nur der Monat der Liebenden, sondern auch der der Feinschmecker, da er die besten Makrelen mit sich bringe. Makrelen sind im Frühjahr und Frühsommer am besten, weil sie dann am fettesten sind, kurz vor dem Laichen, für das sie sich ihre Fettpolster angefressen haben.

Die Qualitätsschwankungen des Makrelenfleisches sind durch die Lebensgewohnheiten der Fische bedingt, über die wir bis in die jüngste Vergangenheit nicht viel wußten, da Makrelen sich die meiste Zeit ihres Lebens über in der Tiefsee aufhalten. Alexandre Dumas, dessen Liebe zum Pittoresken über nüchterne Tatsachen stets den Sieg davontrug, erzählt uns im Brustton der Überzeugung, Makrelen verbrächten den Winter im Eismeer (falls er damit arktische Gewässer meint, sind diese viel zu kalt für den Geschmack der Makrele), den Kopf in Schlamm und Tang vergraben. Leider vergißt er anzugeben, welcher Augenzeuge dies beobachtet haben will, und auch der Hinweis auf einen »norwegischen Historiker«, der erzählt haben soll, wie ein »badender Matrose mit einemmal verschwand, und als man ihn zehn Minuten später aus dem Wasser zog, war er von Makrelen bereits zu großen Teilen aufgefressen«, macht die Geschichte nicht unbedingt glaubhafter. Immerhin deutet sie an, daß Makrelen gefräßige Fische sind. Zudem räumt Dumas freimütig ein, daß »Bloch, Noël, Lacépède und andere« die Ansicht verträten, ähnlich wie die Heringe wanderten die Makrelen im Winter keineswegs in andere Meere aus, sondern zögen sich auf den Grund der Gewässer zurück, die sie im Sommer näher der Wasseroberfläche bewohnen, und zu ebendieser Ansicht neigt man auch heute, da man es verfolgen konnte.

Die Makrelen praktizieren eigentlich nichts anderes als eine Art maritimen Winterschlafs: Von Ende Oktober bis Ende Januar liegen sie dichtgepackt auf dem Meeresboden, von wo sie dann langsam aufsteigen und sich mit Plankton allmählich wieder zu ernähren beginnen. Im Mai bewegen sich dann große Schwärme gefräßiger Makrelen auf die Küste zu, was die Fischer oft an den großen Schwärmen nicht weniger gefräßiger Seemöwen erkennen, die den Fischen hoffnungsvoll folgen. Im adriatischen Meer fressen die Makrelen alles, was ihnen unterkommt, und hinterlassen das Meer so, wie Heuschrecken Land hinterlassen, und das italienische Verb *sgombare*, das »leerfegen« bedeutet, ist eine Ableitung von *sgombero*, »Makrele«. Nachdem sie sich genug Energie angefuttert haben, laichen die Makrelen im Sommer, und wenn sie sich etwas von dieser Mühsal erholt haben, beginnen sie ab September den Rückzug in tiefere, küstenfernere Gewässer, wobei sie sich unterwegs noch etwas Winterspeck anfressen.

Unter den Hochseefischen ist nur der Hering der Makrele in der Bedeutung als Speisefisch überlegen, aber nicht alles, was Makrele heißt, ist auch eine; die Roßmakrele ist ein Stöckerfisch, die Fregattenmakrele gehört eher zu den Thunfischen (und somit zu den Makrelenartigen) als zu den echten Makrelen, und der Makrelenhecht, ein Flugfisch, wurde erstmals von Thor Heyerdahl fotografiert, als er versehentlich auf den Planken des Floßes *Kon Tiki* landete.

Maquereau ist im Französischen eine gebräuchliche Bezeichnung für den Zuhälter, der sich im übertragenen Sinn durch die auffälligsten Eigenschaften dieser räuberischen Freßmaschine auszeichnet, sich aber zu keiner Jahreszeit für den menschlichen Genuß eignet.

MANDEL (*Amygdalus*), eine Gattung der Pflaumen- oder Steinobstgewächse mit etwa 20 Arten, stammt wahrscheinlich aus Kleinasien, wo ihr Vorhandensein bereits früh belegt ist; sie findet Erwähnung in babylonischen Inschriften, hethitischen Chroniken und im Alten Testament, wo sie und die Pistazie als einzige Nüsse vorkommen. In prähistorischer Zeit machte sie sich auf den Weg nach Westen, denn wir finden sie in neolithischen Schichten unter dem kretischen Königspalast von Knossos und in bronzezeitlichen Vorratskammern des Palasts von Hagia Triada auf selbiger Insel. Die Römer, die Mandeln liebten, nannten sie nach denen, die sie mit ihnen bekannt gemacht hatten, »griechische Nüsse«. Ob die alten Ägypter Mandeln kannten, ist strittig; Mandelmilch scheinen sie als Kosmetikum benutzt zu haben, doch kann diese Milch von ihnen importiert worden sein.

Karl der Große ordnete an, daß auf seinen Domänen Mandelbäume zu pflanzen seien, und das früheste französische Kochbuch, das um 1300 entstand, handelt ausführlich die Mandelmilch ab, die neben *verjus* eines der zwei Grundelemente mittelalterlicher Saucen bildete (sogar in England, wo es zweifellos keine einheimischen Mandeln gab; heute gibt es zwar Mandelbäume an der englischen Südküste, doch handelt es sich bei ihnen um reine Zierpflanzen, die meist nicht sehr alt werden, denn, wie uns jedes Pflanzenlexikon verraten kann, verlangt »der Mandelbaum erheblich mehr Wärme als Pfirsich und Aprikose und kommt daher als Fruchtbaum für die Gegenden nördlich der Alpen nicht in Betracht«). 99,9 Prozent der nordamerikanischen Mandelernte werden in Kalifornien eingebracht, und die USA erzeugen die Hälfte des gesamten Mandelaufkommens der Welt – ob Süßmandeln (var. *communis*) oder Bittermandeln (var. *amara*) oder die ebenfalls süßen Krachmandeln (var. *fragilis*); Platz zwei und drei, wenn auch weit abgeschlagen, nehmen Italien und Spanien ein.

Die Zuckerbäckerei stünde ohne Mandeln – süße und bittere – kaum besser da als ohne Zucker oder ohne Eier, und eines ihrer verführerischsten Produkte ist das Marzipan, das schon seit Jahrtausenden aus Mandeln und Honig und Rosenwasser, später aus Mandeln und Zucker und »Aromastoffen« gefertigt wird. Die Kreuzfahrer brachten es aus dem Orient nach Europa mit, und im 18. Jahrhundert, der Zeit der Erfindung jeglicher Art von Ersatzstoffen, begann man es durch Persipan zu ersetzen, das aus Aprikosen- und Pfirsichkernen statt Mandeln gemacht wurde.

Bittermandeln enthalten bis zu 8 Prozent des Blausäureglykosids Amygdalin; die Menge Bittermandeln, ab der mit tödlichen Folgen im Falle des Verzehrs zu rechnen ist, wird im *Brockhaus* für Kinder mit 5-12 Stück angegeben, in Ullsteins *Lexikon der Pflanzenwelt* mit 60 Stück für Erwachsene. Es sei an dieser Stelle nicht verschwiegen, daß das Gift durch Kochen oder Rösten entfernt werden kann (wie man auch die Ersatzlieferanten des Persipans entgiftet).

Daß Mandeln im Altertum und Mittelalter häufig als Arznei dienten, belegt folgende Anekdote, die uns Magister Elsholtz erzählt, allerdings ohne Gewähr, wie er eigens betont: »*Plutarchus* und aus ihm *Athenaeus* erzehlen / daß bey des Kaysers *Tiberii* Sohn *Druso* ein *Medicus* gewesen / welcher alle im

Trincken überwunden / wan er vorher nur fünff oder sechs bittere Mandeln gegessen; wenn man ihm aber dasselbe verwehret / so hat er nicht den geringesten weg trincken können. Sotane alte Geschicht lasse ich zwar in ihrem werth: jedoch wil dis Präservativ bey uns den stich nicht halten.«

MANGO. Aus einem Reisebericht, der 1727 verfaßt wurde, erfahren wir, daß »die Mango von Goa als größte und köstlichste Frucht ihrer Art von jedermann anerkannt ist, und ich darf wohl hinzufügen, daß sie die bekömmlichste und wohlschmeckendste Frucht ist, die ich jemals zu kosten bekam«, und bereits im Jahre 1673 äußerte ein anderer Reisender die Ansicht, Nektarine, Pfirsich und Aprikose könnten es geschmacklich mit der Mango nicht aufnehmen. Dennoch können die meisten Menschen des Okzidents der Mango nicht sonderlich viel abgewinnen, wenn sie sie zum erstenmal probieren; in manchen Fällen liegt es daran, daß man ihnen minderwertige Früchte anbietet (immerhin gibt es an die 30 Mangospezies, deren am häufigsten konsumierte namens *Mangifera indica* in ihren unveredelten Varietäten von faseriger Konsistenz sein und von einem dem Mangoaroma aufdringlich beigemischten Terpentinduft geprägt sein kann, was beides bei den veredelten Sorten nicht vorkommt), in anderen daran, daß der hilflose Tourist nicht weiß, wie er eine so saftreiche und klebrige Frucht, die schwer zu schälen und so gut wie gar nicht von ihrem Kern zu lösen ist, essen soll, ohne sich lächerlich zu machen.

Schon vor Anbeginn unserer Geschichtsschreibung wurde die Mango kultiviert, und wir wissen nicht, wo ihre ursprüngliche Heimat sein könnte. Man nimmt an, daß sie aus dem Osten Indiens und aus Burma stammt (wenngleich die Mangos aus der Gegend um Bombay als die besten Mangos Indiens gelten). Es dauerte lange, bis diese höchst empfindliche und schnellverderbliche Frucht in andere Gegenden gelangte. Griechen und Römer der Antike kannten sie nicht, auch wenn manche Ihnen versichern werden, sie hätten auf einem pompejanischen Wandgemälde eine solche Frucht identifiziert; machen Sie sich nichts daraus, denn es handelt sich bei besagter Frucht um nichts Spektakuläreres als einen etwas eigenwillig wiedergegebenen Pfirsich und bei besagten »Mango-Experten« um die gleichen Leute, die einen Pinienzapfen auf einem pompejanischen Wandgemälde als Ananas zu identifizieren pflegen.

Die erste Erwähnung der Mango außerhalb ihrer engeren Heimat stammt von einem chinesischen Reisenden in der ersten Hälfte des 7. Jahrhunderts. Das nächste Mal hören wir erst im Jahr 1328 und 1348 aus westlichem Mund von ihr, während Marco Polo sie allem Anschein nach nicht kennengelernt hat. Um das Jahr 1000 sollen die ersten Mangobäume in Afrika gepflanzt worden sein, und zwar von persischen Reisenden, die sie dorthin mitbrachten. Im Jahre 1700 wurden in Brasilien die ersten Mangobäume der westlichen Hemisphäre gesetzt, und 40 Jahre darauf brachte man sie von dort in die Karibik. In den Vereinigten Staaten wachsen Mangos nur in Florida, während sie in Kalifornien zu gefährdet sind, da sie nicht den geringsten Frost ertragen können.

Naheliegenderweise ist Indien der weltweit führende Mangoproduzent, und mit seiner Ernte deckt es 75 bis 80 Prozent des Weltbedarfs ab. Indische Mangos können eben pflaumengroß, aber auch über 2 Kilo schwer sein, rund, oval, birnen- oder pfirsichförmig, herzförmig, nierenförmig oder lang und spindelig, sie können rot, gelb, grün oder exotischer gefärbt sein. Der Mangobaum trägt etwa ab dem 6. Jahr reichlich bis ungefähr zum 40. Jahr; danach nimmt der Ertrag allmählich ab. Er ist ein stattlicher Baum, den Tropenbewohner sowohl um seiner Früchte als um des Schattens willen schätzen, den er spendet, und Moskitos fühlen sich in seinem Laub wohl.

MANGOLD. Bei dieser Pflanze handelt es sich um eine Varietät der Runkelrübe (*Beta vulgaris*), deren Stengel und Blätter statt der Wurzel das Augenmerk des Züchters genießen, und sie heißt *Beta vulgaris* ssp. *vulgaris.* In manchen Nachschlagewerken wird behauptet, Mangold sei bereits in prähistorischer Zeit kultiviert worden, obgleich die Runkelrübe und die Steckrübe erst zu Beginn unserer Zeitrechnung in Erscheinung traten, woraus man ableiten könnte, daß Mangold die Ursprungsform aller Rüben darstellt, aus der später die wurzelbetonteren Rübensorten entwickelt wurden; tatsächlich kannten die Römer der Antike eine Zwitterform des Rübengemüses, die sowohl in Blatt- als auch in Wurzelgestalt verspeist wurde. Plautus erwähnt jedoch ein Gericht, das aus Rüben und aus Mangold bestand, so daß wir zumindest wissen, daß spätestens im 2. Jahrhundert v. Chr. beides angebaut wurde. Der Name Römischer Kohl deutet an, wie sehr die Römer diesem Gemüse zugetan waren.

Spätestens im 15. Jahrhundert wurde Mangold in Frankreich gegessen, denn in Taillevents *Le Vivandier* ist von ihm die Rede, und Frankreich ist noch heute das Land, in dem am meisten Mangold verzehrt wird. Wenn man nicht die ganze Pflanze zu einer *tourte aux bettes* verarbeiten will, kann man die Stiele und Blätter separat zubereiten – erstere wie Spargel oder Stangensellerie, letztere wie Spinat. Mangoldblätter lassen sich auch sehr vorteilhaft an Stelle von Kohlblättern verwenden, wenn man Rouladen mit zartem Inhalt verpacken will, und an Stelle von Bananenblättern im chinesischen Dampftopf. Mangold ist ein Gemüse, das keine Angst vor Farben hat: Es gibt ihn mit grünen, roten, gelben und weißen Blattstielen. Stielmus, das *soul food* aller Menschen aus dem Rheinland, wird zwar häufig aus Schnittmangold bereitet, aber ein Purist müßte sich da mit Grausen abwenden, denn die wahren Rübenstiele, die dafür verwendet gehören, sind das

Grün der Kohlrübe *Brassica rapa* und nicht Mangold oder Beißkohl, wie er auch heißt.

MANNA. Diesen »zuckerreichen Saft verschiedener Pflanzen«, mit dem die Hebräer des Alten Testaments in der Wüste erquickt wurden, hat man identifiziert als Mannit oder Eschenmanna, den durch Rindeneinschnitte gewonnenen und erhärteten Saft der Mannaesche oder Blumenesche *Fraxinus ornus*, als das Harz der Tragantpflanze *Astragalus florulentus*, als Sinaimanna, den Saft, den die Mannatamariske (*Tamarix mannifera*) nach dem Stich von Schildläusen (Mannaschildläuse genannt) absondert, als Stoffwechselprodukt ebendieser Schildläuse, als Persischen Manna, die erstarrte süße Flüssigkeit, die bei großer Hitze aus den Zweigen des Kameldorns oder Mannaklees (*Alhagi maurorum*) austritt, als ein dem Koriander verwandtes Gewürz, als die Mannaflechte, auch Erdbrot genannt (*Lecanora esculenta*), die eßbar, aber geschmacklich keine Offenbarung ist, zum Ausgleich dafür jedoch am häufigsten als biblischer »Mannaregen« betrachtet wird, als das Mannagras *Glyceria fluitans*, auch Mannaschwaden geheißen, das nur des Namens wegen hier auftauchen darf, da es in der Nordhemisphäre heimisch ist und folglich von niemandem für das biblische Manna gehalten wird, so daß es eigentlich heißen müßte »*nicht* als...«, als das Johannisbrot *Cassia fistulosa* und als Kohlehydratniederschlag, den eine Beinahe-Kollision zwischen Venus und Erde verursacht haben soll; die letzte Theorie stammt von Immanuel Velikowsky (*Wellen im Zusammenstoß*), die übrigen Hypothesen finden sich in *A Taste of India* von Mary Atwood, Band 6 und 14 der *Brockhaus-Enzyklopädie* (Ausgabe von 1991), Band 2 und Band 14 der *Encyclopaedia Britannica* von 1962, *Food in Antiquity* von Don und Patricia Brothwell, *Fragrance and Flavour* von Rosemary Hemphill, *Histoire pittoresque de notre alimentation* von

Georges und Germaine Blond, *Lectures ot the History of the Jewish Church* von A. P. Stanley, und Ullsteins *Lexikon der Pflanzenwelt* (herausgegeben von Hartmut Bastian). Ich überlasse es Ihnen, gewogener Leser, gewogene Leserin, darunter die richtige Wahl zu treffen.

MAULBEERBAUM. Die Gattung *Morus* weist zwar zwölf Arten auf, doch am bekanntesten und verbreitetsten sind drei davon, *Morus nigra,* der Schwarze Maulbeerbaum mit seinen dunkelroten, aromatischen Früchten, der aus Vorderasien nach Griechenland gelangte und von dort über Italien nach Mitteleuropa, *Morus alba,* der aus China stammende Weiße Maulbeerbaum, der ebenfalls, aber weit später eingebürgert wurde, um die Seidenraupen zu füttern, die man nach Europa eingeführt hatte, und *Morus rubra,* der in Amerika heimisch ist und in Europa hauptsächlich als Ziergehölz gehalten wird.

In der Antike war nur der Schwarze Maulbeerbaum bekannt, der in Mesopotamien bereits vor 4000 Jahren kultiviert wurde; Maulbeersamen fanden sich auch in frühägyptischen Gräbern, und im Alten Testament erfahren wir, daß David sich unter Maulbeerbäumen verbarg, als er den Philistern auflauerte. In Griechenland bürgerte sich der Maulbeerbaum schon früh ein, wenngleich des öfteren die Früchte mit denen des Brombeerstrauchs verwechselt werden, mit denen sie den Namen teilen (griechisch μορέα, lateinisch *morus*), und die Völker der Antike schätzten die Maulbeerfrüchte weit mehr, als wir es heute tun – die Früchte des Schwarzen Maulbeerbaums, denn nur diese Art kannten sie, und sie ist die Art mit den wohlschmeckendsten Früchten.

Morus alba, der Weiße Maulbeerbaum, bringt die fadesten Früchte aller Maulbeerarten hervor, süß, um nicht zu sagen: zu süß, ohne die Spur einer belebenden Säure und ohne jeden nennenswerten Eigengeschmack. Alexandre Dumas vertrat die Ansicht, diese Früchte eigneten sich höchstens dazu, an das Geflügel im Hof verfüttert zu werden, doch bilden sie in Afghanistan ein Grundnahrungsmittel, denn sie ersetzen zu bestimmten Zeiten des Jahres dort das Brot, und auch in Syrien trocknet man sie und mahlt sie zu Mehl aus. Der eigentliche Verwendungszweck, um dessentwillen der Mensch den Weißen Maulbeerbaum kultiviert, ist jedoch in den Blättern zu sehen, mit denen man Seidenraupen füttert, und zugleich mit den Raupen importierte man den Baum, von dem sie sich ernährten, aus China, und zwar im Jahr 1596 erstmals nach Italien.

Die einzige amerikanische Spezies *Morus rubra*, der Rote Maulbeerbaum, bringt weit bessere Früchte hervor als *Morus alba*, aber nicht so gute wie *Morus nigra*; in präkolumbischen Zeiten war er so verbreitet, daß die Natchez-Indianer Louisianas einen ihrer dreizehn Monde nach ihm benannten.

Wer in Frankreich Maulbeermarmelade kaufen will, läuft Gefahr, Brombeermarmelade zu erstehen (*mûre* heißt die eine, *mûre sauvage* die andere Frucht, aber erklären Sie das einem Franzosen!).

Me steht für
den MEERFENCHEL, eine englische Pflanze, der man in früheren Zeiten, als sie gerne gegessen wurde, einen »würzigen und salzigen Geschmack« zubilligte und die von Shakespeare in *König Lear* verewigt wurde; für Meerkohl, der in England in früheren Zeiten sehr beliebt war, heute aber völlig aus der Mode gekommen ist; für den Melonenbaum, den wir heutzutage besser unter dem Namen Papaya kennen und dessen Früchte sich bei Diätfanatikern ganz besonders großer Wertschätzung erfreuen; für den Menhaden, einen Fisch, der schneller atmet, als ihm guttut; und für das Meerschweinchen und den Menschen, zwei domestizierte Tiersorten, die nach

wie vor in großem Maßstab gezüchtet werden, obwohl sie heutzutage kaum mehr als Schlachtfleisch Verwendung finden.

Und Me stellt außerdem für
die Meeräsche, die hin und wieder mit der Meerbarbe verwechselt wird, wahrscheinlich von Legasthenikern, die die lateinischen Namen *Mugilidae* und *Mullidae* nicht auseinanderhalten können, und von Farbenblinden, die keinen Unterschied zwischen Grau und Rot zu erkennen imstande sind (womit legasthenische und/oder farbenblinde Minderheiten keineswegs diskriminiert werden sollen).

Die Meeräsche gehört also zur Familie der *Mugilidae* und zur Gattung *Mugil*, während die Meerbarbe zur Familie der *Mullidae* und zur Gattung *Mullus* zählt. Wir kennen 70 bis 100 Arten der Gattung *Mugil*, die in den tropischen und gemäßigten Meeren leben, und davon kommen 7 bis 8 Arten als Speisefische in Betracht. Sagen wir es gleich: Der Meerbarbe kann die Meeräsche geschmacklich nicht das Wasser reichen, aber das war auch nie ihre Aufgabe. Sie ist ein wohlschmekkender Fisch, der gerade in den letzten Jahren wiederentdeckt wurde, obwohl er bereits im *Roman du Comte d'Anjou* lobend hervorgehoben wird und in noch früherer Zeit vom griechischen Dichter Oppianos als sanftmütigster aller Fische gerühmt wurde, da er seine Lippen nie mit Blut besudele, sondern sich ausschließlich von Seetang und Schlamm (Vorsicht!) ernähre. Meeräschen fressen animalisches Plankton, aber das konnte man im 2. Jahrhundert noch nicht so genau untersuchen, und des Dichters Beobachtung, daß sie hin und wieder gerne gründeln, stimmt Esser nachdenklich, die einem leichten Modergeschmack nichts abgewinnen können.

Meeräschen können bei Ebbe weit in die Mündungen von Flüssen hineinwandern, und oft bleiben sie im Süßwasser, wo sie sich nicht weniger wohl fühlen als in ihrem ursprünglichen Element, so daß manche Menschen sie sogar für Süßwasserfische halten.

Eine besondere Delikatesse ist der Äschenkaviar aus dem Rogen der Weibchen, der in Frankreich, Italien, Griechenland und der Türkei gesalzen, getrocknet und gepreßt als *poutargue, bottarga, avgotáracho* und *putago* bekannt ist.

MEERBARBE. Seiner schönen roten Färbung verdankt dieser Fisch den Namen Rotbarbe, dem Fehlen der Galle den Beinamen »Schnepfe des Meeres« und dem subtilen und doch unverwechselbaren Aroma seines Fleisches und seiner Haut den Ruf, einer der begehrtesten Mittelmeerfische zu sein.

Die meisten der etwa 40 Arten der Gattung *Mullus* bewohnen tropische und subtropische Gewässer; im Mittelmeer lebten bis vor nicht allzu langer Zeit nur die Arten *Mullus barbatus* und *Mullus surmuletus*, deren letztere sich an Gibraltar vorbei in den Norden bis zur Küste Englands vorwagt, was erklärt, weshalb Balzac die Rotbarbe als Zierde der Tafeln der Normandie bezeichnet hat. In den letzten Jahrzehnten haben pazifische Spezies jedoch den Weg durch den Suezkanal gefunden und sich erfolgreich im östlichen Mittelmeer eingebürgert (soweit dies in der Kloake, die das Mittelmeer heute darstellt, überhaupt noch möglich ist).

Die Griechen der Antike schätzten das Fleisch der Meerbarbe und weihten den Fisch der Göttin Hekate, aber sie ließen sich als rational denkende Menschen nie zu dem exaltierten Gebaren hinreißen, in das die Römer mit Vorliebe verfielen, wenn es Leidenschaften zu bekunden galt. Die Rotbarbenhysterie des alten Roms läßt sich am ehesten mit dem Tulpenwahn vergleichen, der in den dreißiger Jahren des 17. Jahrhunderts von ganz Holland Besitz ergriff. Ich weiß zwar nicht, welcher Parameter einen korrekten Vergleich der Kaufkraft der

4600 Gulden, zuzüglich eines neuen Fuhrwerks, zweier grauer Pferde und einer kompletten Rüstung, die auf dem Höhepunkt des Tulpentaumels für eine einzige Zwiebel bezahlt wurden, mit der jener 60 Goldstücke erlaubt, die ein gewisser Crispinus im 2. Jahrhundert zu Rom für eine Meerbarbe ausgab, aber ich könnte mir vorstellen, daß beide Beträge einiges über den Geisteszustand derer aussagen, die bereit waren, sie zu zahlen.

Kaiser Tiberius war so schockiert, als er erfuhr, welche Preise für Rotbarben verlangt wurden, daß er ein Maximum erließ, doch unter seinem Nachfolger Caligula stiegen die Preise in schwindelerregendere Höhen als je zuvor. Die Nachfrage in Rom war so enorm, daß die italienischen Küsten leergefischt waren und Rotbarben aus Korsika und Südfrankreich importiert werden mußten.

Was das *on-dit* betrifft, daß bei römischen Banketten (sagen wir doch gleich: Orgien) die dekadenten Gäste und Gastgeber sich daran delektierten, zu beobachten, wie Meerbarben, die in Glasgefäßen (Jenaer Glas?) auf dem Tisch gekocht wurden, im Todeskampf ihre Farbe veränderten, wage ich die Vermutung, daß es auf der Schilderung eines einzigen Falles beruht, der möglicherweise vereinzelte Nachahmer fand, und in bewährter Gerüchtemanier durchs Weitererzählen den Vorfall nach und nach zu einer Massenbewegung ausbaute.

MEERRETTICH. In einem Gespräch zwischen Quincy Jones und Nikolaus Harnoncourt, das in der *Süddeutschen Zeitung* zu lesen war, erzählt Quincy Jones, daß er einmal eine Wette mit einem Deutschen gewonnen hat, weil dieser nicht glauben wollte, daß das Wort sich nicht M-e-r und so weiter buchstabiert, und Harnoncourt weist darauf hin, daß dieses Wort für Musiker leicht zu merken sei, da in der Sonatenform gehalten, doch als er erfährt, daß Meerrettich auf englisch *horseradish* heißt, fragt er erstaunt: »Essen das Menschen oder Pferde?«

Diejenigen Nachschlagewerke, die die Ansicht vertreten, das Wort Mähre (für Pferd) habe etymologisch Pate gestanden, beantworten diese Frage nicht und bieten auch keine andere Erklärung für einen Bezug der Wurzel zum Pferd (verhält es sich am Ende wie beim Ingwer damit?), während andere sich zwar auch nicht untereinander einigen können, aber zumindest mehr oder weniger plausible Erklärungen für ihre Deduktionen vorlegen. Magister Elsholtz erklärt den Namen mit den »feuchten Mooren oder Morasten / da [sie] gern wächset«, das *Deutsche Wörterbuch* von Jacob und Wilhelm Grimm äußert sich zum althochdeutschen Wort *meri-ratich* oder *mer-ratich* dahingehend, daß »das gewächs als ein fremdes, über meer gekommenes aufgefaszt worden ist (auch der weitere name *kren* ist undeutsch und zeigt auf fremden ursprung), und dasz demnach ein zusammenhang des wortes mit *mähre* nicht besteht, trotz der englischen bezeichnung *horseradish*, die demnach auf anderm boden wurzelt«, und die Duden-Redaktion meint lapidar, das Wort bedeute »größerer (mehr) Rettich«. Leichter haben es da die Franzosen, deren Bezeichnung *raifort* schlicht und unmißverständlich eine Zusammensetzung aus *rais* für *racine* (Wurzel) und *fort* (stark) ist.

Wenden wir uns der Geschichte des Meerrettichs zu, so müssen wir feststellen, daß er in der Antike zweifellos bekannt war, aber immer wieder ungeniert mit dem schwarzen Rettich verwechselt wird (für den ihn auch der Verfasser des *Diaeteticons* hält); ein Zitat mag uns helfen, Klarheit zu gewinnen:

»Rettiche wurden vor allem ihrer medizinischen Kräfte wegen geschätzt, doch Meerrettich findet auch aus gastronomischen Gründen Erwähnung. [...] Die Meinungen über Meerrettich als Nahrungsmittel divergierten. Cato schrieb in seinen frühen Abhandlungen zum Ackerbau ausführlich über den richtigen Anbau von Meerrettich, und auf einem pompejanischen Wandgemälde kann man die Pflanze noch heute bewundern. Manche verabscheuten ihn, weil er zum Aufstoßen verführte, während andere ihn im Winter seiner wärmenden Eigenschaften wegen in großen Mengen verzehrten. Apicius hielt ihn für zu mild und empfahl, Meerrettich mit gepfeffertem Wein oder der Würzsauce *garum* zu begleiten. Meerrettichsaft wurde in der Küche der Antike häufig verwendet, und den besten Ruf genoß der Meerrettich aus den Albaner Bergen, der am Berg Algidus wuchs, dessen vulkanischer Boden offenbar alle gewünschten Eigenschaften der Pflanze hervortreten ließ.«

Ohne jede falsche Bescheidenheit darf ich verraten, daß es sich hierbei um eine Stelle aus *The Food of Ancient Greece and Rome (Nahrungsmittel in der Antike,* o. O., o. J.) von Waverley Root handelt, einem Buch, das zu veröffentlichen kein Verleger tollkühn genug war.

Wir wissen nicht, woher der Meerrettich seinen Namen hat, wir wissen nicht, wann er in antiken Texten wirklich gemeint ist, und was wissen wir über seine Herkunft? Die *Encyclopaedia Britannica* murmelt etwas von »Mittelmeerraum«; der *Larousse Gastronomique* läßt – noch vorsichtiger – das Wort »Orient« fallen, und andere Nachschlagewerke bieten an: Südostasien, Westasien, West- und Südostasien, Südosteuropa und Sibirien, Rußland allein – und noch weit mehr Möglichkeiten, die aufzuzählen ich mir erspare. Mit Sicherheit können wir nur sagen, daß Meerrettich nach dem Zusammenbruch des Römischen Reichs in Europa zuerst in Deutschland gezüchtet wurde und sich von dort aus in der Renaissance bis nach Skandinavien und England ausgebreitet zu haben scheint. Chaucer schrieb: »Weh dem Koch, dessen Sauce keinen Biß hat«, eine Klage, die er bei einer Meerrettichsauce nicht hätte führen können, und roher, geraspelter Meerrettich treibt dem, der ihn ißt, Tränen in die Augen, die vielleicht nicht nur von der Begeisterung herrühren... Meerrettich und nicht etwa Senf (egal ob süß, scharf oder sonstwie) ist die einzig stilvolle Begleitung zu Frankfurter Würstchen.

MELONE. Wie die Gurke (→ Gu) gehören die Melonen zur Gattung *Cucumis*, und wie diese gelangten sie über den Orient nach Europa – mit Ausnahme der Wassermelone, die zwar den gleichen Weg nahm, aber zusammen mit der Koloquinte (→ Ko) zur Gattung *Citrullus* gehört. Fast alle Melonensorten, die wir heute kennen, sind Varietäten der Art *Cucumis melo* (auch *Melo sativus* genannt).

Unsere erste Kenntnis von dieser Frucht verdanken wir dem sumerischen *Gilgamesch-Epos*, und auf assyrischen Reliefs sehen wir Abbildungen von Melonenscheiben. Auch auf ägyptischen Darstellungen lassen sich mit etwas gutem Willen solche Darstellungen identifizieren, und in der Bibel werden sowohl Melone als auch Gurke erwähnt, denn beide gehören zu den guten Dingen, denen die Hebräer in der Wüste bittere Zähren nachweinen.

Spätestens im 3. Jahrhundert v. Chr. waren Melonen in Griechenland verbreitet, Plinius beschrieb sie im 1. Jahrhundert in Kampanien, und auf einem Wandgemälde in Herculaneum kann man eine zweigeteilte Melone studieren.

In China waren Melonenkerne um 200 v. Chr. eine beliebte Näscherei, und im Leichnam eines 1973 exhumierten chinesischen Edelfräuleins aus der Zeit um 125 v. Chr. fanden sich in Speiseröhre, Magen und Darm Melonenkerne.

Mit dem Zusammenbruch des Römischen Weltreichs brach auch die Melonenversorgung zusammen, und es scheint, daß die Melone erst im 14. Jahrhundert wieder in Italien auftauchte (wobei es sich noch immer um die orangengroße Melone handelte, die auch die Römer gekannt hatten und die bald zu neuen Dimensionen herangezüchtet werden sollte). Karl der Große befahl, daß auf seinen Domänen Melonen zu pflanzen seien, doch in Frankreich bürgerte sich die Frucht nicht vor dem 15. Jahrhundert ein – und mit Frankreich ist hier Südfrankreich gemeint, denn nur dort konnte man Melonen im Freien anbauen.

Hernando de Alvaro berichtet, daß im Südwesten Amerikas Mais, Bohnen und Melonen im Überfluß wuchsen; wahrscheinlich hielt er neuweltliche Kürbisse für Melonen, denn letztere wurden erst später von den Europäern in die Neue Welt eingeführt.

Drei Dinge, heißt es in Frankreich, vertrügen das Mittelmaß nicht: die Dichtkunst, der Wein und die Melone. Melonen dürfen erst gepflückt werden, wenn sie reif sind, denn sie reifen nicht nach. Sobald sie gepflückt worden sind, beginnt ihr Zukkergehalt abzunehmen; sie werden zwar noch weicher, aber nicht reifer. Schon Plinius hatte beobachtet, daß eine Melone zum Zeitpunkt ihrer optimalen Reife ohne weiteres vom Stengel gelöst werden kann, was (wie er nicht untersuchen konnte) daran liegt, daß zu diesem Zeitpunkt die Gefäße veröden, die für weitere Nahrungszufuhr nicht mehr nötig sind, sondern sogar schädlich sein könnten.

Melonen treiben Gärtner und Taxonomisten zur Verzweiflung, denn sie gehören zwar alle zur gleichen Spezies (*Cucumis melo*), vermischen sich aber so leicht und schnell, daß Züchter ihre unterschiedlichen Varietäten in weiter Entfernung zueinander pflanzen müssen, um dies zu verhindern.

Mi steht für
MIGNONETTE, wie erstens die Resede genannt wird und zweitens eine Gewürzmischung, die heutzutage aus grobzerstoßenem weißen und schwarzen Pfeffer besteht, vor 200 Jahren hingegen neben dem Pfeffer Piment, Koriander und Zimt enthielt; für Milch von Fischen, womit ihr Rogen bezeichnet wird; für Milcher, wie man den männlichen Fisch nennt, der

Rogen trägt; für die Mirabelle, eine entzückende kleine gelbe Pflaume mit Honigaroma; und für die Mispel, die zu den Apfel- und somit zu den Rosengewächsen zählt und im Mittelalter weitaus beliebter war, als sie es heute ist.

Mi steht auch für
MILCH, das allerbeste Nahrungsmittel im Leben jedes Menschen. Milch ist von der Natur dazu bestimmt, Säuglinge zu ernähren, und Säuglinge sind von der Natur dazu befähigt, Milch zu verdauen, denn Milch enthält 4,8 Prozent Milchzucker, der nur mit Hilfe der Enzyme namens Laktasen in Traubenzucker und Galaktose aufgespalten werden kann – Enzyme, die mit zunehmendem Alter des Kindes abnehmen. Eine Anomalie der Natur stellen nicht die Afrikaner und Asiaten dar, die Milch und Milchprodukte nicht verdauen können, sondern die Weißen, die aus Gründen ihrer Ernährungstradition sogar als Erwachsene noch genug Laktasen aufweisen, um dieses Nahrungsmittel unbeschadet zu sich zu nehmen.

Muttermilch (bitte die der eigenen Spezies und, nicht weniger wichtig, der eigenen Mutter) ist die ideale Säuglingsnahrung, die obendrein das seelische Gleichgewicht des Kleinkinds im Lot hält (wegen der Art der Verabreichung), auch wenn ihr Gehalt an Antibiotika, Pestiziden und anderen schönen Dingen, die der Mensch in die Natur entläßt, inzwischen den erlaubten Giftgehalt der Trinkmilch von Kühen um ein Vielfaches übersteigt.

Was trinken Kinder, wenn sie keine Muttermilch trinken? 89 Prozent der vom Menschen verzehrten, aber nicht erzeugten Milch stammt von Kühen, obwohl der menschlichen Muttermilch Eselsmilch am ähnlichsten ist, aber Eselsmilch gibt es nicht zu kaufen. Der nach der Kuh weltweit zweitwichtigste Milchlieferant ist die Ziege, »die Kuh des armen Mannes«. Ziegenmilch ist süßer als Kuhmilch und leichter zu verdauen;

Menschen, die hier die Nase rümpfen, verwechseln den Ziegenbock, der in der Tat äußerst streng duftet, mit der Milch der Geißen. Schafmilch wiederum wird meines Wissens nur in der Sahara getrunken, doch zur Käseherstellung dient sie ebenso wie die Ziegenmilch. Büffelmilch wird in Indien, Afrika und Asien konsumiert – und in Italien, wo man sie unter anderem zu Mozzarella verarbeitet. Die fettreichste Milch ist die des Rentiers, die 22,5 Prozent Butterfett bei nur 2,5 Prozent Milchzucker aufweist und 10,3 Prozent Eiweiß, beinahe das Dreifache des Eiweißanteils von Kuhmilch. Yakmilch und -butter sind heute nur noch in Tibet gebräuchlich, während sie früher in großen Teilen Zentralasiens zur Nahrung der Steppenvölker gehörten.

All diese Milchsorten haben die Milch verdrängt, die am verbreitetsten getrunken wurde, als die Menschheit Milch zu trinken begann – Stutenmilch, das Grundnahrungsmittel der Nomaden Eurasiens. (Schafmilch war den Mongolen nur zum Abdichten ihrer Zelte gut genug, nicht zum Trinken). In manchen Reiseberichten der phantasievolleren Art kann man lesen, in Australien würde Känguruhmilch getrunken, aber ich erlaube mir, das für ein Ammenmärchen zu halten. (Känguruhs besitzen kein Euter, das man melken könnte, sondern Zitzen, eingeschlossen in eine Hauttasche, den Beutel, in dem das stets unfertig geborene Junge während seiner Weiterentwicklung getragen wird.)

Verzichtete man in vergangenen Jahrhunderten oft aus gutem Grund auf den Milchgenuß, so hat der hygienische Fortschritt auf dem Gebiet der Milchverarbeitung leider den Geschmack der Milch empfindlich nivelliert. Pasteurisierte Milch ist tot – die notwendigen Bakterien sind ebenso zerstört wie die schädlichen –, und sie enthält keinerlei Vitamin C mehr; sterilisierte Milch ist tot und beerdigt. Wer Rohmilch kennt, rührt die erhitzte geschmacksneutrale Milch nicht mehr an.

MINZE. Es gibt so viele verschiedene Minzen, daß Walahfried Strabo, Abt der Abtei Reichenau, schrieb, wer sie auflisten wolle, müsse imstande sein, alle Fische im Roten Meer oder die Anzahl der Funken des feuerspeienden Ätna zu zählen. Das klingt zwar nach einer gigantischen Übertreibung, denn die Gattung *Mentha*, deren Mitglieder allein zu Recht den Namen Minze tragen, besitzt je nach Quelle zwischen 15 und 40 Arten, aber vielleicht wollte der Verfasser des Lehrgedichts *De cultura hortorum* mit diesen Worten den Hang der Minzen zur Bastardbildung andeuten.

Allen Minzen eignet ein ausgeprägter Duft, den sie ihrem ätherischen Öl verdanken, das zu mindestens 50 Prozent aus Menthol besteht. Dieses ätherische Öl spielt in der Medizin und in der Parfumherstellung seit der Antike eine große Rolle; es wirkt krampflösend und fördert die Gallenproduktion.

An den vielen Namen, mit denen in der Antike Minzen bezeichnet wurden, kann man ablesen, daß damals zwischen zahlreichen Arten, Varietäten und Bastarden unterschieden wurde. Die Belege der Verwendung beginnen bei Homer (die Sage, derzufolge Persephone die Nymphe Minthe mit ihrem Gatten Hades überrascht und sie in die Kriechpflanze verwandelt haben soll, die man mit Füßen tritt, stammt jedoch erst aus hellenistischer Zeit); sie reichen vom Aufhängen der Pflanze zur Luftverbesserung über medizinische, auch aphrodisische Verwendungen bis zum Würzen der Speisen und Getränke und zur Parfumbereitung.

Als Hausmittel und medizinische Pflanze kam die Minze in Europa nie aus der Mode, doch als Küchengewürz wird sie nur in den Mittelmeerländern und in England benutzt, während die Küche des Vorderen Orients und die Küche Indiens ohne Minze gar nicht vorstellbar wären.

Die heute verbreitetste Art, die Pfefferminze (*Mentha piperita*), entstand im 17. Jahrhundert in England, und zwar als Tripelbastard aus der ältesten uns bekannten Sorte, der Grünen Minze (*Mentha spicata*, jedem Kaugummifreund als *spearmint* geläufig), der ebenfalls sehr alten Wasserminze (*Mentha aquatica*) und der Roßminze (*Mentha longifolia*); sie zeichnet sich durch besonders starken Mentholgeschmack aus. Noch kräftiger in Geruch und Geschmack ist die Poleiminze (*Mentha pulegium*), die eine Kriechpflanze geblieben ist und damit an die Sage erinnert. Viele der Varietäten tragen ihren Namen nach ihrem jeweiligen Parfum, so die Bergamotteminze, die Ananasminze, die Apfelminze und die Zitrusminze, und diese duftenden Liebhabereien des 19. Jahrhunderts sind in letzter Zeit wieder ein wenig in Mode gekommen und können mit etwas Glück als Topfpflanze erstanden werden.

Mo steht für
MOHNSAMEN, die keine Alkaloide enthalten (diese finden sich nur in den unreifen Fruchtkapseln des Schlafmohns) und als harmlose Backzutat dienen (Mohnkuchen, Mohnklöße, Mohnstriezel...); für Mollusken, eine vielseitige Familie von Meerestieren, der auch Mitglieder angehören, die das Festland zum Wohnsitz auserkoren haben, eine Familie, zu der so wohlschmeckende Wirbellose zählen wie Muscheln, Austern, Schnecken und Tintenfische; für Moly, in der Mythologie das Zauberkraut, mit dessen Hilfe Kirke Männer in Schweine verwandelt, in der Taxonomie jedoch ein Lauchgewächs, nämlich der Goldlauch *Allium moly*; für Moos, das im Mittelalter ein eintöniges, aber keineswegs ungewöhnliches Nahrungsmittel war und das in unseren Tagen den gleichen Zwecken dient wie bestimmte Algen und die gelatinehaltigen Körperteile von Schlachtvieh; für die Moosbeere, eine Heidelbeerart (→ Bl), die sowohl in der Alten als auch in der Neuen Welt heimisch ist; für die Morchel, einen Schlauchpilz, der in Skandinavien als »Trüffel des Nordens« gerühmt wird und zu den besten

Speisepilzen gehört; für die Morelle, eine Sauerkirsche; für Moscardini, italienische Oktopusse, die so klein sind, daß man sie liebevoll »Erdbeeren des Meeres« nennt; für den Moschusochsen, dessen Fleisch ausgezeichnet mundet; für die Moschus- oder Bisamratte, deren Fleisch weniger ausgezeichnet mundet, was die Bewohner des Staates Louisiana aber nicht davon abhält, sie als »Sumpfhasen« zu verzehren; für Moskitos, die von den alten Azteken und von heutigen Afrikanern gegessen wurden und werden; und es steht für Motten, die von den Aborigines Australiens verspeist werden, wobei Feinschmecker die Raupen bevorzugen.

Mu steht für
das MUFFLON, ein wildes Schaf, das die Griechen der Zeit Homers jagten und für eine wilde Ziege hielten; für die Mungbohne, die die Bohnensprossen liefert, welche Asiaten und Vegetariern Protein liefern; für die Muräne, einen eßbaren, dem Aal verwandten Fisch, von dem uns Oppianos berichtet, er verlasse bisweilen sein Element, um sich an Land mit Schlangen zu paaren; für die Muskalunge, den größten aller Hechte; und für die Muskatblüte, deren Name etwas irreführend ist, da es sich bei ihr um die Samenhülle der Muskatnuß (→ Mu) handelt, die ähnlich wie jene verwendet wird.

Und Mu steht für
MUSCHELN, *Bivalvia*, »schalentragende Weichtiere, die mit etwa 7500 Arten am Boden der Meere und Süßgewässer leben«, wie uns der *Brockhaus* verrät, wobei er vergißt, darauf hinzuweisen, daß weitaus mehr Arten im Meer leben als im Süßwasser und daß die 7500 Arten keineswegs einer Gattung zuzurechnen sind, sondern, vorsichtig ausgedrückt, vielen.

Muscheln existieren seit langer Zeit überall auf der Welt, und das tun sie seit der Ordovizischen Formation des Paläozoikums, der unteren Stufe des Silurs (anders ausgedrückt: seit etwa 400 bis 500 Millionen Jahren); ihre Größe variiert von japanischen Muscheln, die man mit bloßem Auge kaum auszumachen vermag, bis zu pazifischen Riesenmuscheln, die Hunderte von Kilos wiegen können; Muscheln sind rund, dreiekkig, herzförmig, halbmondförmig, konisch oder so bizarr geformt, daß ihr Name auf diese Form anspielt.

Auf den Schalen der meisten Muscheln befinden sich Wachstumsringe, an denen man das Alter des Schalenbewohners ablesen kann, und daher wissen wir, daß Muscheln im allgemeinen ein Alter zwischen einem Jahr und zehn Jahren erreichen. Die meisten Muscheln besitzen am einen Ende einen muskulösen »Fuß« (auf dem sie sich tatsächlich fortbewegen können) und am anderen Ende zwei zu Siphonen ausgezogene muskulöse Ränder, die der Nahrungaufnahme und Atmung und der Abgabe der Exkremente und Geschlechtsprodukte dienen.

Muscheln waren zweifellos eines der ersten Nahrungsmittel des Menschen, da sie sich zweimal täglich mühelos am Strand aufsammeln oder ausgraben lassen, und in den Küchenabfällen unserer prähistorischen Vorfahren, die in Küstennähe lebten (mit Ausnahme der Hebräer des Alten Testaments, die keine Meeresbewohner essen durften, die nicht Schuppen und Flossen besaßen), fanden sich wahre Berge von Muschelschalen, ob in Skandinavien oder Portugal, Frankreich oder Japan, Brasilien oder Nordamerika. In der Antike galten sie als schwer verdaulich und wenig nahrhaft, als abführend und harntreibend, waren aber dennoch eine beliebte Nahrung; die Griechen unterschieden zwischen Austern, Jakobsmuscheln, Miesmuscheln (die als billiges Nahrungsmittel gezüchtet wurden, aber auch als Perlenlieferanten), Steckmuscheln, die im Sand steckend ausgegraben wurden und als schmackhaft galten, Gienmuscheln, Scheiden- oder Stabmuscheln, Klappmuscheln, Tellmuscheln, Pfahlmuscheln, die mit ihren feilenartigen Schalen Schiffe anbohrten, und Bohrmuscheln oder Seedatteln, die ganz besonders beliebt waren (in Rom noch weit mehr als in Griechenland).

Miesmuscheln (*Mytilus edulis* beziehungsweise *galloprovincialis*) wurden wie Austern seit der Antike an Stricken oder Reisigbündeln, die man ins Wasser hängen ließ, gezüchtet, aber neue Zuchtmethoden, die im 13. Jahrhundert in Frankreich entwickelt wurden, verbreiteten die Miesmuschel als billiges Volksnahrungsmittel, und seit Beginn des 20. Jahrhunderts ist Spanien der führende Erzeuger dieser Muscheln, deren größte Liebhaber die Belgier sind, in deren Heimatland *moules et frites* beziehungsweise *mosselen met friten* das sind, was im östlichen Nachbarland je nach Region die Currywurst oder die Bratwurst mit Pommes oder Brot ist. Miesmuscheln selbst zu sammeln empfiehlt sich nicht, denn sie haben die Eigenschaft, Schadstoffe wie ein Schwamm aufzusaugen; aufgrund dieser Eigenschaft setzen Wissenschaftler *Mytilus edulis* als Indikatoren der Wasserverschmutzung ein, denn im Unterschied zu Meßgeräten irren sie sich nie.

Stabmuscheln oder Meerscheiden (*Ensis ensis* oder *Solen marginatus*) heißen im Englischen *razor clams*, und wer je ein Rasiermesser gesehen hat, wird sich fragen, wer zuerst da war (vermutlich die Muschel); Engländer und Italiener und alle asiatischen Völker sind die größten Liebhaber dieser Muschel, die auszugraben schwierig und nicht ungefährlich ist, da man sich an der scharfen Scheide leicht verletzen kann.

Herzmuscheln (*Cardium edule, Clinocardium nuttalli, Cerastoderma edule, Acanthocardia aculeata* bzw. *tuberculata* bzw. *echinata* und *Trachycardium egmontiamum*) heißen, wie die Parenthese andeutet, die nur die verbreitetsten Muscheln dieser Denomination nennt, verwirrend viele Muscheln, die eine gerippte Oberfläche aufweisen und seitlich betrachtet herzförmig sind. Alle Herzmuscheln sollten vor dem Verzehr gründlich gereinigt und in sauberem Salzwasser von dem Sand befreit werden, den sie enthalten.

Venusmuscheln (*Venus verrucosa, Venerupis decussata* bzw. *aurea, Venus mercenaria, Lucina pennsylvania, Spisula solidissima, Mya arenaria* und *Panope geodosa*) sind Muscheln, deren Jahresringe meist konzentrisch verlaufen; zu ihnen gehören die Trogmuschel (*Mya arenaria*) und die Sandklaffmuschel (*Panope geodosa*); in Frankreich heißen die Mitglieder der Art *Venus mercenaria* oder *mercenaria mercenaria* genau wie im Englischen *clam*; bei ihnen handelt es sich um die Wampum-Muschel der Indianer Nordostamerikas, die eine der wenigen Währungen lieferte, die auch von Europäern oft dem eigenen Geld vorgezogen wurde; der Inhalt ihrer besonders harten Schalen wird roh oder gedämpft gegessen. *Venerupis decussata* ist die italienische *vongola verace* (die echte Muschel – echt im Sinne von einzig) und die französische *palourde, Venus verrucosa* die etwas kleinere französische *praire, Venerupis aurea* die noch kleinere französische *clovisse jaune.*

Keine Muscheln sind die Kaurimuscheln, die ebenfalls eine gültige Währung darstellten, denn sie sind Schneckengehäuse und nicht Muschelschalen, und die Entenmuscheln, die in Wahrheit zu den Rankenfüßern gehören und Krebse sind, auch wenn man ihnen das nicht ansieht.

MUSKAT. Der Muskatnußbaum *Myristica fragrans* gehört zu den Magnolienpflanzen; seine Frucht, die an eine grünliche Aprikose erinnert, öffnet sich, wenn sie reif ist, von selbst und enthüllt einen in ein scharlachrotes Netz gehüllten Kern, die eigentliche Nuß. Das Netz (botanisch *Arillus*) ergibt das Gewürz Muskatblüte oder Macis, geschmacklich dem Muskat ähnlich, aber von etwas vollerem und schärferem Aroma.

Muskat war das letzte Gewürz, das Europa erreichte. Zum erstenmal hören wir von der Muskatnuß im Jahr 1190, als die Straßen Roms unter anderem mit dem Geruch »indischer Nüsse« parfümiert wurden, um Heinrich VI. zu ehren. Es dauerte noch 300 Jahre, bis die ersten Europäer mit eigenen Augen einen Muskatnußbaum erblickten, nämlich auf den Molukken, dem einzigen Ort der Welt, wo dieser und der Gewürznelkenbaum damals wuchsen, und prompt tauften die Bleichgesichter die Inseln daraufhin Gewürzinseln.

Das neue Gewürz wurde in Europa begeistert aufgenommen, denn alles, was den Eigengeschmack des Fleisches veränderte oder übertönte und dem Gemüse Würze verlieh, war höchst willkommen. Daß die Köche des Spätmittelalters mit den neuen Gewürzen anfangs ohne jedes Maß umgingen, kann man sich leicht denken, doch die Begeisterung für Muskat hielt bis tief ins 18. Jahrhundert an, so daß Boileau sich darüber beklagte, daß das Gewürz in jeder Speise enthalten sei. In England führte damals jedermann eine Muskatnußreibe mit sich, um bei Tisch das gewünschte Quantum eigenhändig über das Essen zu reiben – gewissermaßen wie Parmesan über Nudeln.

Nachdem es dem wagemutigen Franzosen Pierre Poivre Ende des 18. Jahrhunderts gelungen war, Muskatnußbaumschößlinge trotz aller Sicherheitsvorkehrungen der Holländer von den Molukken fortzuschmuggeln, pflanzte man die Bäume in Guyana, Brasilien und der Karibik, doch nur auf der Insel Grenada entsprechen die Bedingungen den Erfordernissen dieser heiklen Pflanze, und heute decken die Molukken 70 Prozent des Muskatbedarfs der Welt, während Grenada ganz allein den Rest erzeugt.

Die einfache tägliche Kost der Ponapeaner besteht aus Dosenfisch, der auf eine Schale Reis geschüttet wird, denn obwohl die See reich an Fisch ist, bevorzugen sie den Geschmack von Dosenfisch. Halten sie jedoch ein Bankett ab, dann […] kochen sie in der alten Weise und servieren ein traditionelles Mahl, das im Erdofen bereitet wird.

Naomichi Ishige

Na steht für
die NACHTIGALL, deren Zunge Heliogabal für eine Delikatesse hielt, weil er meinte, der Wohllaut des Gesangs lasse auf den Geschmack der Zunge schließen; für *Nasturtium,* wie die Kapuzinerkresse auf lateinisch heißt; für den Nautilus, einen Kopffüßer, den Antonio Pigafetta, Magellans Reisebegleiter, mit Genuß verzehrte, und für den Narwal, der seines Stoßzahns wegen auch Einhornwal heißt, im Unterschied zum Einhorn jedoch gejagt wurde und wird.

Ne steht für
die NEKTARINE, eine Pfirsichabart mit glatter Haut; für die Nessel, die gehackt und gedünstet in Suppen und als Gemüse ausgezeichnet schmeckt und obendrein gesund ist, und für das Neunauge, das wir als Lamprete kennengelernt haben.

Ne steht außerdem für
NELKEN, die getrockneten Blütenknospen des Gewürznelkenbaums *Syzygium aromaticum* oder *Eugenia caryophyllus.* Im 2. Jahrhundert v. Chr. verlangte die Etikette am chinesischen Hof, daß jene, die vom Kaiser empfangen wurden, eine Gewürznelke im Mund hielten, um ihren Atem zu parfümieren. Die Chinesen importierten Gewürznelken und verkauften den Überschuß nach Indien weiter, aber sie verrieten nicht, woher sie sie bezogen.

Ein halbes Jahrtausend später präsentierten arabische Händler Kaiser Konstantin in Konstantinopel Gewürznelken, aber sie verrieten ihm nicht, woher sie sie bezogen.

Es sollte nochmals anderthalb Jahrtausende dauern, bis die Europäer das Ursprungsland der Nelken entdeckten. Mit dem

Zusammenbruch des Römischen Weltreichs und seiner Handelsrouten verschwanden die Nelken wie so vieles aus der europäischen Küche. Entweder die Sarazenen, die Sizilien eroberten, oder die Kreuzritter, die das Land der Sarazenen nicht eroberten, führten sie wieder ein. Im Jahr 1228 finden wir sie als zu den Dingen gehörend aufgeführt, die in Marseille und Barcelona besteuert wurden; man kann sich darauf verlassen, daß Zollbehörden unfehlbar alles Neue anzeigen, was sich möglicherweise besteuern läßt. Venezianische Händler führten Nelken und andere kostbare Gewürze ein, die sie von arabischen Händlern kauften, aber die Araber verrieten nicht, woher sie sie bezogen.

Marco Polo sah 1229 mit eigenen Augen den Baum, auf dem Gewürznelken wachsen, und er hinterließ eine ausgezeichnete Beschreibung der Pflanze, obwohl er als ihren Heimatort China angibt, was nicht sein kann; sollte dies kein Versehen gewesen sein, so wollte er nicht verraten, woher er sein Wissen bezog.

Erst 1511 wurde das Geheimnis gelüftet, und zwar von Gefolgsleuten Magellans, die die Molukken entdeckten, die Gewürzinseln, und auf ihnen die Bäume, auf denen Nelken und Muskat wachsen. Auch sie taten alles, um das Geheimnis zu wahren, und brachten eigens falsche Seekarten in Umlauf, die mögliche Konkurrenten in die Irre führen sollten. Die Holländer ließen sich durch solche Finten nicht beirren, vertrieben 1605 die Portugiesen von den Gewürzinseln, vernichteten den gesamten Baumbestand bis auf die Bäume, die sich auf den am leichtesten zu verteidigenden Inseln befanden, und erließen die Todesstrafe für jeden Versuch, Samen oder Setzlinge von den Inseln mitzunehmen.

Wie unter dem Stichwort Muskatnuß angedeutet, gelang es einem Franzosen mit dem gewürzhaltigen Namen Pierre Poivre, Pflänzchen fortzuschmuggeln, die er auf Réunion und auf Mauritius pflanzte; politische Widersacher zerstörten die Pflanzschulen, doch ein Baum überlebte, und dieser Baum ist der Ahnherr so gut wie aller Gewürznelken heutiger Tage, denn als Ergebnis der kurzsichtigen Ausrottungspolitik der Holländer ist die Nelkenproduktion der Molukken zur Bedeutungslosigkeit geschrumpft. Sansibar und Madagaskar sind die führenden Erzeuger des Gewürzes, und Sansibar erließ 1972 die Todesstrafe für den Versuch, Nelken aus dem Land zu schmuggeln; noch im gleichen Jahr wurden 15 Menschen dieses Vergehens für schuldig befunden und zum Tode verurteilt.

Die Kostbarkeit der Gewürznelken beruht auf der mühsamen und langwierigen Handarbeit, mit der sie geerntet und behandelt werden müssen. Man erntet sie kurz vor dem Öffnen, muß also jeden Baum tagelang immer wieder absuchen. Danach werden die Knospen 48 Stunden lang an der Sonne getrocknet, dann enthülst und wieder tagelang getrocknet (ihr ätherisches Öl verträgt keine künstliche Wärmezufuhr, die das Verfahren abkürzen könnte). Im Verlauf dieses Prozesses verlieren sie bis zu 60 Prozent ihres ursprünglichen Gewichts. Ein so kostbares Gewürz lädt zum Verfälschen ein, und deshalb ist es ratsam, Nelken ganz zu kaufen und nicht als Pulver, denn niemand wird Ihnen verraten, woraus er die Substanz des Pulvers bezogen hat.

NELKENPFEFFER, Jamaikapfeffer oder Piment. Als Kind dachte ich, die Dose mit der Aufschrift Allspice im Küchenschrank enthalte tatsächlich eine Mischung aus vielen, wenn schon nicht allen Gewürzen, und vielleicht ging es mir nicht als einzigem so. Das Gewürz wird jedoch nur aus den unreif getrockneten Beeren des Nelkenpfefferbaums oder Pimentbaums (*Pimenta officinalis*) gewonnen, eines Baums, der in Mittelamerika und Westindien heimisch ist und besonders häufig auf Jamaika angepflanzt wird.

Analog zum englischen Namen lautet die französische Bezeichnung für dieses Gewürz *toute épice,* und beide Namen rühren daher, daß man im Geruch des »Pfeffers« verschiedene andere Duftnoten auszumachen glaubt – je nach Sensibilität oder Phantasie des Riechenden den Geruch von Zimt, Muskat und Nelken, Pfeffer und Ingwer. Elizabeth David behauptet steif und fest, außer Nelken und Pfeffer sei aus dem Piment nichts herauszuriechen, während ich persönlich die Meinung vertrete, daß Piment nur nach Nelken und Zimt riecht.

Ni steht für
die NIESWURZ, deren Wurzelstock ein digitalisähnliches Glykosid enthält, das seit der Antike als medizinisches Gift verwendet wird; für Nigella oder Schwarzkümmel, dessen Samen früher als Gewürz gegessen wurden, das – wie Kümmel – Blähungen verhindert; für den Nilbarsch (→ Ba), der im alten Ägypten so wohlangesehen war, daß man ihn sogar mumifizierte,

und Ni steht für
NIEREN. »Leopold Bloom«, so teilt uns James Joyce zu Beginn des zweiten Teils von *Ulysses* mit, »aß sehr gern die inneren Organe von Tieren und Geflügel. [...] Am liebsten aber aß er geröstete Hammelnieren, die seinen Gaumen schwachen Uringeschmack empfinden ließen.« Falls Mr. Bloom diese keineswegs von allen geschätzte Geschmacksnote nicht mit Vorbedacht suchte, dann war sein Metzger kein vertrauenswürdiger Mann. Joyce weist zwar explizit darauf hin, daß sein Held Hammelnieren allen anderen vorzieht, und Nieren alter Hammel und Schafe können einen *ganz schwachen* Urinbeigeschmack entwickeln, aber selbst bei ihnen ist er nicht an der Tagesordnung.

Kalbsnieren und Lammnieren, die begehrtesten, sind von

köstlichem Geschmack und zarter Textur, vorausgesetzt, man brät sie nicht zu lange; geschieht dies, dann werden sie bröselig und ungenießbar. Rindernieren sind von strengerem Geschmack und von so zäher Beschaffenheit, daß langes Braten ihnen nichts anhaben kann, und es gilt als weise, sie durchzubraten. Schweinenieren sind von körniger Beschaffenheit, strenger als Kalbs- oder Lammnieren, aber ähnlich zart, sollten jedoch ebenfalls durchgegart werden. Die Römer der Antike aßen Schweinenieren lieber als andere Nieren und lieber als andere Körperteile des Schweins, und die Chinesen schätzen sie ebenfalls mehr als andere Innereien.

Balzac war ein großer Liebhaber von Nieren, die er häufig erwähnt, doch zu seiner Zeit galten Nieren als einfaches Gericht, nicht würdig, bei einem erlesenen Essen serviert zu werden; in Deutschland dagegen gehörte der Kalbsnierenbraten auch im 19. Jahrhundert zu den Glanzstücken bürgerlicher Kochkunst. Bei einem algerischen *méchoui* werden die Nieren das Tiers, aus dem das *méchoui* bereitet wird (vorzugsweise Kamel) im Ganzen gebraten und dem Ehrengast serviert, und Charles Monselet berichtet von einem algerischen Festmahl, bei dem es als einen Gang Stachelschwein mit Antilopennieren gab. Eskimos essen gerne Seehundnieren, und von Kannibalen heißt es, sie äßen die Nieren der Erlegten, um deren Mut zu sich zu nehmen (der außerdem in der Leber und in der Milz residiert, wie man in gewöhnlich gutunterrichteten Kreisen weiß).

Schließen wir mit den Worten Fulbert-Dumonteils, wie Robert Courtine sie überliefert hat: »Was könnte es wohl Reizenderes und Rührenderes geben als eine schöne, wie ein Herz geöffnete Niere, die bereitliegt, um eine bernsteinfarbene Kugel von Isignybutter aufzunehmen, die wie ein Traum zerfließt?«

No steht für
NORI, den Purpurtang, den die Japaner nicht einfach aus dem Meer ernten, sondern anpflanzen und geerntet zu hauchdünnen Platten auswalzen, in die kunstvoll gesäuerter Reis gerollt wird; und es steht für Northern Spy, einen amerikanischen Apfel, der gegen Ende des 18. Jahrhunderts gezüchtet wurde und von manchen als der beste Apfel betrachtet wird, der in diesem Land je hervorgebracht wurde, was nichts daran ändert, daß er nicht mehr angebaut wird.

Nu schließlich steht für
NÜSSE. Unter diesem Begriff verstehen wir Früchte, die sich durch bestimmte Eigenschaften auszeichnen, ohne deshalb taxonomisch miteinander verwandt zu sein. Wissenschaftler würden uns erklären, daß die Paranuß keine Nuß, sondern eine Art Samen ist, daß die Erdnuß keine Nuß, sondern eine Hülsenfrucht ist, daß sogar Mandel und Walnuß strenggenommen keine Nüsse sind. Vieles, was wir Nüsse nennen, ist nichts anderes als Samen, Rhizome, Knollen oder was auch immer, aber der Begriff hat dennoch einen Sinn, weil er Früchte bezeichnet, die sich in gastronomischer und nutritiver Hinsicht sehr stark ähneln.

Nüsse spielten in der Ernährung prähistorischer und primitiver Völker eine weit größere Rolle, als sie es heute tun, trotz der immensen Nachfrage der Süßwarenindustrie. Für diese Gesellschaften besaßen sie zwei unschätzbare Vorteile: Sie lassen sich leicht sammeln und leicht aufbewahren. Sie benötigen keine Bearbeitung, um haltbar zu bleiben, und sind ohne weitere kulinarische Zeremonielle genießbar, sobald es einen nach ihnen gelüstet.

In steinzeitlichen Küchenabfällen (bis zurück zum mittleren Paläolithikum) des heutigen Nordirak wurden Nüsse gefunden – Kastanien, Walnüsse, Pinienkerne und Ahornkerne. Heutzutage ißt niemand Ahornkerne, aber einst waren sie die meistgegessenen Nüsse, sogar in Europa, wo man sie noch im Mittelalter zu essen pflegte. Im Neolithikum begann man jedoch, die Wälder zu roden, um Ackerbau treiben zu können, weshalb die Haselnuß die Vorreiterrolle des Ahornsamens übernahm, da sie an Hecken wuchs, die den Ackerbauern nicht nur kein Dorn im Auge, sondern höchst willkommen waren. Doch nicht nur Veränderungen der Lebensweise, sondern auch klimatische Veränderungen beeinflußten die Vorliebe für bestimmte Nüsse. Eichen und Walnußbäume starben während der Eisenzeit im Vorderen Orient aus, und Mandel und Pistazie wurden zu den am meisten konsumierten Nüssen in diesem Gebiet.

Ein besonders gutes Beispiel einer primitiven Gesellschaft, die Nüsse als Nahrung verwendet, bilden die Natchez-Indianer. Den vorletzten ihrer dreizehn Monde benannten sie nach der Kastanie, den letzten nach Nüssen allgemein. Pekan- und Hickorynüsse wurden von ihnen zu Mehl ausgemahlen. Auch die Indios Südamerikas dickten Suppen und Eintöpfe mit Nußmehl an und buken Brot daraus, und die Yosemite-Indianer Kaliforniens verstanden sich nicht nur darauf, dem Ahornsamen die Bitterkeit zu nehmen, sondern sogar darauf, Roßkastanien eßbar zu machen.

In der Antike gewann man aus Nüssen und Samen Öl, sogar in Gegenden, wo man Olivenöl besaß. Die Perser preßten Öl aus gemahlenen Mandeln, Pistazien und Walnüssen, um damit ihre Speisen zu würzen, was die Araber von ihnen übernahmen, von denen es wiederum die Kreuzfahrer übernahmen, die diese Sitte nach Europa mitbrachten. Eine leise Erinnerung daran ist es, wenn wir heute unseren Salat mit Mandel-, Haselnuß- oder Walnußöl anmachen und uns dabei sehr wagemutig vorkommen.

So viel Wein will ich trinken, daß sein Aroma die Erde durchdringen soll, wenn ich in ihr liege; sollte ein Zecher über meinem Staube wandeln, wird er vom Duft meines Weins entrückt und berauscht.

Omar Chajjam

Oc steht für
den OCHSENFROSCH, der für die Tafel sehr begehrt ist, da er nicht weniger gut schmeckt als andere Frösche, aber mehr Fleisch zu bieten hat.

Oe steht für
ÖL, Fett in seiner flüssigsten Form, das die einen zum Fleischbraten und die anderen zum Salatanmachen bevorzugen, während die Griechen der Zeit Homers es als Kleidung schätzten, da sie sich im Winter mit Öl einrieben, um nicht zu frieren, und so eine körpernahe Vorform langer Unterwäsche täglich neu auftrugen; und es steht für die Ölpalme, die mehr Öl als jede andere Quelle ergibt, ob pflanzlicher oder animalischer Natur.

Ok steht für
das OKAPI, einen ausgesprochenen Luxusbraten im heutigen Zentralafrika, denn es ist im Aussterben begriffen; für Okazu, was in Japan alles bezeichnet, wozu man Reis essen kann, und das ist nicht eben wenig; und es steht für den Oktopus, der um so bedrohlicher aussieht, je größer er ausfällt (und er kann sehr groß ausfallen), seinen Ruf als gefährliches Monster, das Tauchern auflauert, jedoch seinem Aussehen, nicht seinem Tun verdankt, und der in Italien und Griechenland, Spanien und Asien ausgesprochen gern gegessen wird.

Und Ok steht für
OKRA. Der Prophet gilt nichts im eigenen Lande. Tomate und Kartoffel stammen aus der Neuen Welt, aber in den USA wurden sie als Nahrungsmittel erst angenommen, als sie im Fall der Tomate den Umweg über Italien, im Fall der Kartoffel den

über Irland gemacht hatten und als weitgereiste Gemüse zurückkamen. Ähnlich erging es den Schoten des Malvengewächses *Hibiscus esculentus*, die in der Alten Welt erst dann Aufmerksamkeit fanden, als sie aus der Neuen Welt rückexportiert wurden.

In die Neue Welt gelangte Okra durch die Sklaven, die man in Afrika rekrutierte. Afrika ist wahrscheinlich die Heimat von *Hibiscus esculentus*, und Autoren, die Asien den Vorzug geben, können ihre Meinung durch keinerlei schriftliche Zeugnisse untermauern, während die Funktion der Okraschoten in religiösen Zeremonien der brasilianischen Candomblé-Sekte, die alten afrikanischen Riten huldigt, mehr als deutlich auf einen Zusammenhang hinweist. Auch die beiden Namen der Schoten – Okra oder Gumbo – deuten auf einen afrikanischen Ursprung. Okra leitet sich ab aus dem Wort *nkruman* oder *nkrumun*, das zur Twi-Sprache gehört, während Gumbo von dem angolesischen Wort *ochingombo* oder *ngombo* kommt.

Außerhalb Afrikas findet man Okra im Mittleren Osten und in Spanien, wohin die Mauren es eingeführt haben, und in allen tropischen und subtropischen Regionen der dritten Welt, wo man ein stärkehaltiges Nahrungsmittel benötigt. In Indien wird Okra frisch wie Spargel zubereitet und eingelegt, im Mittleren Osten ißt man sie in Eintöpfen, Suppen und Aufläufen. In Afrika und Madagaskar ißt man Okra sowohl frisch als auch getrocknet, und in der Karibik ist Okra Grundnahrungsmittel. *Foofoo*, ein kubanisches Okragericht, ist eines der Lieblingsgerichte Fidel Castros, der es liebevoll als »unser Beefsteak« in jenen Tagen erinnert, die er als Guerillero in den Bergen verbrachte.

Ol steht für
die OLIVE, die Steinfrucht des Ölbaums (*Olea europaea*). In der Antike, zu Anbeginn unserer Zivilisation, war die Olive ein

wichtiges Nahrungsmittel, beinahe so wichtig wie das aus ihr gewonnene Öl. Öl und Oliven, Brot, Käse Salz und Wein waren Nahrungsmittel, die selbst den Ärmsten zur Verfügung standen. Olivenöl erlaubte es, tierische Fette durch Pflanzenfette zu ersetzen (Butter herzustellen, war ein Merkmal der Barbaren). Aber Olivenöl wurde in der Antike nicht nur in der Küche verwendet. Es diente auch kosmetischen Zwecken und als Körpersalbe, wenn es mit Parfumstoffen versetzt war, und im Winter rieb man sich gegen die Kälte mit Öl ein. Damit nicht genug, wurde Öl als Seife benutzt und als Medizin (heute wissen wir, daß der Ölbaum Salicylsäure enthält, und aus seinen Blättern gewinnt man blutdrucksenkende Präparate). Öllampen spendeten Licht, indem Dochte aus Werg in Olivenöl schwammen, und in Ägypten soll Öl als Gleitmittel beim Bewegen von Obelisken und Steinblöcken benutzt worden sein. Wie heute diente auch damals Olivenöl als Konservierungsmittel, nur daß die darin eingelegten Fischfilets nicht in Dosen, sondern in Tonkrügen aufbewahrt wurden. Nach dem Auspressen wurde das Fruchtfleisch an Tiere verfüttert oder als Dünger verwendet, und flüssige Rückstände nutzten die Römer als Unkrautvernichtungsmittel und als Schädlingsabwehr, indem sie sie auf Kohlköpfe spritzten. Das Holz des Ölbaums ist hart und schön gemasert, und aus der Bibel wissen wir, daß der Tabernakel in Salomons Tempel aus Ölbaumholz war.

Als Kekrops in Attika eine Stadt gründete, boten die stets pragmatischen Griechen an, sie nach der Gottheit zu nennen, die ihnen des wertvollste Geschenk machte. Poseidon schenkte ihnen das Pferd, Athene schlug mit ihrem Speer auf den Boden, wo ein Olivenbaum entsproß. Die Stadt erhielt den Namen Athen. Der Ölbaum scheint von Argos aus nach Attika gelangt zu sein, und die Mykener wiederum scheinen ihn um 1700 v. Chr. von den Kretern erhalten zu haben. Und wie war der Baum nach Kreta gelangt?

Im östlichen Mittelmeerraum wurde der Ölbaum allem Anschein nach bereits in der Steinzeit kultiviert – sei es in Ägypten, wie manche behaupten, sei es in Syrien und Palästina, wie andere beteuern, aber auf jeden Fall spätestens im 4. Jahrtausend v. Chr., und auf Kreta war er gegen 3500 v. Chr. nachweislich bekannt. Die Minoer scheinen überdies als erste gegen 2500 v. Chr. bereits Handel mit dem selbsterzeugten Olivenöl getrieben zu haben, und man darf sich fragen, welchen Grund man in Ägypten und Kleinasien gehabt hätte, Öl von ihnen zu kaufen, wenn man selbst Ölbäume besaß.

Ungeachtet seiner strittigen Herkunft fand der Ölbaum in Griechenland geradezu ideale Lebensbedingungen vor. Der karge Boden genügte ihm, und der Boden Attikas entsprach seinen Bedürfnissen so sehr, daß attisches Öl in der Antike als das beste der Welt galt. Olivenbäume brauchen Sonnenlicht und vertragen keinen Schatten – Konditionen, die ein Land, das schon in der Antike fast alle Wälder abgeholzt hatte, leicht erfüllen konnte. Der Baum benötigt Wärme im Sommer, aber einen milden Winter ohne Frost, kein ganzjähriges Tropenklima, denn der Winter ist seine Ruhezeit. Er verträgt längere Trockenphasen, die bis zu einem halben Jahr währen dürfen, braucht aber etwas Regen, vorzugsweise im Winter. Er kann sehr alt werden – in durchaus seriösen pflanzenkundlichen Werken und nicht etwa bei Alexandre Dumas ist die Rede davon, daß 800 oder gar 1000 Jahre alte Exemplare keine Seltenheit seien – und beginnt nicht vor dem 10. Lebensjahr Früchte zu tragen (dies erklärt, warum es im antiken Griechenland eine beliebte Kriegshandlung war, die Olivenhaine der Gegner zu verwüsten; es rief nicht wenig Erstaunen hervor, als die Spartaner im archidamischen Krieg nobel auf dieses schändliche Tun verzichteten).

Während der Antike verbreitete sich der Anbau des Ölbaums auch im westlichen Mittelmeergebiet; Cato d. Ä.

konnte bereits schreiben, daß römische Bauern und Plebejer Oliven und Brot als Grundnahrung zu sich nahmen, und »Martialis schreibet«, so Magister Elsholtz, »von den Picenischen Oliven / daß man zu seiner zeit mit denselben die Mahlzeit angefangen / und auch beschlossen habe«.

Mittelalter und Renaissance waren dem Olivenöl nicht hold, selbst in den Anbauländern, denn das beliebteste Kochfett jener Zeit war Schmalz, das in Griechenland und im Mittleren Osten durch Hammelfett ersetzt wurde. Spanien, wo die Mauren kein Schweineschmalz zuließen, blieb als einziges Land dem Olivenöl treu. Magister Elsholtz widmet in seinem 1682 erschienenen *Diaeteticon* sowohl den Früchten des Ölbaums als auch dem aus ihnen gewonnenen Baumöl je eine ganze Seite, doch bis zur Französischen Revolution, als in Paris ein provençalisches Restaurant eröffnet wurde, war Olivenöl außerhalb der Erzeugergegenden hauptsächlich theoretisch bekannt, ein Umstand, der sich in großem Maßstab erst in den letzten Jahrzehnten zu ändern begonnen hat.

Nach Südamerika führten die Spanier bereits 1590 Ölbäume ein; in Lima pflanzten sie in diesem Jahr drei Schößlinge, und von ihnen scheinen alle Olivenbäume des südamerikanischen Kontinents abzustammen. Zu Thomas Jeffersons großer Betrübnis gelang es ihm nicht, den Ölbaum in Virginia und South Carolina heimisch zu machen (die Winter machten den Bäumen immer wieder den Garaus), aber Franziskanermönche in Kalifornien waren erfolgreicher. Heute wird in Kalifornien das Fünf- bis Zehnfache des Ertrags aller Mittelmeerländer an Oliven erzeugt.

Gourmets unserer Tage, die manchmal ein bißchen dazu neigen, sich wie die antiken Römer zu benehmen, zahlen astronomische Preise für das allerfeinste jungfräuliche Olivenöl, das noch nicht einmal gepreßt wird, sondern durch den Druck des Eigengewichts der zum Pressen vorbereiteten Oliven austritt, oder sie unternehmen geheimnisvolle Reisen zu entlegenen Gehöften in Italien, Südfrankreich und Griechenland, die ihnen sind, was die Molukken den Holländern waren.

Op steht für
OPOBALSAMON, das Harz des Balsamstrauchs, eines der kostbarsten Aromata der Antike; für Opium, das in Asien früher das Verhungern versüßte, da es Appetitlosigkeit bewirkt; und für das Opossum, das im Südosten der Vereinigten Staaten seines saftigen Fleisches wegen sehr geschätzt wird.

Or steht für
den ORANG-UTAN, was »Waldmensch« heißt, einen nahen Verwandten jedoch nicht davon abhält, ihn zu jagen und zu fressen; für den Ortolan, einen jener kleinen Vögel, die französische Gourmets in die allerblumigste Sprache ausbrechen lassen,

und Or steht für
ORANGE, auch Apfelsine genannt (was im Lande des Hauses Oranien *sinasappel* heißt), eine Beerenfrucht (sagt der Botaniker), die mehr als 20 Millionen Jahre alt ist (sagt der Paläobiologe), zu den fünf bis sechs wichtigsten Fruchtsorten der Welt zählt (sagt der Ökonom) und ohne Zweifel eine der wohlschmeckendsten Früchte ist (sagt der Orangenfreund).

Die große Zahl wilder Varietäten, die es noch heute in China gibt, und die große Zahl spezifischer Schädlinge und Krankheiten der Pflanze, die ebenfalls dort zu lokalisieren sind, legen die Annahme nahe, daß *Citrus sinensis*, die Süßorange, aus Südchina stammt. Untermauert wird diese Hypothese durch den Umstand, daß Nearchos, der aufmerksame Begleiter Alexanders des Großen, bei seinem Besuch im Industal im Jahre 325 v. Chr. kein Wort von etwaigen Orangenbäumen verlauten läßt, was er zweifellos getan hätte, hätte er welche zu Gesicht bekommen (wie es bei Bananenstauden und Zuckerrohr der Fall war), während im 1. Jahrhundert n. Chr. solche Bäume erstmals für diese Gegend erwähnt werden. Aus chinesischen Texten wissen wir, daß man in China bereits um 2400 v. Chr. Orangenbäume züchtete.

In den hängenden Gärten Babylons gab es keine Orangen, sie werden in der Bibel nicht erwähnt, und es ist mehr als fraglich, ob die alten Griechen sie kannten. Als die Römer sie im 1. Jahrhundert unserer Zeitrechnung in Indien kennenlernten, nahmen sie Baumschößlinge mit, die sie in Nordafrika pflanzten, und von dort aus führten sie offenbar Bäumchen nach Italien ein (Martial gibt Anweisungen, wie sie vor Kälte zu schützen sind), die dort allerdings selten und kostspielig blieben und mit dem Zusammenbruch des Römischen Weltreichs verschwanden.

Die Mauren waren die nächsten, die Orangen nach Europa einführten, diesmal nach Spanien, das sie im 8. Jahrhundert von Süden her eroberten, und bis zum 12. Jahrhundert hatten sie das Gebiet von Granada bis Sevilla in einen einzigen blühenden Zitruspflanzenhain verwandelt. Auf Sizilien pflanzten die Sarazenen Orangenbäume, und im 13. Jahrhundert übernahm man sie von dort ins übrige Italien.

Südfrankreich war und ist ein Land der Zitrusfrüchte; von dort aus bezogen französische Könige seit der Renaissance die Bäumchen für ihre Orangerien. Karl VIII. hatte wohl in Italien solche Wintergärten zu sehen bekommen, und 1495 erhielt sein Schloß in Blois als erstes einen solchen Anbau. Die berühmteste Orangerie war natürlich die, welche Mansart für Ludwig XIV. in Versailles baute; sie enthielt 1200 Orangenbäume in Silberkübeln sowie 300 weitere exotische Pflanzen und gilt als vollendeteres Baukunstwerk als das Schloß selbst.

Deutsche Fürstenhöfe, die nichts Vornehmeres kannten, als

französische Sitten nachzuahmen, beeilten sich, Orangerien anzulegen, und in seinem *Diaeteticon* unterscheidet Magister Elsholtz bereits zwischen Pomeranzen, worunter er Bitterorangen (→ Bi) versteht, und Pomesinen oder Sinesischen Äpfeln (*pomme de chine* und daher Pomesine), die, so berichtet er, von China nach Portugal und Spanien gelangten, in China jedoch laut den Berichten Reisender unvergleichlich »fürtreffliger« schmeckten als die aus Spanien und Portugal importierten Früchte.

In England wurden die ersten Orangen 1290 in Southampton von einem spanischen Schiff an Land gebracht, und die damalige Königin, der Verschwendungssucht offenbar fernlag, kaufte sieben Stück. George Herbert, der von der Dichtkunst mehr verstand als von der Botanik, schrieb im frühen 17. Jahrhundert die Zeilen: »Oh that I were an Orenge-tree, That busie plant! Then should I ever laden be, And never want Some fruit for him that dressed me«, woraus wir ableiten dürfen, daß Orangen damals nichts Unvertrautes mehr waren.

In die Neue Welt gelangte die Orange durch Kolumbus, der bei seiner zweiten Reise auf der Insel Hispaniola Orangenbäume pflanzte, und das Klima Westindiens entsprach den Bedürfnissen dieser Pflanze so gut, daß wenige Jahrzehnte darauf Orangenhaine fast alle Inseln der Karibik bedeckten. Die Seminole-Indianer im Südosten der heutigen Vereinigten Staaten nahmen die neue Frucht im 16. Jahrhundert begeistert auf, und William Bartram, ein Naturforscher, der sich 1791 bei ihnen aufhielt, berichtet, daß sie ihm Schnapper servierten, der mit Orangen gedämpft war, und zum Dessert Orangenscheiben, die mehrere Tage lang in Honig mariniert worden waren.

Orangen sind keine Tropenfrüchte, sondern subtropische Früchte. Sie ertragen Frost besser als Zitronen (von Limonen ganz zu schweigen), aber sie gedeihen am besten bei möglichst gleichmäßigen Temperaturen. Sie benötigen keine Ruhezeit im Winter, sind jedoch nicht unzufrieden, wenn es ein paar Monate lang etwas kühler ist, was ihnen ermöglicht, ein schönes Orangerot zu entwickeln (die Farbe ist kein Zeichen der Reife, sondern eine Reaktion auf kühle Temperatur). Orangen in den Tropen haben immer eine grüne Schale, und Orangen, die »orange« geworden sind, werden wieder grün, wenn eine Wärmeperiode eintritt, bevor man sie pflückt. Wie die Melone reift auch die Orange nicht nach, sobald sie gepflückt wurde.

Die Bitterorange oder Bigarade (wissenschaftlich *Citrus aurantium*) ist wahrscheinlich die ursprüngliche Ahnin aller Orangen; sie ist die unempfindlichste Orange und kann aus Samen gezogen werden, und sie ist die einzige marmeladentaugliche Art. Die Süßorange *Citrus sinensis* entstand wohl als Mutant gegen Beginn unserer Zeitrechnung in China aus der Bitterorange; ihr verbreitetster Repräsentant ist die Valencia-Orange, die überall auf der Welt wächst, nur nicht in und um Valencia; die zweitpopulärste, die Navel-Orange, trat zuerst im 17. Jahrhundert in Brasilien auf. *Citrus reticulata*, die Mandarine, dürfte als Mutant der Süßorange in Cochinchina das Licht der Welt erblickt haben, nicht allzulange nach dem Auftauchen der Süßorange selbst; ihre orangerot gefärbte Varietät *deliciosa* heißt Tangerine, und sie wurde um 1900 in Algier zur Clementine, die besonders süße und kernlose Früchte besitzt.

Das louisianische Pendant zum bayerischen Weißwurstsenf, das zu fritierten Krabben (vorzugsweise solchen der Größe Jumbo) gereicht wird, besteht aus Meerrettich, grobem Senf und Orangenmarmelade.

OREGANO. *Origanum vulgare* oder Dost ist nicht schüchtern und lieblich wie der Majoran, sondern robust und laut. Majoran ist empfindlich und hält sich ängstlich an seinen ursprünglichen Lebensraum, das Mittelmeerbecken, während Oregano sich in die kälteren Zonen vorwagt, beispielsweise bis nach

England, wo er wild wächst. Er toleriert karge Böden, auf denen Majoran nicht gedeihen würde, und südfranzösischer Oregano, der an steinigen Berghängen wächst, gilt als besonders aromatisch.

Oregano und Majoran sind die Ausnahmen der Regel, wonach Kräuter dort, wo sie wachsen, am beliebtesten sind: Völker nördlicherer Länder lieben den mediterranen Majoran, während die Mittelmeeranrainer ihm den kräftigeren, würzigeren Oregano vorziehen. Oregano heißt nicht von ungefähr Pizzagewürz, doch auch im Nahen Osten geht man verschwenderisch mit ihm um, und in Griechenland hat man ebenfalls keine Angst vor ihm.

Os steht für
OSETRA oder Ossietra, einen Caviar, der kleinschaliger ist als der Beluga, aber größer als Sevruga, also ideal für alle, die sich nicht entscheiden können.

Ot steht für
den OTAHEITE-APFEL, der aus Tahiti stammt, inzwischen jedoch in Sierra Leone unter dem etwas sonderbar anmutenden Tarnnamen *inglish plom* verzehrt wird; und es steht für den Otter, den in prähistorischen Zeiten die Asiaten und die präkolumbischen Indianer zu essen pflegten, in historischen Zeiten hingegen die postkolumbischen Indianer des Nordostens der USA sowie die prä- und postkolumbischen christlichen Bewohner Europas, für die er als Wasserbewohner eine erlaubte Fastenspeise war, wenngleich Magister Elsholtz über seinen Verzehr die Nase rümpft.

Panierte Schweinsfüße: *Man kann sie in Butter oder Schweineschmalz in der Pfanne braten. Aber es ist gefährlich, da das Panierte meist abfällt und Fett umherspritzt. Es ist besser, sie mit Erdnußöl zu bestreichen und auf dem Grill zu rösten. Sie brauchen zehn Minuten, um die ziemlich dicken Schweinsfüße fertigzustellen. Reichen Sie sie mit Senf. –*
Panierte Schweineschwänzchen: *Verfahren Sie wie oben. Leider findet man Schweineschwänzchen bei den Metzgern sehr selten. Es ist wahr, daß jedes Schwein nur ein Schwänzchen auf zwei Ohren und acht halbe Füße hat. Das ist immerhin eine Erklärung dafür.*

Edouard de Pomiane

Pa steht für
PA BEUK, einen Fisch, der vermutlich mit dem Wels verwandt ist, jedenfalls aber der Welt zweitgrößter Süßwasserfisch ist, denn nichts anderes als »großer Fisch« bedeutet sein laotischer Name; für Pak-Choy, was »weißes Gemüse« bedeutet, da die Blattrippen und Stengel dieser chinesischen Kohlart weiß sind; für Palmen, Carl von Linné zufolge die Fürsten des pflanzlichen Königreichs, die uns mit Öl, Essig, Salz, Zucker, Sirup, Honig und zweierlei Mehl versorgen; für Palmenherzen, mit denen sie uns ebenfalls versorgen und die als Gemüse gegessen werden; für Palolo, auch »Samoa-Kaviar« genannt, obwohl es sich um Würmer und nicht um Fischrogen handelt; für die Pampelmuse oder Riesenorange, die nicht mit der Grapefruit (→ Gr) identisch, sondern ihr biologischer Vorfahre ist; für den Papageitaucher, den man auf den Faröerinseln im Frühjahr in den Erdlöchern fängt, in denen er brütet, im Juli und August jedoch im Flug mit Netzen an langen Stangen, und der meist gebraten verspeist wird nebst Salzkartoffeln und Rhabarberkompott; für Paprika, worunter hier Gemüsepaprika, aber auch Tomatenpaprika und Gewürzpaprika verstanden sein soll, Mitglieder der Gattung *Capsicum*, die so tun, als seien sie ungarisch durch und durch, obwohl sie in Wahrheit aus dem tropischen Amerika stammen; und es steht für die Passa-Crassana-Birne, die in ihrem Heimatland Frankreich Passe-Crassane heißt und eine der köstlichsten Birnen ist.

Pa steht außerdem für
PAPAYA, die Frucht des Melonenbaums *Carica papaya*, dessen engere Heimat uns nicht bekannt ist. Spätestens im 1. Jahrtausend unserer Zeitrechnung hatte er Peru erreicht, wie wir

den Früchten nachempfundenen Tongefäßen entnehmen können, und zur Zeit Kolumbus' wurde er in unterschiedlichen tropischen Gegenden angepflanzt. Neapel, das die Papaya 1626 erreichte, empfing die Samen der Frucht allerdings nicht von den Westindischen Inseln, sondern aus Ostindien, von wo aus auch die Philippinen mit ihr beglückt wurden. Einer der Gründe für die schnelle Ausbreitung der Papaya waren die Ost- und Westindischen Handelsgesellschaften der Kolonialmächte Holland, Frankreich, England und Portugal, die Papayasamen von der Neuen Welt in die Alte Welt des Ostens brachten. China, Japan und bestimmte Inseln des Indischen Ozeans, die sich außerhalb des Einflußbereichs der Handelsgesellschaften befanden, lernten die Papaya nicht vor dem 19. Jahrhundert kennen.

Der Baum trägt 3 bis 4 Jahre lang jährlich 12 bis 30 Früchte und stirbt meist im fünften Jahr. Die Früchte können sehr groß sein, aber auch extrem klein (beide Extreme sollte man meiden und sich auf die etwa birnengroßen Exemplare konzentrieren). Unreif ist ihre Schale glatt und grün, und wenn sie reifen, nimmt sie eine orangegelbe Färbung an. Öffnet man eine Papaya der Länge nach, findet man eine Höhlung in ihrem rosaroten oder orangeroten oder lachsrosa Fleisch, mit glitzernden schwarzen Kernen, die aussehen wie Riesenkaviar. Nicht jeder liebt den Geschmack der Früchte, denn viele erwarten einen melonenähnlichen Geschmack, mit dem die Papaya nicht aufwarten kann, und sind von ihrem zurückhaltenderen Aroma und der stärkehaltigen Struktur des Fruchtfleischs enttäuscht.

Unreif gepflückte Papayas werden als Gemüse gegessen; man bereitet sie zu wie Zucchini, und so schmecken sie auch. Die Blätter lassen sich wie Spinat zubereiten, schmecken aber eher wie junge Löwenzahnblätter; junge Triebe werden meines Wissens nur in Zimbabwe gegessen.

Aus dem getrockneten Milchsaft der unreifen Früchte gewinnt man das Enzym Papain, das dem Pepsin ähnelt, indem es Eiweiß aufspaltet, und das in verdauungsfördernden Präparaten, Weichmachern und anderem enthalten ist. Präkolumbische Indianer verwendeten es bereits, um zähes Fleisch genießbar zu machen, und die Verehrer der Göttin Pele auf Hawaii werfen sogar Papayas mit dem Opferfleisch in die rauchenden Lavaströme, um ganz sicherzugehen.

PASTINAKE. Die Pastinake oder Hammelmöhre, auch Gemeiner Pastinak, *Pastinaca sativa* mit ihrem internationalen Namen, mußte im Bereich der Nahrungsmittel eine einst unangefochtene Position an die Kartoffel abtreten, obwohl weder geschmacklich noch von der Textur her zwischen beiden die geringste Ähnlichkeit besteht. Die Konkurrenz der so verschiedenen Vegetabilien war eben nicht gastronomisch-kulinarischer, sondern nutritiver Natur: Beide sind Stärkelieferanten.

Die ruhmreichste Zeit der Pastinake war das Mittelalter (immerhin an die 1000 Jahre), wo man die Feiertage streng beachtete, insbesondere die Fastenzeit. Fastende aßen Fisch oder Gemüse statt Fleisch, und unter den Gemüsen bevorzugten sie jene, die sättigend und stärkehaltig waren: 1552 schrieb der Botaniker Hieronymus Trager, Pastinaken und breite Bohnen seien die Hauptnahrung während der Fastenzeit. Fisch zur Fastenzeit war fast immer geräucherter Hering oder Stockfisch, denn frischer Süßwasserfisch blieb den Klöstern und Feudalherren vorbehalten, und frischen Seefisch gab es nur am Meer. Getrockneter und gesalzener Fisch benötigte eine Begleitung, die seinen Geschmack milderte: Stockfisch mit Pastinaken war ein verbreitetes Gericht. Karotten und Rüben hätte man auch essen können, aber Pastinaken waren nahrhafter, weshalb im Mittelalter Karotten ihnen gegenüber den kürzeren zogen. Noch im 18. Jahrhundert hielt die Vorherrschaft der Pastinake an; die Europäer hatten die Kartoffel zwar seit der Entdeckung Amerikas eingeführt und angebaut, doch es dauerte 300 Jahre, bis sie wagten, sie zu essen. Als dies der Fall war, lief sie mit ihrem milden, neutralen Geschmack, der jede Kombination erlaubt, der würzigen Pastinake sofort den Rang ab.

Bis heute konnte die Pastinake sich in der Küche nicht wieder einbürgern, was nicht zuletzt daran liegen mag, daß man weder in Europa noch in Amerika wirklich gute Pastinaken findet. Sie dürfen nicht bei Hitze geerntet werden, da sie dann mehlig und geschmacklos sind; weiche Pastinaken neigen zu allzu penetrantem Aroma, und große Exemplare sind gern holzig, ähnlich wie Spargel, der seine beste Zeit hinter sich hat. Eine ideale Pastinake ist von zartem, süßem, nußartigem Aroma.

Pe steht für
PEARLASH, das erste chemische Backpulver, das im ersten amerikanischen Kochbuch von Amelia Simmons aus dem Jahr 1796 vorkommt; für die Pelargonie, die wir Geranie nennen und deren duftende Sorten als Gewürz in Salaten dienen und deren Art *krappeanum* wir das Echte Geranienöl oder Französische Rosenöl verdanken; für die Persimone alias Dattelpflaume alias Kakipflaume, eine Frucht, die in Ostasien mehr geschätzt wird als anderswo; und es steht für die Petersilienwurzel, der wir unter dem Stichwort Petersilie begegnen werden.

Pe steht auch für
PEKANNUSS, eine hundertprozentig amerikanische Nuß ihrem Ursprung nach, der es vergönnt war, zu fünfundneunzig Prozent amerikanisch zu bleiben, denn im Unterschied zu den meisten anderen Nahrungsmitteln, die die Europäer in der Neuen Welt entdeckten und früher oder später (was heißt

schneller oder langsamer) in aller Welt verbreiteten, ließen sie die Pekannuß dort, wo sie sie vorfanden. Selbst im Export bleibt die Pekannuß amerikanisch: Der Hauptimporteur US-amerikanischer Pekannüsse ist Kanada, das schließlich auf demselben Kontinent liegt.

Nachschlagewerke verweisen beim Begriff Pekannuß gerne auf das Stichwort Hickorynuß, aber das ist falsch, denn Hikkory ist der Gattungsname (*Carya*) und Pekan die Art *Carya illinoensis.* Da die Pekannuß – wie alle Hickorynüsse – zur Familie der Walnußgewächse gehört, zu den *Juglandaceae*, beginnen wir zu ahnen, warum es ihr nicht gelang, sich außerhalb der Vereinigten Staaten einzubürgern: Sie war der in der Alten Welt bestens bekannten Walnuß zu ähnlich, um Interesse zu wecken.

Der Name *pecan* ist ein indianisches Wort, denn die präkolumbischen Indianer nutzten diese Nuß auf verschiedenste Weise. Sie gewannen Öl aus ihr, mengten sie gekochten Früchten bei, mahlten sie zu Mehl aus, mit dem sie ihre Eintöpfe andickten, kombinierten Nüsse mit Bohnen als vegetarische Speise und nahmen auf Jagdausflüge geröstete Pekannüsse als Energiespender mit (wofür sie sich sehr gut eignen, denn sie sind kalorien- und fettreich). Heutige Amerikaner, die ein weniger aufreibendes Leben führen, müssen sich nicht wundern, wenn die Tugenden der Pekannuß ihnen dazu verhelfen, steinzeitlichen Schönheitsidealen mehr zu entsprechen, als sie vernünftigerweise wünschen können.

PERLHUHN. Seit es unseren Geflügelzüchtern gelungen ist, den Truthahn jeglichen Geschmacks zu berauben, stellt das Perlhuhn den Hühnerhofbewohner mit dem ausgeprägtesten Eigengeschmack dar, was vielleicht daran liegt, daß es sich nie wirklich zähmen ließ und folglich dunkleres Fleisch als anderes Geflügel und einen leisen Wildgeschmack behalten hat. Jeder, der – wie ich – Perlhühner gehalten hat, weiß, daß sie sich auch wie Wildtiere verhalten. Sie bewohnen die obersten Zweige der höchsten Bäume und zeigen keinerlei Neigung, herunterzukommen, um sich schlachten zu lassen. Sie kommen, wenn man Körner streut, sind aber so wachsam und mißtrauisch, daß es fast nicht möglich ist, sich ihnen zu nähern – eine unbedachte Bewegung, und die ganze Schar ist auf und davon. Perlhühner sind Allesfresser; ein französischer Naturforscher hat Perlhühner beobachtet, die einen toten Fuchs fraßen, und nicht nur das Geierperlhuhn Afrikas erinnert im Aussehen an den Namengeber. Charakterlich darf man Perlhühner als zornmütig und streitsüchtig einstufen, mit einem unstillbaren Bedürfnis nach langanhaltendem mißtönenden Geschrei. Die Kombination all dieser Eigenschaften hat bewirkt, daß Perlhühner als einziges Geflügel frei von den zahllosen Zivilisationskrankheiten sind, die Hühnerhöfe epidemisch heimsuchen, sie hat aber auch bewirkt, daß außer in Frankreich keine namhafte Perlhuhnzucht existiert (selbst Thomas Jefferson, der Perlhühner liebte, gab es auf).

Schon in der Antike wird die Herkunft des Perlhuhns korrekt mit Westafrika angegeben; ob man in der Antike mehr als eine der 23 Arten kannte, läßt sich nicht feststellen. Griechenland erhielt den Vogel vermutlich aus Ägypten, was der heutige italienische Name *gallina faraona* – Huhn des Pharaos – indirekt bestätigen dürfte; im Unterschied zum modernen Italiener nannten die Römer das Perlhuhn numidische oder karthagische Henne, denn von dort bezogen sie ihr Geflügel.

Anders als das Huhn wurde das Perlhuhn in der Antike nie zu einem kommunen Geflügel, und als das Römische Reich verschwand, verschwand es mit ihm – zumindest aus Europa. Erst im 16. Jahrhundert brachten portugiesische Kaufleute Perlhühner aus Guinea nach Frankreich, die dort prompt *poule de Guinée* getauft wurden. Der heutige französische

Name *pintade* bezieht sich auf die portugiesischen Händler, denn das portugiesische *pintada* bedeutet dasselbe wie der deutsche Name Perlhuhn und ist ein Kompliment für das hübsche Tupfenmuster des Gefieders. Während der Renaissance war das Perlhuhn in Italien nicht minder beliebt als Pfau und Fasan, und auch Magister Elsholtz läßt sich in seinem 1682 erschienenen *Diaeteticon* vom extravaganten Aussehen des Vogels inspirieren, wenn er schreibt, Perlhühner paarten sich »in mangel ihres gleichen mit den Pfawen«; er nennt das Jahr 1530 als Datum der Einführung der von ihm Kalkaunen geheißenen Hühner nach Frankreich.

Pierre Poivre brachte Perlhühner nach Cochinchina, wo er 1749 Handelslizenzen erwirken wollte, und afrikanische Sklaven brachten sie nach Haiti – wahrscheinlich überlebende Exemplare der als Verpflegung mitgenommenen Hühner.

Erstaunlich ist, daß Autoren, die Pfauen und Fasane für schön halten, das Perlhuhn als häßlich bezeichnen, denn es ist trotz des kahlen Kopfs ein Vogel mit unendlich schönem Gefieder.

PETERSFISCH. Als Plinius berichtete, der Petersfisch sei der Lieblingsfisch der Bewohner von Cadiz, wollte er damit offenbar ausdrücken, daß der Fisch nirgends sonst geschätzt werde; doch wenn moderne Kochbuchautoren uns verraten, daß die Venezianer ihn besonders lieben, heißt dies keineswegs, daß sie mit dieser Vorliebe allein dastehen. Das feste, weiße Fleisch des Petersfischs macht ihn zu einem der gesuchtesten Mittelmeerfische; sein Wohlgeschmack wird mit dem des Steinbutts verglichen, was in der Tat hohes Lob ist. Er lebt nicht allein im Mittelmeer, sondern auch im nordöstlichen Atlantik als *Zeus faber*, in australischen Gewässern als *Zeus australis* und im nördlichen Pazifik als *Zeus japonicus*.

Hoch geschätzt war der Petersfisch im Mittelalter – natürlich nur bei den Reichen, die sich frischen Seefisch leisten konnten. Die Franzosen nennen ihn auch *poule de mer*, was bei einem Volk der Hühnernarren kein geringer Beweis der Zuneigung ist. Leider ist er ein teurer Fisch, denn sein knochiger Körper mit dem riesigen Maul besteht zu fast zwei Dritteln aus Abfall.

Der englische Schauspieler John Quin, der im 18. Jahrhundert seine größten Triumphe in Bath feierte und ein berühmter Feinschmecker war, erteilte »dem guten John Dory und der zarten Ann Chovy« die Ehesakramente, als er sich überlegte, welche Sauce er zu seinem Lieblingsfisch wünschte, dem John Dory oder Heringskönig oder Christusfisch, den wir hier unter seinem gebräuchlichsten Namen abgehandelt haben.

PETERSILIE. »Petersilie an allen Ecken und Enden und nicht genug davon in der Sauce«, lautete ein berechtigter und verbreiteter Stoßseufzer in den 50er Jahren, der großen Zeit sinnloser und farbenprächtiger (um nicht zu sagen atemberaubender) kulinarischer Dekorationskunst und der vielleicht einzigen Epoche der Menschheitsgeschichte, zu der die *haute cuisine*, die sogenannte bürgerliche Küche und das, was man wochentags zu Hause veranstaltete (Schnittchen, feiner ausgedrückt Kanapees), gemeinsam einem einzigen Ideal huldigten, das vorrangig optisch zu definieren ist. Damals war Petersilie – in ihrer krausblättrigen Ausprägung – so unersetzlich wie die Maraschinokirsche.

Die Römer der Antike kannten fünf Sorten Petersilie, wie wir es heute tun, wenngleich es sich dabei nicht notwendigerweise um die gleichen Arten handeln muß. Falls, wie man annimmt, Sardinien die Heimat der Petersilie ist, dann war der Weg nach Rom nicht weit, und selbst wenn eher das Mittelmeergebiet im weiteren Sinn in Frage käme, wäre der Weg nach Rom immer noch kurz.

Karl der Große ließ Petersilie auf seinen Domänen pflanzen, und in französischen Klostergärten wuchs vor der Jahrtausendwende Petersilie. Im 12. und 13. Jahrhundert wird das Kraut in französischen Kräuterbüchern erwähnt, und im 16. Jahrhundert behandelt ein Werk es sogar als Gemüse. Johann Sigismund Elsholtz unterscheidet 1682 zwischen glattblättriger, krauser und Wurzelpetersilie und bezeichnet sie als »ein gemeines Gewürz so wol zum schmack als zur zierde«.

Die heute verbreiteten fünf Petersiliensorten sind die glattblättrige, die gekräuselte, die farnblättrige, die sellerieblättrige und die Wurzelpetersilie. Die älteste Form ist zweifellos die glattblättrige Petersilie, die sich mitten unter Mitgliedern der anderen Sorten spontan entwickeln kann. Sie ist aromatischer als die krausblättrige Art, aber weniger dekorativ als jene, wie Columella bereits 42 n. Chr. feststellte, als er beide beschrieb. Die farnblättrige Petersilie wurde um 1912 in französischen Samenkatalogen als neue Varietät der Petersilie angepriesen, wobei man übersah, daß amerikanische Kataloge sie 1878 bereits aufführten und Gaspard Bauhin sie 1598 ausführlich beschrieben hatte, doch heute scheint sie fast nirgends angebaut zu werden. Sellerieblättrige Petersilie hieß bis zum Ende des 19. Jahrhunderts »neapolitanische Petersilie«; heute nennt man sie »italienische Petersilie«, und ich neige zu der Vermutung, daß sie nichts anderes ist als die makedonische Petersilie der Antike; Plinius schrieb von dieser, sie habe dicke weiße Stengel, die man essen könne, und genauso verhält es sich mit der »italienischen« Petersilie (manchmal werden sie sogar künstlich gebleicht wie beim Stangensellerie). Wie die sellerieblättrige zeichnet sich auch die Wurzelpetersilie dadurch aus, daß sie nicht nur Gewürzkraut ist, sondern auch als Gemüse gegessen werden kann. Die kleinen weißlichen Wurzeln schmecken wie eine Mischung aus Pastinake und Selleriewurzel.

Die *nouvelle cuisine* hat uns Petersilienpüree beschert, geruchlich und geschmacklich eine interessante Alternative zum italienischen Pesto aus Basilikum, und eine außerdekorative Verwendung der krausen Petersilie besteht darin, sie zu fritieren, in welcher Form sie ganz außergewöhnlich gut schmeckt.

Pf steht für
den PFEFFERBAUM, der aus dem tropischen Südamerika stammt und seinen Namen dem feurigen Geschmack seiner Früchte verdankt; für die Pfefferminze, eines der allerbeliebtesten Mitglieder der Familie der Minzen (→ Mi); und es steht für den Pfefferling oder auch Pfifferling, Eierschwamm, Gelbhähnchen usw. , einen entzückenden Blätterpilz, den einst die Pilzsammler stehenließen, weil sie nur Steinpilze mitzunehmen geruhten, und der keineswegs mit dem sogenannten Falschen Pfifferling verwandt ist, wohl aber mit der Totentrompete oder dem Trompetenpilz.

Und Pf steht für
Pfeffer, ein Gewürz, das beinahe 2000 Jahre lang eine verläßlichere Währung war, als es heutzutage gewisse Devisen sind (oder waren). Seit der Antike entrichtete man mittels seiner Tribut: Rom konnte 408 Alarich besänftigen und davon abhalten, die Stadt zu zerstören, indem es unter anderem 3000 Pfund Pfeffer bezahlte, und 452 bestach es Attila zu ähnlichen Zwecken mit »Geschenken«, unter denen sich Pfeffer und Zimt befanden. In den Jahren 1143 und 1283 erlegten Erzbischof Bertrand und Erzbischof Rostang de Noves den »schändlichen Hebräern« der Stadt Tyros einen jährlich zu entrichtenden Tribut von zwei Pfund Pfeffer pro Kopf auf. Pfeffer wurde in Testamenten vermacht und als Mitgift gegeben, und im Mittelalter begann man den Reichtum eines einzelnen nicht mehr an seinen Ländereien zu messen, sondern an der Menge des

Pfeffers in seiner Speisekammer, und von jemandem, den man für mittellos hielt, sagte man, es mangele ihm an Pfeffer.

Wir wissen nicht, wann genau der Pfeffer in der Mittelmeerwelt Einzug hielt, aber wir wissen, daß Homer ihn nicht erwähnt. Erst im 4. Jahrhundert v. Chr. scheint es gesicherte Nachweise seines Vorhandenseins in Griechenland zu geben. Hippokrates, Theophrast, Dioskurides und Plinius sprechen von ihm nicht als einem Gewürz, sondern als einer medizinischen Pflanze, wenngleich Plinius die Heilkraft des Pfeffers bezweifelt. Aber bald schon erkannte man seine gastronomischen Meriten, und die Römer fügten ihn fast jedem Gericht zu, auch den Süßspeisen. Horaz hielt eine Mischung aus weißem Pfeffer und schwarzem Salz für die allseitig verwendbarste Würzmischung (weißer Pfeffer war in Rom doppelt so teuer wie schwarzer).

Selbst nachdem es kein Römisches Weltreich und keine intakten Handelsverbindungen in den Orient mehr gab, fand ein wenig Pfeffer noch immer ins Europa des Mittelalters, wo er sich nicht weniger großer Nachfrage erfreute als im alten Rom – und das aus den gleichen Gründen: wenig Auswahl an heimischen Würzmitteln und gänzliche Abwesenheit erst später in Erscheinung tretender Stimulantien wie Tee, Kaffee, Tabak und destillierte geistige Getränke. Als die Kreuzzüge bewirkten, daß der islamische Gürtel um Europa sich zu lockern begann, vermietete Venedig Schiffe, die kampfeslüsterne Ritter ins Heilige Land brachten und auf der Rückfahrt Pfeffer und Gewürze aus Alexandria an Bord hatten. Trotz genuesischer Konkurrenz blieb Venedig im Mittelalter die Pfefferzentrale Europas; erst als Portugal von den Gewürzinseln (den Molukken) Besitz ergriff, mußte Venedig sein Monopol abgeben, doch Portugal sah sich wiederum mit der Einmischung der Ostindien-Gesellschaften konfrontiert, die zuerst in Holland und später auch in England und Frankreich gegründet wurden (aus früheren Eintragungen wird man sich zweifellos an Pierre Poivre erinnern, den Mann mit dem symbolträchtigen Namen), und die Konkurrenz drückte die Preise und machte nach und nach den Monopolen ein Ende.

Wie die Rose und der Apfel hat auch der Pfeffer als Verkörperung eines Begriffs schlechthin vielen Gewürzen den Namen geliehen, die botanisch nicht das geringste mit ihm zu tun haben, so dem Cayenne- oder Chilipfeffer (von Kolumbus Pfeffer getauft, weil er sich in der Karibik in Asien wähnte und die scharfen Gewürze für den genuinen und gesuchten Artikel hielt) und dem, was auf dem Pfefferbaum wächst. Die Pfefferpflanzen selbst (*Piperaceae*) sind meist Sträucher oder krautige Gewächse und oft Schlingpflanzen; die Gattung Pfeffer (*Piper nigrum*) ist ein Wurzelkletterer, und sie wird in Kulturen wie Hopfen an Stangen gezogen. Die Früchte sind anfangs grün und nehmen beim Reifen eine gelblichrote Färbung an. Pfeffer, der grün konsumiert wird, ist noch weich und läßt sich zu Paste zerdrücken; bevor raffinierte Konservierungsverfahren wie das Gefriertrocknen erfunden wurden, kannte man grünen Pfeffer außerhalb seiner engeren Heimat fast nur in eingelegter Form. Der beste grüne Pfeffer kommt heute aus Mangalore in Indien, dem Ursprungsort des Pfeffers.

Wie grüner sind auch schwarzer und weißer Pfeffer die Früchte der Art *Piper nigrum*; schwarze Pfefferkörner werden unreif gepflückt, ähnlich den grünen, doch etwas später, kurz bevor die Früchte sich zu röten beginnen, und dann getrocknet, wobei sie sich schwarz färben und eine schrumpelige Oberfläche annehmen, und weißer Pfeffer wird reif geerntet und von seiner Fruchtschale befreit.

Von den etwa 700 Spezies der Gattung *Piper* interessieren für den menschlichen Gebrauch mit großem Abstand nach *Piper nigrum*, dem grünen, schwarzen und weißen Pfeffer, *Piper longum*, der lange Pfeffer oder Fliegenpfeffer, der milder und auch fader schmeckt als *Piper nigrum, Piper cubebum,* der Kubebenpfeffer, aus dessen Früchten Volksheilmittel gewonnen werden, und *Piper methysticum,* der Rauschpfeffer, aus dessen aromatischen Rhizomen auf den Südseeinseln das Getränk Kawa-Kawa gebraut wird, das keinen Alkohol zu enthalten scheint, obwohl es wirkt, als ob – eine weiche Droge, über deren Freigabe in unseren neupuritanischen Ländern man nachdenken sollte.

Kein Pfeffer im engeren Sinn ist der Betelpfeffer *Chavica betle,* dessen Blätter um die Betelnuß gewickelt werden, bevor man sie kaut, und noch weniger Pfeffer als er ist der rosa Pfeffer, eines der Lieblingskinder der *nouvelle cuisine,* denn seine zuckrig-scharfen Früchte wachsen auf dem Pfefferbaum, botanisch *Schinus,* und sind im Gegensatz zum echten Pfeffer schwach giftig.

PFERD. Europäische Höhlenmalereien des Paläolithikums bilden Pferde am häufigsten ab – mit 18 Prozent Vorsprung vor dem Bison und 65 Prozent Vorsprung vor Hirsch und Rentier. Die Spekulation, daß das Pferd eine beliebte Beute war, weil leicht zu jagen und zu erlegen, scheint mir nicht vermessen, da wir unterstellen dürfen, daß die Höhlenmaler kultische und rituelle Gründe für ihr Schaffen hatten. Niemand wird bezweifeln wollen, daß Wildpferde eine weniger gefährliche Jagdbeute waren als Auerochsen oder Bären, und ihre Schnelligkeit konnte der Steinzeitmensch gegen sie verwenden, indem er Pferdeherden in Panik versetzte, so daß sie in den Abgrund sprangen, wo er sein Schlachtfleisch nur noch aufzusammeln brauchte.

Ethische Skrupel, die heute viele Menschen vor dem Genuß von Pferdefleisch zurückschrecken lassen, waren unseren paläolithischen Vorfahren fremd: Sie benötigten das Pferd nicht als Zugtier im Ackerbau, den es noch nicht gab, sie ritten nicht auf Pferden, weder zum Vergnügen noch aus Notwendigkeit, und Galopp- und Trabrennen waren ihnen so gleichgültig wie das Dressurreiten.

In antiken Zeiten aßen nur die Völker Pferdefleisch, die genug Pferde besaßen, etwa die Skythen und die Sarmaten, Reitervölker, die, wie Martial zu berichten weiß, das Blut ihrer Pferde tranken, nicht nur die Milch der Stuten. Weder Griechen noch Römer aßen Pferde – erstere benötigten sie als Reit- und Zugtiere, letztere als Zugtiere und Rennpferde.

Im Mittelalter waren es wieder die Steppenvölker, von denen Reisende wie Marco Polo berichteten, daß sie Pferdefleisch aßen, während in ganz Europa Pferdefleisch aus der Mode kam, als das Rittertum *en vogue* war, das es als höchst unfein erscheinen lassen mußte, edle Pferde zu schlachten.

Abgesehen von Notzeiten setzte sich das Essen von Pferdefleisch erst wieder seit dem frühen 19. Jahrhundert in Frankreich und Italien durch, wobei die Franzosen an ihre Gesundheit denken (Pferdefleisch ist tatsächlich gesünder als anderes Schlachtfleisch, ganz zu schweigen von der gesünderen Ernährung der Pferde selbst), die Italiener hingegen den Eigengeschmack des dunklen, leicht süßlichen Fleisches lieben, der nicht jedermann zusagt.

Schließen wir mit der Menüfolge eines Essens, das Etienne Louis Geoffroy-Saint-Hilaire einst veranstalten ließ: Pferdeconsommé mit Fadennudeln, Pferdewürstchen, gekochtes Pferdefleisch, Pferd *à la mode*, Pferdegulasch, Pferdefilet mit Pilzen, Bratkartoffeln (in Pferdefett gebraten), Salat mit Pferdeöl (was das wohl sein mochte?) und als Dessert Rumtorte mit Pferdemark. Als Wein gab es natürlich Cheval Blanc.

PFIRSICH. In China widmet man dem Pfirsich fast eine Art Kult – Dichtern und Malern ist er ein Symbol der Unsterblichkeit (obwohl Pfirsichbäume nicht alt werden), und Freunde beschenken sich mit Pfirsichen (echten oder künstlichen) als Zeichen ihrer Zuneigung. Ein chinesisches Geburtstagsgericht namens *shoutao* (»Pfirsich des langen Lebens«) ist kaum weniger alt als der Glaube, daß der Genuß von Pfirsichen später einmal den Leichnam vor Verwesung bewahrt.

Die Liebe zum Pfirsich, die sich hierin ausdrückt, rührt daher, daß er eine typisch chinesische Frucht ist. Chinesische Schriften erwähnen Pfirsiche als bereits um 2000 v. Chr. eingeführt (was mir ein wenig früh erscheint), spätestens jedoch für das 5. Jahrhundert v. Chr. In China – und, soweit ich weiß, nirgendwo sonst – gibt es wildwachsende Pfirsichbäume. Sie sind krumm und niedrig, und ihre Früchte besitzen wenig Fleisch um einen großen Kern, aber sie schmecken köstlich. Chinesische Pfirsichbäume lassen sich aus Samen ziehen, was beweist, daß alle anderen Bäume Hybridformen sind, die in den Gegenden, wo sie wachsen, nicht heimisch sind.

Lange glaubte man, der Pfirsich stamme aus Persien, und *Prunus persica* lautet sein wissenschaftlicher Name, denn die Römer, die ihn im 1. Jahrhundert von dort mitbrachten, konnten nicht wissen, daß Persien ihn aus China erhalten hatte, einem Land, von dessen Existenz sie nichts ahnten. Plinius nennt ihn *Malum persicum*, persischen Apfel, und berichtet, daß die Römer versucht hatten, den Baum auf Rhodos und in Ägypten anzupflanzen, doch erfolglos. Den Grund für den Mißerfolg konnte er nicht angeben, aber wir wissen ihn: Pfirsiche sind Früchte gemäßigter Klimazonen. Sie bevorzugen etwas wärmere Gegenden, können aber kurze und nicht allzu heftige Frostperioden überleben und benötigen eine winterliche Ruhepause von mindestens zwei Monaten.

Im antiken Griechenland scheint man dem Pfirsich nichts abgewonnen zu haben, während die Römer mehrere Varietäten entwickelten, doch auch bei ihnen war er kein alltägliches Obst, sondern wurde meist aus Persien importiert. In diesem

Zusammenhang darf man sich fragen, ob der Pfirsich nicht möglicherweise das Land der Gallier eher erreichte als das der Römer. In *De rustica* läßt Columella eine dahingehende Andeutung fallen, und es wäre nicht verwunderlich, denn das Klima Galliens kommt den Bedürfnissen des Pfirsichs weit mehr entgegen als das Italiens.

Mittelalterliche Pfirsiche waren unseren Gewährsleuten zufolge klein und alles andere als wohlschmeckend. Der anonyme Verfasser des *Ménagier de Paris* aus dem 14. Jahrhundert schweigt sich zu ihrem Geschmack aus, und wie englische Pfirsiche geschmeckt haben dürften, wollen wir uns lieber gar nicht ausmalen.

Anders verhält es sich mit der Neuen Welt, die durch die Spanier mit dem Pfirsich bekannt gemacht wurde. Die Natchez-Indianer benannten einen ihrer dreizehn Monde nach ihm, und der Pfirsich breitete sich im Indianerland schneller aus als der weiße Mann. Wie hoch die Qualität der amerikanischen Pfirsiche war, beweist ein Brief Thomas Jeffersons an James Madison aus dem Jahr 1785, in dem er sich über die mediokren französischen Pfirsiche beklagt.

PFLAUME. Die allmählich in mir herangereifte Überzeugung, daß das Automobil nur dann das bequemste aller Fortbewegungsmittel sein kann, wenn niemand sonst eines besitzt, mag in einer wesensmäßig zu erklärenden Fortschrittsfeindlichkeit ihren Ursprung haben, aber vielleicht ist sie auch späte Folge des unbedachten Tuns meines Vaters, der eines Tages einen herrlichen Pflaumenbaum auf unserem Grundstück fällte, um eine Garage zu bauen.

Die Pflaumen- oder Steinobstgewächse im weiteren Sinn umfassen 12 Gattungen, von denen 7 Gattungen gern zur Einzelgattung Pflaume oder *Prunus* zusammengefaßt werden; die Pflaumen- oder Steinobstgewächse im engeren Sinn sind die kultivierten Pflaumen und die ihnen nahestehenden Wildformen, die mit etwa rund 50 Arten samt unzähligen Subspezies, Varietäten und Subvarietäten in den gemäßigten Klimazonen der nördlichen Hemisphäre anzutreffen sind (Pflaumen wachsen überall außer in der Antarktis), und ein Pflaumengewächs im engeren Sinn war es, das meines Vaters rohe Hand dem Leben entriß.

Prunus domestica, unsere heutige Kultur-, Garten- oder Hauspflaume, entstand vor etwa 2000 Jahren durch Bastardierung (die Nachschlagewerke nennen als in Frage kommende Eltern die Schlehe *Prunus spinosa* und die Kirschpflaume *Prunus cerasitera*, wenngleich die Haferpflaume *Prunus insititia* ebenfalls mit im Spiel gewesen sein könnte, möglicherweise sogar die Damaszenerpflaume *Prunus damascena*, denn alle vier Arten sind sehr alt). Als Heimat nennt man uns Vorderasien und den Donauraum, doch würde ich die Vermutung wagen, daß die Hauspflaume in Italien das Licht der Welt erblickt haben könnte, denn dort wurde sie zuerst erwähnt (von Plinius, der schreibt, kein anderer Baum sei so raffiniert gekreuzt worden wie sie).

Schlehenkerne und Haferpflaumenkerne fanden sich in Schweizer Pfahlbauten, so daß man ihre Anwesenheit mit Gewißheit in der Bronzezeit, eventuell schon früher, in der Steinzeit, annehmen darf. Die Schlehe genießt den schlechtesten Ruf aller Pflaumen. Ihre kleinen, bläulichen Früchte sind roh so sauer und bitter, daß man sie nicht essen kann. Sie werden zu Marmeladen verarbeitet, zu Likör und Schnaps, dienen aber auch weniger reputierlichen Zwecken: Schlehensaft ist häufig Bestandteil billiger Verschnitte, die dem Publikum als Portwein angedreht werden, unreife Schlehen kann man in Frankreich, wenn man Pech hat, als Oliven kaufen, und Schlehenblätter werden Teeblättern zum Strecken beigemischt.

Die Haferpflaume, Krieche oder Haferschlehe hat etwas

größere Früchte als die Schlehe, und sie sind weicher und süßer, doch noch immer so herb, daß man sie meist erst dann pflückt, wenn der erste Frost ihnen etwas von ihrer Säure genommen hat.

Die Kirschpflaume oder Myrobalane wächst vor allem in Südosteuropa und im Orient, und im Unterschied zu anderen Wildpflaumen und Kulturpflaumen reagiert sie empfindlich auf kühleres Klima; wie Schlehe und Haferpflaume kommt sie hauptsächlich wild vor, auch wenn es Kulturformen gibt, die als Ziergehölze gepflanzt werden.

Die Damaszenerpflaume, die die Römer aus Syrien importierten und im 1. Jahrhundert erstmals erwähnen, scheint in Mesopotamien eine alte Kulturpflanze gewesen zu sein, die bereits in den hängenden Gärten Babylons wuchs.

Wie bereits angedeutet, ist die Zahl der heute existierenden Mitglieder des Hauses *Prunus domestica* Legion, und deshalb wollen wir uns darauf beschränken, nur einige der kulinarisch bedeutungsvolleren Exemplare herauszugreifen.

Prunus domestica ssp. *italica* ist die Edelpflaume, deren Varietät *claudiana* die Königin aller Pflaumen ist, die Reineclaude mit grüner Haut und grüngelbem Fruchtfleisch, deren leise Säure sie zur besten Marmeladen- und Tortenpflaume macht, gefolgt von der fast säurelosen, aber herrlich honigsüß duftenden Mirabelle, kirschgroß und goldgelb, der möglicherweise zweitbesten Marmeladen- und Tortenpflaume, die jedoch eine eigene Subspezies darstellt und folglich *P. domestica* ssp. *syriaca* heißt; bevor all jene, die für ihr Leben gern Pflaumen- beziehungsweise Zwetschgenkuchen essen, ihrer Empörung lautstark Luft machen, sei versichert, daß *P. domestica* ssp. *domestica*, die Zwetschge, Zwetsche oder Zwetschke, Haus- oder Bauernpflaume, eine der köstlichsten und vielseitigsten Früchte Mitteleuropas ist. Wenig Bedeutung haben heute der Spilling (ssp. *pomariorum*) mit sehr weichen gelben

Früchten und die Ziparte (ssp. *prisca*), die man als ein Mittelding zwischen Kirsch- und Haferpflaume bezeichnen könnte – beides alte Kulturpflaumen, die fast nur mehr in Süddeutschland und Österreich vorkommen.

Prunus americana, die amerikanische Wildart, die trotz aller Veredelungsbemühungen nie mit der von den Siedlern eingeführten europäischen Kulturpflaume konkurrieren konnte, ist gelb bis rötlich und geschmacklich der Haferpflaume vergleichbar. In Asien wird *Prunus salicina* kultiviert, eine ebenfalls gelbe Pflaume, die Europäern hauptsächlich in Form japanischen oder chinesischen Pflaumenweins bekannt ist.

Zu den bekanntesten Pflaumengewächsen im weiteren Sinn zählen die Aprikose, die Mandel, die Kirsche, der Kirschlorbeer, der Pfirsich und die Traubenkirsche, doch nun wollen wir es gut sein lassen mit den Steinobstgewächsen aus der Familie der Rosengewächse.

Pi steht für
den PICASSO-FISCH, was ein – wie Sie zweifellos gemerkt haben – etwas neuerer Name für den guten alten Drückerfisch aus der Familie der *Balistidae* ist, der Ihnen vielleicht unter seiner südpazifischen Benennung *humahuma-nukanuka-a-puaa* geläufiger ist; für *pili-pili*, wie man in manchen afrikanischen Ländern Chilipulver nennt, und für Piment, wie es in manchen europäischen Ländern geheißen wird; für den Piranha, der vom Menschen gegessen wird, aber auch das umgekehrte Prozedere nicht verschmäht; für *pissabed*, das englische Synonym für die Volksnamen des Löwenzahns (→ Lo) in deutscher und französischer Zunge; für die Pistazie, eine Nuß von zartem, mildem Geschmack, der ihr den Namen »grüne Mandel« eingetragen hat, die zu den ganz wenigen Nahrungsmitteln gehört, welche Süßspeisen und Desserts mit grüner Farbe versehen; und es steht für *pi-tsi*, die chinesische Wasserkastanie, die

natürlich keine Kastanie ist, sondern die Wassernuß, und früher auch in europäischen Klostergärten angebaut wurde.

Pi steht aber auch für

PILZE. Wie viele Pilzsorten sind eßbar? Keine, will man dem *Grete Herball* aus dem Jahr 1526 Glauben schenken, das lediglich zwischen Giftpilzen tödlicher Natur und Glibberpilzen unverdaulicher und unbekömmlicher Natur unterscheidet und seinem Leser rät, um beide einen großen Bogen zu machen.

Leider schlagen die meisten Menschen die Warnung des *Grete Herball* in den Wind, und so kommt es, daß heute weltweit an die 2000 Pilzsorten gegessen werden. In Frankreich kennt man etwa 80 Sorten, doch auf dem Markt findet man nur 20 Sorten, während man in Finnland 50 Pilzsorten kaufen kann. Großbritannien und die Vereinigten Staaten führen die Tabelle in umgekehrter Reihenfolge an, denn dort kennt man in Restaurants und Läden nur den Zuchtchampignon *Agaricus bisporus*, dem sich in letzter Zeit hin und wieder der Austernpilz *Pleurotus ostreatus* schüchtern zugesellt. Die ergiebigsten Pilzgegenden Europas sind die Länder des Nordostens, während die ebenfalls traditionelle Pilzkultur Asiens von alters her mit Zuchtpilzen arbeitet.

Kehren wir die Frage um: Wie viele Pilzsorten sind giftig? Weniger, als man gemeinhin denkt. Etwa 32 Spezies sind im Wortsinn toxisch, 5 bis 9 davon »tödlich«; am tödlichsten, wenn ich mich so ausdrücken darf, ist *Amanita phalloides*, der Knollenblätterpilz, den unerfahrene oder tollkühne Pilzsammler mit *Amanita vaginata*, dem Scheidenstreifling, verwechseln können, obwohl ein ausschlaggebender Unterschied in Form einer Halskrause besteht. Für alle Giftpilze gilt, daß man sie bei genauem Hinsehen ebensowenig mit Speisepilzen verwechseln kann wie die ungenießbaren, bitteren Sorten mit den ihnen ähnelnden gesuchten, doch genaues Hinsehen setzt voraus, daß man sich Zeit nimmt, sich vielleicht sogar zu Hause vorbereitet und die gesammelten Pilze danach nochmals untersucht, in Anbetracht welcher Umstände es sich für die meisten Zeitgenossen empfehlen dürfte, die Pilzsuche auf dem Markt oder im Supermarkt zu betreiben, was auch für die Pilze als Population letztlich ungefährlicher ist.

Wie sieht es mit dem Argument aus, Pilze seien schwer verdaulich und nährstoffarm? Die Aborigines Australiens nennen Pilze »Brot des schwarzen Mannes«; Pilze enthalten keinen Zucker, wenig Kohlenhydrate (diese vor allem in Form unverdaulicher Zellulose), viele Mineralstoffe und Vitamine und sehr viele Proteine (weshalb man Pilze gerne mit Fleisch vergleicht) – lauter Eigenschaften, die sie für unsere heutige Ernährung empfehlen.

Die ersten Pilzzüchter, von denen wir wissen, waren Ameisen, die ersten Pilzzüchter der Menschheit jedoch nicht etwa – wie die Maoisten jetzt gewiß denken – Chinesen, sondern Japaner. Seit mindestens 2000 Jahren züchtet man in Japan den Shiitake- oder Tongkou-Pilz, der auf totem Holz wächst. Die Griechen und Römer der Antike scheinen die Pilzzucht nicht gekannt zu haben; in Griechenland kamen Pilze ohnehin nur selten vor, in Rom aber schätzte man sie auf die übliche Weise, indem man sich an ihnen bis zum Erbrechen überaß; Berichte über unabsichtliche Vergiftungen sind nicht selten, denn man glaubte, die Giftigkeit oder Zuträglichkeit der Pilze lasse sich an der Art der Bäume ablesen, unter denen sie wuchsen (was gut beobachtet war, nur die daraus gezogenen Schlüsse ließen zu wünschen übrig). Anhand der Beschreibungen antiker Autoren lassen sich der Lärchenpilz, der Kaiserpilz, der Steinpilz, der Champignon, der Zunderschwamm und die Trüffel identifizieren.

Der erste namhafte Pilzzüchter der Neuzeit war Olivier de Serres, der unter Ludwig XIV. mit Champignons experimentierte – mit welchem Erfolg, ist kein Geheimnis. Auch im Okzident haben seither Zuchtpilze die Waldpilze aus der Küche verdrängt. Unter einem Pilz können sich heute viele nichts anderes als einen Champignon vorstellen, aber vor 30 Jahren konnten sich viele unter einem Pilz höchstens einen Dosenchampignon vorstellen. Man sieht, es gibt auch einen Fortschritt im positiven Sinn, und unsere heutigen streßgeschädigten Wälder sind dem Franzosen sicher dankbar, daß er ihnen den Einfall noch größerer Horden von wildentschlossenen Pilzsammlern erspart hat.

Pl steht für
PLANKTON, ein Nahrungsmittel, das wir für gewöhnlich in Form von Fischfleisch verzehren (wie wir auch Gras in Form von Schlachtfleisch verzehren), obwohl Meeresbiologen es hin und wieder roh probieren und Thor Heyerdahl es eine Art Fischsuppe nannte; und für Plantain, die Koch-, Mehl- oder Gemüsebanane (→ Ba), die als reife Frucht roh wie eine nicht sehr süße Banane schmeckt, gebraten jedoch wie Kartoffeln,

und Pl steht für
PLATTFISCHE oder FLACHFISCHE, die als Larven aussehen, als würden sie sich zu ganz normalen Rundfischen entwickeln, dann aber eine Metamorphose durchmachen, an deren Ende sie als Fußmatten des Ozeans ihr Leben am Meeresboden verbringen. Im Verlauf dieser Verwandlung tritt eines der Augen die Wanderschaft an, um sich dem anderen auf der späteren Oberseite zuzugesellen, doch bei vielen Plattfischen gelangt es nicht ans Ziel seiner Reise. So kommt es, daß der Heilbutt so weit auseinanderliegende Augen hat, was ihm natürlich ein großes Gesichtsfeld verschafft. Parallel zum Wandern der Augen verzieht sich das Maul des Fischs, um so weit wie möglich auf die Unterseite zu gelangen, wo es später benö-

tigt wird, denn Plattfische ernähren sich von Kleinlebewesen, die den Meeresgrund bevölkern.

Plattfische können sowohl auf der rechten als auch auf der linken Seite liegen. Im allgemeinen befinden sich die Augen der Schollen und Seezungen (*Pleuronectidae* und *Soleidae*) auf der rechten Seite, die der Butte (*Bothidae*) auf der linken Seite, aber das kümmert die Fische wenig, und Ausnahmen sind an der Regel.

Der Bauch der Plattfische ist weißlich, der Rücken dunkel gefärbt, oftmals gefleckt, und paßt sich farblich dem Meeresgrund an, den der Fisch bewohnt, so daß ein still daliegender, halb im Sand oder Schlick vergrabener Plattfisch für seine potentielle Beute und für seine Verfolger gleich unkenntlich ist. Interessanterweise ist diese Tarnfärbung vom Sinneseindruck seiner Augen abhängig, denn blinde Plattfische haben immer dieselbe Färbung, egal wie der Boden aussieht.

Als bester Plattfisch gilt weithin die Seezunge (*Solea solea*), die manche sogar als besten aller Fische überhaupt bezeichnen. Grimod de la Reynières Kompliment, sie sei »das Chamäleon der Küche«, das er auch dem Kalbfleisch widmete, verrät uns einen der Gründe ihrer Beliebtheit: Relativ arm an Eigengeschmack, eignet sie sich für alle Zubereitungen. Der zweite Grund ist in der Eigenart großer Diners zu suchen, die dem Auftragen frisch zubereiteter Gerichte abhold sind: Seezungenfleisch ist besonders fest und läßt sich ohne auffallenden Qualitätsverlust warm halten. Davon abgesehen ist eine frische Seezunge von herrlich klarem Geschmack, aber die Fülle und Würzigkeit des Steinbuttgeschmacks kann sie nie erreichen.

Mit Alan Davidson, dem großen Fischkenner, und nicht nur mit ihm gehe ich einig, wenn ich den Steinbutt als den Plattfisch nenne, der alle anderen in den Schatten stellt. Zu Recht haben die Franzosen ihm zu Ehren ein Kochgeschirr namens *turbotière* entwickelt, in dem man ganze Steinbutte dämpfen und servieren kann (arme Leute können es durch einen chinesischen Dampftopf der Übergröße ersetzen), denn ein im Ganzen zubereiteter Steinbutt ist einer der höchsten Genüsse überhaupt (vorausgesetzt, man mag Fisch). Die Römer der Antike nannten ihn »Fasan des Meeres«, um ihre Wertschätzung auszudrücken.

Der nächste Verwandte des Steinbutts ist der Glattbutt, dessen Fleisch weniger fest ist als das des Steinbutts, doch von ähnlichem Geschmack; im Unterschied zum eher runden Steinbutt ist er von deutlich viereckiger Figur, was sich in seinem Namen *Scophthalmus rhombus* ausdrückt. Unkundige können ihn mit *Scophthalmus maximus* verwechseln, besonders wenn dieser nicht ausgewachsen, sondern als sogenannter Babysteinbutt verkauft wird, doch in Italien und der Türkei wird der Glattbutt dem Steinbutt oft sogar vorgezogen. Glattbutt heißt er, weil ihm die knöchrigen Höcker fehlen, die die Oberseite des Steinbutts bedecken.

Hippoglossus hippoglossus, der Heilbutt, gehört nicht zu den Butten oder *Bothidae*, sondern zu den Schollen, den *Pleuronectidae*, wie sein volkstümlicher Name Riesenscholle diskret andeutet. Er ist der größte Plattfisch und kann bis zu 4 Meter lang sein und 300 Kilo wiegen, was erklärt, warum er fast nie im Ganzen angeboten wird. Seinem Körper sieht man an, daß er sich bis zuletzt gewehrt hat, von einem runden in einen flachen Fisch verwandelt zu werden, und deshalb unterscheiden sich auch seine Lebensgewohnheiten von denen der anderen Plattfische. Statt gemütlich auf dem Meeresboden dahinzutrödeln, jagt er als gefräßiger Räuber seiner Beute nach; Fischer haben von Heilbutten berichtet, die mit ihrem Schwanz kleinere Fische totschlugen. Während Seezunge und Steinbutt den europäischen Atlantik von Norwegen bis ins Mittelmeer bewohnen, findet man den Heilbutt im ganzen Nordatlantik, im Nordpazifik und im arktischen Ozean, doch obwohl er kältere Gewässer bewohnt, ist sein Fleisch weniger fein als das der eingangs vorgestellten Plattfische.

Die Flunder (auch Butt, Elb-, Sand- oder Graubutt beziehungsweise *Platichthys flesus*) lebt in küstennahen Gewässern Europas und Amerikas und wurde seit dem Paläolithikum gefischt, denn sie wagt sich naseweis in Flußmündungen hinein und flußaufwärts. Sie besitzt weißes Fleisch von feinem, nußartigem Geschmack, weniger fest als das von Seezunge und Steinbutt, aber merklich fester als das des Goldbutts oder der Scholle schlechthin (*Pleuronectes platessa*), doch läßt sich dies heutzutage schwer nachprüfen, da die Gewässerverschmutzung Flundern mehr als selten hat werden lassen. Das weiche Fleisch des Goldbutts verlangt, daß man ihn ganz frisch zubereitet, aber leider kennen die meisten ihn nur als tiefgefrorene Schollenfilets, ein wattiges Etwas mit unaufdringlichem und unaufregendem Fischgeruch.

Ebenfalls Schollen sind die Kliesche oder Rotzunge (*Limanda limanda*), die Echte Rotzunge oder Limande (*Microstomus kitt*) und die Rot- oder Hundszunge (*Glyptocephalus cynocephalus*), die es weiter ins Meer hinauszieht als Flunder und Goldbutt; ihr Fleisch ist annehmbar bis gut, und auch für sie gilt das Gebot absoluter Frische. Die Hundszunge ist die begehrteste Scholle an der amerikanischen Ostküste, die außerdem mit den Schollen *Paralichthys dentatus, Pseudopleuronectes americanus* und *Limanda ferruginea* aufwarten kann, um nur eine kleine Auswahl zu nennen. An der amerikanischen Pazifikküste gibt es keine Seezungen, allerdings nur in der Realität, nicht in der Nomenklatur, denn nirgends sonst kennt man so viele Fische, die als »englische«, »kalifornische« oder sonstige Seezungen den Weg auf den Teller nichtsahnender und bitter enttäuschter Gäste finden.

Po steht für
POLLEN, den Gesundheitsfanatiker als Menschennahrung betrachten, während die Natur eher an Bienen gedacht zu haben scheint; für Polynesische Kastanie, eine Frucht, die keine Kastanie ist, aber wie eine schmeckt; für Polynesische Pfeilwurz, deren Knollen erst durch langes Einweichen genießbar werden; für Pomelo, unter welchem Namen die Pampelmuse in Gemüseläden anzutreffen ist; für Pomerac, eine karibische und höchst poetische Frucht, duftet sie doch wie eine Rose, während sie wie eine Birne aussieht; für die Pomeranze, Sauer- oder Bitterorange oder Bigarade, die nicht nur Konfitüre und Liköre liefert, sondern auch in der Parfümerie- und Zuckerwarenindustrie geschätzt wird und deren Bastarde mit der Süßorange »Halbbitterorangen« heißen; für Pomfret, einen Fisch, der geschmacklich stark an den Petersfisch erinnert, aber viel weniger Gräten besitzt und nicht so ein riesiges Maul hat wie jener, weshalb die sparsamen Asiaten und Inder ihn besonders gern zubereiten; für Poncirus, die Zierzitrone, die man mit Orangen und Mandarinen zu kreuzen pflegt, da sie sehr kälteresistent ist; für Popcorn oder Puffmais, wahrscheinlich die älteste Maisart (→ Ma), die wir kennen; für Porlinge, Poren- oder Löcherpilze, deren Fleisch so zäh und ungenießbar ist wie das Holz, an dem sie leben (Ausnahmen sind der bodenbewohnende Semmelporling und der dito Schafeuterpilz); und es steht für Portulak, eine altmodische Salatsorte mit fleischigen Blättern und Stengeln, deren leicht salziger Geschmack erfrischend ist.

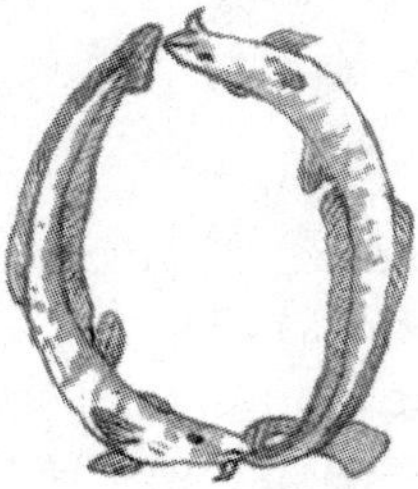

Wir saßen so zu viert am Tisch, es gab ein kleines Abendessen, eine Kohlsuppe, einige Meter Blutwurst mit Speckkartoffeln, einen Laib Käse von zehn Kilo und eine Algenmargarinetorte, als –

Raymond Queneau

Qua steht für
QUAHOG, die Wampum-Muschel der Indianer Nordamerikas, die in Frankreich auf gut englisch *clam* heißt; für die Qualle, einen Meeresbewohner, der in der asiatischen Küche vorzugsweise getrocknet vorkommt, während Apicius ein Rezept für frische Qualle hinterlassen hat; für die Quappe oder Rutte, einen räuberischen Süßwasserfisch, dessen Leber als besonderer Leckerbissen begehrt ist; und für den Quarrenden-Apfel, der aus dem 15. Jahrhundert stammt und in England heute noch kultiviert wird.

Que steht für
Quecke, eine Gräsergattung, die den einen lästiges Gartenunkraut bedeutet, den anderen ein Nahrungsmittel, das immer noch besser ist als gar nichts; für Quelites, ein Gemüse, das die Azteken aßen, das aber die weißen Eroberer nicht zu identifizieren vermochten; für Queller, eine salzliebende Küstenpflanze, die gut schmeckt und dekorativ aussieht und dem ahnungslosen Publikum als Algen verkauft wird; und es steht für Quendel, was der Name des Wilden Thymians ist.

Qui steht für
QUINOA, ein Getreide, das die präkolumbischen Indianer der Andenregion anbauten und zusammen mit Kartoffeln aßen, weil seine Blätter und Samen Nährstoffe enthalten, die der Kartoffel abgehen,

und Qui steht für
QUITTE. Das Geschmacksempfinden ist, so argwöhne ich, ein künstliches, durch die Erziehung bewirktes Phänomen. Das

Neugeborene besitzt unausgebildete und unvoreingenommene Geschmacksknospen, die anfangs dem Gehirn den Geschmack alles Gegessenen übermitteln, ohne zu beurteilen, ob der Geschmack gut oder schlecht ist. Dann entdeckt das Kind, was es im Rahmen seiner biologischen und seiner sozialen Umgebung mag und was nicht, und diese früh herausgebildeten Urteile verhärten sich später zu Vorurteilen.

Kein Nahrungsmittel eignet sich besser als die Quitte zur Demonstration des subjektiven und künstlichen Charakters unserer Reaktionen auf geschmackliche Stimuli. Fast jeder von uns würde der Aussage zustimmen, daß die Quitte wegen ihres herben und sauren Fleischs nicht roh gegessen werden kann und mit viel Zucker gekocht werden muß. In früheren Zeiten wurde sie jedoch sehr wohl frisch gegessen, und noch heute ißt man sie in manchen Ländern zwar gekocht (denn hart ist sie tatsächlich), aber mit nur wenig Zucker gesüßt.

Fast alle anderen altehrwürdigen Früchte (die Quitte wird immerhin seit mehr als 4000 Jahren angebaut) erfreuen sich seit der Antike steigender Beliebtheit, nur mit der Quitte verhält es sich umgekehrt, und das recht eigentlich erst seit dem Mittelalter; damals war sie weit verbreitet und galt als »nützlichste aller Früchte«, ob gekocht oder gedörrt. Nicht die Quitte hat seither einen Wandel durchgemacht: Unser Geschmacksempfinden hat sich verändert. Seit der Einführung des Zuckerrohrs haben wir uns angewöhnt, unser Essen stärker zu süßen.

Die Quitte ist weder ein Apfel noch eine Birne, sondern bildet eine eigene Gattung mit nur einer Art innerhalb der Apfel- oder Kernobstgewächse (*Cydonia oblonga*). Sie stammt aus Persien oder Anatolien, wo sie noch heute wild anzutreffen ist. In Mesopotamien wurde sie kultiviert, danach in Griechenland, und Rom importierte Quitten, wobei nicht alle Sorten als roh eßbar erachtet wurden. Man ist sich nicht einig, ob die kydonischen Äpfel der Antike, denen die Quitte ihren wissenschaftlichen Namen verdankt, wirklich Quitten waren, aber wir wissen, daß die Griechen sie als Fruchtbarkeitssymbol betrachteten und der Göttin Aphrodite geweiht hatten.

Im Mittelalter wurde die Quitte so hoch geschätzt, daß man in Frankreich Quittenpaste königlichen Hoheiten zum Geschenk machte, wenn sie sich in Orléans aufhielten, wo diese Paste hergestellt wurde. Als beste Quitten galten zu jener Zeit die portugiesischen; das Wort Marmelade kommt vom portugiesischen *marmelo*, dem Namen, den man in Portugal der Quitte gab. Chaucer spricht von *coines*, was zweifellos eine Ableitung vom französischen *coing* ist und die Annahme nahelegt, daß England die Quitte aus Frankreich erhielt.

Das Klima Südamerikas scheint der Quitte besonders förderlich zu sein, denn Forschungsreisende des 19. Jahrhunderts haben berichtet, daß die dortigen Quitten süß und köstlich schmeckten, wenn man sie lange genug reifen ließ, und daß die Eingeborenen sie roh zu essen pflegten.

Servieren Sie Consommé von Roten Rüben immer in Kaffeetassen oder Suppentassen, aus denen man sie trinken kann, denn wenn man sie mit dem Löffel zu essen versucht, zeichnet diese Flüssigkeit sich durch den unbezähmbaren Wunsch aus, überall grellrosa Tupfen zu hinterlassen, besonders auf frischgestärkten weißen Frackhemden.

Nela Rubinstein

Ra steht für
den RABEN, dessen Genuß das Buch Leviticus den Hebräern des Alten Testaments verbot – zweifelsohne zu ihrem unendlichen Bedauern; für Radicchio, einen rotblättrigen italienischen Wintersalat, der in Treviso, wo seine längliche Varietät Spezialität ist, als »Blume, die man ißt« bezeichnet wird; für Radieschen, denen wir unter dem Stichwort Rettich begegnen werden; für Rascasse oder Drachenkopf, einen Fisch, der in keiner echten Bouillabaisse fehlen darf; für die Ratte, die Thoreau »gebraten recht gut gemundet« haben soll; für Rauke, ein altmodisches Salatkraut, das modernen Menschen höchst modisch vorkommt, wenn sie es unter seinem italienischen Namen *rucola* ordern, während Magister Elsholtz es Rukkette nennt; für Raupen, die die einen gebraten und mit Genuß verspeisen, die anderen nichtsahnend als Salatzugabe und roh; und es steht für den Rauschpfeffer (→ Pf), den Alkoholersatz der Südsee.

Re steht für
den REGENPFEIFER, der im England des 17. Jahrhunderts ein beliebtes Wildgeflügel war; für die Reineclaude, die ihren Namen – so heißt es – der Gattin des französischen Königs Franz I. verdanken soll, was gewiß kein Kompliment für die Schönheit der Dame ist, egal auf welchen Körperteil man die Analogie beziehen will; für die Reinette, einen besonders mürben Apfel; für Renke, wie der Felchen auch heißt; und für Rentier, ein Tier, das für die Lappen in mehr als einer Hinsicht lebenswichtig ist.

Re steht aber auch für

REBHUHN, ein zu den Hühnervögeln gehörendes Feldhuhn, das auf Feldern und Wiesen lebt, wo es in Bodennestern brütet, sofern es das in Mitteleuropa heimische sogenannte gewöhnliche Rebhuhn (*Perdix perdix*) ist, den offenen Feldern der Ebene Hügel und Wälder vorzieht, sofern es das südeuropäische Rothuhn *Alectoris rufa* ist, nur auf Korsika und Sardinien und in Nordafrika vorkommt, sofern es das Felsenhuhn *Alectoris barbara* ist, den Lebensraum des gewöhnlichen Rebhuhns teilt, sich aber wie das Rothuhn lieber in Wäldern und Bergen aufhält, sofern es die Bartavelle (*Alectoris saxatilis*) ist, und sich zwar damit abfinden konnte, aus seiner Heimat Asien nach Amerika gebracht zu werden, in Europa jedoch nicht recht Fuß fassen will, sofern es das Steinhuhn oder *Alectoris graeca* ist.

Die Lebensgewohnheiten des gewöhnlichen Rebhuhns erklären, warum dieser Vogel heutzutage Seltenheitswert besitzt, und leider haben Massentourismus, Umweltverschmutzung und Waldvernichtung auch den anderen Rebhühnern das Leben schwergemacht (Paul Bocuse führt das drohende Aussterben der Rebhühner zudem auf die mangelnde Intelligenz der Jäger zurück).

Seit Martial, der im 1. Jahrhundert über Rebhühner schrieb, wissen wir, daß sie von den Römern geschätzt wurden, obwohl man sich fragen darf, welche Vorstellung sie vom Geschmack der Wildvögel hatten. Apicius kochte sie ungerupft und füllte sie danach mit Datteln – allerdings den besten Datteln, die aus Jericho stammten; Lucullus ließ sie ebenfalls ungerupft in einer Art Kraftbrühe kochen, dann rupfen und abgekühlt in Verjus einlegen, der mit Minze und anderen starken Gewürzen angereichert war.

Perdrix heißt in Frankreich ein altes Rebhuhn, *perdreau* das junge Huhn, das im ersten Lebensjahr geschossen wird, und in französischen Restaurants kann man *perdrix* wohl in der Küche, nicht aber auf der Speisekarte finden. Die einzige Ausnahme ist das Gericht *perdrix au chou*, bei dem man ein altes Rebhuhn mit Kohl kocht, um dem Kohl Rebhuhngeschmack zu verleihen, und ein junges gebratenes Huhn zum so parfümierten Kohl serviert, so daß junges Rebhuhn als altes verkauft wird.

REIS. Ob nun – je nach Quelle – ein Drittel, die Hälfte oder zwei Drittel der Weltbevölkerung sich von Reis ernährt, das sagt weniger aus als der Umstand, daß Reis, insbesondere in asiatischen Ländern, nicht nur Hauptnahrungsmittel, sondern weitgehend das einzige Nahrungsmittel für viele Menschen ist.

Asiaten sind Reis so gewohnt, daß sie hungrig vom Tisch aufstehen, wenn es keinen Reis gegeben hat, mögen sie noch so viel gegessen haben, und das japanische Wort für Reis – *gohan* – bezeichnet zugleich die Mahlzeit, während das Wort *shushoko* für Mahlzeit auch Reis bedeutet.

Bereits um 2800 v. Chr. waren die fünf heiligen Getreide Chinas Reis, Sojabohne, Weizen, Gerste und Hirse. Reis ist die Hauptnahrung in Süd- und Zentralchina, und er wird dort auf 28 Prozent des urbaren Landes angebaut.

In Indien, wo Reis erstmals um 1000 v. Chr. erwähnt wird (die ältesten uns bekannten Funde sind ein Jahrtausend älter), baut man ihn auf zwischen einem Viertel und einem Drittel des Ackerlandes an, und auch dort ist Reis die Hauptnahrung des Großteils der Bevölkerung und fast das einzige Getreide im Osten und Süden des Subkontinents.

Nach Japan gelangte der Reis möglicherweise von China aus und allem Anschein nach nicht vor dem 1. Jahrhundert v. Chr., und noch heute verzehren die Japaner pro Kopf nur halb soviel Reis wie die Chinesen (allerdings essen sie mehr Proteine in animalischer Gestalt).

In Indonesien ist Reis der Hauptgang jeder Mahlzeit, in Vietnam, wo man sich von Reis und Fisch ernährt, ist er eine der fünf erlaubten Opfergaben.

Reis spielt keine geringe Rolle in der Ernährung des Mittleren Ostens, und in Europa ist Italien das Land mit der größten Reisproduktion und dem größten Reisverbrauch, während man in Spanien trotz der notorischen Paella wenig Reis verzehrt.

Weltweit ist der Reisanbau im Steigen begriffen, sowohl in den USA als auch in Australien, in Costa Rica, Brasilien und sogar auf Hawaii, wo Reis vor dem 19. Jahrhundert gar nicht bekannt war, heute aber das wichtigste Getreide ist.

Will man wissen, woher der Reis wohl stammen mag, muß man nur seine Lebensumstände betrachten: Die Jungpflanzen werden 4 Wochen lang in Saatbeeten vorkultiviert und dann in überflutete Felder umgesetzt, wo sie im seichten Wasser 4 bis 6 Monate lang heranreifen; ein paar Wochen vor der Ernte wird das Wasser abgelassen, damit die Reispflanzen gemäht werden können. Von Natur aus gibt es solche Bedingungen in Monsungegenden, wo die Felder in der Regenzeit von Wassermassen überschwemmt werden und dann austrocknen, wenn es monatelang nicht regnet.

Aber welche Monsungegend ist die richtige? Bis vor kurzem hielt man China oder Indien für das Ursprungsland des Grases *Oryza sativa*, doch inzwischen fand man Reiskörner in einer Ausgrabungsstätte in Nordthailand, die aus der Zeit um 3500 v. Chr. stammen. Es ist gut vorstellbar, daß der Reis sich vom Bereich Thailand-Malaysia-Indochina-Indonesien aus verbreitet hat und im Osten nach China, im Westen nach Indien gelangte, was auch erklären würde, warum er zuerst im Süden Chinas und im Osten Indiens auftrat.

Durch die Feldzüge Alexanders des Großen lernte man im antiken Griechenland den Reis vom Hörensagen kennen – Celsus, Plinius, Dioskurides und Galen erwähnen ihn als Pflanze, die in Indien wächst. Sogar die sonst Experimenten nicht abgeneigten Römer scheinen Reis nicht importiert zu haben.

Europa erreichte der Reis erst im 8. oder 9. Jahrhundert, als die Mauren ihn nach Spanien brachten und in Andalusien anbauten. Von dort gelangte er dann nach Italien, und die Renaissance war eine reisbegeisterte Zeit, denn aus ihr stammt die Erfindung des *risotto alla milanese.* In Frankreich soll Reis manchen gastronomischen und kulturhistorischen Autoren zufolge das ganze Mittelalter hindurch weitestgehend unbekannt gewesen sein, doch Taillevents *Le Vivandier*, zwischen 1373 und 1380 verfaßt, und der anonyme *Ménagier de Paris* von 1393 geben in seliger Unkenntnis dessen mehrere Rezepte für Reisgerichte und Reiskuchen an.

Große Reisesser wurden die Franzosen nie, wahrscheinlich weil sie schon immer große Brotesser waren, aber vielleicht liegt der Schlüssel zu ihrer Abstinenz auch in der Beobachtung Elizabeth Davids, die feststellte, daß die Franzosen nie herausgefunden hätten, wie man Reis richtig kocht. Auch die Deutschen konnten sich mit diesem Getreide nie anfreunden, und sie benötigten es ja auch nicht als Volk der Getreidebreie, des Brots und der Kartoffeln. Die Briten lernten zwar während ihrer Herrschaft über Indien einige neue Eßgewohnheiten (beispielsweise die Vorliebe für Chutneys), aber das Reisessen gehörte nicht dazu. Ende des 16. Jahrhunderts wurde in der Neuen Welt in North und South Carolina der erste Reis angebaut, und es dauerte nicht lange, bis man begriff, daß die Sümpfe an der Küste South Carolinas genau das richtige Habitat für die neue Pflanze bildeten und daß die Sklaven die erforderliche Arbeitskraft darstellten, die man benötigte, um die arbeitsintensive Kultivierung zu betreiben, und deshalb wurde South Carolina die Kolonie mit dem größten Sklavenbedarf. Um die Mitte des 18. Jahrhunderts hieß Reis in Nordamerika

»Carolina-Gold« und wurde bisweilen tatsächlich als Währung benutzt. Gute hundert Jahre später verdankten die Südstaaten es dem Reisanbau und -handel, daß sie sich von den wirtschaftlichen Verheerungen des Bürgerkriegs schneller erholten als der Norden, denn Louisiana begann ebenfalls Reis anzubauen. Heute sind die USA der weltgrößte Reisexporteur, obwohl Asien 90 Prozent der Welternte erzeugt, aber die verbraucht es auch, und es muß weitere 5 Prozent dazukaufen.

Die französische und die chinesische Küche werden gern miteinander verglichen, was Raffinement und Einfallsreichtum betrifft, doch nichts erhellt den Unterschied zwischen beiden Mentalitäten schlagender als die Verwendung der gleichen Metapher: In China sagt man von einer Mahlzeit ohne Reis, sie ähnele einer einäugigen Schönheit, in Frankreich sagt man das von einer Mahlzeit ohne Käsegang.

RETTICH. In seinem *Grand Dictionnaire de Cuisine* schreibt Alexandre Dumas über den Rettich, dieser komme in mehr als 10 verschiedenen Varietäten vor und werde selbstverständlich nur roh gegessen. Ach, Alexandre, es gibt mehr Rettiche – und Zubereitungsweisen – zwischen Himmel und Erde, als deine – und meine Schulweisheit sich träumen läßt.

Wer beispielsweise weiß, daß Rettiche Schoten ausbilden? Ich erfuhr es erst durch ein Rezept für eingelegte Rettichschoten. Normalerweise erntet man die Rettiche, lange bevor Schoten erkennbar sind, denn alte Rettiche sind so gut wie ungenießbar. Aber Schoten entwickeln sie unfehlbar, sind sie erst alt genug. Rettiche werden keineswegs nur roh, sondern auch gekocht und eingelegt gegessen, und eine Varietät wird in China angebaut, um Samenöl zu liefern.

Dumas sagte zu Recht, daß es mehr als 10 Varietäten gebe (es gibt viel mehr davon), aber wissen wir mit Sicherheit, ob er Varietät meint, wenn er Varietät schreibt? Alle Rettichvarietäten, die wir essen, gehören einer einzigen Art an, der Art *Raphanus sativus* oder Gartenrettich.

Wahrscheinlich wird Rettich seit der Jungsteinzeit kultiviert, da eine Wildform nicht mehr ausfindig zu machen ist. Seine Heimat vermuten wir in Westasien bis China, und von dort kommen die meisten Rettichrezepte und die ältesten Nachweise des Rettichverzehrs. In Ägypten wurden Rettiche kultiviert, doch wissen wir nicht, ob zum Verzehr oder zur Ölgewinnung, bevor man dort Olivenöl zu verwenden begann. In Griechenland kochte man Rettich, und der böotische galt als der beste und mildeste.

In Japan baut man den Daikonrettich an, der sehr groß ausfallen kann, in China einen langen und dicken rosafarbenen Rettich sowie verschiedene schwarze Rettiche, die man inzwischen auch in Europa wieder häufiger ißt. Am beliebtesten in europäischen Küchen ist jedoch der kleine Monatsrettich (Radieschen), rot oder weiß und rot, der Farbe und Schärfe in Salate bringt.

Dem berühmten griechisch-englischen Wörterbuch von Liddell und Scott zufolge soll Ehebruch im alten Griechenland bestraft worden sein, indem dem Ehebrecher ein Rettich in den Anus gesteckt wurde. Hoffen wir, daß es ein Monatsrettich war.

Rh steht für
das RHINOZEROS, das im tropischen Afrika noch gejagt wird, um gegessen zu werden, vor allem aber in Afrika und Asien gewildert wird, um seines Hornes beraubt zu werden, aus dem man ein Aphrodisiakum gewinnt, weshalb das Nashorn inzwischen vom Aussterben bedroht ist; für *Rhizopogon*, die Bart- oder Wurzeltrüffel, die in sandigen Kiefernwäldern vorkommt und eßbar, aber keine Trüffel, sondern ein Bauchpilz ist (Trüffeln sind Scheibenpilze); und für Rhodeländer,

ein Huhn, das unermüdlich Eier legt und deshalb kein ausgesprochenes Bratgeflügel darstellt.

Rh steht außerdem für

RHABARBER. Wir wissen nicht, wie eine eventuelle Urform des heutigen Rhabarbers aussieht (und wahrscheinlich hat der Rhabarber mehr Ahnen als nur einen), denn die Arten, die wir kennen, sind Hybriden. Aber wir wissen, wo seine Wiege stand, jedenfalls ungefähr, nämlich im nördlichen Zentralasien. Die erste uns bekannte Beschreibung stammt aus China und aus der Zeit um 2700 v. Chr. Sie nennt die Pflanze ein medizinisches Kraut, und das blieb sie die nächsten 4500 Jahre, in denen ihre Wurzel als Abführmittel benutzt wurde.

Den Westen erreichte der Rhabarber gegen Beginn unserer Zeitrechnung; Dioskurides und Plinius erwähnen ihn, aber als unwesentliche Pflanze. Seine Namen erklären, welchen Weg er nahm – *rhabarbarum*, »Rha der Barbaren«, bezieht sich auf den Fluß Rha (die Wolga), an dessen Ufer die Barbaren (Tataren) dieses Knöterichgewächs züchteten; *Rheum rhaponticum* besagt »Rhabarber vom Fluß Rha, der in den Pontus fließt«, und *pontus* im Lateinischen und *pontos* im Griechischen bezeichnete *pontos euxenios*, das Schwarze Meer.

Von der Antike bis zum Ende des Mittelalters wurde Rhabarber nur in Form der Wurzel als medizinische Pflanze benutzt. Erst zu Beginn des 17. Jahrhunderts kamen englische Botaniker auf den Gedanken, Rhabarber zu essen, aber sie konzentrierten sich auf die falschen Teile und schrieben, man könne die Blätter wie Spinat zubereiten und sie besäßen einen säuerlichen, aber feinen Geschmack. Dieser Irrtum ist entschuldbar, aber was soll man dazu sagen, daß 350 Jahre später der französische *Dictionnaire de l'Académie des Gastronomes* den Wagemut besitzt zu schreiben, Rhabarberblätter seien »wie Spinat« zu behandeln; ihr Geschmack finde nicht bei jedem Anklang, doch bestehe »Übereinkunft dahingehend, ihn erfrischend zu finden«? Übereinkunft zwischen den Überlebenden, darf man annehmen. Rhabarberblätter (zumindest die Blattspreiten) sollte man unter keinen Umständen essen, denn ihr hoher Gehalt an Oxalsäure macht sie »gesundheitsschädlich« (*Ullstein-Lexikon der Pflanzenwelt*) und hat »Todesfälle verursacht« (*The Oxford Dictionary of Food Plants*).

Die größten Rhabarberkonsumenten in Europa sind die Bewohner Großbritanniens, Hollands, Deutschlands und Skandinaviens, die aus den hauptsächlich verbreiteten Arten Pontischer Rhabarber (Sie wissen schon) und Speiserhabarber (*Rheum undulatum* oder *rhabarbarum*) Süßspeisen, Kuchen und Konfitüren herstellen, während die Franzosen sich auf Rhabarbermarmelade beschränken.

Ri steht für
RIBISELN, wie in Österreich die Johannisbeeren (→ Jo) heißen; für den Riesenalk, der fast ausgerottet wurde, weil sogenannte Jäger nicht widerstehen konnten und er als passabler Speisevogel gilt; und für die Riesenorange, die auch Pampelmuse heißt und im Stichwort Grapefruit zu finden ist.

Ri steht auch für
RINDFLEISCH. Rindfleisch ist heute das weltweit meistgegessene Fleisch, obwohl es in großen Teilen Indiens aus religiösen Gründen, in Japan aus Platz- und Kostengründen und in vielen Regionen Afrikas aus Mangel an Nahrung für die Rinder selbst kaum konsumiert wird. Die größten Rindfleischesser sind die Nordamerikaner, und in Europa führen die Franzosen die Statistik an und nicht etwa – wie man meinen könnte – die Engländer. In Argentinien essen sogar die Armen täglich Rindfleisch, und in Neuseeland und Australien ißt man Rindfleisch und exportiert Lamm- und Hammelfleisch in die übrige Welt.

Die ersten Rinder, denen wir in der Geschichte begegnen, sind bereits modifizierte Nachfahren des Auerochsen, der die Stammart bildet und deshalb auf lateinisch *Bos primigenius* heißt. Das Tier, das man von prähistorischen Höhlenbildern kennt, ist der Auerochse, der erst um die Mitte des 17. Jahrhunderts ausstarb. Um zum Hausrind zu gelangen, mußten zuerst Wildrinder domestiziert werden, doch spätestens gegen 3500 v. Chr. gibt es in Ägypten und anderswo Hausrinder. Im Alten Testament ist wiederholt vom Rind die Rede, sogar in den Zehn Geboten, wo es der Ehefrau an Wert gleichgestellt wird, denn der Besitz von Rindvieh war in der Antike ein Zeichen von Reichtum, aus welchem Grund die Festmähler Homerischen Helden hauptsächlich aus Rindfleisch bestritten wurden. Die eigenhändige Zubereitung durch den Gastgeber geschah zu Ehren der Gäste und des edlen Fleischs, das zu vornehm war, um von Frauenhänden berührt oder gekocht, statt am Spieß gebraten zu werden.

Rindfleisch war im Mittelalter der Inbegriff von Schlachtfleisch. Die Zunft der Metzger von Paris besaß ihre eigene Kirche, St-Pierre-des-Bœufs, auf deren Fassade zwei Ochsen im Relief zu sehen waren. Im 16. und 17. Jahrhundert übernahm England die führende Rolle als Land der Rindfleischesser, doch im 19. Jahrhundert wurde es von Amerika überrundet. Anthony Trollope staunte bei seiner Reise durch die Vereinigten Staaten im Jahr 1861 über die gewaltigen Mengen Rindfleischs, die verzehrt wurden – doppelt soviel wie in seiner Heimat, wie er schrieb. Bereits 1854 hatte *Harper's Weekly* festgestellt, daß in ganz Nordamerika das verbreitetste Essen Steak war.

Heute droht der Hamburger dem Steak den Rang abzulaufen, was die Häufigkeit des Verzehrs betrifft; in kulinarischer Hinsicht ähneln beide einander, auch wenn sie unterschiedlich schmecken, denn Anspruchslosigkeit haben sie sich aufs Panier geschrieben. Glaubt man Connoisseurs, wird das beste Rindfleisch inzwischen in Japan erzeugt – das Kobe-Rind, das mit Bier gefüttert und massiert wird, damit der Fettanteil im Fleisch richtig verteilt ist –, was eine verblüffende Entwicklung für ein Land darstellt, dessen Bewohner einst stolz darauf waren, fleischessende Barbaren an ihrem strengen Geruch zu erkennen.

Ro steht für
den ROCHEN, einen Fisch, der ausnahmsweise besser gegessen wird, wenn er nicht ganz frisch ist, da der Urin in seinem Blutkreislauf sich dann verflüchtigt (daher der Ammoniakgeruch); für Rogen oder Fischeier; für den Romanasalat, der von der Insel Kos stammt; für Rome Beauty, einen großen, roten Apfel, der in Italien angebaut wird, aber nach seinem Geburtsort Rome in Ohio benannt ist; für die Rose, deren Blütenblätter, Blätter, Knospen und Früchte gegessen werden; für die Roßkastanie, die nur die Indianer Nordamerikas zu essen die Kühnheit hatten; für die Roßmakrele, die keine Makrele ist, sondern ein Stöcker, und um das Mittelmeer herum gegessen wird; für das Rotkehlchen, von dem Aristoteles glaubte, es verwandle sich im Sommer in das Rotschwänzchen, und das wie alle Singvögel gegessen wurde und in Italien gegessen wird; für Rotlachs, wie in Massachusetts ein lachsartiger weißer Fisch mit roten Tupfen heißt, von dem die Autochthonen glauben, er bewirke Krebs, weshalb sie ihn nicht essen, sondern zu Lachskonserven verarbeiten; und für Rotsalz, das in Polynesien verwendet wird, ohne daß ich sagen könnte, was es ist.

Ro steht außerdem für
ROGGEN, ein Gras, das sich den Bauern anfangs als Unkraut aufdrängte, die Ernte verdarb und gar nicht willkommen war. Es besaß jedoch den Vorteil, auf nährstoffarmen Böden zu ge-

deihen, die keinen Weizenanbau erlaubten, sowie nördlicher und höher als Weizen zu wachsen, und die Bauern paßten sich der Natur an: Sie trennten Weizen und Roggen nicht immer, sondern ließen sie miteinander wachsen, ernteten sie gemeinsam, vermahlten das Korn gemeinsam zu Mehl und buken Mischbrot daraus, eine Gewohnheit, die sie beibehielten, selbst nachdem der Mischanbau (Mengkorn) im 19. Jahrhundert aufgegeben wurde.

Es wird gern behauptet, der Roggen stamme aus Südwestasien, aber diejenigen, die Nordosteuropa und die angrenzenden Gebiete Asiens vermuten, scheinen mir die besseren Beweise für ihre Theorie zu haben: Roggen wächst in nördlichen Gegenden, sogar in Sibirien; er war im alten Indien und im alten Ägypten unbekannt, was bei einer Pflanze aus dem Kaukasus oder Kleinasien nicht denkbar wäre; die Griechen der Antike hingegen kannten ihn und können ihn sehr wohl vom Norden über Thrakien oder Makedonien erhalten haben; die Römer wußten, daß er im cisalpinen Gallien angebaut wurde, legten jedoch keinen Wert darauf, ihn zu importieren oder selbst anzubauen; die ältesten Roggenfunde in England stammen aus der Eisenzeit, und in allen nordischen Sprachen hat der Name große Ähnlichkeit (*ryge* im Altenglischen) und bezeichnet ein Getreide, das mindestens 1000 Jahre vor Ankunft der Römer bekannt war.

Im Mittelalter wurde Roggen das Hauptgetreide in Nord- und Mitteleuropa und in Rußland, ob zu Roggenbrot (Pumpernickel beispielsweise) oder zu Mischbrot verbacken. In einer Zeit, wo man nur alle 14 Tage Zugang zu einem Gemeinschaftsbackofen hatte, empfahl sich Roggenbrot durch seine lange Haltbarkeit. Die Autoren jener Zeit sind sich nicht einig, was die Bekömmlichkeit des Roggenbrots betrifft, und einige vertreten die Ansicht, es sei schwerer zu verdauen als Weizenbrot. Der erste Roggen in der Neuen Welt wurde wahrscheinlich 1606 in Port Royal in Nova Scotia von den Franzosen gepflanzt; Virginia und Neuengland folgten.

Roggen ist neben Weizen und Reis eines der drei für die menschliche Ernährung wichtigsten Getreide, und nur Roggen und Weizen enthalten Gluten oder Kleber, der das Mehl quellfähig macht und das Brot aufgehen läßt. Roggen liefert den besten Kornbranntwein, und der dünne obere Teil seines Halmes wird als Einlage für Virginia-Zigarren verarbeitet.

Ein Nachteil des Roggens besteht in seiner besonders großen Anfälligkeit für Mutterkorn, verursacht durch den Mutterkornpilz *Claviceps purpurea*, der das befallene Getreide mit stark giftigen Alkaloiden verseucht; die Symptome der Ergotismus genannten Vergiftung reichen von Benommenheit, Schwindel, Erbrechen, Durchfall und Krämpfen bis zu Gefäßkrämpfen, Gangräne und Tod. Mutterkorn heißt der Giftkomplex, weil seit dem Mittelalter die wehenfördernden und blutstillenden Eigenschaften genutzt wurden (auch Abtreibungen wurden mit Mutterkorngift durchgeführt).

Das Auftreten unerklärlicher und unbekannter Krankheiten sah man im Mittelalter gern als das Werk entweder Gottes oder des Teufels an, und so hielt man es auch mit den von Zeit zu Zeit grassierenden Massenvergiftungen durch Mutterkorn. Aus den befallenen Ähren ragt ein schwarzvioletter Dorn, sie sind mit bloßem Auge von gesundem Getreide unterscheidbar, aber bei Nahrungsknappheit oder Hungersnöten konnten die Bauern es sich nicht erlauben, wählerisch zu sein, und aßen auch Getreide, das sie sonst instinktiv gescheut hätten.

Die letzte Ergotismusepidemie in Frankreich ereignete sich 1816, das letzte mir bekannte Auftreten in den 50er Jahren, doch eine der berühmtesten Folgen der Vergiftung durch Mutterkorn dürften die Salemer Hexenprozesse von 1692 darstellen. In der Aprilnummer der Zeitschrift *Science* aus dem Jahr 1976 hat Linda Caporeal, eine Psychologin, die Ergebnisse ihrer diesbezüglichen Untersuchung zusammengefaßt. Miss Caporeals Arbeitshypothese war gewesen, daß es sich um Massenhysterie gehandelt habe; ihr Fazit lautet, daß es sich um Ergotismus gehandelt haben muß, und ihre Argumente leuchten ein: Eines der ersten Anzeichen von Hexerei waren konvulsivische Erkrankungen der Rinder (die mit Roggen gefüttert wurden), und Konvulsionen befielen auch die »Verhexten«; die Bedingungen, unter denen in Salem Roggen angebaut wurde, waren geradezu ideal für die Verbreitung des Mutterkornpilzes. Eines der stärksten Gifte des Mutterkorns ist das Alkaloid Ergotamin, das sich beim Backen befallenen Mehls in Lysergsäurediäthylamid umwandelt, LSD, eine Droge, die Halluzinationen bewirkt. Die Zeugen aus Salem, die den Angeklagten »teuflische Handlungen« zur Last legten, beschrieben Dinge, die sie wirklich gesehen hatten: Sie beschrieben ihre LSD-Halluzinationen. Die neunzehn Hexen von Salem, die man durch Erhängen tötete, und die eine, die zu Tode gepreßt wurde, waren aller Wahrscheinlichkeit nach Opfer eines Ausbruchs von Ergotismus.

ROSMARIN. In der Antike war Rosmarin eine hochgeschätzte Arzneipflanze, die gern als Ersatz für den kostbaren Weihrauch zum Räuchern benutzt wurde (ihr Harz riecht sehr ähnlich). Als Symbol repräsentierte sie die Liebe, aber auch das Gedenken der Toten; schon die alten Ägypter gaben ihren Toten Rosmarinzweige in die Hand, in Griechenland wand man Totenkränze aus Rosmarin, und Totenpflanze ist der Rosmarin geblieben, wie wir von Shakespeare wissen, aus der *Schönen Müllerin* und aus Hebels *Kannitverstan.*

Rosmarin stammt aus dem Mittelmeergebiet, und er liebt ein trockenes und sonniges Seeklima; an Feuchtigkeit scheint ihm das zu genügen, was vom Meer her verdunstet; der Name selbst stammt vom lateinischen *ros maris* oder *rosmarinus*

(»Meerestau«) und lautet *Rosmarinus officinalis* (die Gattung besitzt nur eine Art). Der würzigste Rosmarin ist tatsächlich jener, der an der Küste wächst.

Im Mittelalter, als man kräftigere Gewürze liebte als heute, wuchs Rosmarin in vielen Kräutergärten. Damals hieß er auch »Kraut des Troubadours«, denn es war Sitte, der Dame, die man besang, Rosmarin zu überreichen. Spenser nannte ihn eine heitere Pflanze, und auch Madame de Sévigné verscheuchte die Trübsal, indem sie Rosmarin in der Tasche trug.

Frischer Rosmarin paßt besonders gut zu hellem Fleisch, aber auch zu Lamm, Wild und Fisch. Im übrigen: Wer einen Zweig Rosmarin bei sich trägt, wehrt Unheil ab; Rosmarin wirkt gegen den bösen Blick, wehrt Zauber ab, vertreibt Motten, verhindert Haarausfall und Alpträume, und Feen benutzen die Blüten des Rosmarins als Wiege, was Kindern gefällt.

ROTWILD. Seit prähistorischen Zeiten ißt der Mensch Wild, und es gab Zeiten, zu denen er sich fast ausschließlich davon ernährte. In China und Borneo jagte man vor 500000 Jahren Hirsche; Ausgrabungen in der Dordogne haben ergeben, daß Rotwild dort vor 110000 Jahren das drittwichtigste Nahrungsmittel war (nach Pferd und Auerochs) und vor 23000 Jahren das wichtigste. In Persien aß man Wild vor 50000 Jahren, in Nordosteuropa vor 8000 Jahren, und das Alte Testament erlaubte es den Hebräern.

Die Gallier der vorrömischen Zeit jagten mit Hunden und begingen feierliche Rituale, die sie nach dem Übertritt zur römischen Religion Diana widmeten. Viel von diesen Ritualen ist in das Gebaren eingegangen, das seither zur Jagd gehört.

Den größten Kult um das Rotwild betrieb man im Mittelalter; damals war kein vornehmes Mahl, was es zu sein hatte, wenn Rotwild fehlte. Magister Elsholtz sagt zum Thema »Wildpret«, es gehöre »auff grosser Herren Taffeln«. Die unermeßlich großen Wälder des Mittelalters sind heute auf kränkliche, streßgeplagte Waldinseln im Teer- und Betonmeer zusammengeschrumpft, während die Spezies der Jäger sich stark vermehrt hat und dafür Sorge trägt, daß auch das Wild gedeiht, was für die Zukunft der Wälder nichts Gutes ahnen läßt.

Welches Rotwild hält man für das wohlschmeckendste? An erster Stelle steht der Rehbock, an zweiter der Damhirsch, worauf drei amerikanische Spezies folgen – der Virginia-Hirsch, der Kolumbische Hirsch und der Großohr-Maultierhirsch. Es folgt der Rothirsch und als letzter der Wapitihirsch, der dem Rothirsch in jeder Hinsicht ähnelt (selbst die Jungtiere sind zäh und von bestenfalls gewöhnlichem Geschmack).

Zuletzt eine Warnung: Sollten Sie jemals in China an einen Ort geraten, der so zeitlos ist, daß man dort noch heute das im Mittelalter verbreitete Gericht »Hauswild« serviert, lassen Sie sich gesagt sein, daß der Begriff ein Euphemismus für Ratte ist.

Ru schließlich steht für
RÜBE, welchen Namen sowohl die Mitglieder der Gattung *Beta* tragen als auch die Varietäten der Kohlart *Brassica rapa*, zur Unterscheidung von ersteren Kohlrüben oder Rübenkohl geheißen.

Die Runkel- oder Futterrübe *Beta vulgaris* stammt aus dem Mittelmeerraum und wurde schon in prähistorischen Zeiten kultiviert. Die Römer aßen anfangs nur die Blätter, da die Runkelrübe damals dem Mangold wahrscheinlich ähnlicher war als ihrer heutigen Ausprägung. Beliebter als sie war seit dem Mittelalter die Rote Rübe oder Rote Bete (obwohl ihre Knollen auch weiß sein können), die man samt Blättern und Knollen verspeist, wenn sie ganz jung ist, und einen Erfolg eigener Art erlebte die Zuckerrübe, aus der der Berliner Apotheker A. S. Marggraf 1747 Rübenzucker extrahierte; heute hat der Rübenzucker in Europa den Rohrzucker fast verdrängt.

Brassica rapa, die Kohlrübe, dürfte ebenso wie der Blätterkohl vom Meerkohl *Crambe maritima* abstammen, denn sie gedeiht am besten in nördlichen Gegenden. Trotz der naheliegenden Vermutung, daß Kelten und Gallier zuerst Kohlrüben anbauten, stammt der erste schriftliche Nachweis ihrer Kultivierung aus Babylon. Griechenland scheint sie über Kleinasien erreicht zu haben und Rom gleichfalls. Dort galt sie zwar als Armennahrung, aber Apicius nennt in seinem Kochbuch mehrere Rübenrezepte, darunter eines für Ente mit Rüben. Als beste Rübe galt in Rom eine Art, die unseren heutigen Teltower Rübchen oder den französischen *navets* entsprochen zu haben scheint und die Plinius und Columella lobend erwähnen.

Im Mittelalter und in der Renaissance war die Rübe eines der meistgegessenen Gemüse, genau wie ihr enger Verwandter, der Kohl; daß sie sich mit kargen Böden begnügt, schnell reift und sich gut lagern läßt, trug zu ihrer Beliebtheit bei. In Flandern stellte sie im 15. Jahrhundert das Hauptnahrungsmittel dar, und damals gelangten die ersten Rüben von Holland nach England. In Deutschland und Frankreich wurden Rüben im 16. Jahrhundert überall angebaut, und die Rüben (vermutlich *navets*), die auf die Tafel des französischen Königs kamen, stammten aus Burgund. In England sollte es hundert Jahre länger dauern, bis Rüben sich als Feldfrucht durchsetzten, doch auch als Importgemüse wurden sie gerne gegessen – gebacken, geröstet, die Blätter gekocht oder roh als Salat zubereitet.

Während die kleinen weißen Rübchen ebenso gern gegessen werden wie die größeren – ebenfalls weißen – Exemplare, die man Weiße Rübe, Stoppelrübe oder Wasserrübe nennt, erfreut die Steckrübe, Kohlrübe im engeren Sinn, Wruke oder Schwedische Rübe sich weniger großer Wertschätzung, da sie strenger schmeckt, was besondere Liebhaber allerdings besonders reizvoll finden.

Zum Schluß sei nochmals darauf hingewiesen, daß das *soul*

food der amerikanischen Südstaaten, *mixed greens,* ohne Rübstiele oder Rübenkraut gar nicht denkbar ist und daß das *soul food* Nordwestspaniens, *pote gallego,* ebenfalls Rübstiele erfordert – vom rheinischen *soul food* Stielmus ganz zu schweigen.

S

Was das Essen betraf, so sagte der Wirt, […] er wolle uns das Beste geben, was er habe. »Das Beste« bestand aus etwas ranzigem gesalzenem Schweinefleisch, gekochten Zwiebeln, sehr saurem Brot und einer grünen Flüssigkeit von unbeschreiblichem Geschmack, Kaffee genannt. […] Da wir vom Komitee angewiesen waren, dort zu übernachten, dachten Mr. Grow und ich schon mit Grauen an das uns bevorstehende Abendessen. […] Auf dem Eßtisch fanden wir ranziges Schweinefleisch, gekochte Zwiebeln, saures Brot und eine grünliche Flüssigkeit, diesmal Tee genannt.

Carl Schurz

Ein Bauer, der draußen in der Nähe von Brewster wohnt, hat den Auftrag, jedes Jahr Mitte Mai achtzehn bis zwanzig Stare zu schießen, sie in einen Sack zu stecken, sich in seinen Wagen zu setzen und nach New York zu fahren. Es kommt dabei darauf an, daß sie binnen zwei Stunden, nachdem er sie heruntergeholt hat, an unserer Tür abgeliefert werden. Fritz nimmt sie aus, salzt sie ein, streicht im richtigen Moment zerlassene Butter darüber, wickelt sie in Salbeiblätter, brät sie auf dem Rost und richtet sie auf einer Platte heißer Polenta an einem dicken Brei aus feinem Maismehl mit Butter, geriebenem Käse, Salz und Pfeffer. Es ist ein kostspieliges, aber schönes Gericht, und [Nero] Wolfe freut sich immer schon darauf.

Rex Stout

Sa steht für
SACCHARIN, das die 550fache Süßkraft des Zuckers besitzt und freigebiger eingesetzt wird, als möglicherweise vernünftig ist; für Sägemehl, das man in den Hungersnöten des 10. Jahrhunderts ins Brot mischte und im 19. Jahrhundert souvenirsüchtigen Engländern als »Belagerungsbrot« der Kommune verkaufte; für den Säger, eine Ente, die nach Fisch schmeckt, weil sie sich von Fisch ernährt; für Saflor, die Färberdistel, ohne deren Öl kein Reformhaus vorstellbar ist; für Sago oder Tapioka, sehr jungen Menschen unter dem attraktiven Namen Froscheier bekannt; für Salm, den wir unter dem Stichwort Lachs führen; für Salpeter, das man die Kosmetik der Fleischkonserven genannt hat; für Sand, der im 16. Jahrhundert von französischen Frauen gegessen wurde, weil er als schönheitsfördernd galt; für Sardine, wie mehr Fische heißen, als man willens ist nachzuvollziehen; für Sassafras, aus dessen getrockneten Blättern die Indianer Nordamerikas ihr Äquivalent der Erbswurst gewannen; und es steht für den Saufenchel, den man nicht ungern den Schweinen zum Verzehr überläßt.

Sa steht aber auch für
SAFRAN, das teuerste Gewürz der Welt. Teuer ist Safran, weil unendlich viel Handarbeit nötig ist, um ein wenig Gewürz zu erlangen, denn es besteht aus den Blütennarben und -fäden des Safrankrokus *Crocus sativus*, die man manuell aus jeder einzelnen Blüte zupfen muß.

Viele kaufen Safran in Pulverform, weil er so leichter zu dosieren ist, doch pulverisierter Safran hat den großen Nachteil, daß er leichter zu verfälschen ist als Safranfäden, und es liegt in der Natur teurer Gewürze, zum Verfälschen aufzufordern. Bei

Safranfäden empfiehlt es sich, sie kurz in ein wenig warmem Wasser einzuweichen und dann samt Einweichwasser zu verwenden.

Die Heimat des Safrans ist wahrscheinlich Kleinasien mit Griechenland; Safran war einer der wichtigsten Handelsartikel der Phönizier. Am besten gedieh er auf Sizilien (Magna Graecia), doch als bester Safran galt der vom Berg Tobus in Phrygien. Wandmalereien in Knossos auf Kreta aus dem frühen 2. Jahrtausend v. Chr. zeigen Safransammler bei der Ernte, und bei Homer heißt es, Zeus schlafe auf einem Bett aus Safran, Lotos- und Hyazinthenblüten. Die Farbe des Safrans galt als königliche Farbe, bis die Hetären sie übernahmen.

In Italien wuchs Safran in der Antike wild, doch die Römer zogen kultivierten Safran aus Griechenland vor. Im Alten Testament wird Safran erwähnt, und die Hebräer färbten mit Safran ihre Gewänder gelb.

Nach China gelangte der Safran möglicherweise durch die Mongolen, doch schriftliche Nachweise seiner Existenz in Ostasien gibt es nicht vor der zweiten Hälfte des 16. Jahrhunderts.

Im Mittelalter wurde Safran erst durch die Araber wieder nach Europa eingeführt, die ihn in Spanien pflanzten und der Pflanze einen neuen Namen gaben – sie hieß nicht mehr Krokus wie in Griechenland, sondern *sahafaran* oder *zafran*. In Griechenland und Italien hatte es zwar noch wilden Safrankrokus gegeben, doch die Küche war zu schlicht geworden, um ein so raffiniertes Gewürz zu benötigen. Die Renaissance verschrieb sich dem Safran mit Haut und Haar, denn sie liebte eine prunkvolle und raffinierte Küche, und seither ist er nicht mehr aus der Mode gekommen, auch wenn er weniger extravagant eingesetzt wird als damals.

So paradox es erscheinen mag, bildet das teuerste Gewürz der Welt einen Grundpfeiler in der Küche von Menschen, die bekannt sind für ihre Bedürfnislosigkeit und ihre asketischen

Gewohnheiten. Die Pennsylvania Dutch würzen nicht nur ihren traditionellen Schwenkfelder Kuchen, sondern auch Hühnergerichte, Nudeln, Suppen und Saucen freigebig mit Safran, denn sie bauen ihren Safrankrokus seit dem 18. Jahrhundert selbst an, und die mühselige Gewinnung der Staubfäden entspricht ihrer Vorstellung davon, wie Arbeit auszusehen hat.

SAIBLING. Wenn Sie in den Schweizer Alpen oder in Savoyen Saibling essen, wird man Ihnen voller Stolz erklären, daß dieser Fisch nur in den dortigen Bergseen vorkommt und nirgends sonst auf der Welt. In Wahrheit lebt die Gattung *Salvelinus* in allen kühlen und sauerstoffreichen Süß- und Meeresgewässern der Nordhalbkugel, und in die Alpenseen gelangte der Saibling in der Eiszeit.

Saiblinge gehören zu den Salzwasserfischen, die zum Laichen flußaufwärts steigen; da sie kaltes Wasser lieben, folgten sie im Verlauf der Eiszeit ihrer Lieblingstemperatur viel weiter südwärts, als sie es sonst gewagt hätten, und als es wärmer wurde, saßen sie in den Alpenseen gefangen, die kälter waren als die Flüsse, die von ihnen fortführen. Aus diesem Grund leben Saiblinge im Süßwasser bevorzugt in Seen, die tief genug sind, um ihnen auch im Sommer kühle Plätze zu bieten.

Die ursprüngliche europäische Art ist der Wandersaibling (*Salvelinus alpinus*, auch Rotforelle genannt), der vom Meer in die Flüsse steigt; der Seesaibling oder Ritter (*Salvelinus alpinus salvelinus*) ist eine Süßwasserart, die kühle Alpenseen bewohnt, und der Bachsaibling *Salvelinus fontinalis* stammt aus Nordamerika, wo er Bachforelle des Ostens heißt, und wurde 1884 nach Europa eingeführt.

Da der Saibling wie die Forelle ein Lachsfisch ist, kann man beide kreuzen; Bastarde zwischen Bachsaibling und Bachforelle nennt man Tigerforellen. Der Elsässer Saibling ist eine Kreuzung von Bachsaibling und Seesaibling.

SALBEI. *Salvia officinalis*, der Gartensalbei, ist »seit mindestens 300 Jahren bekannt«, wie die *Encyclopaedia Britannica* uns zuvorkommenderweise mitteilt, aber sie untertreibt dabei ein wenig. Theophrast beschrieb ihn im 4. Jahrhundert v. Chr. unter der Bezeichnung *elelesphakos*, Plinius nennt ihn im 1. nachchristlichen Jahrhundert *salvia*. Die alten Griechen opferten Salbeiblätter einmal im Jahr Kadmos, dem die Entdekkung der Heilkräfte des Salbeis zugeschrieben wurde. Strabo, Hippokrates, Dioskurides und Galen verwendeten ihn als Medizin, der weltlicher gesinnte Apicius benutzte ihn als Gewürz. Die Druiden schrieben ihm so starke magische Wirkung zu, daß sie glaubten, er vermöge Tote wiederzuerwecken.

Karl der Große ordnete im 9. Jahrhundert an, daß Salbei auf seinen Domänen gepflanzt werden solle, und im 13. Jahrhundert schrieb Albertus Magnus über die Pflanze. Im elisabethanischen England war Salbei das beliebteste Gewürz für Fleischpasteten, und eine Vorliebe für Salbei als Fleischgewürz hat sich in England bis auf den heutigen Tag gehalten. In anderen Ländern ging die Liebe zum Salbei seit Ende des Mittelalters merklich zurück, und nur in Italien blieb man ihm ähnlich treu wie in England. *Porchetta*, das italienische Spanferkel, wird mit Salbei, Thymian und Rosmarin gefüllt, und Salbei und weiße Bohnen kann man als Synonym für das Wort Toskana nehmen. In England wird Derbyshire-Käse mit Salbei bereitet, und die sonst eher ängstliche englische Küche liebt eine Gewürzmischung aus Salbei, Thymian und Majoran.

Salbei stammt aus dem Mittelmeerraum und schätzt wie der Rosmarin magere Böden, insbesondere Berghänge. In nördlicheren Breiten ist es bei beiden Pflanzen ratsam, sie im Winter ins Haus zu holen, denn strenger Frost kann sie das Leben kosten.

SALZ. Es ist das stärkste und aufdringlichste Würzmittel und muß behutsam verwendet werden, obwohl sein Name harmlos klingt; er ist abgeleitet vom Namen der römischen Gottheit Salus, die für das allgemeine Gedeihen steht, und für das Gedeihen der Lebewesen ist Salz unerläßlich. Das Verhältnis, in welchem Salz sich im Blut gelöst befindet, entspricht dem von Salz in Meerwasser. Ein Teil dieses Salzes geht täglich in Form von Urin, Schweiß und Tränen verloren und muß ersetzt werden (wobei das Ausmaß des Salzverlustes in hohem Maß von klimatischen Bedingungen abhängt).

Da der Körper auf einen ausgeglichenen Salzhaushalt angewiesen ist, ist es gefährlich, mit einer salzlosen Diät abnehmen zu wollen (es sei denn, der Arzt hat dazu geraten), aber nicht weniger gefährlich ist es, sein Essen zu versalzen, wodurch man die Lebenserwartung ganz erheblich verkürzen kann.

Wenn Salz für den Organismus lebenswichtig ist, wie kommt es dann, daß manche Völker kein Salz verzehren? Sallust wunderte sich, wie die Numider es fertigbrachten, ohne Salz auszukommen, und noch heute gibt es Beduinenstämme, die kein Salz essen. Auch in Nordamerika wunderten die ersten Siedler sich darüber, daß bestimmte Indianerstämme Salz aus dem Meer gewannen und andere nicht (die Eskimos lehnen Salz ebenfalls ab). Die Erklärung für diese Eigenart besteht darin zu sagen, daß die betreffenden Völker Chilipfeffer oder Ahornsirup statt Salz benutzten, was gastronomisch zutreffen mag, doch chemisch können diese Substanzen das Salz nicht ersetzen, denn sie enthalten kein Natriumchlorid. Tatsächlich verhält es sich so, daß die salzlos lebenden Völker sehr wohl Salz zu sich nahmen, nur nicht in Form von Kochsalz oder Meersalz; sie tranken entweder Milch oder aßen rohes tierisches Protein oder verzehrten beides, und sowohl Milch als auch Fleisch pflanzenfressender Tiere enthält genügend Salz, denn diese Tiere nehmen Kochsalz direkt zu sich.

Unsere prähistorischen Vorfahren interessierten sich nicht für Salz, da sie durch ihren Fleischverzehr die erforderlichen Salzmengen erhielten, doch dies änderte sich nachhaltig, als man in der Steinzeit die zweite gastronomische Revolution vollbrachte, die in der Erfindung des Würzens bestand (die erste war die Erfindung des Bratens gewesen), einer Erfindung, die keineswegs unbändiger Kreativität, sondern blanker Notwendigkeit entsprang.

Die Veränderung der Steinzeitgesellschaft von einem Jägervolk zu einem Hirtenvolk und danach zu einem Volk der Akkerbauern bedeutete, daß man weniger Fleisch und mehr Feldfrüchte zu essen begann, die gesalzen werden mußten, weil sie selbst kaum Salz enthielten (zumindest nicht genug für den menschlichen Bedarf). Obendrein hatte man fast zur gleichen Zeit den Kochtopf erfunden, der erlaubte, die Nahrung in Flüssigkeit über dem Feuer zu kochen, was dem Braten gegenüber den Vorteil hatte, daß man nicht ständig aufpassen mußte, vor allem aber das Zubereiten von Nahrungsmitteln ermöglichte, die man nicht gut am Spieß hätte braten können. Nahrung, die in Flüssigkeit gekocht wurde, mußte jedoch gesalzen werden, denn ihr eigenes Salz gab sie an die Kochflüssigkeit ab.

Es hat ganz den Anschein, daß unsere Vorfahren bereits in der jüngeren Bronzezeit Salzlagerstätten bergmännisch abbauten, so die ältesten in Europa wie Hallstatt und Hallein. Aus dem Neolithikum wissen wir in Europa von zwölf solchen Stätten sowie zwei weiteren Orten, wo Salz aus dem Meerwasser gewonnen wurde.

Als Alexander der Große 328 v. Chr. Indien überfiel, fand er Salzgruben vor, in denen fünf Arten von Salz gefördert wurden: Meersalz, Steinsalz, rotes Salz, schwarzes Salz und Erdsalz.

Die Vorfahren der Römer, die Latiner, lebten als Hirten in den Salzmarschen des Tibers und gewannen aus ihnen das

Salz, das sie für ihre Schafe und für den Eigengebrauch benötigten, und auch als sie sich flußaufwärts bewegten und im nachmaligen Rom niederließen, waren sie nicht weit von ihrer Salzquelle entfernt. Sie kochten die Sole in flachen Pfannen ein, bis alles Wasser verdunstet war – ein Vorgehen, das sich kaum geändert hat.

Zu jener Zeit (und nicht nur da) stellte Salz den wichtigsten Handelsgegenstand dar. Salzstraßen durchschnitten in der Antike alle Länder. Im 11. Jahrhundert besorgten die Wikinger den Salzhandel in der Nordsee. Im selben Jahrhundert galt Salz, das man »das beste der Welt« nannte, als Hauptausfuhrartikel der Stadt Cognac. Im 13. Jahrhundert lösten die Flamen die Wikinger ab, und im 15. Jahrhundert stammte das meiste in Europa konsumierte Salz aus der Loiremündung.

Das meiste Salz, das man im Mittelalter in Frankreich verbrauchte, war Meersalz, und zu 95 Prozent stammte dieses Salz aus Aigues-Mortes, woher Frankreich noch heute den Großteil seines Meersalzes bezieht. Italien gewinnt die Hälfte seines Salzes aus den Küsten von Cagliari auf Sizilien, die seit 150 v. Chr. ausgebeutet werden, und den größten Teil der anderen Hälfte bezieht es aus Trapani auf Sizilien.

Unser größtes Salzreservoir sind die Meere, insbesondere die Binnenmeere, deren Salzgehalt den der offenen Meere bei weitem übersteigt. Öl- und Kohlevorräte mögen wir erschöpfen, aber das Salz werden wir nie missen müssen.

Heute verwenden wir Salz sparsamer, als unsere Vorfahren es taten, weil wir Nahrungsmittel kühlen können und ihnen so den unangenehmen Beigeschmack nehmen, den mangelnde Frische verleiht, doch nicht wenige Speisen beziehen ihren Reiz aus ihrem hohen Salzgehalt: Caviar und Kaviar, Salzheringe, Schinken, ob roh oder gekocht, Räucherfisch, Würste jeder Art und Käse.

Im Mittelalter war Salz für eine Konservierungsmethode unerläßlich, die heutigentags zum Glück nicht mehr verbreitet ist: In *Food in History* schreibt Reay Tannahill, daß die Köpfe von Übeltätern, die erhängt oder gevierteilt worden waren, »mit Salz und Kümmelsamen« gekocht wurden – mit Salz, um die Verwesung aufzuhalten, mit Kümmel, um die Raben fernzuhalten –, bevor man sie zur Schau stellte.

SARDELLE. Diesen Fisch kennen die meisten als Filets in Salzlake oder Öl; eingelegte Sardellen dürften der römischen Rundumsauce *garum* geschmacklich recht nahekommen, denn sie bestand höchstwahrscheinlich hauptsächlich aus Sardellen. *Engraulis encrasicolus*, die Sardelle des Mittelmeers und des Schwarzen Meers, war in der Antike auch frisch beliebt, und man vermutet, daß das griechische Wort *aphye* sie und nicht die Sardine bezeichnet. Als beste Sardellen galten die von Rhodos und Phaleron.

Wer die Möglichkeit hat, frische Sardellen zu probieren, sollte sich das nicht entgehen lassen – ob gebraten oder roh mit Zitronensaft mariniert; das Aroma ihres weichen Fleischs ist delikater und zugleich kräftiger als das der Sardine.

Sardellen leben im ganzen Atlantik und auch im Pazifik, aber als die besten gelten noch immer die des Mittelmeers, und unter diesen gelten die aus Collioure in Südfrankreich als die besten.

SAUERAMPFER. »In wenigen Ländern ist man dem Sauerampfer so zugetan wie in Frankreich«, schreibt Georges Gibault in seiner *Histoire des légumes*, und diese wenigen Länder sind Länder des Nordens – Belgien, Deutschland, Schweden und Norwegen, während in England der Sauerampfer im frühen 19. Jahrhundert aus der Mode gekommen zu sein scheint.

Die Gattung *Rumex* oder Ampfer mit etwa 200 Arten kommt in den gemäßigten Zonen beider Erdhälften vor, bevorzugt aber die nördlicheren Gegenden. *Rumex acetosa*, der Sauerampfer, ist die verbreitetste Art, die als Wildpflanze gesammelt und als Gartenpflanze angebaut wird, wenngleich wir nicht mit Gewißheit sagen können, ob antike Autoren den Sauerampfer oder den Gartenampfer *Rumex patientia* meinen, wenn sie von *rumex* oder *oxalis* sprechen.

In der Antike wurde Sauerampfer nicht angebaut und spärlich verwendet, doch im Mittelalter war er ein beliebtes Salatkraut und Gemüse, obwohl Sauerampferblätter, wie Spinat zubereitet, heutigen Gaumen zu sauer schmecken würden. In Frankreich ißt man ihn als Salatkraut, in Saucen und Suppen, in Deutschland kann er Bestandteil der Frankfurter Grünen Soße sein, muß es aber nicht.

Wie der Sauerampfer verdankt auch der tropische und subtropische Sauerklee (*Oxalis*) seinem hohen Gehalt an Oxalsäure sein hervorstechendes Merkmal (und obendrein den lateinischen Namen); er wird in seiner Heimat als Salatkraut gegessen und in Europa als Zierpflanze angebaut, ist jedoch kein Knöterichgewächs wie der Sauerampfer, sondern eine Storchschnabelpflanze.

Scha steht für
SCHAFFLEISCH, nicht mit Lammfleisch zu verwechseln, oftmals auch Hammelfleisch genannt (obwohl das meiste Hammelfleisch das von weiblichen Schafen ist, gefolgt von kastrierten Hammeln; Sie können das Geschlecht an der Farbe des Fetts erkennen: Das der Schafe ist weiß, das der Hammel gelblich).

Die größten Liebhaber des Schaffleischs sind die Moslems des Nahen Ostens und Nordafrikas, und das weltbeste Schaf- oder Hammelfleisch ist vielleicht tatsächlich das ihrer Fettschwanzschafe, von deren Existenz Herodot als erster im Westen berichtete, dessen Berichte man jedoch als Märchen abtat: Schafe, deren Schwanz ein Sechstel des gesamten Körpergewichts ausmacht, konnten nur ein Produkt krankhafter Einbildungskraft sein.

Das Fettschwanzschaf ist um einiges älter als die islamische Religion, aber der hohe Fettgehalt seines Schwanzes machte es von Anfang an zum idealen Fleischlieferanten für Moslems: Die Speisegesetze verbieten es, Fleisch in Butter oder gar Schweinefett zu braten, Olivenbäume waren in Nordafrika und im Nahen Osten nicht verbreitet, doch das Fettschwanzschaf brachte genügend Kochfett mit.

Das zweitbeste Schaffleisch ist gewiß das der französischen pré-salé-Schafe, die auf Salzwiesen weiden, wie ihr Name verrät. Strenggenommen dürften so nur Schafe heißen, die in der Nähe von Mont-Saint-Michel weiden, aber auch Schafe aus Pauillac in Bordeaux werden inzwischen so bezeichnet.

SCHALOTTE. *Allium ascalonicum* heißt dieses Mitglied der Lauchfamilie, das vielerorten mit der Lauchzwiebel verwechselt wird, obwohl es ihr nicht ähnlich sieht: Lauchzwiebeln sehen aus wie dünne Lauchstengel mit einer kleinen Zwiebel am Ende, Schalotten sehen aus wie Schalotten.

Schalotten bestehen aus zahlreichen Tochterzwiebeln, die eng um eine Hauptzwiebel herum gruppiert sind, der Anordnung von Knoblauchzehen nicht unähnlich. Die Haut der Schalotten ist rötlichbraun bis graubraun, ihr Fleisch graurosa bis graulila, und die Schalotten mit grauer Schale, die kleiner sind als die anderen, gelten – zumindest in Frankreich, dem Land der Schalottenliebhaber – als die besten. Ihr Aroma ist feiner und gleichzeitig würziger als das der Küchenzwiebel. Charles Monselet schrieb von der Schalotte, sie parfümiere, »ohne sich aufzudrängen«. Die einfache und eindrucksvolle Fischsauce *beurre blanc* bezieht ihren ganzen Reiz aus der Schalotte, und eine *sauce Béarnaise* wäre ohne Schalotten undenkbar. Grobgehackte Schalotten, in etwas Butter, Wein und Honig gedünstet, begleiten aufs erfreulichste gegrillte Entenbrust.

Sche steht für
die SCHEINERDBEERE Indiens, die hübsch aussieht, aber langweilig schmeckt; für die Schellente, die beim Fliegen ein pfeifendes und beim Braten ein zischendes Geräusch macht; für die Schildkröte, die Charles Darwin auf den Galapagos in ihrer Schale briet,

und Sche steht für
SCHELLFISCH. Alexandre Dumas, kein Freund des Tiefstapelns, steht nicht an zu vermelden, daß Schellfische bis zu 7 Meter lang werden und 70 Kilo wiegen können; Nachschlagewerke mit einem weniger ungezwungenen Verhältnis zur dichterischen Freiheit gestehen dem Fisch nur eine Länge von etwa 1 Meter und ein Gewicht von bis zu 12 Kilo zu. Wenn Dumas hingegen sagt, ein Boot mit drei Fischern könne zweimal täglich vollbeladen mit Schellfisch zum Hafen zurückkehren, flunkert er keineswegs. Selbst vor nicht allzu langer Zeit bestand die Hälfte der Fische, die Trawler im Nordatlantik fischten, aus Schellfisch; doch heute ist das kaum mehr vorstellbar, denn auch der Schellfisch droht am Überfischen auszusterben.

Schellfisch war schon immer ein wichtiger Speisefisch in Nordeuropa; Schellfischgräten fanden sich in Küchenabfällen aus dem Paläolithikum. Im Mittelalter wurde er gesalzen, getrocknet oder geräuchert – einerseits aus Notwendigkeit, andererseits weil man gerne überwürzt aß –, und ein Schellfischgericht dieser Zeit sieht vor, daß getrockneter Fisch mit Mandeln, in Ale gekochten Feigen, Datteln und Birnen zu Mus zerstampft, in Teig gehüllt und das Ganze in Öl gebraten wird.

Zur Zeit der Tudorherrschaft in England füllten Höker ihre Karren auf dem Billingsgate-Markt mit Schellfisch und zogen dann durch die Londoner Straßen, um den Fisch feilzubieten. Als man sich in England der Existenz einer indischen Küche bewußt wurde, übernahm man ein Gericht, das ursprünglich aus gewürztem Reis und Linsen bestanden hatte, verschönerte es – unter anderem – mit geräuchertem Schellfisch und hartgekochten Eiern, nannte es *kedgeree* und fügte es den britischen Frühstücksgerichten hinzu.

Das Gebiet, in dem der Schellfisch lebt, der kaltes Wasser liebt, beginnt bei Island und reicht im Westen über Neufundland und Neuengland bis Kap Hatteras, im Osten über den Skagerrak, die Faröerinseln, Nordwestschottland und -irland durch den Ärmelkanal bis zur Bucht von Biskaya. Im Mittelmeer gibt es keinen Schellfisch, und der sogenannte Jerusalem-Schellfisch Afrikas ist der Sonnenfisch *Lampris regius* (der Schellfisch gehört zur Dorschfamilie und heißt *Melanogrammus aeglefinus;* optisch unterscheiden ihn vom Kabeljau die zwei dunklen Flecken hinter seinen Kiemen).

Frischer Schellfisch ist exzellent, gekocht oder gebraten, doch der Löwenanteil aus den Fängen wird geräuchert. Die größte Kunst besteht darin, ihn kalt zu räuchern, so daß er nur ein ganz zartes Räucheraroma erhält, auch wenn er dadurch nicht sehr haltbar ausfällt, sondern bald gegessen werden muß.

Im Norden Englands verläuft eine kulinarische Grenze zwischen Lancashire und Yorkshire, denn in Lancashire schwört man für *fish and chips* auf Kabeljau, in Yorkshire auf Schellfisch, obgleich es tief in Yorkshire häretische Ortschaften gibt, wo man der Landessitte frech trotzt.

Schl steht für
die SCHLANGE, deren giftige Arten im allgemeinen wohlschmeckender sein sollen als die ungiftigen, welche Information ich nur aus zweiter Hand weitergeben kann, aber vielleicht haben Sie Freunde in China, die Ihnen Näheres dazu berichten können; für die Schlehe, ein für den frischen Verzehr wenig attraktives Mitglied der Pflaumenfamilie (→ Pf), das erst als Likör und Destillat seine Tugenden offenbart; und es steht für den Schlitzblättrigen Wegerich, der sich hin und wieder in französische Salate verirrt.

Schn steht für
die SCHNECKE, die als Weinbergschnecke in Europa und als Achatschnecke in Asien gesammelt und gegessen wird, während sie als Nacktschnecke überall den Haß der Gärtner auf sich zieht, was die britische Tierschutzgesellschaft nicht gehindert hat, sich vehement dagegen einzusetzen, daß Gärtner Freibier an die Kriechtiere ausgeben, um sie so einzufangen; und es steht für das Schneehuhn, das in Norwegen als feinster aller Wildvögel gilt.

Schn steht außerdem für
SCHNITTLAUCH, ein Mitglied, Sie werden es nicht glauben, der Familie *Allium*, das als Wildpflanze im antiken Griechenland und Italien verbreitet war. Möglicherweise gab es in Nordamerika Wildschnittlauch, bevor Europa ihn erhielt, denn der Schnittlauch stammt aus Sibirien, von wo es nach Alaska nur einen Katzensprung weit ist, und signifikanterweise ist die Heimat des amerikanischen Wildschnittlauchs *Allium sibiricum* das Gebiet von Alaska bis Maine.

Kulinarische Autoren behaupten gern, der Geschmack des Schnittlauchs sei einer Mischung aus Zwiebel- und Knoblauchgeschmack vergleichbar, welcher Meinung ich mich nicht anschließen kann. Schnittlauch hat seinen eigenen Geschmack, milder und eindeutiger als der der Zwiebel, nicht stärker, aber auffallender. Wollte man die Zwiebel das Kornett unter den Aromen nennen, so wäre der Schnittlauch die Oboe.

Allium schoenoprasum, unseren Zucht- oder Gartenschnittlauch, kann man überall vom Frühjahr bis zum Herbst ziehen, und was man abschneidet, wächst nach.

Scho steht für

SCHOKOLADE und nicht Kakao, da nicht die Kakaobohnen als Nahrung dienen, sondern das aus ihnen gewonnene Halbprodukt, ähnlich wie beim Caviar. Der Kakaobaum *Theobroma cacao*, um dessen Samen es geht, ist eine Pflanze des tropischen Amerikas, genauer Zentralamerikas und der Karibik (sagen die einen) oder Mexikos (sagen die anderen).

Auf seiner vierten Expedition lernte Kolumbus 1502 im heutigen Nicaragua Kakaobohnen kennen und sandte einige nach Spanien, wo niemand etwas mit ihnen anfangen konnte, da sie abscheulich bitter schmeckten. 1519 jedoch kostete Hernan Cortez erstmals Schokolade, wie sie die Azteken bereiteten – als Getränk, aber auch als Paste (vergleichbar unseren heutigen Schokoladentafeln?) und in einer Art Suppe (der Vorform der heutigen mexikanischen molé-Sauce, die Schokolade mit Chili vermählt?) –, und brachte nicht nur Bohnen nach Spanien mit, sondern auch aztekische Anweisungen und Rezepte. Beides erhielt ein Mönchskloster, wo man die gerösteten und gemahlenen Bohnen preßte und mit Rohrzucker vermischte, der ebenfalls neu in Europa war; die so erhaltene Schokolade erfreute sich sofort solcher Nachfrage, daß man in Spanien versuchte, ihre Herkunft und die Zubereitungsweise geheimzuhalten, was fast ein Jahrhundert lang gelingen sollte, denn nur mit den Portugiesen, die in Brasilien den Kakaobaum entdeckt hatten, mußten die Spanier das Monopol teilen.

Frankreich lernte die Schokolade kennen, als aus Spanien vertriebene Juden sich in Bayonne niederließen und dort Schokolade herstellten; da man dem schwarzen Teufelszeug in Frankreich mit allergrößtem Mißtrauen begegnete, mußten die Schokoladenhersteller außerhalb der Bayonner Stadtgrenzen ihrem Gewerbe nachgehen, aber das änderte sich, als Anna von Österreich, eine spanische Prinzessin, im Jahr 1615 Ludwig XIII. heiratete und Schokolade zum Rang eines Getränks bei Hofe erhob. Maria Theresia, die ebenfalls spanische Gemahlin Ludwigs XIV., soll sich durch ihren unmäßigen Schokoladengenuß alle Zähne ruiniert haben, aber wir dürfen vermuten, daß der Zucker in der Schokolade daran nicht unbeteiligt war.

In Holland und England kamen Etablissements auf, in denen die feine Welt ihre Schokolade genoß, und einige davon wurden zu Privatclubs. Gegen 1700 probierte man in England aus, die Schokolade mit Milch zu verdünnen, doch ob mit Milch oder ohne, Schokolade blieb ein Luxusartikel, bis die Luxussteuer im 19. Jahrhundert wegfiel. In Deutschland wurde Ende des 17. Jahrhunderts »Succolade« laut Magister Elsholtz folgendermaßen bereitet: »Der gemeine Brauch bey uns ist / daß man die Succolade zu Pulver schabet / und davon ein halb Loht / mehr oder weniger / in einem trucken Spanisch / oder Rheinisch Wein mit ein wenig Zucker abgesüßt / und entweder des Morgens nüchtern / oder nach Mittage / oder des Abends beym Bettgehen außtrincket. Die hiziger Natur sind / nehmen an stat des Weins warm Zuckerwasser.« Aber: »Die kräfftigste Weise aber ist / daß man nimt von der Ambrirten Succolade ein halbes oder ganzes Loht / gestossen Cardamome ein Scrupel / gestossen Saffran drey Gran / weissen Zucker ein Loht / und mischet dieses alles unter einander zu einem Pulver. Wan ihr es nun brauchen wollet / so klopffet zween / oder drey Eyerdotter durch einander / und menget das Pulver darunter / daß es wie ein Brey werde. Alßdan giesset abgekochte und anoch siedende Küh-milch ein halb Nössel oder VIII. Unzen nach gerade drauff / und rühret es mit einem Löffel indessen umb: so ist der Trunck bereitet.« Heute würde man statt Safran Vanille nehmen, die 1682 in Europa noch nicht bekannt war, weil die Spanier versäumt hatten, sie bei den Azteken kennenzulernen, aber ansonsten gibt es an diesem Rezept für einen feinen Schokoladenpudding nichts auszusetzen.

Schw steht für
die SCHWALBE, die man in Florenz während der Belagerung von 1530 aß, während man in Ostasien nur ihre Nester sammelt; für Schwale, wie die Plötze heißen kann; für den Schwan, der im 15. Jahrhundert in England so teuer war wie Schweinefleisch, in Frankreich dagegen billiger, da er dort für den Massenverzehr gezüchtet wurde; für die Schwarzwurzel, die von ihren Liebhabern geschmacklich mit Austern verglichen zu werden scheint und Winterspargel genannt wird und die man im Frankenland als Salat zubereitet, dessen Name Schtorzenärlasalat an den lateinischen Namen *Scorzonera* mehr als deutlich erinnert; für Schwedische Rübe, was der achte Name der Steckrübe ist; für den Schweinshirsch, der in Südostasien gegessen wird, und für die Schweinspflaume, die eine Verwandte der Mango (→ Ma) ist.

Schw steht aber auch für
SCHWEINEFLEISCH. In China bildete Schweinefleisch nicht eine, sondern zwei der acht Köstlichkeiten: Schweinefleisch und Schinken wurden extra aufgeführt. In den Abruzzen nennt man das Schwein andächtig das »Tier mit den dreizehnerlei Arten Fleisch«, doch Plinius übertraf Chinesen und Italiener, als er behauptete, 50 verschiedene Geschmacksrichtungen im Schweinefleisch feststellen zu können.

Die Schweinepopulation der Welt umfaßt wahrscheinlich an die 40 Millionen Tiere; genauere Schätzungen sind unmöglich, weil die Zahl von Jahr zu Jahr stark variieren kann und weil wir für große Gebiete keine verläßlichen Zahlen besitzen, darunter China, das zweifellos die weltweit meisten Schweine verzehrt. Die CIA vermutete 1978, daß es in China mindestens drei- bis viermal –, so viele Schweine gebe wie in der (inzwischen ehemaligen) Sowjetunion, etwa fünfmal so viele wie in den USA.

Bis lange nach dem Bürgerkrieg war Schweinefleisch das wichtigste Schlachtfleisch in den Vereinigten Staaten, und obwohl es seither vom Rindfleisch überholt wurde, hielt es den zweiten Platz.

Das Schwein wurde zum führenden Schlachttier, weil es in jeder Hinsicht das ökonomischste Tier ist, denn alles an ihm ist verwertbar, nicht nur kulinarisch, sondern auch das, was nicht eßbar ist: Die Haut ergibt ausgezeichnetes Leder, die Drüsen sind von pharmakologischer Bedeutung, der Magen liefert Pepsin, die ungenießbaren Fettanteile liefern Schmierstoff, und die Borsten dienen Polsterern und Installateuren. Schweinefleisch ist unkompliziert zu lagern und verdirbt nicht schnell; man kann es räuchern oder an der Luft trocknen, kann es im eigenen Fett konservieren, zu Würsten und Schinken verarbeiten, und gepökeltes Schweinefleisch war 200 Jahre lang fast das einzige Fleisch in Nordamerika.

Das Schwein ist neben dem Kaninchen das fortpflanzungsfreudigste Zuchttier, und es produziert mehr Dünger als andere Haustiere. Außerdem ist es fähig, sich selbst zu versorgen, wenn der Mensch ihm nicht genug Nahrung verschafft; Schweine als Allesfresser sind nicht nur allerlei Abfällen nicht abhold, sondern fressen Pilze, Schnecken, Nüsse (Eicheln!), Beeren und was ihnen sonst unter die Schnauze kommt.

Europäische Bauern ernährten sich 2000 Jahre lang von ihren Schweinen als Hauptfleischlieferanten, und ihre Schweine ernährten sich weitgehend selbst. Auch die Städter aßen das Fleisch streunender Schweine, die sich auf den Straßen aus dem Unrat ihr Fressen zusammensuchten. Ihr Fleisch wird nicht immer besonders appetitlich gemundet haben, aber Nährwert besaß es trotzdem. Stadtschweine fraßen Abfall im antiken Griechenland und in Rom; im mittelalterlichen London störten sie den Straßenverkehr, und ähnlich verhielt es sich in Paris. Solche Schweine waren kein Privileg der Armen: Bürgerliche Familien hielten sich ein paar Schweine, denen sie tagsüber Auslauf gaben und die nachts eingesperrt wurden. Bis weit ins 19. Jahrhundert waren Stadtschweine ein gewohnter Anblick in New York, und als die Behörden diesen idyllischen Zuständen gewaltsam ein Ende machten, lieferten die verzweifelten Hausfrauen ihnen erbitterte Schlachten. Die letzte Stadt des Westens, die es zuließ, daß Schweine auf ihren Straßen Futter suchten, war Neapel, das bis dahin keine andere Art der Straßenreinigung besaß. Die Schweine durften allerdings nicht frei herumlaufen, sondern waren mit Seilen angebunden, so daß sie nur im näheren Umkreis ihres Wohnsitzes für Sauberkeit sorgten.

Schweinefleisch ist das meistgegessene Fleisch, obwohl zwei der vier großen Weltreligionen seinen Genuß verbieten, das Judentum und der Islam, und eine dritte, der Buddhismus, seine Anhänger dazu anhält, sich vegetarisch zu ernähren. Das biblische Schweinefleischverbot kann auf die Abneigung der Ägypter gegen Schweine zurückgehen; Herodot schrieb, Schweinehirten würden in Ägypten verachtet und dürften die Tempel nicht betreten.

Owen Lattimore schrieb mir 1974, daß den religiösen Schweinefleischtabus des Nahen Ostens seiner Ansicht nach kulturhistorische Erfordernisse innegewohnt hätten und nicht irgendwelche nebulösen »hygienischen« Notwendigkeiten.

Schweine sind weder unreinlicher als erlaubte Tiere noch ungesünder zu verzehren, aber für Nomadenvölker wie die Hebräer war die Schweinehaltung nicht nur unrentabel, sondern schädlich, da die Schweine sich ihre gewohnte Nahrung in Wäldern nicht suchen konnten, sondern mit den Menschen um das konkurrierten, was diese aßen, und obendrein war sie ein Kennzeichen der seßhaften Philister; Hebräer, die Schweinefleisch zu essen begannen, zeigten alle Anzeichen beginnenden Philistertums in Form von Seßhaftigkeit, und die Männer dieser Familien waren als Krieger für den Nomadenstamm verloren. »Die Mongolen«, schreibt Lattimore zum Schluß, »die nie unter hebräischem oder arabischem Einfluß standen, haben heute noch Vorurteile gegen Schweinefleisch und Fisch, obgleich die Regierung ihnen beides schmackhaft zu machen versucht. Im Fall des Schweinefleischs gibt es einen Ausdruck, der die Ablehnung auf den Nenner bringt: Wer Schweinefleisch ißt, fängt an zu werden ›wie die Chinesen‹.« Eine ähnliche These vertritt der Anthropologe Marvin Harris in seinem Buch *Wohlgeschmack und Widerwillen*, und ich kann die Beobachtung beisteuern, daß Lappländer – ebenfalls Nomaden – kein Schweinefleisch essen und die Navaho-Indianer keines aßen, solange sie Nomaden waren.

Der Vorfahre des Hausschweins (*Sus scrofa domesticus*) ist das Wildschwein, doch führte der Weg zum Hausschwein über die Domestikation heute nicht mehr existenter Unterarten gezähmter Wildschweine in Europa und Asien. Möglicherweise gab es die ersten Hausschweine bereits im Mesolithikum auf der Krim, denn dort fand man Schweineknochen, die nicht von Wildtieren stammten. Im Neolithikum waren Schweine keine Seltenheit mehr. In Australien, in der Südsee und auf dem gesamten amerikanischen Kontinent gab es keine Wildschweine; das südamerikanische Nabelschwein scheint vor vielen tausend Jahren über die Beringstraße eingewandert zu sein, etwa zeitgleich mit den Menschen, die als Indianer den Kontinent bevölkerten.

Schriftliche und künstlerische Nachweise der Schweinezucht besitzen wir zuerst aus der Zeit um 5000 v. Chr. aus China und aus Ägypten, und China ist dem Schwein bis auf den heutigen Tag treu geblieben. Jeder Chinese ißt so viel Schweinefleisch, wie er sich leisten kann. In Ägypten hingegen nahm der Schweinefleischverzehr gegen 2400 v. Chr. drastisch ab; die Ursache ist möglicherweise in ökologischen Veränderungen zu sehen, im Rückgang der Wälder und Haine, in denen die Schweine sich selbst versorgen konnten, und die Ankunft der Nomadenvölker und der religiösen Tabus 500 Jahre später brachte die Schweinezucht gänzlich zum Erliegen.

Im antiken Griechenland war Schweinefleisch erschwinglicher als anderes Schlachtfleisch, besonders auf dem Land, und die Bedeutung des Schweins können wir daran ermessen, daß Odysseus dem Schweinehirten Eumaios die Aufsicht über Haus und Hof während seiner Abwesenheit anvertraut. In Athen hielt man das Fleisch von Schweinen, die sich buchstäblich zu Tode gefressen hatten, für das schmackhafteste; die Athener verstanden sich vorzüglich darauf, Schweinefleisch zu pökeln, zu räuchern und an der Luft zu trocknen.

Die Etrusker waren große Schweinezüchter, und da sie auch sehr musikalisch waren, brachten sie ihren Herden bei, zu den Tönen der *buccina*, der antiken Posaune, zu marschieren. Die Latiner waren ursprünglich Schafhirten, aber zur Zeit der Gründung der Republik begannen sie Schweinefleisch vorzuziehen, und im Römischen Kaiserreich war Schweinefleisch das beliebteste Fleisch, das bei Festmählern gereicht wurde. Schweineeuter, -vulva und -hoden galten als besondere Lekkerbissen, ebenso wie die Fettleber (→ Le).

Germanen und Gallier lebten in dichtbewaldeten Ländern, wo ihre Schweine sich mit Eicheln mästeten; diese Schweine genossen einen gefährlichen Ruf, und Strabo schrieb, selbst ein Wolf laufe Gefahr, den kürzeren zu ziehen, wenn er sich mit ihnen anlegte; dennoch gelang es den Galliern, sie in Würste und geräucherte Schinken zu verwandeln, die in großen Mengen in römisches Territorium exportiert wurden, wo man sie mehr schätzte als die einheimischen Produkte.

Zur Jenseitsvorstellung der Wikinger gehörte, daß ihre Krieger im Paradies unablässig gekochtes Schweinefleisch essen konnten. Bei anderen mittelalterlichen Völkern war das vornehmste Fleisch zwar Wild und nicht Schlachtfleisch, aber das Spanferkel bildete eine Ausnahme. Weniger Vornehme und weniger Begüterte aßen Schweinefleisch, wenn sie sich überhaupt Fleisch leisten konnten – für gewöhnlich Pökelfleisch.

Die ersten Hausschweine, die den Boden der späteren Vereinigten Staaten betraten, wurden 1542 von Hernando de Soto mitgebracht; Cortez hatte schon zuvor seinen indianischen Verbündeten in Mexiko Schweine zum Geschenk gemacht, die ihnen viel besser mundeten als das magere einheimische Nabelschwein. Bereits 1640 handelte die Kolonie Massachusetts mit selbsterzeugtem Pökelfleisch, und fast ein Vierteljahrtausend später schrieb Henry Adams: »Mais war das Nationalgetreide, und Mais wurde dreimal täglich in Form von Pökelfleisch gegessen, denn nur die Wohlhabenden konnten sich frisches Fleisch leisten.« (Wie dieses Pökelfleisch zu schmecken pflegte, wissen wir von Carl Schurz.) Pökelfleisch war das einzige Fleisch der Sklaven auf den Plantagen des Südens, und im Pökeln und Räuchern bewanderte Immigranten aus Deutschland brachten in den dreißiger Jahren unseres Jahrhunderts Cincinnati den Spitznamen »Porkopolis« ein.

In seiner 1851 erschienenen *Gastrosophie* schreibt Eugen von Vaerst: »Ohne Schwein kein Speck, also keine Küche, keine Schinken! Das Schwein ist, nach Georg Forster, die Palme des Nordens, und wie die Palme Wein, Butter, Milch,

Essig, Zucker, Brot und Kleidung gibt, so mannigfaltig wohltuend ist das Schwein durch das ganze Jahr in der Küche«, und dieser Eloge auf die gastronomische Vielseitigkeit des Schweins kann man die auf die vielfältigen Begabungen des lebendigen Schweins hinzufügen. Der polemischen Bemerkung Marvin Harris', Schweine ließen sich weder melken noch reiten, seien nicht dazu geeignet, andere Tiere zu hüten, einen Pflug oder Lasten zu ziehen, und fingen keine Mäuse, halten wir die hohe Musikalität des Schweins entgegen, sein unendlich feines Geruchsvermögen (Hunde sind schlechtere Trüffelsucher als Schweine) und seine hochentwickelte Intelligenz, die es zum Zirkustier geradezu prädestiniert (schon bei römischen Banketten unterhielten dressierte Schweine die Gäste zwischen den Gängen).

Das Schwein ist dem Menschen unter allen Tieren am ähnlichsten, vom Aussehen her (fragen Sie George Grosz) wie auch seelisch und intellektuell, doch in einem Punkt unterscheidet es sich gravierend von ihm: Schweine sind von Natur aus reinlich, Menschen nur unter Zwang.

Se steht für
die SEEGURKE alias *bêche-de-mer*, die in China zu den begehrtesten Köstlichkeiten zählt, nichtasiatischen Zungen jedoch eine größere Ähnlichkeit zu Gummi offenbart, als unsereins wünschenswert findet, vom Anblick ihrer reizenden Gestalt ganz zu schweigen; für den Seehund, der im 15. Jahrhundert auf vornehmen Londoner Tafeln zu finden war; für den Seeigel, der in Küstennähe auf allen Tafeln zu finden ist, ob vornehm oder nicht, fern der Küste aber besser im Fischgeschäft gelassen wird; für Seetang, den man in Japan in allen erdenklichen Farben, aber nur einer Geschmacksrichtung bekommt; für die Seifennuß, aus der die Indianer Alaskas Kuchen backen, »die Weißen als höchst widerwärtige Nahrung

erscheinen«, wie es der Naturforscher W. H. Dall ausdrückt; für den Seifenrindenbaum Malaysias, dessen süße Früchte nicht jedermann bekommen; für die Sevilla-Orange oder Bitterorange; für Sevruga, den kleinsten Stör, der den kleinschaligsten Caviar liefert; und für die Seezunge, den bekannten Plattfisch (→ Pl).

Se steht aber auch für
SEEHECHT, einen Rundfisch und Verwandten des Kabeljaus, dessen Lebensbereich vom Mittelmeer bis Norwegen reicht, wenn es sich um *Merluccius merluccius* handelt, die ursprüngliche Art. Der Seehecht ist neben der Seezunge einer der fettärmsten verbreiteten Speisefische; er ist so leicht verdaulich, daß man ihn Kleinkindern ab dem Alter von 15 Monaten zu essen geben kann. Sein Fleisch ist weiß, weich und zerfällt in Scheiben, doch es muß ganz frisch gegessen werden, denn haltbar ist es nicht. Am beliebtesten ist der Seehecht in Spanien, Portugal, Italien und Jugoslawien (in den Teilen des ehemaligen Jugoslawien, die ans Mittelmeer grenzen).

Andere Seehechtarten leben an der Pazifikküste Nord- und Südamerikas, vor Neuseeland und vor Südafrika, wo sie am extensivsten gefischt werden. Der südafrikanische Seehecht *Merluccius capensis* wird dort merkwürdigerweise *stockfish* genannt, doch das mag daran liegen, daß er – wie der Kabeljau – getrocknet und gesalzen wird.

Seehechte sind als gefräßige Räuber mit einem beeindrukkenden Gebiß bewaffnet, das an die Zähne des Süßwasserhechts erinnert (und möglicherweise dem Seehecht seinen Namen eingetragen hat): Die Zahnreihen lassen sich beim Schlucken der Beute zurücklegen und schnappen dann wieder vor. Kannibalismus ist bei Fischen keine Seltenheit, doch der Seehecht übertreibt es damit ein wenig: Ein Fünftel seiner Nahrung sind kleinere Seehechte.

SELLERIE. *Apium graveolens*, der Küchensellerie, ist die Zuchtform des Wildselleries oder Eppichs, der sich in Salzsümpfen und am Meeresstrand und auf allen feuchten Böden gemäßigter Klimazonen wohl fühlt, nicht selten sogar im Wasser.

Im alten Ägypten gab man Verstorbenen Blätter und Blüten des Eppichs mit auf die Reise ins Jenseits, und auch die Griechen und Römer weihten ihn dem Gott der Unterwelt; bei Leichenmählern aß man Eppich, aus seinen Blättern wand man Totenkränze, und auf Grabhügeln wurde Eppich gepflanzt. Mit Eppich bekränzte man aber auch die Sieger der Isthmischen und der Nemeischen Spiele, und die nach dem griechischen Namen *selinon* benannte Stadt Selinunt führte bereits um 480 v. Chr. ein Sellerieblatt als Münzbild. Die Griechen, ohnehin nicht gerade, was man begeisterte Gemüseesser nennen würde, beschränkten sich auf Eppich als Würzkraut und Gemüse, die Römer hingegen aßen die Wildform und züchteten Küchensellerie, obgleich sie dem wilden den Vorzug gegeben zu haben scheinen, da sie starke Sinneseindrücke liebten, und noch heute ißt man in Italien lieber wilden Sellerie.

Bis ins frühe Mittelalter mußte man sich in Europa mit wildem Sellerie – mit Eppich – begnügen, doch dann wurde die Kulturpflanze – möglicherweise von Italien aus – eingeführt und eroberte sich ihren festen Platz in den Küchenzetteln der verschiedenen Länder, sei es als Knollensellerie (var. *rapaceum*), sei es als Stangensellerie (var. *dulce*). Die Entwicklung des Bleichselleries scheint das Verdienst Jean de la Quintinies zu sein, der unter Ludwig VIX. in den königlichen Gemüsegärten zu Versailles Experimente mit Stangensellerie anstellte.

Zauberer des Mittelalters legten Selleriesamen in ihre Schuhe, um fliegen zu können, aber seit der Erfindung des Flugzeugs ist dieses Verfahren aus der Mode gekommen, doch als Aphrodisiakum für den Mann gilt Sellerie noch heute.

SENF. Es nimmt nicht wunder, daß die Römer das Militärgepäck *impedimenta* nannten, falls ihre Legionen auch nur einen Teil der Nahrungsmittel aus Italien in das übrige Europa schleppten, die sie dort verbreitet haben sollen. Daß sie Senf dabeihatten, ist möglich, denn sie schätzten ihn, aber das heißt noch lange nicht, daß eine Pflanze, die in Europa und im Mittelmeerraum überall heimisch ist und dazu neigt, sich unkrautartig auszubreiten, auf Julius Cäsar und seine Invasionsgelüste angewiesen war, um dies zu erreichen.

Senf zu ziehen bereitet keine Schwierigkeiten, die der prähistorische Mensch nicht zu meistern verstanden hätte, denn es genügt, die Samen aufs Geratewohl auszustreuen und darauf zu warten, daß sie keimen, und nicht viel anders verhält sich die Senfpflanze selbst.

Die Samenkörner, aus denen der sogenannte Mostrich oder Tafelsenf hergestellt wird, sind nicht das einzig Eßbare an der Pflanze; die jungen Blätter kann man wie Kresseblätter als Salat essen, ältere Blätter kann man als Gemüse zubereiten. Zur Senfherstellung wird meist der Weiße Senf angebaut (*Sinapis alba*), dessen Körner von milderem Geschmack sind als die des Schwarzen Senfs oder Senfkohls *Brassica nigra*, der botanisch gesehen gar kein Senf ist, sondern eine Kohlpflanze, während der Weiße Senf wie Kresse, Rettich und Meerrettich zu den Kreuzblütlern gehört – aber beide enthalten ein Öl, das Schärfe und Geschmack der Körner prägt, im Fall des Schwarzen Senfs Senföl, im Fall des Weißen Senfs Sinalbin-Senföl.

In der indischen Küche werden die Samenkörner des Schwarzen Senfs ganz verwendet, und so aß man auch in der Antike den Senf. Senfkörner haben eine angenehme, leichte Schärfe und lassen nichts von dem Feuerwerk ahnen, das scharfer Senf in Mund und Rachen zu entzünden vermag.

Sh steht für
den SHIITAKE-PILZ, den man in Japan bereits vor 2000 Jahren züchtete; für das Shorthornrind, das mit 70 Prozent des Weltrindviehbestands die bedeutendste Hausrindrasse bildet; für Shungiku, eine Chrysanthemensorte, die im Okzident in die Vase kommt, in Ostasien dagegen auf den Teller, als Salat oder fritiert,

und es steht für
SHAD, Alose, Elfe, Maifisch oder Großaugenhering alias *Pomolobus pseudoharengus*, aber auch *Alosa*, wie der zweite Gattungsname lautet, der uns wiederum verrät, daß der Pseudohering tatsächlich als Alse ein Mitglied der Heringsfamilie ist und nicht nur so tut, als wäre er eins. Der Shad gehört zu den Fischen, die zum Laichen die Flüsse aufwärts steigen, doch nicht alle Arten bewältigen die Hindernisse, die der Mensch in Form von Staudämmen errichtet hat, und fast alle Arten kapitulieren vor der – ebenfalls vom Menschen gelieferten – Umwelt- und Gewässerverschmutzung.

Wirklich geschätzt wird das Fleisch des Shads nur an der Ostküste der Vereinigten Staaten und in Frankreich. *Alosa sapidissima*, der amerikanische Shad, ist die größte Art aller Alsen (und überhaupt der größte aller Heringsfische); nicht nur sein Fleisch, auch sein Rogen ist eine Delikatesse. *Alosa alosa* und *Alosa fallax* sind die verbreitetsten europäischen Arten, und für alle Arten dieses Fischs gilt, daß sie am besten schmekken, wenn sie sich Kraftreserven für den Weg zu ihren Laichplätzen angefressen haben und dorthin unterwegs sind.

Daß Shad in Europa nur von den Franzosen wirklich gern gegessen wird, mag daran liegen, daß er teuflisch viele kleine und spitze Gräten besitzt, die die Franzosen mittels Sauerampfer unschädlich machen. Die Oxalsäure des Sauerampfers, mit dem man in Frankreich den Fisch füllt (zu dem Sauerampfersauce gereicht wird), macht die Gräten so weich, daß man sie mitißt, ohne sich Gedanken über sie zu machen. Woher die vielen Gräten kommen, das erklärt eine Legende der Micmac-Indianer: Ursprünglich war dieser Fisch ein mit seiner Daseinsform unzufriedenes Stachelschwein, das Manitu bat, es in etwas anderes zu verwandeln, woraufhin der Große Geist es wie einen Handschuh von innen nach außen kehrte und ins Wasser warf.

Si steht für
SILBER, das man in Indien als Blattsilber zur Verzierung von Speisen verwendet, die festlich arrangiert werden sollen, aber nicht gleich so prunkvoll, daß man Blattgold nehmen würde; für die Singharanuß, eine Verwandte der Wasserkastanie *pi-tsi* und wie diese eine Wassernuß, die man in Kaschmir erntet,

und Si steht für
SILPHION, wie die Pflanze bei den Griechen hieß, die bei den Römern Laserpitium hieß und nicht mit *Silphium* zu verwechseln ist, einer amerikanischen Gattung von Korbblütlern. Das antike Silphion scheint eine Umbellifere gewesen zu sein, wenn man nach den überlieferten Darstellungen urteilen kann, aber trotz zahlreicher erhaltener Beschreibungen und der Bemühungen vieler Generationen von Botanikern und Historikern gelang es nicht, die Pflanze zu bestimmen. Unser Wissen beschränkt sich darauf, daß Silphion in der Antike eine berühmte Heil-, Gewürz- und Gemüsepflanze war, aus deren Stengeln und Wurzeln ein kostbares Gummiharz gewonnen wurde, dessen Export seit dem 6. Jahrhundert v. Chr. Kyrene auf der Cyrenaika zu einer reichen Stadt machte. Der Geruch des Silphions soll intensiv, doch angenehm gewesen sein, im Unterschied zum Geruch des Steckenkrauts, aus dem das

Gummiharz *Asa foetida* gewonnen wird. Offenbar durch Raubbau war es mit der Silphionproduktion um 500 n. Chr. fast ganz vorbei, und in der Folge scheint es dem Menschen recht bald gelungen zu sein, die Pflanze völlig auszurotten.

So steht für
die SOJABOHNE, eine der wichtigsten Nahrungspflanzen Ostasiens; für die Sonnenblume, deren Blütenknospen John Gerard wie Artischocken zu verspeisen empfahl; und es steht für Sonnenfisch, worunter man den Sonnenfisch *Mola* verstehen kann, den Sonnenbarsch oder Sonnenfisch und den Getupften Sonnenfisch, drei grundverschiedene Gattungen.

Sp steht außerdem für
SPARGEL, besser gesagt den Gemüsespargel *Asparagus officinalis*, denn nur ihn pflegt man zu essen, während Arten wie *Asparagus plumosus* und *Asparagus sprengeri* den Floristen als Schnittgrün interessieren. Obwohl Spargel eines der beliebtesten Saisongemüse ist, wissen wir nicht, woher er stammt. Wir begegnen ihm schon früh in der Antike, und zwar in Ägypten, aber wie gelangte er dorthin? Wir wissen nicht, wann er nach Frankreich kam, und wir wissen nicht, wann der erste Spargel in die Neue Welt gebracht wurde.

Afrika und der östliche Mittelmeerraum werden gerne als seine Heimat vermutet, doch gegen diese Annahme spricht der Umstand, daß Spargel am besten in Gegenden gedeiht, wo der Boden im Winter gefriert. Ich persönlich tendiere zu der Ansicht, daß *Asparagus officinalis* von einer Vorform abstammt, die an sandigen Küsten wuchs, vom Baltikum bis zu den Britischen Inseln, wo man noch heute echten Wildspargel finden kann, nicht verwilderten Kulturspargel. Vögel trugen den Samen wahrscheinlich nach Süden, wie Vögel Spargel über die gesamten Vereinigten Staaten verbreitet haben.

Zuchtspargel war seit der Antike wegen des arbeitsintensiven Anbaus ein Luxusgemüse, doch viele zogen und ziehen ihm den stricknadeldünnen Wildspargel vor (der allerdings noch mehr Luxusgemüse ist, wenn man ihn nicht selbst sammelt), weil er einen intensiveren Geschmack besitzt, so Juvenal im 1. Jahrhundert und John Gerard im 16. Die alten Ägypter kultivierten Spargel und opferten ihn ihren Göttern, und in Rom taten sich Augustus, Plinius und Martial als Spargelkenner hervor.

Jean de la Quintinie scheint als erster Spargel in angehäufelten Beeten gezogen zu haben, um Ludwig XIV. eine längere Spargelsaison zu bieten, und Frankreich ist zweifellos die Heimat wenn schon nicht des Spargels, so der meisten schlüpfrigen Witze über das Gemüse mit der eindeutigen Gestalt. Daß Franzosen, wenn es konkret ums Essen geht, von tödlichem Pragmatismus sein können, wissen wir aus der Anekdote über den Enzyklopädisten Bernard de Fontenelle, der von einem Abbé Terrasson unerwartet Besuch erhielt und diesem wohl oder übel die Hälfte seines geliebten Spargels zum Abendessen überlassen mußte, den er mit weißer Sauce – wie der Abbé es liebte – zuzubereiten befahl, während seine Hälfte mit Essig und Öl anzumachen war; als der Abbé kurz vor der Essenszeit, von einem Schlaganfall getroffen, zu Boden stürzte, rannte Fontenelle in die Küche und rief: »Alle Spargel mit Essig und Öl! Alle Spargel mit Essig und Öl!« – Soll man es als posthume Rache des Abbés betrachten, daß Spargel à la Fontenelle heute mit weichgekochtem Ei und geschmolzener Butter gereicht wird?

Die Farbe des Spargels hängt davon ab, wieviel Licht die Pflanze abbekommt – ganz weißer Spargel wird in seinem dunklen Erdwall gestochen, bevor die Spitze ihn durchbricht, der in Frankreich beliebteste mit lila-grünlichen Köpfen wird geerntet, wenn der Kopf bereits herausragt, und grüner Spargel wird gar nicht angehäufelt; wie der violette Spargel aus Kalifornien zu seiner Farbe kommt, weiß ich nicht, aber wahrscheinlich ähnlich wie der grüne.

Sp steht für
den SPECHT, den die alten Griechen und manche Indianerstämme Nordamerikas nicht verschmähten, ebensowenig wie die Deutschen des 17. Jahrhunderts, wenn man Magister Elsholtz glauben darf, der ihn »ohn zweiffel nicht gar zu zart / sondern etwas zähe / jedoch dabey nicht böse von Schmack / sonderlich im Winter / da sie am fettesten: als umb welche zeit sie / sonderlich die kleine Gattungen / noch wol zu essen sey« findet; für den Speerfisch, wie der Schwertfisch auch genannt wird; für Spelz oder Spelzweizen, wie der Dinkel auch genannt wird; und für den Sperling oder Spatzen, der im 16. und 17. Jahrhundert in Europa gegessen wurde (was Magister Elsholtz nicht behagte, da er fürchtete, das Fleisch sei schwer verdaulich und man werde von seinem Genuß unkeusch) und im 20. Jahrhundert in Japan und im tropischen Afrika gegessen wird (offenbar schert man sich auch dort nicht um die Bedenken des Magisters).

SPINAT. Der Spinat existiert in drei Arten, und er stammt allem Anschein nach aus Persien, wo es noch heute eine Wildsorte gibt, die auch gegessen wird, *Spinacia tetrandra*. In der Antike war der Spinat unbekannt; er gelangte erst im Mittelalter nach Mitteleuropa – wahrscheinlich durch die Araber. Aus dem Jahr 1351 besitzen wir eine Auflistung von Gemüsen, die Mönchen an Fasttagen empfohlen wurden, und der Spinat gehört zu ihnen; ein englisches Manuskript von 1440 zählt Kohl, Lauch, Rettich und Spinat als in England gegessene Gemüse auf.

Früher als nach Europa gelangte der Spinat jedoch nach

Asien, denn schon 647 wird er in chinesischen Aufzeichnungen erwähnt.

Wann und wie der Spinat in die Neue Welt kam, wissen wir nicht, wohl aber, daß 1806 die drei klassischen Arten in amerikanischen Gemüsegärten wuchsen und daß Thomas Jefferson Spinat anbaute.

Treibhausspinat ist keine vierte Sorte, sondern der kraftlose Schatten des Echten Spinats, den nur jene für »zart« halten, die auch Treibhaustomaten dem Freilandartikel vorziehen. Wilder Spinat ist kein Spinat, sondern Guter Heinrich, und Neuseelandspinat ist *Tetragonia expansa*, ein Eiskrautgewächs.

Sta steht für
den STACHELROCHEN, dessen Stachel ein wirksames Gift enthält, was seinen Verzehr nicht hindert; für das Stachelschwein, dessen Leber bei seinen Liebhabern am begehrtesten ist; für den Stahlkopf, eine Varietät der Regenbogenforelle, die im Nordwestpazifik laicht, da sie ein Salzwasserbewohner ist; für den Star, den nicht nur Nero Wolfe gern ißt, sondern auch James Boswell gern aß, aber selbst schoß,

und Sta steht für die
STACHELBEERE. Die leidenschaftlichsten Stachelbeeresser der Welt sind die Engländer, unterstützt von Skandinaviern und Teutonen (Stachelbeerkuchen soll Adolf Hitlers Leibgericht gewesen sein), doch selbst in diesen Ländern werden Stachelbeeren in der Hauptsache in Privatgärten gezogen. Obwohl die USA einheimische Stachelbeerarten besitzen, können die Bewohner des Landes mit diesen sauren Früchten noch weniger anfangen als mit Johannisbeeren.

Zuchtstachelbeeren (*Ribes uva-crispa*) sind eine relativ neue Errungenschaft auf der Speisekarte der Menschheit. Die Normannen sollen sie nach Frankreich eingeführt haben, doch kommt mir das 10. Jahrhundert für Zuchtstachelbeeren etwas sehr früh vor, und erst im 16. Jahrhundert wurde die Stachelbeere in ganz Frankreich bekannt. Im 17. und im 18. Jahrhundert war sie dort nicht unbeliebt, doch im 19. Jahrhundert kam sie aus der Mode und überlebte nur in wenigen Bauerngärten.

Ste steht für
die STECKRÜBE, die sich uns hier unter ihrem neunten Namen vorstellt (dem Namen Steckrübe, Sie haben es erraten); für den Steinbutt, den König unter den Plattfischen, über den die Anekdote geht, Talleyrand habe einmal zwei ausnehmend große und schöne Steinbutte erhalten und nach langem Nachdenken seine Gäste durch eine kleine Inszenierung verblüfft, bei der einer der zwei Diener beim Auftragen des ersten Steinbutts zu straucheln und zu stürzen hatte (samt Steinbutt, wie sich versteht), worauf zwei andere Diener den zweiten Steinbutt hereintrugen...; für den Steinpilz, der den Deutschen ist, was der Kaiserpilz den Römern war; für den Sterlet, den kleinsten aller Störe; und es steht für den Sternanis, das chinesische Mitglied der Anisfamilie (→ An).

Sti steht für
die STINKENDE ZEHRWURZ, die manche Anhänger der Wildgemüse heiß empfehlen, während Euell Gibbons, jemand, der eigentlich vor nichts zurückschreckt, über sie schrieb: »Verletzte oder beschädigte Blätter riechen wie ein Stinktier, abgeschnittene Stengel riechen wie eine Mischung aus Senf und verfaulten rohen Zwiebeln, die Blüten riechen wie fauliges Aas, und das Ganze schmeckt ganz genauso, wie es riecht«; für die Stinkmorchel, die sich durch einen ähnlich köstlichen Geruch auszeichnet und deshalb nur bei Aasfliegen wirklich Anklang findet; und es steht für das Stinktier, das »eine der größten Delikatessen« der Masphee-Indianer Mas-

sachusetts' war, wie einer von ihnen sich erinnerte, der hinzufügte: »Die Weißen meinen, Moosbeeren paßten am besten zu Truthahn, aber glauben Sie mir, Moosbeeren wurden dazu geschaffen, mit gebratenem Stinktier gegessen zu werden.«

Sto steht für
STORCH, einen Vogel, den im 16. Jahrhundert Heinrich VIII. aß und den die Eingeborenen in Kamerun im 20. Jahrhundert essen, während er den Juden im Alten Testament für alle Zeiten verboten wurde; und es steht für Storchschnabelgewächse, eine Familie, deren Gattung *Pelargonium* ätherische Öle liefert, darunter das Echte Geranien- oder Französische Rosenöl, und Storchschnabelpflanzen, eine Familie, die viele eßbare Mitglieder besitzt, darunter den Sauerklee, die Kapuzinerkresse und den Saatlein.

Str schließlich steht für
den Vogel STRAUSS, dessen Fleisch nach Meinung des Kochs Antonio Frugoli, der zur Zeit der italienischen Renaissance wirkte, »von besonders abscheulicher Art ist... da der Vogel Eisen zu verdauen vermag«, und heute als besonders gesund gilt; für Stroh, das man 1709 in Frankreich ins Brot mischte und in Polen 1865 aus dem gleichen Motiv unter Umgehung nichtvorhandenen Getreides mit gehackten Eicheln buk; und es steht für *Strychnos*, die Gattung, zu der der Brechnußbaum gehört, dessen Samen Strychnin und Bruzin enthalten, Gifte, die in geringen Dosierungen als Anregungsmittel dienen und gegen Appetitlosigkeit helfen, in höheren Dosierungen als Rattengift dienen und gegen Mäuse helfen.

Su steht für
SUMACH, dessen Arten zumeist giftig sind, wenngleich es auch solche gibt, deren Beeren eßbar sind; für das Sumpfhuhn,

das wie das Teichhuhn und das Bläßhuhn zu den Rallen gehört; für die Sumpfschnepfe, die sich bei Jägern und Gourmets großer Beliebtheit erfreut; für die Suppenschildkröte, die früher in der Karibik in großen Mengen anzutreffen war, was man heute nicht von ihr behaupten kann,

und Su steht für
SÜSSKARTOFFEL, ein Gemüse, das auf Neuseeland, den Fidschiinseln und Tahiti unter ein und demselben Namen bekannt ist, was uns die Frage nahelegt, ob es diese Inseln möglicherweise erreichte, bevor es nach Europa gelangte (in der Tat verlaufen die Meeresströmungen des Südpazifiks so, daß ein Kanu oder Floß von der Westküste Südamerikas nach Tahiti und den Fidschis gelangen könnte).

Die Süßkartoffel oder Batate (*Ipomoea batatas*) ist ein durch und durch amerikanisches Gewächs, das im tropischen oder subtropischen Amerika entstanden sein muß, denn dort ist es eine mehrjährige Winde, während es in den wärmeren Gebieten der gemäßigten Zone als einjährige Pflanze angebaut wird. Ihre amerikanische Geschichte ist seit ihrer »Entdekkung« durch Kolumbus minutiös dokumentiert; Kolumbus berichtete von verschiedenen Varietäten, und bei einem Festmahl zu seinen Ehren servierte man ihm vier davon. *Batatas* hießen die Knollen in der Sprache der Arawak-Indianer, und dieses Wort stand Pate für den englischen Namen der Kartoffel – *potato*. In Peru fanden sich die ältesten archäologischen Nachweise der Süßkartoffel, die etwa aus der Zeit um 750 v. Chr. stammen und in der Nekropole von Paracas entdeckt wurden.

Die Spanier brachten die Süßkartoffel ebenso wie die Kartoffel nach Spanien mit, wo sie sie anpflanzten, und sie mundete ihnen weitaus besser als die Grund- oder Erdbirne; bereits in der zweiten Hälfte des 16. Jahrhunderts wurden Süßkartoffeln in Spanien, Portugal und vielleicht auch Italien allerorten angebaut. Zu dieser Zeit war die Pflanze in ganz Europa nicht mehr unbekannt, zumindest in botanisch interessierten Kreisen, und wir finden sie in allen botanischen Werken des letzten Viertels dieses Jahrhunderts, in denen die Kartoffel nicht immer vorkommt. John Gerard, der sie in seinem *Herball* von 1597 *potato* nennt, nannte die Kartoffel als Verlegenheitslösung Virginia-Kartoffel und legte damit den Grundstein für die irrige Annahme späterer Autoren, die Kartoffel stamme aus Nordamerika und nicht aus den Anden. Auch Shakespeare meint die Süßkartoffel, wenn er das Wort *potato* verwendet, während man sie in Frankreich *patate* und in Deutschland Batate nannte, wo Johann Sigismund Elsholtz in seinem *Diaeteticon* über sie schrieb: »Diese Wurzeln wachsen von sich selbst in America / und denen nahe daran belegenen Inseln [...]. Diese anmuthige Wurzeln kommen selten zu uns [...]. Alsdan aber übergehen sie die liebligkeit der Castanien und der gemeinen Zuckerwurz gar weit / und wären wehrt / daß man sie auch bey uns zu zielen vermöchte.«

Am erfolgreichsten ließ sich die Süßkartoffel dort einführen, wo stärkehaltige Nahrungsmittel nicht ausreichend vorhanden waren, in Afrika und auf den Pazifikinseln und in Indien, wo sie seit 1616 angebaut wird (und das in zahlreichen Varietäten, doch die sogenannte Pondicherry-Süßkartoffel ist keine, sondern eine Yamswurzel). China erhielt die Batate vermutlich über spanische Händler, die sie von den Philippinen mitbrachten, und Japan erhielt sie von China.

Mit Ausnahme der UdSSR, wo der Süßkartoffelanbau in den 30er Jahren forciert wurde, war man in Europa von den Knollen der Prunkwinde nur mäßig begeistert. In Südeuropa wird sie vereinzelt kultiviert, vor allem in Spanien, weniger in Südfrankreich.

Im Norden Frankreichs, wo man die Süßkartoffel nicht

kennt, schreibt man dennoch Bücher über Nahrungsmittel. Daß Alexandre Dumas im 19. Jahrhundert behaupten konnte, sie stamme aus Indien, wollen wir ihm gerne nachsehen, aber es erstaunt einigermaßen, die gleiche Information von zweifelhaftem Wert in der Ausgabe der Larousse-Enzyklopädie von 1960 zu finden und ebenso im *Dictionnaire de l'Académie des Gastronomes* von 1962.

In Lateinamerika hat die Süßkartoffel ihren Platz in der Küche gehalten, doch in den Vereinigten Staaten ißt man sie fast nirgends mehr, was daran liegen kann, daß Süßkartoffeln auf pestizidbehandelten Böden einen unangenehm muffigen Geruch annehmen, sogar noch Jahre nach der Behandlung. Ade, *soul food* der Südstaaten, ade, Süßkartoffelgerichte des *good old south.*

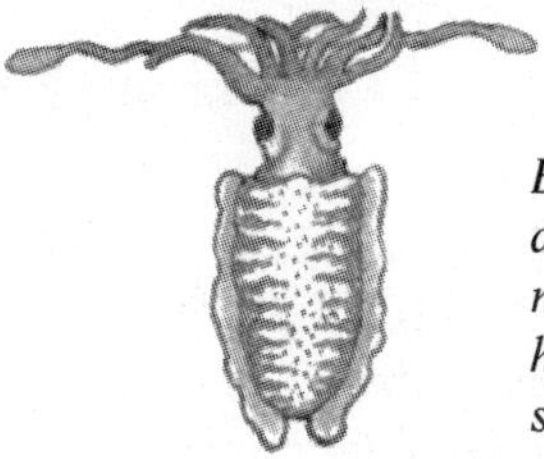

Eines Tages, als ich an der Loge des Concierge vorbeiging, rief er meinen Namen und sagte, jemand habe etwas für mich abgegeben. Er sagte, er werde es mir bringen, was er tat, aber mir wäre fast lieber gewesen, er hätte es nicht getan, als ich sah, was es war: ein Korb mit sechs weißen Tauben samt Begleitbrief einer Freundin, die schrieb, mehr habe sie für uns auf dem Land nicht auftreiben können, und mit den Worten schloß: Aber die findige Alice wird sicher etwas Leckeres daraus machen. Zweifellos ist es ein Fehler, den Ruf von Findigkeit aufkommen und von lieben Freunden verbreiten zu lassen. Er ist leicht erlangt, aber teuer bezahlt.

Alice Babette Toklas

Ta steht für

TAGART, Taheli und Tahounek, Wüstenpflanzen der Sahara, von denen die Tuareg sich ernähren; für Tala, eine große eßbare Frucht, die im Süden Brasiliens wächst; für Talg, den man nach den Worten eines Chronisten im 17. Jahrhundert auf den Faröerinseln in Stücken zuerst an der Luft »abhängen« ließ und dann vergrub, so daß er im Alter wie reifer Käse schmeckte; für die Tamarinde, wie eine Gattung der Johannisbrotgewächse heißt, deren säuerliches Fruchtmus als eine Art Knetgummi gehandelt wird und in Indien und den arabischen, aber auch den asiatischen Ländern vielen kulinarischen Zwekken dient; für Tamarillo, eine herbe rötlichgelbe Frucht aus Neuseeland; für Tangelo, die Kreuzung zwischen Grapefruit und Mandarine, und für Tangerine, die Mandarine; für Tapioka oder Sago, das Produkt von Cassava oder Maniok, einer alten Kulturpflanze, deren stärkehaltige Knollen Hauptnahrungsmittel der Indianer Mittel- und Südamerikas waren, während heutige Weiße die Stärke als pflanzliche Gelatine in Sülzen und Fruchtdesserts zu sich zu nehmen pflegen; für Tausendjährige Eier, die aus Enteneiern zubereitet gehören und nach sechs bis zehn Wochen gegessen werden; und es steht für Taube, einen Vogel, den man als Zuchtgeflügel essen kann, aber auch als Wildgeflügel.

Te steht für

TEF, eine abessinische Hirse (→ Hi), aus der in Äthiopien Brot gebacken wird, das jemand, der kein Fan dieses Brots gewesen zu schein scheint, als Substanz beschrieb, die sich im Mund anfühle, als kaue man auf einem sauren Schwamm herum; für die Terebinthe, aus der man tatsächlich Terpentin gewinnt; für

Termiten, deren dicke und fette Königinnen im tropischen Afrika roh verzehrt werden, in Europa dagegen in Schokolade; und es steht für Téton de Vénus, ehe französische Pfirsichsorte.

Th steht für
THUNFISCH. Um genügend Sauerstoff aufzunehmen, müssen Thunfische pfeilschnell das Meer durchpflügen; Magellans Begleiter beobachteten Thunfische, die schneller schwammen, als fliegende Fische die Luft durcheilten, die den schnelleren Thunfischen bei der Landung quasi ins Maul plumpsten.

Der Rote oder Gewöhnliche Thunfisch (*Thunnus thynnus*), der Monarch aller Thunfische, der 4,5 Meter Länge und 600 Kilo Gewicht erreichen kann, ist zweifellos der ausdauerndste Schwimmer unter allen Meeresbewohnern, was er unter anderen Eigenschaften der Stromlinienform seines Körpers verdankt und dem Umstand, daß das Blut in seinem Körperinneren wärmer als das nahe der Haut ist (Warmblüter sind zu größeren Muskelanstrengungen fähig als Kaltblüter). Er ist außerdem der meistgegessene Thunfisch, was er vor allem den Japanern verdankt, die sein dunkelrotes, gut durchblutetes Fleisch roh besonders schätzen. Sie legen großen Wert auf absolute Frische, und Thunfisch aus dem Nordpazifik ist der teuerste, weil er nicht so weit transportiert werden muß wie Fisch aus dem Indischen oder Atlantischen Ozean. Auch in Afrika schätzt man den Roten Thunfisch, während Nordeuropäer sein festes Fleisch oft als zu fett und ölig empfinden.

In Amerika zieht man dem Roten den Weißen Thunfisch vor (*Thunnus alalunga*); er wird bis zu 1,1 Meter lang und wiegt an die 30 Kilo. Sein Fleisch ist nicht nur heller, sondern auch etwas fader als das des Roten Thunfischs. Frisch eignet er sich für alle Zubereitungsweisen, aber wie der Rote Thunfisch wandert er heute am häufigsten in Thunfischkonserven.

Weitere Thunfische sind *Thunnus albacares*, der Gelbflossenthunfisch, der im tropischen Afrika am beliebtesten ist, *Katsuwonus pelamis*, der sogenannte Echte Bonito (der ein Thunfisch ist, während der sogenannte Unechte Bonito ein echter Bonito ist), der zartes, schmackhaftes Fleisch besitzt, und der Zwerg der Sippe, *Thynnus thunina* oder *Euthynnus alletteratus*, denn sein Rücken sieht aus, als hätte jemand etwas in einer unbekannten Sprache darauf gekritzelt. Viele Liebhaber seines festen, fetten Fleisches vergleichen den Geschmack mit dem von Kalbfleisch, und Alexandre Dumas nannte es »weder Fisch noch Fleisch«.

Seit vorgeschichtlichen Zeiten ißt der Mensch Thunfisch. In Nordeuropa fand man Thunfischgräten in Küchenabfällen aus dem Paläolithikum zusammen mit den Gräten von Hering und Kabeljau. Weder Hering noch Kabeljau hatte Zugang zum Mittelmeer, wohl aber der Thunfisch, und von Homer wissen wir, daß die Griechen, die ihn der Artemis weihten, viel Thunfisch konsumierten. Wohlhabende aßen ihn mariniert, wobei die Marinade mit exotischen Gewürzen angereichert war, die Armen aßen ihn gesalzen, als Pökelthunfisch, und außerdem legte man ihn – wie heute – in Öl ein. Der Thunfischbedarf der Griechen war so groß, daß sie getrockneten oder gepökelten Thunfisch aus dem Schwarzen Meer importierten. In Karthago servierte man bei Hochzeitsfeiern Thunfisch, in Rom verwendete man seine fermentierten Eingeweide zur Herstellung von *garum*.

Im Mittelalter war es still um den Thunfisch, von dem wir erst wieder in der Renaissance hören, als man ihn wie im alten Griechenland marinierte. Seither konnte er im Westen die alte Beliebtheit nicht wieder erreichen, außer als moderne Konserve, die uns in dubiosen Salatmischungen aufgetischt wird. Trotzdem droht auch ihm der Exodus durch Überfischen.

THYMIAN. Plinius äußerte sich ausführlich zu den Tugenden des Thymians, der gegen Kopfschmerzen half, giftige Meeresbewohner in die Flucht schlug, gegen Schlangenbisse wirksam war und zur Beruhigung von Epileptikern empfohlen wurde, während Wilder Thymian mit seinem Geruch Schlangen vertrieb, Koliken dämpfte und bei Leber- und Milzbeschwerden half. (All das könnte man in meinem Buch *The Food of Ancient Greece and Rome* nachlesen, wenn, ja wenn es jemals erschienen wäre.)

Der Thymian, ein Eingeborener des Mittelmeerbeckens, war schon lange vor der Zeit der Römer bekannt, denn die Sumerer benutzten ihn bereits gegen 3500 v. Chr. Die Ägypter nannten ihn *tham*, und bei ihnen gehörte er zu den Kräutern und Gewürzen, die zum Einbalsamieren erforderlich waren. Hippokrates führt ihn unter den Heilkräutern auf, und in Griechenland kannte man mehrere Varietäten von Gartenthymian und von Wildem Thymian. Virgil nennt Thymian als Bestandteil von *moretum*, einer Mixtur geheimnisvoller Natur, die verschiedentlich als Salat, als Eintopf und sogar als Käse identifiziert wurde, doch neige ich persönlich zu der Ansicht, daß sie eine Art Bouquet garni war. Die Römer zogen die Varietäten des Wilden Thymians oft den Gartensorten vor, da ihr Duft ihnen besser gefiel.

Thymian galt den Römern als Kraut, das Mut verleiht, und dies erklärt vielleicht, warum Ritter des Mittelalters Tücher trugen, die von den Damen ihres Herzens mit Thymianzweiglein bestickt waren, doch darauf beschränkte sich der Gebrauch, den man im Mittelalter von Thymian machte. Hildegard von Bingen bildet die einzige Ausnahme, denn sie benutzte ihn als Heilkraut. Daß man ihn vergaß, mutet merkwürdig an, denn trotz seiner südlichen Herkunft hatte er schon früh die Alpen überwunden und sich in ganz Mittel- und sogar Nordeuropa ausgebreitet. Auf Island wächst er so verschwenderisch, daß ein typisches Gericht der Insel Sauermilch mit Zitronenthymian ist.

Thymus vulgaris ist unser Gartenthymian, der in Bouquets garni, Saucen, Füllungen, Suppen und Eintöpfen benutzt wird; *Thymus citriodorus*, der Zitronenthymian, ist eine verbreitete Varietät, die sich durch einen zarten, aber merklichen Zitronenduft auszeichnet, zu hellem Fleisch und Fisch empfohlen wird, aber auch alle Desserts bereichert, die mit Zitrone zubereitet werden können. Der Wildthymian oder Quendel – *Thymus serpyllum* – existiert in zahlreichen Varietäten, die oft als Zierpflanzen dienen, aber als Gewürz nicht zu verachten sind.

Ti steht für
den TIGER, dessen Fleisch seit der Zeit des Peking-Menschen von der Speisekarte verschwunden ist, obwohl Tigerpfoten in Thailand als Delikatesse gelten; für die Tigerblume, deren Wurzeln im alten Mexiko gegessen wurden, und für die Tigerlilie, deren getrocknete Knospen im heutigen China gegessen werden; und es steht für den Tintenfisch, den alle Völker der Welt essen, nur die Angelsachsen nicht.

To steht für
den TÖLPEL, den heutzutage niemand essen würde, der Heinrich VIII. jedoch mundete; für Torf- oder Sumpfmoos, 1849 von dem englischen Botaniker John Lindley als »erbärmliches Nahrungsmittel barbarischer Länder« charakterisiert; und es steht für die Totentrompete (verharmlosend Herbsttrompete geheißen), einen dem Pfifferling verwandten Leistenpilz, der sich besonders gut zum Trocknen eignet und einen hervorragenden Trüffelersatz abgibt (was nicht als Appell an die Nahrungsmittelverfälscher gemeint ist).

To steht außerdem für
TOMATE, Liebes- oder Paradiesapfel, eine Frucht aus der Familie der Nachtschattengewächse, die folglich lange Zeit in Europa im Ruf der Giftpflanze stand. Hatten ahnungslose Menschen der Tomate gegenüber möglicherweise den gleichen Irrtum walten lassen wie bei der Kartoffel und statt der Früchte die Blätter gegessen, die in der Tat giftig sind? Das Alkaloid Solanin, das die Stengel und Blätter enthalten, besitzen die Früchte nur in unreifem Zustand; in reifen Tomaten ist es abgebaut. In alten Rezepten wird meist empfohlen, Tomaten mit Salz, Pfeffer und Öl sowie weiteren Kräutern oder Gewürzen zu kochen, um so ihren Giftgehalt zu neutralisieren, und noch 1860 zirkulierte in den USA der Rat aus der Bibel aller amerikanischen Hausfrauen, *Godey's Lady's Book*, Tomaten mindestens drei Stunden lang zu kochen. Welcher wagemutige Teufel in Italien die erste rohe Tomate aß, ist nirgends verzeichnet, aber in Amerika hieß der furchtlose Mann Robert Gibbon Johnson, und seine Tomate aß er 1840 seelenruhig vor aller Augen in Salem, New Jersey, auf der Treppe eines öffentlichen Gebäudes.

Die Heimat der Tomate sind die Andentäler im heutigen Ecuador, Peru und Bolivien. Kultiviert wurde sie offenbar nicht, und man nimmt an, daß die präkolumbischen Indianer die reifen Früchte während ihrer kurzen Saison wild sammelten. Daß sie keine Zuchtversuche unternahmen, kann daran liegen, daß die kirschgroßen gelben Früchte ihnen der Mühe nicht wert schienen, aber auch daran, daß Tomaten sich nicht lagern lassen. Bis nach Mexiko scheint die Tomate gewandert zu sein, doch auf die karibischen Inseln war sie vor Kolumbus' Ankunft nicht gelangt. Die Konquistadoren brachten die Pflanze, die auf Nahuatl offenbar *tumatl* hieß, nach Spanien, wo sie mit Gleichmut empfangen wurde; doch anders verhielt es sich im heutigen Italien, das die neue Pflanze über das Königreich Neapel erhielt, das seit 1522 unter spanischer Herrschaft stand. Mit Leidenschaft experimentierten die Italiener sowohl in der Küche als auch im Garten mit der »Tumatl«; aus dem Jahr 1544 stammt die erste Beschreibung von Mathiolus Pierandrea, der sie *mia aurea* nannte und als eßbar befand, was er später modifizierte, als er den goldenen in den ungesunden Apfel, *mela insana*, umtaufte. Ab 1743 bestand jedoch kein Zweifel mehr an der Genießbarkeit der Frucht – in Italien. Anderswo in Europa pflanzte man Tomatenstöcke zu rein dekorativen Zwecken, und erst in der Ausgabe von 1778 führt der Samenkatalog der Firma Vilmorin in Frankreich Tomaten als mögliche Nahrungspflanze auf; außerhalb Italiens begann man Tomaten in größerem Maßstab erst im 20. Jahrhundert zu essen.

Auf Java erfahren wir 1685 von ersten Tomaten, in Malaysia scheinen sie 1755 eingeführt worden zu sein, doch mysteriös mutet an, daß man 1860 im Inneren des afrikanischen Kontinents Tomaten vorfand, ohne daß irgend jemand hätte sagen können, wann und wie sie dorthin gelangt waren, und nicht weniger merkwürdig scheint auch, daß niemand sie für eßbar gehalten hatte, bis man Europäer sie essen sah.

Einer der ersten Tomatenzüchter der Vereinigten Staaten war erwartungsgemäß Thomas Jefferson, doch wissen wir nicht, woher er sein Material bezog. Der erste amerikanische Staat, der die Tomatenzucht betrieb, war Louisiana.

Heute denkt man beim Wort Tomate an relativ große rote Früchte, die entweder rund oder länglich geformt sind; bis 1830 war die vorherrschende Tomatensorte jedoch stark gerippt, so daß es aussah, als könne man die Tomate in Schnitze zerteilen. Diese erste Kulturtomate war seit 1570 von den Italienern entwickelt worden; 1723 gesellten sie ihr erste glatthäutige Tomaten zu.

Alle uns bekannten Tomatensorten sind – mit einer Ausnahme – Varietäten der Art *Lycopersicon esculentum*, und die Ausnahme ist *Lycopersicon pimpinellifolium*, deren Früchte so klein wie Johannisbeeren sind. Die Varietät unserer Gartentomate, die der Urform am ähnlichsten sein dürfte, ist die Kirschtomate, die oftmals auch farblich an die ersten Tomaten erinnert, denn nicht immer ist sie rot, sondern gern auch gelb.

Es wäre nicht verfehlt, abschließend die durch nichts zu unterbietende Aromalosigkeit heutiger Treibhaustomaten zu beklagen, doch ausnahmsweise zeichnet sich zumindest in Europa eine Wende zum Positiven ab. Aus den südeuropäischen Ländern werden in letzter Zeit Tomaten exportiert, die eine traditionelle Kreuzung sind und wochenlang haltbar bleiben, obwohl sie an den Stauden ausreifen konnten. Sie werden meist mit ihrem Grün verkauft und Strauchtomaten genannt. Liebe Leser, Sie werden es nicht für möglich halten, aber laut einem Bericht der *Neuen Zürcher Zeitung* vom August 1994 verlieren die Treibhaustomaten inzwischen sogar Marktanteile.

TOPINAMBUR. Die Topinambur, Erdbirne oder Erdartischocke ist das einzige in Europa heimisch gewordene Gemüse aus der Neuen Welt, das nicht aus Süd- oder Mittelamerika, sondern aus Nordamerika stammt, genauer gesagt aus den mittleren Vereinigten Staaten und aus Kanada. Wild wächst sie von Nova Scotia bis Georgia, und die Indianer bauten sie an. In einem indianischen Gemüsegarten auf Cape Cod sah Samuel de Champlain 1605 zum erstenmal *Helianthus tuberosus* (denn um Sonnenblumenknollen handelt es sich bei der Topinambur), und 1616 begegnete er der Pflanze erneut, diesmal in Kanada, und sandte Knollen nach Frankreich. Zur gleichen Zeit wurden Topinambur auch in Italien und Spanien bekannt, und in Deutschland baute man sie spätestens gegen 1632 an. England erhielt die ersten Knollen 1612. Während man der

Kartoffel gegenüber reserviert blieb, faßte man in Europa schnell Zutrauen zur Topinambur. Im *Diaeteticon* aus dem Jahr 1682 wird sie vorgestellt als »Artschocken unter der erden / weil ihr schmack den rechten Artschocken / wan sie eben so zugericht / fast gleichet«. Seit die Kartoffel sich durchgesetzt hat, ist die Topinambur fast ganz vom Speisezettel verschwunden und wird in Europa vornehmlich als Tierfutter angebaut. In Ägypten, Ostafrika und Südafrika jedoch ist sie Grundnahrungsmittel geblieben, und vereinzelt schätzt man sie auch dort, wo man sie generell verschmäht.

Ihren Namen erhielt die Topinambur 1613 in Paris, denn in jenem Jahr wurden sechs brasilianische Tupinamba-Indianer in diese Stadt gebracht, und da man davon ausging, daß Brasilien und Kanada ganz nah beieinanderliegen, benannte man das neue Gemüse aus Kanada nach ihnen. Man sieht, Geographie war noch nie die Stärke der Freunde der Logik.

Tr steht für
die TRADESCANT-KIRSCHE, die John Tradescant d. Ä. im 17. Jahrhundert aus einer älteren herzförmigen Varietät entwickelte; für Tragant, den Lieferanten des Tragantgummis, mit dem Fertiggerichte angedickt werden; für die Trauertaube, die eine der wohlschmeckendsten Tauben ist; und für den Trompetervogel, einen überaus wohlschmeckenden gezähmten Vogel, der im tropischen Südamerika als Aufseher über weniger disziplinierte Bewohner des Hühnerhofs eingesetzt wird.

Tr steht außerdem für
TRAUBE. Brillat-Savarin erzählt die Anekdote von dem ungehobelten Gast, der, als man ihm zum Dessert Trauben anbot, sagte, er pflege seinen Wein nicht in Pillenform zu sich zu nehmen. Dieser Mann war nicht nur unhöflich, sondern auch ein

Ignorant; Tafeltrauben und Trauben zur Weinbereitung sind Jahrhunderte vor Brillat-Savarins Lebenszeit als verschiedene Varietäten gezüchtet worden, auch wenn man manche Weinsorten essen und aus einigen Tafelsorten Wein machen kann.

Seit prähistorischen Zeiten essen wir Trauben, züchten wir sie vielleicht sogar. In der Schweiz fand man Traubenkerne aus dem Neolithikum und dem Bronzezeitalter, in der Neuen Welt Traubenkerne aus der Zeit um 1800 v. Chr. – und beide Fundorte sind nicht gerade nah an der vermuteten Heimat der Traube, die sich in der Nähe des Kaspischen Meers befinden dürfte, während erste Kulturtrauben aus Persien stammen. Von ihrer Heimat aus gelangten die Trauben nach Sumer, spätestens gegen 3000 v. Chr., und nach Ägypten, wo sie bereits um 4000 v. Chr. abgebildet sind. Wir wissen, daß Trauben in den hängenden Gärten Babylons wuchsen, und die Bibel erwähnt sie ständig.

In Griechenland fand man Traubenkerne in bronzezeitlichen Ausgrabungen. Spätestens gegen 1700 v. Chr. wurden Trauben dort kultiviert, und man unterschied sorgfältig zwischen Sorten zur Weinbereitung und Sorten zum Essen. Die Römer lernten Trauben wohl auf Sizilien, in Magna Graecia, kennen, und in Rom waren Trauben ein immens populäres Dessert; die Römer unterschieden außerdem zwischen Tafeltrauben für den sofortigen Verzehr und solchen, die getrocknet wurden (laut Columella nahm man dafür die größten und süßesten weißen Trauben). Als beste Rosinen galten in der Antike die aus der Gegend von Korinth.

Wir wissen nicht genau, wie die Weinrebe nach Norden gelangte, aber es muß vor dem Mittelalter geschehen sein, und überall, wo das Klima nicht zu streng war, baute man Wein- und Tafeltrauben an (der europäische Weinbau war bis ins Mittelalter hinein viel weiter nördlich verbreitet, als man sich heute vorstellen kann, da es insgesamt wärmer war).

Von den ungefähr 8000 heute bekannten Traubenvarietäten gehören alle, die in der Alten Welt entwickelt wurden, zur Art des Echten Weins oder Weinstocks *Vitis vinifera.* Der Wildwein *Vitis sylvestris* mit sehr sauren Trauben ist fast ganz verschwunden und existiert nur noch an wenigen Stellen am Oberrhein. Die Entdeckung Amerikas erweiterte das Weintraubenspektrum um 40 neue Arten, und sie waren die Rettung des europäischen Weinbaus, als im 19. Jahrhundert die (ebenfalls aus Amerika eingeschleppte) Reblaus die europäischen Weinstöcke auszurotten drohte.

TRÜFFEL. Spätestens um 1800 v. Chr. aß man in Mesopotamien Trüffeln, und die Römer importierten Trüffeln aus Griechenland. Apicius hat uns sechs Trüffelrezepte hinterlassen, doch wissen wir nicht, um welche Trüffeln es sich handelte: Einer Beschreibung läßt sich entnehmen, daß es Rote Trüffeln oder Graue Trüffeln waren, die wenig Aroma besitzen. Umbrische Trüffeln aßen die Römer ebenfalls, aber die heute so berühmten Weißen Trüffeln des Piemont kannten sie nicht.

In der europäischen Küche tauchen Trüffeln erst im 15. Jahrhundert wieder auf; Platina schreibt, sie gehörten am Ende der Mahlzeit gegessen, um die Verdauung zu befördern. Um diese Zeit hören wir auch erstmals von Trüffelsuchern in Frankreich, die Schweine beschäftigen, denen sie einen Maulkorb umbinden, damit die Schweine ihren Fund nicht an Ort und Stelle auffressen. In der Renaissanceküche scheint man Trüffeln hauptsächlich eingemacht gegessen zu haben, was ihnen viel von ihrem Aroma genommen haben muß. Pierre François de la Varenne, der berühmte Koch des 17. Jahrhunderts, bereitete sie als erster wie Pilze zu, im 18. Jahrhundert waren sie etwas Kostbares und Seltenes, und im 19. Jahrhundert war die Trüffel das Statussymbol schlechthin, das im Verein mit Champagner aufzutreten hatte.

Trüffeln waren von jeher ein geheimnisumwobener Pilz. Sie gehören zu den Scheibenpilzen und wachsen unterirdisch, meist im Waldboden, wo sie mit den Wurzeln der Bäume, meist Eichen, Mykorrhiza bilden. In der Antike glaubte man, sie entstünden ungezeugt aus dem Boden oder durch Blitzschlag, doch Theophrast erkannte, daß es Pflanzen waren. In Spanien glaubt man heute noch hier und da, die Trüffel stamme vom Teufel ab, weil der Boden, wo Trüffeln wachsen, oft aussieht wie verbrannt, und in Frankreich unterstellt der Aberglaube ihnen dämonische Wirkkräfte, die nachts besonders machtvoll sein sollen; wer nachts Trüffelgebiete durchqueren muß, bekreuzigt sich fleißig.

Diamant der Küche, so nannte Brillat-Savarin die Trüffel, und Robert Courtine fügte 230 Jahre später hinzu: »Leider aber auch im Preis.« Die verstiegensten Vergleiche werden angestellt, um Geruch und Geschmack dieser schwarzen Diamanten zu beschreiben, doch in der erdrückenden Mehrzahl der Fälle kommt nichts dabei heraus als sehr minderwertige Lyrik. Trüffeln schmecken wie Trüffeln, das ist das ganze Geheimnis, und es ist ein großartiges und seltenes Privileg, eine wirklich gute, frische Trüffel zu kosten – ein Privileg, wie es mir einmal in meinem Leben widerfahren ist, obgleich ich in Frankreich und Italien verschiedentlich Trüffeln gegessen habe, die nicht übel waren.

Als beste Trüffeln gelten die Périgord-Trüffeln, die auch im Elsaß und in Südwestdeutschland vorkommen und heute fast ausschließlich aus dem Quercy stammen (der Name ist keine Herkunftsbezeichnung, sondern das nichtlateinische Äquivalent für *Tuber melanosporum*); sie sind außen dunkelbraun bis schwarz, und ihr Inneres ist anfangs weißlich und bei reifen Trüffeln braun marmoriert. Die zweitbeste Trüffel ist die Weiße Trüffel des Piemont, *Tuber magnatum*, die in der Gegend um Alba wächst; sie ist außen graubraun und innen grauweißlich marmoriert. Ihr Geruch wird gern als Mischung aus Knoblauch und Käse beschrieben, und sie wird nur roh verwendet, nie gekocht.

Außer Périgord-Trüffeln gibt es in Frankreich verschiedene Trüffelarten, deren Aroma von »köstlich bis banal« reicht und meist stark zum Banalen tendiert. In Spanien, Deutschland und England gibt es die Sommertrüffel *Tuber aestivum*, die dunkelbraun ist, aromatisch duftet, aber so gut wie keinen Eigengeschmack aufweist. Besser als sie ist die Wintertrüffel *Tuber brumale*, die man jedoch selten zu kaufen bekommt.

In den Vereinigten Staaten sind die einheimischen Trüffeln noch fader, und jede neuentdeckte Art ist eine Enttäuschung.

Seit fast 200 Jahren versucht man, Trüffeln zu züchten, was bei jedem neuen Anlauf mit großer Anteilnahme und großen Erwartungen beginnt und jedesmal ein kleinlautes Ende nimmt. In den Tageszeitungen kann man sich über diese Experimente regelmäßig auf dem laufenden halten.

Wie bei allen kostspieligen Nahrungsmitteln ist das Verfälschen bei Trüffeln an der Tagesordnung. Harmlos kann man noch die Fälle finden, wo Sommertrüffeln oder Totentrompeten Périgord-Trüffeln in Pasteten ersetzen müssen, denn es gibt unappetitlichere und vor allem der Gesundheit abträglichere Ersatzstoffe, so wenn Bohrlöcher durch Wurmfraß mit Ton oder Blei aufgefüllt werden. Am unappetitlichsten jedoch war das Trüffeleis, das ein vornehmes New Yorker Restaurant für seine vornehme Kundschaft kreierte.

TRUTHAHN. »Ich wünschte, man hätte nicht den Adler als Wappentier unseres Landes auserwählt«, schrieb Benjamin Franklin am 26. Januar 1784 seiner Tochter Sarah Bache. »Er ist ein Vogel, dessen sittliche Grundsätze zu wünschen übriglassen, wie es unter den Menschen jene sind, welche sich aufs Gaunern und Stehlen verlegt haben; er ist im allgemeinen arm und oftmals äußerst schäbig. Der Truthahn ist ein viel reputierlicherer Vogel und der wahrhaft unverdorbene Repräsentant Amerikas.« In anderem Zusammenhang soll er vorgeschlagen haben, ohne dabei die Miene zu verziehen, einen Truthahn auf der amerikanischen Flagge abzubilden.

Die europäischen Siedler fanden die Truthühner zwar in Nordamerika vor, aber ihre Heimat liegt weiter südlich, nämlich in Mexiko, und von dort aus wanderten die Wildvögel allmählich nach Norden (nur die seßhaften Pueblo-Indianer besaßen in Nordamerika zahme Truthühner, wie es bei Ackerbauern unumgänglich ist, wenn sie ihr Getreide nicht ausschließlich zur Versorgung des Wildgeflügels anbauen wollen).

Wer die ersten Truthühner nach Europa brachte, wissen wir nicht; Francisco Fernández de Córdoba sah 1517 erstmals Truthühner in Yucatan, Cortez lernte sie 1519 in Mexiko kennen, und beide können Vögel nach Spanien geschickt haben. Bernal Diaz berichtet, daß man auf mexikanischen Märkten Fertiggerichte aus Truthahnfleisch kaufen konnte (schon damals!) und daß auf Montezumas Tafel täglich Truthahn serviert wurde.

Die merkwürdigen neuen Nahrungsmittel aus der Neuen Welt wurden für gewöhnlich in Europa mit größter Skepsis beäugt, und es dauerte Jahrhunderte, bis man die Scheu vor ihnen verlor. Truthühner waren eine Ausnahme: Sie wurden sofort begeistert angenommen – vielleicht weil man in Europa große Geflügelvögel kannte. Diese aztekischen Truthühner waren keine Wildvögel, sondern gezähmte (Wildvögel hätten die Azteken kaum brauchen können); über spanische Klöster gelangten die ersten europäischen Haustruthühner bald nach Frankreich und von dort ins übrige Europa.

Damals, im frühen 16. Jahrhundert, servierte man bei festlichen Anlässen die gebratenen Truthühner in ihrem vollen Federschmuck, genau wie die Pfauen, die das Truthuhn von der Tafel verdrängte. In England verdrängte es die Gans, in Deutschland trat es gleichberechtigt neben sie. Im 18. Jahrhundert erlebte Frankreich ein wahres Truthahnfieber, verstärkt durch den Unabhängigkeitskrieg, der sympathisierende Franzosen verpflichtete, zum Zeichen ihrer Solidarität den durch und durch amerikanischen Vogel zu essen. Trüffeln wurden in der Folge zu einer beliebten Füllung – man füllte den Vogel über Nacht mit Trüffeln, die man vor dem Braten wegwarf (heute würde man sicher lieber den Vogel wegwerfen und die Trüffeln essen).

Brillat-Savarin, ein großer Freund der Truthühner, legte ausführlich dar, wie sie von Amerika nach Europa gelangt waren, und wies darauf hin, daß nur in Amerika wilde Truthühner zu finden sind, doch das hielt Alexandre Dumas nicht davon ab, keine fünfzig Jahre später zu »beweisen«, daß dieses Geflügel bereits in der Antike bekannt gewesen sei. Dumas geht dem Namen »indianischer Hahn« oder Indian auf den Leim, im Französischen *poule d'inde*, woraus *dinde* wurde, und er übersieht, daß das Wort Indien in diesem Zusammenhang Westindien bedeutet, anders gesagt Mittelamerika.

Tiefe gastronomische Gräben trennen Truthahnfreunde und Truthahnfeinde. Brillat-Savarin nannte Truthühner das schönste Geschenk der Neuen Welt an die Alte, Robert Courtine behauptet, Truthahn erinnere ihn geschmacklich an einen alten Zouaven, obwohl er sich glücklich schätze, noch nie einen alten Krieger gegessen zu haben.

Einen Truthahn (einen kastrierten selbstverständlich) oder eine Henne richtig zu braten ist nicht einfach, aus zweierlei Gründen: Im Unterschied beispielsweise zu Gänsen sind Truthühner fettarm und laufen Gefahr, bei unsachgemäßem Braten völlig auszutrocknen, und die Brust ist wesentlich schneller gar als die Beine – schneller als bei jedem anderen Geflügel.

Heute werden überall sogenannte Babyputer angeboten, die in den kleinen Backofen der Kleinfamilie passen, aber die herrlichen Truthühner meiner Kindheit waren große Vögel, die zehn und mehr Gäste verköstigten, und sie erinnerten geschmacklich stärker an ihre wilden Verwandten, als es europäische Truthühner je könnten.

Du verstörst uns nicht, o Nacht!
Sieh! wir trinken im Gebüsche;
Und ein kühler Wind erwacht,
Daß er unsern Wein erfrische.

Johann Peter Uz

U steht für
den UHU, den Achille Murat, der Mann ohne (Geschmacks-) Nerven, als einziger aß, denn wie wir wissen, bevorzugte er Eulenvögel gekocht, nicht gebraten; für die Ukelei, einen Weißfisch aus der Karpfenfamilie, der beim Zander beliebter ist als beim Menschen und aus dessen Schuppen früher Fischsilber hergestellt wurde, mit dem man Perlmutt imitierte; für Umber, einen dem Barsch verwandten Mittelmeerfisch; für Ungeziefer, die Sammelbezeichnung für eine Quelle animalischen Proteins, die der Mensch nur in äußerster Not anzapft; für die Unke, deren schöne Augen Dichter besingen; für Unschlitt alias Talg, den der Mensch in Notzeiten freiwillig und zu anderen Zeiten unfreiwillig zu sich nimmt, wobei er auf die freundlichen Dienste der Nahrungsmittelverfälscher angewiesen ist; für Unterkohlrabi, den zehnten Namen der Steckrübe; für Ur oder Auerochse, den Vorfahren unseres Hausrinds, der erst im 17. Jahrhundert ausstarb; und es steht für die Uräusschlange, eine außerordentlich giftige Kobra, die ein ägyptisches Herrschersymbol war.

V

Im Jahre 1771 starb zu Ilefeld der Passauer Vielfraß Joseph Kolniker. Schon in seinem dritten Jahre fraß er vor Hunger Steine. Mutter und Großmutter waren Steinfresserinnen gewesen. Er konnte nicht anders satt werden, als wenn er Steine unter sein Essen mischte. Länger als eineinhalb Stunden hielt keine Mahlzeit vor. […] In seiner Jugend war er Soldat, bei Einquartierungen ward er für acht Mann gerechnet.

Eugen von Vaerst

Va steht für
VANILLE, ein Orchideengewächs aus Mittelamerika. In *Conquest of Mexico* schreibt William Prescott, Montezuma habe als einziges Getränk *chocolatl* zu sich genommen, »einen Schokoladentrunk, der mit Vanille und anderen Gewürzen parfümiert und zu einem dickflüssigen Schaum geschlagen war, der wie Honig im Mund zerging«. Prescott konnte das nicht aus eigener Anschauung wissen, aber Bernardino de Sahagún konnte es, und in seiner *Historia general de las cosas de Nueva España,* die 1579 beschlagnahmt wurde und für 200 Jahre im Giftschrank verschwand, berichtet er von *tlixochitl,* wie die Azteken die Vanille nannten, und daß sie einen Vanille-Schokoladen-Trunk nach den Mahlzeiten zu sich nahmen.

Woran lag es, daß die Spanier nur die Kakaobohnen nach Spanien brachten, nicht aber die Vanille, die erst 100 Jahre später von französischen Reisenden aus Amerika in die Alte Welt eingeführt wurde? Vermutlich daran, daß die Spanier wenig Interesse zeigten, von den Azteken zu lernen; und von allein offenbart die Vanillepflanze ihre Geheimnisse nicht, denn nur die reifen Früchte geben Duft ab, wenn sie platzen.

Vanillepflanzen sind Kletterpflanzen, die einen Baum oder künstliche Kletterhilfen als Stütze benötigen. Die Früchte – die Schoten – sind mit einer klebrigen Substanz gefüllt, in die unzählige kleine schwarze Samenkörner eingebettet sind (das sind die schwarzen Pünktchen im Vanilleeis). Die Früchte werden beim Reifen goldgelb und müssen im richtigen Moment gepflückt werden, bevor sie von selbst aufplatzen, was bedeutet, daß man jede einzelne Pflanze tagelang absuchen muß, bis alle Schoten geerntet sind. Dem Pflücken folgen andere, nicht weniger mühselige Prozeduren, die innerhalb einiger Wochen aus den goldenen Früchten die dünnen, langen, schwarzbraunen Vanilleschoten machen, die wir in langen, dünnen, durchsichtigen Glasröhrchen kaufen.

Einer der wichtigsten Vorgänge ist die Fermentierung, die das potentielle Aroma der Vanille in tatsächliches Aroma verwandelt. Auf der Schotenoberfläche bildet sich ein Reif, den der Fachmann mit dem französischen Begriff *givre* bezeichnet; dieser Reif besteht aus Vanillinkristallen; Vanillin ist das aromatische Aldehyd, das in erster Linie für den Vanilleduft verantwortlich ist.

Die solcherart bearbeiteten Früchte der Echten oder Gewürzvanille (*Vanilla planifolia*) sind die besten Vanilleschoten oder -stangen und werden als Bourbon-Vanille oder Mexiko-Vanille gehandelt; von minderer Qualität sind die Früchte anderer Vanillearten, von *Vanilla aphylla* oder von *Vanilla pompona*, die Vanillons heißen und in der Parfumindustrie begehrter sind als in der Küche, denn ihr Aroma ist nicht nur stärker, es ist auch weniger fein als das der Echten Vanille.

Auf der ganzen Welt wird nicht genug natürliche Vanille erzeugt, um allein den Bedarf der USA zu decken, und deshalb hat der Mensch nach Ersatzstoffen Ausschau gehalten. Es gibt andere Pflanzen, die Vanillin enthalten (allerdings mit weniger erwünschten Aromastoffen angereichert), und Pflanzen, die ähnlich duftende ätherische Öle aufweisen, doch das erste wirklich künstliche Vanillin wurde 1876 in Deutschland synthetisch aus Eugenol hergestellt (einem ätherischen Öl, das in Gewürznelken enthalten ist). Künstliches Vanillearoma ist sehr stark, um nicht zu sagen aufdringlich, und es ist mit größter Vorsicht zu gebrauchen. Wie alle künstlichen Aromen krankt es daran, daß es die Vorlage zu perfekt imitiert.

In manchen Kochbüchern wird man Ihnen versichern, das Aroma künstlicher Vanille unterscheide sich in nichts von dem des klebrigen Inhalts der Schoten – schön wär's!

Ve steht für
VEILCHEN, deren Blütenblätter ein willkommener Farbtupfer in Frühlingssalaten sind und in kandierter Form Baisertorten krönen; für den Venuskamm oder Nadelkerbel, ein eßbares Doldengewächs; für *Verbascum*, worunter hier die Königskerze verstanden sein soll, eine alte Heilpflanze; und es steht für Verjus, die mittelalterliche Sauce zu vielen Fleischgerichten, deren modernes Substitut gewonnen wird, indem man Holzäpfel oder andere möglichst saure Äpfel und (möglichst nicht zu reife) Trauben zerquetscht und den Saft verwendet.

Vo steht für
VOGELNESTER, die keine sind, sondern eine Absonderung der Seeschwalben beim Nestbau, die aus den gesammelten Nestern mühsam extrahiert wird; und es steht für Vogelzungen, worunter man das verstehen kann, was das Wort heißt und was im alten Rom (wo sonst?) als ausgesuchter Leckerbissen galt, aber auch die höllisch scharfen kleinen Chilischoten in getrockneter Form.

Das sogenannte Abhängen von Fleisch, Wild und Geflügel aller Art betrachte ich als eine Überlieferung, die aus der Not der Zeit ein Gebot machte. Aber wenn einer glaubt, daß ein altes Tier wieder jung wird, wenn es wochenlang – bis zum Schimmligwerden – im Kühlraum hängt, so befindet er sich in einem großen Irrtum.

Alfred Walterspiel

Desserts müssen wie ein Schmetterling auf der Zunge tanzen.

Eckart Witzigmann

Wa steht für
den WALLER oder Wels, einen urzeitlich anmutenden Fisch, der hauptsächlich am Grund von Flüssen und Seen lebt, aber auch im Meer angetroffen werden kann; für den Waran, der trotz seines wenig einladenden Aussehens im tropischen Afrika gegessen wird; für das Warzenschwein, von dem sich akkurat das gleiche sagen läßt; für den Waschbär, den Sie nächstes Mal, wenn Sie ihn braten, mit Süßkartoffeln füllen sollten; für den Wasserbüffel, aus dessen Milch Mozzarella gemacht wird; für Wasser, ein elementares Nahrungsmittel, auch wenn sein Nährwert gering erscheint; für die Wasserkastanie oder Wassernuß, die nicht nur in der Alten, sondern auch in der Neuen Welt heimisch ist; für die Wasserlinse, die man in China ißt; für die Wassermelone, eine altweltliche Kürbispflanze, die frisch gegessen, aber auch gekocht und als Viehfutter verwendet wird; und es steht für Wasserrübe, womit wir den elften Namen der Steckrübe verraten hätten.

Wa steht aber auch für
WACHTEL, unter welchem Namen etwas ungenau abgegrenzte kleine Feldhühner verstanden werden, deren Hauptvertreter in der Alten Welt die Spezies *Coturnix coturnix* ist, in der Neuen Welt die einer anderen Gattung zugehörige Spezies *Colinus virginianus.* Gemeinsam ist den nur entfernt verwandten Vögeln der delikate Geschmack ihres Fleischs, doch fiele es mir schwer zu entscheiden, welcher Wachtel der Vorzug einzuräumen wäre.

Gemeinsam ist den beiden Wachtelarten auch die Abneigung gegen das Fliegen, obwohl *Coturnix coturnix* ein Zugvogel ist, der im Herbst von Nord- und Mitteleuropa nach Afrika fliegt. Wachteln können schnell fliegen, aber nicht lange, und das erklärt, warum ganze Schwärme erschöpft ins Meer fallen oder auf Schiffen landen; manche lassen sich auch von größeren Zugvögeln tragen.

Das Fleisch der Wachtel ist heller als das anderer Zugvögel und von weniger auffallendem Wildgeschmack; am ehesten ließe es sich dem von Zuchttauben vergleichen. Zuchtwachteln, die heutzutage leichter zu erhalten sind als ihre wildlebenden Verwandten, schmecken fader und haben schwammigeres Fleisch, doch ihre gesprenkelten Eier sehen hübsch aus und schmecken sehr gut.

WALNUSS. Die Walnuß ist so alt, daß niemand weiß, woher sie stammt. Wildwachsende Walnußbäume finden sich in ganz Südosteuropa und Kleinasien bis in den Himalaya, doch falls dieses Gebiet die Heimat der Walnuß ist, dann hatte sie sich bereits in prähistorischen Zeiten weit ausgebreitet, denn in mesolithischen Abfällen und in den neolithischen Pfahlbauten der Schweiz und Süddeutschlands wurden Walnüsse gefunden.

Wir wissen, daß Walnüsse in Babylon wuchsen, und wir wissen, daß die Griechen Öl aus den Kernen preßten, spätestens zu Beginn des 4. Jahrhunderts v. Chr. Die Römer lernten die Walnuß gegen Ende dieses Jahrhunderts kennen und betrachteten Walnüsse als Luxusartikel, den sie mit Früchten zum Dessert aßen.

In China scheint man den Walnußbaum gegen Ende des 2. Jahrhunderts v. Chr. kennengelernt zu haben, und möglicherweise gelangte er von Indien dorthin.

Karl der Große ließ Walnußbäume auf seinen Domänen pflanzen; zu jener Zeit verwendete man Walnüsse als Gewürz. Aus Kirchenverzeichnissen der Dordogne wissen wir, daß Walnüsse im 11. Jahrhundert zu den Dingen gehörten, die von

Bauern als Zehnt entrichtet wurden; im 12. und 13. Jahrhundert würzte man in Paris mit Walnußöl. Im 14. Jahrhundert gehörten Walnüsse zu den Desserts, die bei großen Banketten serviert wurden, und von den Arabern (die es von den Persern gelernt hatten) lernte man, eine Paste aus geriebenen Walnüssen herzustellen, mit der Saucen und Ragouts angedickt und gewürzt wurden. Zuchtwalnüsse schmeichelten dem Gaumen der Reichen, wilde Walnüsse füllten den Armen den Bauch. Bis in die Neuzeit bildeten Walnüsse und Kastanien die hauptsächliche Armennahrung in Mittel- und Südfrankreich, und im Hungerjahr 1663 buken die Bauern der Dauphiné in ihrer Verzweiflung Brot aus Eicheln und gemahlenen Walnußschalen.

Bis jetzt war die Rede ausschließlich von *Juglans regia*, der Echten oder Gemeinen Walnuß Eurasiens, aber aus dem Osten Nordamerikas stammt *Juglans nigra*, die Schwarznuß oder Schwarze Walnuß, deren Bäume die höchsten der Gattung sind. Ihre ölreichen Kerne sind süßer und aromatischer als die der Echten Walnuß und tatsächlich beinahe schwarz. Die ledrige Außenschale ist schwer zu entfernen, und die Innenschale ist so hart, daß die brachialsten Methoden empfohlen werden, um sie zu öffnen, doch die Kerne büßen ihr Aroma bei Erhitzen nicht ein, wie es die der Echten Walnuß tun.

Wenn Sie in Ihrem Garten Walnußbäume pflanzen wollen, vergessen Sie nicht, daß die Wurzeln Juglon absondern, das von vielen Pflanzen nicht vertragen wird.

We steht für

WEIDEN, aus deren Rinde Volksheilmittel gewonnen werden und in Notzeiten Brotersatz gewonnen wird; für das Weidenröschen, dessen junge Triebe und junge Blätter in manchen Ländern des Nordens als Gemüse dienen; und es steht für Welschkorn, Kukuruz oder Türkischen Weizen, Namen, die man dem Mais (→ Ma) zu geben beliebte.

We steht außerdem für

WEIZEN. Wollte man ein Nahrungsmittel als das wichtigste in aller Welt bezeichnen, fiele die Wahl sicher auf Reis oder Weizen. Getreide bilden überall das Grundnahrungsmittel, das auch jene essen, die sonst nichts zu essen haben. Die Hälfte allen urbaren Landes unserer Welt wird mit Getreide bepflanzt, und diese Getreide versorgen uns mit 80 Prozent aller Kalorien. Weizen, Reis und Mais machen 66 Prozent des gesamten Getreideaufkommens aus; Mais wird hauptsächlich verfüttert, aber Weizen und Reis werden vom Menschen ohne Umweg konsumiert. Weizen ist sogar in den zwei größten aller überbevölkerten und unterernährten Länder von Bedeutung – in Indien und China. In Indien steht er an zweiter Stelle nach Reis, aber sehr bald, denn im Norden und Westen des Subkontinents bilden Weizenbrote die Grundlage aller Mahlzeiten; in Nordchina, wo Reis nicht gedeiht, wird in manchen Gegenden auf 40 Prozent des Ackerlandes Weizen angebaut, und Weizen, nicht Reis, ist dort die Hauptnahrung – meist in Form von Nudeln, aber auch als Brot.

In den gemäßigten Klimazonen der Erde wird Weizen jedem anderen Getreide vorgezogen.

Schon in der Steinzeit hatte der Weizen sich so weit verbreitet, daß seine Herkunft schwer zu bestimmen ist; man vermutet, daß er aus Kleinasien stammt, denn dort gibt es noch heute wildwachsenden Einkornweizen (*Triticum aegilopoides*), und Einkorn stellt wahrscheinlich die genetische Urform des heute angebauten Kulturweizens dar. Kultureinkorn, *Triticum monococcum*, wird heute selten angebaut, in Syrien und in der Türkei, und meist als Viehfutter. Die ältesten Funde, die im Nordosten des Irak gemacht wurden, stammen aus der Zeit um 6700 v. Chr., und weit über seine engere Heimat scheint Einkorn nicht hinausgekommen zu sein.

Die genetisch nächste Stufe des Weizens bildet Emmer, *Tri-*

ticum dicoccoides als Wildform, *Triticum dicoccum* als Zuchtform, dessen Ährchen zwei Körner aufweisen; Emmer scheint die in Ägypten vorwiegend angebaute Weizenart gewesen zu sein; Funde in Schweizer Pfahlbauten und an anderen neolithischen Ausgrabungsstätten in Europa beweisen, wie früh dieses bis in die nachchristlichen Jahrhunderte hinein angebaute Getreide verbreitet war, doch seit der Eisenzeit ging der Anbau merklich zurück. Dem Emmer genetisch verwandt (in der Zahl der Chromosomensätze) ist der Hartweizen *Triticum durum*, dessen hoher Eiweiß- und Klebergehalt ihn für Teigwaren besonders geeignet macht.

Die heute verbreitetste Weizenart ist *Triticum aestivum*, die vielerorten die älteren Arten verdrängt hat; der Saat- oder Weichweizen wurde vermutlich aus verschiedenen Wildarten gezüchtet, und es gibt ihn etwa seit Beginn der Eisenzeit (2500 v. Chr.). Genetisch nahe steht ihm der Dinkel oder Spelzweizen, der rauhere Lagen verträgt und unreif geerntet und geräuchert Grünkern heißt. Dinkel existierte beiderseits der Alpen bereits im 2. Jahrtausend v. Chr. und wird noch heute angebaut.

Der Getreideanbau oder der Ackerbau schlechthin kann im 7. vorchristlichen Jahrtausend angesetzt werden; im 6. Jahrtausend wurde er in der heutigen Türkei, dem heutigen Südfrankreich, in der heutigen Schweiz und in der heutigen Sahara bereits ausgiebig praktiziert.

Von sumerischen Schrifttafeln wissen wir, daß in Sumer um 3100 v. Chr. acht verschiedene Biersorten aus Weizen gebraut wurden (Brot buk man auch daraus); Weizen kultivierte man in Babylon und in Mesopotamien. Im Industal aß man Weizen spätestens gegen 2500 v. Chr., ebenso wie Gerste, und in China soll Weizen um 2800 v. Chr. eingeführt worden sein.

In Ägypten scheint Weizen ab 3000 v. Chr. kultiviert worden zu sein, und er wurde schnell zur Grundlage der ägyptischen Wirtschaft; die Ernten im Niltal waren so ertragreich, wie sie es heute unter Einsatz von verbessertem Saatgut und modernen Methoden sind. Die Ägypter entdeckten, wie man Hefe herstellt, und buken das erste gesäuerte Brot; vielleicht brauten sie auch das erste Weizenbier – wer weiß. Von ihnen lernten die Hebräer die Kunst der Hefebäckerei, und von diesen lernten es die Phönizier. Die Karthager erzeugten weit mehr Weizen, als sie verbrauchen konnten, und lagerten den Überschuß in unterirdischen Silos.

Griechenland mußte Weizen importieren, denn der griechische Boden war zu nährstoffarm für den Weizenanbau, und der Importweizen kam aus Ägypten, Thrakien, Sizilien und vom Schwarzen Meer, so daß in Attika nur angebaut wurde, was auch dort gedieh, nämlich Trauben und Oliven. (Obwohl die Griechen Weizen aus Ägypten bezogen, erlernten sie das Backen von gesäuertem Brot erst im 4. Jahrhundert v. Chr.) Die Hauptweizenquelle Griechenlands war Magna Graecia – Sizilien –, womit es ein Ende hatte, als die Sizilianer 413 v. Chr. die athenische Flotte vor Syrakus vernichteten; Niederlagen gegen Ägypten verschlossen den Griechen auch diesen Markt, und von da an waren sie auf den Weizen vom Schwarzen Meer angewiesen.

Die größten Weizenanbauer auf der italienischen Halbinsel waren die Etrusker, die den Griechen hin und wieder Weizen verkauften, später jedoch alle Überschüsse an Rom absetzten. Die Römer hatten besseren Boden als die Griechen, doch sie bezogen fast allen Weizen, den sie konsumierten, aus Nordafrika, und sie benötigten viel Weizen, um Brot zu backen und Brei zu kochen.

Die Gallier, die bereits alle heute bekannten Weizensorten anbauten, sogar Saatweizen, besaßen Pflüge, die den Ackerboden umwendeten, sie benutzten Sensen mit zwei Griffen und siebten ihr Getreide mit Roßhaarsieben. Noch mehr Verblüffung rief bei den Römern die Erntemaschine hervor, die die Gallier erfunden hatten: Ein Ochse schob einen Karren, der mit Metallschneiden besetzt war, die die Halme auf Bodenhöhe abschnitten, und die langsame Vorwärtsbewegung des Karrens ließ die Halme mit den Ähren in ihn hineinkippen.

Auch in nachgallischer Zeit war Weizen das begehrteste Getreide Frankreichs, während er in England bis ins 17. Jahrhundert ein Luxusgetreide blieb; in Deutschland diente er nicht allein zum Brotbacken, sondern auch zur Bereitung des Weizenbiers, das im *Diaeteticon* Johann Sigismund Elsholtz' mit sieben Sorten aufgeführt ist. Im Mittelalter zog man dem Weizen meist genügsamere und widerstandsfähigere Getreide wie Gerste, Roggen und sogar Hirse vor; sie dienten vorrangig der Brei- und nicht der Brotherstellung; feines Weizenbrot, wie es heute überall zu kaufen ist, gelangte ohnehin nur auf die Tafeln der Vornehmen, und lange blieb Weizenbrot eine Festtagsspeise für den gemeinen Mann.

In der Neuen Welt wurde der erste Weizen von Kolumbus persönlich gepflanzt, und zwar im heutigen Puerto Rico; Spanier und Franzosen pflanzten Weizen im Süden Nordamerikas, in Mittelamerika und im Norden Südamerikas.

Heute, da Weizenmehl ein Alltagsartikel geworden ist, essen gesundheitsbewußte Menschen in Europa und den USA ballaststoffhaltiges Vollwertbrot, aber das stört die Franzosen und alle Südeuropäer nicht, die weiterhin ihr geliebtes Weißbrot verzehren. Das Weizenbier ist inzwischen eine bayerische Spezialität geworden, während die einst berühmten brandenburgischen Weißbiere zu einer säuerlichen Flüssigkeit regrediert sind, die man nur unter Beimischung von Himbeer- oder Waldmeistersirup zu trinken vermag.

Wi steht für
den WIDDER, der Leopold Bloom möglicherweise gemundet hätte, aber von Menschen mit weniger abgetöteten Geschmacksknospen gescheut wird; für das Wiesel, das die Indianer Alaskas ganz zu essen pflegen, während Katharina von Medici von ihrem Hausquacksalber geraten wurde, das linke Hinterbein des Tieres in Essig zu kochen und diesen Essig zu trinken, bevor sie mit dem Kronprinzen Verkehr hatte, denn nur so konnte sie sichergehen, einen Sohn zu empfangen; für Wilde Möhre, die Wildart unserer Saatmöhre; für das Wildschwein, das in jugendlichem Alter zu essen ratsam ist und dessen kalter gefüllter Kopf als besondere Delikatesse gilt; und es steht für die Williams-Christ-Birne alias Williams Bon Chrétien, die in Amerika als Bartlett bekannt ist.

Wi steht außerdem für
WILDREIS oder Wasserreis alias *Zizania aquatica*, den der weiße Mann Reis taufte, weil die Lebensbedingungen dieses dem Hafer ähnlichen Wassergrases ihn an die von Reis erinnerten.

Wildreis war ein so wichtiges Nahrungsmittel der Indianer im Osten der USA, daß sie seinetwegen seßhaft wurden, und Wildreis ist heute noch ein indianisches Monopol, zumindest zu 90 Prozent; die Indianer ernten ihn auf die herkömmliche Art, indem sie mit dem Kanu zwischen den Pflanzen hindurchfahren und die Halme über den Bootsrand biegen und abschneiden; dabei fallen 90 Prozent der Körner ins Wasser, aber aus ihnen wachsen neue Gräser, und sie ernähren die Fische. Die Weißen, die die restlichen 10 Prozent Wildreis abernten dürfen, benutzen modernste Maschinen, bringen jedoch auch nicht mehr als maximal 30 Prozent der möglichen Ernte ein. Feinschmecker finden den Wildreis der Indianer unvergleichlich besser als den auf moderne Art geernteten.

In China heißt Wildreis *kwa-sun*, und dort ißt man bevorzugt den Stengel, nicht die Körner der Pflanze.

Wo steht für
den WOLKENOHRPILZ, den man nur in China frisch essen kann, in welcher Form er sehr viel besser mundet als in der anderswo gebräuchlichen getrockneten; und es steht für die Wollmispel, die nur im Mittelmeergebiet gegessen wird, weil sie nicht haltbar ist und den Versand nicht überleben würde.

Wr steht für
WRUKE, den zwölften Namen der Steckrübe und für heute auch den letzten,

und Wu schließlich steht für
WÜRMER, die unsere prähistorischen Vorfahren so zu verspeisen pflegten, wie wir Austern essen; für die Wüstenspringmaus, die Nachschlagewerken zufolge südlich der Sahara nicht anzutreffen ist, aber von den Bewohnern des tropischen Afrikas, die offenbar nichts von Nachschlagewerken halten, gern gegessen wird; und es steht für Wurzeln, die alle Menschen zu allen Zeiten aßen und essen mit Ausnahme der Mitglieder gewisser Sekten, die nichts essen dürfen, was unterirdisch und somit im Reich des Bösen wächst.

Auch hob [Lykurg] das unnötige Trinken beim Essen auf, das dem Körper und dem Geist schadet, und gestattete nur zu trinken, wenn man Durst hatte, denn so – glaubte er – wäre der Trank am unschädlichsten und erquickendsten.

Xenophon

X steht für
XANTOCEPHALUS XANTOCEPHALUS, den Gelbkopf- oder Brillenstärling, der als Singvogel in früheren Zeiten lieber gegessen wurde, als es heute der Fall ist; für *Xanthosoma sagittifolium*, eine nahe Verwandte von *Colocasia esculenta* bzw. *antiquorum* (Taro), die wie ihre Muhme stärkehaltige Knollen besitzt, die ein im tropischen Afrika vielgegessenes Nahrungsmittel sind; für *Xiphias gladius*, unseren Freund, den Schwertfisch, der sich bereits als Speerfisch vorgestellt hat, 4 Meter lang werden kann und über den Alan Davidson berichtet, daß er – wie man Davidson erzählte – auf Hawaii genau wie ein Hai geopfert wurde, was bedeutet – wie Davidson zu seinem Entsetzen erfuhr –, daß der Fisch in Gesellschaft eines Menschenopfers ins Jenseits expediert wurde (bei dieser Gelegenheit erfuhr er außerdem, daß man sowohl Hai als auch Schwertfisch auf Hawaii mittels menschlicher Köder fing); und es steht für die große Familie der Xylophagen, der Holzmaden, – insekten, – würmer und -muscheln, von denen nur letztere dem menschlichen Verzehr absichtsvoll zugeführt werden.

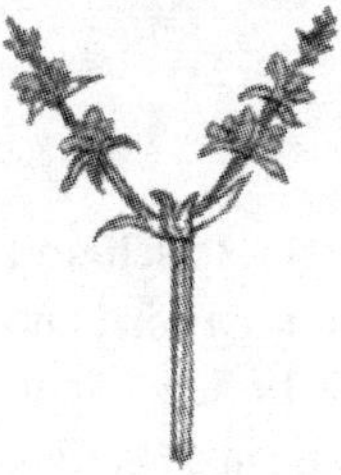

Ein rosig Rückenschild, den nicht
der allergrößte Sturm zerbricht,
vom scharfen Rand herausgestielt
Stecknadelauge, das nach allem zielt.
Ein fein gewirktes Kettenkleid,
das Kraft dem schwachen Leib verleiht,
die Panzerglieder an den Büschelbeinen,
die dolchspitz an den Enden scheinen –
Wie Mäuler Scheren weggedreht –
Wie kann es sein, daß dies Geschöpf vergeht?
Verletzt von Vogel, Fisch und Sturm so schwer
in solcher Rüstung auf dem Weg durchs Meer?
Oder – wird es dem Tode zum Fanal,
ist man ein lebend Arsenal?

Andrew Young

Y steht für
das YAK, ein geduldiges Tier, das die Tibeter mit Fleisch und mit Milch versorgt, aus welcher Yakbutter gewonnen wird, die man in Tibet in den Tee rührt; für die Yamsbohne, einen Schmetterlingsblütler aus Mittelamerika, dessen stärkehaltige Wurzelknollen in den Tropen der Neuen und der Alten Welt gegessen werden und dessen Samen roh giftig und gekocht unschädlich sind; für *yerba buena*, ein aromatisches Kraut, nach dem San Francisco benannt wurde, bevor es San Francisco genannt wurde; für *yerba de maté* den Matestrauch; für York Imperial, einen amerikanischen Apfel, der auf einer Farm in York in Pennsylvania das Licht der Welt erblickte; für Ysop, eine seit der Antike kultivierte Gewürz- und Arzneipflanze, die heute vor allem in französischen Likören ein Refugium besitzt und von deren Verzehr Schwangeren abgeraten wird, da ihr antibiotische Eigenschaften innewohnen; für die Yuccapalme, die mehrere Arten mit eßbaren Früchten oder Blüten aufweist; für Yutu, das peruanische Steißhuhn; und es steht für Yuzu, die japanische Zwergzitrone.

Und Y steht für
YAMSWURZEL oder Igname, einen Lilienblütler, der gerne mit der Süßkartoffel, einem Windengewächs, verwechselt wird, allerdings nicht von den Papua auf Neuguinea, die die Pflanzen unfehlbar unterscheiden, denn die Süßkartoffel ist bei ihnen die knollentragende Pflanze, die von Frauen angebaut wird, die Yamswurzel die knollentragende Pflanze, die von Männern angebaut wird, weil ihre Wurzel dem männlichen Glied ähnlich sieht. Daß im Unterschied zu den Papua fast alle Botaniker des 16. Jahrhunderts (und nicht nur sie) ta-

xonomisch danebengriffen, kann damit zu tun haben, daß die Knollen beider Gewächse nicht nur ähnlich aussehen und schmecken, sondern fast zur gleichen Zeit in Europa eingeführt wurden.

Die Heimat der Yamswurzel darf man in Westafrika vermuten; dort und in Asien wächst sie in zahlreichen Varietäten und in Wildformen, doch in Asien wird sie erstmals im 3. Jahrhundert v. Chr. erwähnt, viel zu spät für eine einheimische Pflanze.

In die Neue Welt scheint die Yamswurzel mittels des Äquatorialstroms gelangt zu sein, der sie als blinden Passagier vom heutigen Äquatorialguinea zum heutigen Guyana beförderte.

Yamswurzeln werden heute im subtropischen Amerika, in Westafrika, im pazifischen Bereich, in Indien, Malaysia, Indochina und China als Stärkelieferant gegessen und sind somit eine der wichtigsten Nahrungspflanzen der Welt. Die verschiedenen Arten und Varietäten unterscheiden sich hinsichtlich Größe und Farbe, aber fast immer enthalten sie das giftige Alkaloid Dioscurin, weshalb sie vor dem Verzehr behandelt werden müssen. Was den Geschmack der Yamswurzel angeht, differieren die Ansichten – ihre Liebhaber ziehen sie Süßkartoffeln vor, ihre Verächter beschreiben den Geschmack als dem von Seife vergleichbar oder als unangenehm bitter.

Auf den Trobriandinseln sind die Yamswurzeln nicht nur Hauptnahrungsmittel, sondern wie auf Neuguinea wichtiges Indiz der sozialen Rangordnung, und auch auf den Fidschiinseln kommt ihnen große Bedeutung zu; Trobriander, Papua und Fidschi sind dafür berühmt, bis in nicht sehr ferne Vergangenheit Kannibalen gewesen zu sein – wer sich nicht auf Fischfang oder -zucht und variationsreiche Pflanzenzucht versteht und keine Haustierherden besitzt, muß auf diese Weise seinen Proteinbedarf stillen, denn Yamswurzeln enthalten nur Stärke und sonst nichts.

Johnny Appleseed hat gelebt […]
Andere haben die roten Völker
gehetzt,
In den Silberminen begraben:
Von der Hand Johnny Appleseeds
auferstanden
Sie im Frühling der wehenden
Apfelblustgärten.

Albin Zollinger

Za steht für
die ZAMIE, den Doppelpalmfarn *Dioon edule* aus Mexiko, dessen große Samen ein begehrtes Stärkemehl liefern; und es steht für die Zaunrübe, deren giftige Wurzeln abführend wirken und außerdem infolge ihrer Form bisweilen als Alraunenersatz dien(t)en.

Ze steht für
das ZEBRA, das in Afrika gejagt und gegessen wird, obgleich es nicht jedem mundet; für den Zebrafisch, unter welchem Namen sich mehr Fische tummeln, als zu erläutern sinnvoll sein kann; für das Zebu oder Buckelrind, eine frühe Zuchtform des Auerochsen, die wohl aus Indien stammt und in Kleinasien schon im 3. Jahrtausend v. Chr. bekannt war,

und Ze steht für
ZEDRATZITRONE, auch Zitronatzitrone genannt, *Citrus medica*, eine enge Verwandte der Zitrone (*Citrus limon*), die letzterer nicht unähnlich sieht, aber größer ist, eher quittenförmig und eine auffallend dicke und rauhe Schale besitzt. Diese Schale enthält weniger Bitterstoffe als die Schale der Zitrone, und in kandierter Form kennt man sie unter der Bezeichnung Zitronat oder Sukkade.

Linné hielt die Zitrone für eine Varietät der Zedratzitrone, und wir dürfen uns zu Recht fragen, ob die Frucht, die die Römer kannten und die man mit »Zitrone« übersetzt, nicht eher die Zedratzitrone war. Virgil nannte sie »medischen Apfel«, und eine merkwürdige Koinzidenz will, daß französische Wörterbücher des 19. Jahrhunderts das Wort Zitronenbaum mit dem Synonym *citronnier médique* (medischer Zitronenbaum) versehen. Aus Medien und Persien stammt die Zedratzitrone allem Anschein nach, während der Ursprung des Zitronenbaums im dunkeln liegt.

Etrog heißt die Zedratzitrone Korfus, die beim jüdischen Passahfest eine wichtige Rolle spielt; heute wächst sie außerdem auf Sizilien und Korsika und in Griechenland.

Zi steht für
die ZIBETKATZE, die in China seit längerem nicht mehr gegessen wird; für Ziege, einen dem Schaf verwandten Paarhufer, der als ausgewachsenes Tier nicht zum allerbeliebtesten Schlachtvieh zählt; für Ziege oder Sichling, einen Karpfenfisch, der zum Laichen vom Schwarzen und Kaspischen Meer in die Flüsse steigt; für Ziegelbarsch, wie 24 in den tropischen Meeren lebende Arten heißen, die allesamt eßbar sind; für die Zierzitrone oder *Poncirus trifoliata*, die aus Nordchina stammt; für Zitronengras, *Cymbopogon*, das in drei Arten existiert und in der laotischen, thailändischen und vietnamesischen Küche beinahe so unersetzlich ist wie die Fischsauce; für Zitronenmelisse, deren ätherisches Öl wie das der Pfefferminze wirkt, weshalb man in manchen Klöstern den beruhigenden Melissengeist aus ihr gewinnt; für den Zitronenstrauch *Lippia citriodora* oder *Aloysia triphylla*, ein Eisenkrautgewächs, dessen Blätter einen herrlich duftenden Tee ergeben; und es steht für Zitronenthymian, eine Spezies, in der sich Eigenschaften des Thymians (→ Th) aufs glücklichste mit Zitrusaromen vermählen.

Zi steht aber auch für
ZICHORIE oder Wegwarte, lateinisch *Cichorium*, die in acht Arten auftritt, von denen uns jedoch nur zwei interessieren, die Arten *Cichorium intybus* und *Cichorium endivia. Cichorium intybus*, die Wilde Zichorie oder Gemeine Wegwarte, der man

an allen Wegrändern begegnen kann, interessiert uns dabei nicht, sondern ihre als Kulturpflanzen gezüchteten Varietäten *sativum* (Wurzelzichorie) und *foliosum* (Salatzichorie). Alle Arten der Gattung stammen ursprünglich aus Europa; schon in prähistorischen Zeiten sind sie bis nach Zentralasien gewandert, und heute findet man sie dank Verschleppung auf fast allen Kontinenten.

Die Wurzelzichorie schenkt uns den Zichorienkaffee, der in Frankreich und Italien von besonderen Fans dem echten Produkt vorgezogen wird, in anderen Ländern dagegen nur mit Todesverachtung getrunken wird, die Salatzichorie den Chicoreesalat, eine ursprünglich belgische, genauer Brüsseler Spezialität, wobei die Pflanzen anfangs im Freien kultiviert und etwa vier Wochen vor der Ernte in beheizten Boden eingegraben und so gebleicht werden.

Die Salatendivie *Cichorium endivia* ist ein mehr oder weniger stark gekrauster Blattsalat mit bitteren Blättern, und da sie aus Ägypten stammt, darf man annehmen, daß sie zu den Pflanzen gehört, die die Juden beim Passahfest essen, um des Auszugs ihrer Vorfahren aus Ägypten zu gedenken.

In Frankreich und den USA nennt man Chicoree Endivie und umgekehrt, aber wir halten es wie die Belgier, die es schließlich am besten wissen müssen.

ZICKLEIN oder Ziegenkitz. Im Alten Testament zieren Zicklein die Tafeln der Patriarchen und Könige, und das »Böcklein«, das man nicht kochen soll in »seiner Mutter Milch« (Exodus 23, 19), ist ein Ziegenkitz. Juvenal lockte im 1. Jahrhundert seine Gäste mit dem Versprechen, ein »fettes und zartes Zicklein« zu servieren.

Im Mittelalter war Ziegenkitz in Frankreich um soviel beliebter als Lammfleisch, daß gewissenlose Händler den Lammrumpf mit dem Schwanz eines Zickleins versahen, um Lamm als teures Zicklein zu verkaufen, was Betrügern den Namen »Verkäufer gefälschter Ziegen« eintrug.

In Frankreich, Italien, Griechenland, Portugal und allen arabischen Ländern ist Kitz ein Frühlingsfestessen geblieben, doch nicht in Deutschland und England, wo es noch größeren Seltenheitswert besitzt als Pferdefleisch.

ZIMT. Der echte und unstreitig beste Zimt ist die Rinde des Zimtbaums *Cinnamomum zeylanicum*, der auf Ceylon wild wächst; sein weniger geschätztes Substitut ist die Rinde der Zimtkassia (*Cinnamomum aromaticum*) aus Südchina.

Die Völker der Antike kannten beide Zimtarten und möglicherweise sogar noch eine dritte, bei der es sich um Kassiablätter gehandelt haben könnte, die man kaute, um den Atem zu parfümieren. In Griechenland war Zimt beinahe unbezahlbar, und der wenige Zimt, der das Land erreichte, wurde dem Wein beigemengt, um ihn zu aromatisieren. Dazu verwendeten ihn auch die Römer, die den Galliern diese Sitte beibrachten, doch in der Küche der Antike finden wir ihn nicht, denn er war zu teuer. Nur Herrscher konnten es sich leisten, Zimt zum eigenen Gebrauch vorrätig zu haben.

Wie viele Gewürze verschwand auch der Zimt beim Zusammenbruch des Römischen Weltreichs und kehrte im 9. oder 10. Jahrhundert im Gefolge der Sarazenen zurück. Im 12. Jahrhundert brachten zudem die Kreuzfahrer Zimt aus dem Orient mit, und gegen Ende des 13. Jahrhunderts kehrte Marco Polo aus China zurück, das nun auf dem Landweg erreichbar war.

Mit Zimt würzte man Saucen, doch er war noch immer eines der teuersten Gewürze, und gegen Ende des 15. Jahrhunderts verkaufte man Eunuchen und weiße Frauen an arabische Händler, um Zimt zu bekommen. Erst die Entdeckung der Gewürzinseln durch Magellan ermöglichte es den Europäern, mehr Zimt zu kaufen.

Zur Zeit der Renaissance versah man in Italien jedes Gericht mit Zimt, das sich halbwegs dafür eignete, und nicht wenige, die sich keineswegs eigneten. Heute geht man mit Zimt sparsamer um, doch nicht in allen Ländern: England und Spanien lieben Zimt über alles und beschränken den Einsatz der duftenden Rinde nicht auf die Süßspeisen. Wer Wert darauf legt, echten Zimt und nicht Chinazimt zu erwerben, sollte keinen gemahlenen Zimt kaufen, denn die Rinde des Zimtbaums ist erkennbar dunkler und dicker als die der Kassia.

ZITRONE. Angenommen, die von antiken Autoren beschriebenen Früchte, die man für Zitronen halten könnte, waren Zedratzitronen, und es waren Zedratzitronen, die von den Hebräern und Griechen in den ersten Jahrhunderten nach der Zeitenwende angebaut wurden – waren dann die Zitronen, die zu Trajans Zeit (1. bis 2. Jahrhundert) aus Libyen nach Rom eingeführt wurden, Zedratzitronen oder Zitronen?

Keine Zedratzitronen, sondern Zitronen der Art *Citrus limon* wurden auf jeden Fall im 8. und 9. Jahrhundert von arabischen Eroberern in der Sahara angebaut, und Zitronen wurden von den Mauren in Andalusien gezüchtet; die Mauren brachten diese Frucht wahrscheinlich auch nach Sizilien, das sie im 8. Jahrhundert eroberten. Im Norden Europas lernte man die Zitrone nicht vor dem 12. Jahrhundert kennen.

Die Zitrone scheint seit mehr als 2000 Jahren kultiviert worden zu sein. Ihre Herkunft wird in China, Malaysia oder Persien vermutet. In Kleinasien ist sie erst ab 185 v. Chr. nachgewiesen, denn da brachten zurückkehrende Heere sie in den Mittelmeerraum. Vielleicht stammt sie aus dem Industal, auch wenn dort noch keine beweiskräftigen archäologischen Funde gemacht wurden; zumindest gibt es einen Ohrring in Zitronenform, der in Mohendscho-Daro im heutigen Pakistan entdeckt wurde und aus der Zeit um 2500 v. Chr. stammt.

Zitronenbäume benötigen weniger Wärme als Orangenbäume und tragen im Unterschied zu diesen das ganze Jahr über Früchte, doch sie sind kälteempfindlicher – auffallend kälteempfindlicher als jedes andere Zitrusgewächs mit Ausnahme der Limone.

Musiker behaupten, Trompeter, die sehen, wie jemand an einer Zitrone lutscht, würden unwillkürlich den Mund so sehr verziehen, daß sie nicht mehr spielen können. Ob diese Theorie je wissenschaftlich überprüft wurde, ist mir nicht bekannt.

Zu steht für
ZUCCHINI, dunkelgrüne italienische Kürbisgewächse, die aus der Neuen Welt stammen; für die Zuckerrübe, die fast immer in Form des Rübenzuckers konsumiert und nur in Notzeiten mit zusammengebissenen Zähnen als Gemüse gegessen wird; und es steht für den Zürgelbaum, dessen Früchte eßbar sind und von alters her gegessen werden.

Und Zu steht für
ZUCKERAHORN. Zwei Tierspezies entnehmen dem Ahornbaum Zucker, *Homo sapiens* und *Sciurus carolinensis*, ersterer, indem er Einschnitte in die Baumrinde vornimmt, letzteres (es handelt sich um das nordamerikanische Eichhörnchen), indem es Löcher in die Rinde beißt.

Ahornsirup und Ahornzucker sind die vielleicht einzigen exklusiv nordamerikanischen Nahrungsmittel. Es wurde wiederholt versucht, in Europa Ahornsirup aus dem eigens importierten Zuckerahorn (*Acer saccharophorum*) zu gewinnen, doch ergebnislos, denn die Bildung des Zuckersafts ist nicht von der Ahornart abhängig, sondern von den klimatischen Bedingungen. Im Nordosten der USA und den benachbarten kanadischen Gebieten gewinnt man Zucker auch aus dem europäischen Spitz- und Bergahorn; nur dort fällt die Temperatur im

Winter lange genug nachts unter den Gefrierpunkt und übersteigt ihn tagsüber, und diese Temperaturwechsel wirken gewissermaßen als thermische Pumpe, die den Zuckersaft in den Bäumen zum Steigen bringt. Man vermutet, daß der Zucker eine Art Gefrierschutz ist.

Heute sind Ahornsirup und Ahornzucker Luxusartikel; für die Siedler in den damaligen Kolonien waren sie die gebräuchlichsten Süßstoffe, und für die vorkolonialen Indianer waren sie der einzige Süßstoff und fast das einzige Gewürz, denn nicht alle Indianer benutzten Salz.

Dort, wo die klimatischen Bedingungen günstig sind, beginnt die Ahornzuckersaison zwischen Mitte Februar und Mitte April; sie kann nur fünf Tage währen, aber auch bis zu sechs Wochen – je nachdem, wie lange Frost auftritt.

In Europa galt Ahornholz als das beste zum Schnitzen der Pfähle, mit denen man Vampiren das Herz durchbohrte, um sie in ihre Gräber zu bannen.

ZUCKERROHR. *Saccharum officinarum* ist ein Süßgras, das heute nur noch als Kulturpflanze existiert und dessen Herkunft wir nur sehr ungefähr lokalisieren können, auf dem indischen Subkontinent, von wo es bald nach Malaysia, Indochina und China gelangte. Seit wann gewann man daraus Zucker? Vielleicht seit 500 v. Chr., vielleicht schon länger. Seit wann wird Zuckerrohr angebaut? Schwer zu sagen, vielleicht seit Jahrhunderten vor der Zeitenwende, vielleicht seit einem der ersten Jahrhunderte danach.

In der Antike kannte man Zuckerrohr nur vom Hörensagen; die Soldaten Alexanders des Großen hatten es in Indien kennengelernt und beschrieben es als Schilf, das Honig erzeugte.

Das erste Zuckerrohr wurde von Arabern in den Okzident gebracht; wann und wo, das wissen wir allerdings nicht. Wir wissen aber, daß Venedig sich im Mittelalter das Monopol über ein neues Gewürz, den Rohrzucker, verschaffte, den es wie andere Gewürze aus Alexandria und der Levante importierte, wenn es Kreuzritter im Heiligen Land absetzte. Marco Polo, ein Venezianer, staunte folglich nicht über den Zucker, den er im 13. Jahrhundert in China sah, sondern über die großen Zuckermengen. In Italien begeisterte man sich über alle Maßen für das neue »Gewürz«; Süßspeisen eröffneten Festmähler, und sogar Nudelgerichte wurden süß aufgetragen. Karl V. gehörte 1380 zu den wenigen, die mit einer Gabel aßen, und mit ihr spießte er getoasteten Käse auf, der mit Zimt und Zucker gewürzt war.

Als Vasco da Gama 1498 Indien erreichte, war das venezianische Zuckermonopol beendet. Lissabon importierte nun ebenfalls Rohrzucker, den es – wie zuvor Venedig – im eigenen Land raffinierte. Auf Madeira und den Kapverdischen Inseln pflanzte man Zuckerrohr, ebenso auf den Kanaren, doch zur gleichen Zeit wurde Amerika entdeckt, und das revolutionierte die Geschichte des Rohrzuckers.

Kolumbus selbst brachte Zuckerrohr in die Neue Welt, wahrscheinlich auf seiner zweiten Reise; 1506 baute man auf Hispaniola bereits Zucker an, 1518 auf Kuba, und der Zuckerrohranbau wurde zum wichtigsten Wirtschaftsfaktor der Karibik. Eine der Konsequenzen der Plantagenwirtschaft auf den Inseln war die Ausbreitung der »besonderen Institution« (der Sklaverei) in ganz Amerika. Zuerst beuteten die Spanier auf den Westindischen Inseln Eingeborene aus Mittel- und Südamerika aus, doch da sie diese durch Massaker und die »besonderen« Arbeitsbedingungen auf den Plantagen umgehend ausrotteten, griffen sie auf schwarzafrikanische Sklaven zurück, wie es Franzosen und Engländer nach ihnen taten. Innerhalb von 200 Jahren wurden schätzungsweise mehr als 10 Millionen Sklaven von Afrika in die Neue Welt verbracht; ganze Landstriche Westafrikas wurden so entvölkert.

Napoleons Kontinentalsperre führte Anfang des 19. Jahrhunderts zur Gründung erster Rübenzuckerfabriken in Deutschland und Frankreich. Mitte des Jahrhunderts begann der Rübenzucker dem Rohrzucker den Rang abzulaufen.

Früher aß man nicht nur weniger Zucker als heute, er schmeckte auch besser und war gesünder. Brauner Zucker, der noch Melassepartikel enthielt, wies pro 100 Gramm Gewicht 85 Milligramm Kalzium und 3,4 Milligramm Eisen sowie Spuren von Thiamin, Riboflavin und Niacin auf. Raffinierter weißer Zucker enthält nichts außer Saccharose.

Zw steht für
den ZWERGBOVIST, der in seiner Jugend eßbar ist; für die Zwerghühner, die als Urzwerge von Natur aus so klein ausfallen und als Bantamrassen vom Menschen verzwergt wurden; für die Zwillingspflaume oder Rambutan, eine der Litschi verwandte asiatische Frucht,

und Zw steht für
ZWIEBEL, einen Begriff, der strenggenommen unterirdische Speicherorgane von Pflanzen bezeichnet, in unserem Zusammenhang jedoch für *Allium cepa* aus der Lauchfamilie stehen soll, die Küchen- oder Speisezwiebel.

Die Speisezwiebel wurde von unseren Vorfahren in prähistorischer Zeit bereits angebaut, als sie andere Gemüse noch durch Sammeln ernteten. Ihre Heimat vermutet man in Asien, im Südwesten oder nahe der Mitte des Kontinents. Manche halten *Allium fistulosum* für den Vorfahren der Küchenzwiebel, eine Art primitiver Lauchzwiebel, deren Herkunft im dunkeln liegt, andere vermuten in *Allium canadense* die Urzwiebel. Beide Arten wachsen wild in Nordamerika, was die Frage aufwirft, ob man nicht dort nach der Heimat der Küchenzwiebel suchen sollte.

Die schriftlich nachweisbare Geschichte der Zwiebel beginnt in Mesopotamien; eine sumerische Keilinschrift aus der Zeit um 2400 v. Chr. enthält Angaben zu Gurken- und Zwiebelfeldern. Im *Kodex Hammurabi,* der ältesten Gesetzsammlung, die wir kennen, werden die Brot- und Zwiebelzuteilungen an Bedürftige festgelegt – Brot und Zwiebeln bildeten überall in der Antike die Nahrung der Armen, doch auch in königlichen Gärten wurden Zwiebeln gezüchtet. Im alten Ägypten war die Zwiebel ein verbreitetes Gemüse, und im alten Griechenland war sie spätestens 500 v. Chr. in Attika eingeführt. Auch in Rom zählten Zwiebeln zur Ernährung der weniger Begüterten, während reiche Römer Zwiebeln als Saucengewürz verwendeten. Als beste Zwiebeln galten damals die aus Pompeji.

Germanen und Gallier würzten ihre Braten und Ragouts mit Zwiebeln und Knoblauch, und im Mittelalter bildeten die Zwiebeln – richtig, Armennahrung. Im elisabethanischen England waren Zwiebeln und Lauch die beliebtesten Gemüse, und Salate wurden aus Kräutern und Zwiebeln bereitet.

Die Stadt Chicago verdankt ihren Namen dem indianischen Wort für den Geruch von Zwiebeln. Obwohl jeder der 48 Staaten der USA mindestens *eine* eigene einheimische Zwiebelspezies besitzt, ist die in den USA heute meistgegessene Zwiebel *Allium cepa.* Die Nachfahren der Germanen behandeln die Küchenzwiebel bisweilen besonders barbarisch, wenn sie sie auf Vorrat kleinhacken und bis zum Gebrauch einfrieren – aber vielleicht suchen sie das seifige Aroma und die glitschige Konsistenz der solcherart behandelten Lauchgewächse ja mit Vorbedacht.

AMEN

Biographische Notiz

Waverley Root wurde 1903 in Providence, Rhode Island, geboren. (Seinen Vornamen verdankt er der Begeisterung seiner Tante Millie für Sir Walter Scotts *Waverley*-Romane.) Er wuchs in Fall River, Massachusetts, auf und studierte am Tufts College. In New York versuchte er sich als Autor von Kurzgeschichten und als Rezensent; 1927 reiste er nach Europa und arbeitete bis 1934 in Paris zuerst als freier Journalist, dann als fester Redakteur für die Pariser Ausgabe der *Chicago Tribune.* 1934 kaufte die *New York Herald Tribune* das Konkurrenzblatt auf. Root kehrte 1940 nach Neuengland zurück. Nach Kriegsende zog er wieder nach Frankreich, wo er bis zu seinem Tod im Jahr 1982 lebte. Als Journalist schrieb er für die *Washington Post*, für *Politiken*, United Press, *Time-Life* und für Rundfunkanstalten; als *homme politique* war er Mitglied der Ehrenlegion.

Root hatte bereits sechs Bücher veröffentlicht – darunter *The Truth About Wagner, The Secret History of the War, Are You Ready for World War III.?* –, als er 1958 *The Food of France* vorlegte, das ihn sofort zu einer gastronomischen Instanz machte. Es folgten *The Food of Italy, Italian Cooking, The Paris Dining Guide* und – zusammen mit Richard de Rochemont verfaßt – *Eating in America*, eine Kulturgeschichte Nordamerikas.

Gekocht hat Root nur einmal in seinem Leben, aber da hatte er, wie er selbst sagt, keine andere Wahl: »Ich war in Vermont als Ghostwriter fünf Monate lang eingeschneit. Es gab viel Huhn, weil es viele Hühner gab.«

Literatur

Henry Adams: *History of the United States ot America During the Administration ot Thomas Jefferson.* New York, 1986.
Hans Christian Andersen: *Gesammelte Märchen.* Zürich, o. J.
Anon.: *Le Ménagier de Paris.* Paris, o. J.
Marcus Gavius Apicius: *Das Kochbuch der Römer.* Zürich, 1981.
Mary S. Atwood: *A Taste ot India.* Boston, 1969.
Hartmut Bastian (Hrsg.): *Ullstein-Lexikon der Pflanzenwelt.* Berlin, 1973.
James A. Bear: *Jefferson at Monticello.* Charlottesville, 1967.
Georges und Germaine Blond: *Histoire pittoresque de notre alimentation.* Paris, 1960.
Paul Bocuse: *Wildgerichte.* Berlin, Frankfurt, 1977.
James Boswell: *Dr. Samuel Johnson, Leben und Meinungen.* Zürich, 1951.
Marcel X. Boulestin: *Almanach der feinen Küche.* Hamburg, 1952.
Lesley Bremness: *The Complete Book of Herbs.* London, 1988.
Jean-Anthelme Brillat-Savarin: *Physiologie des Geschmacks.* München, 1962.
Brockhaus-Enzyklopädie in 24 Bänden. Mannheim, 1986 bis 1994.
Don und Patricia Brothwell: *Food in Antiquity.* London, 1919.

Jérôme Carcopino: *La Vie quotidienne à Rome à l'apogée de l'Empire.* Paris, 1932.
Rachel Carson: *Silent Spring.* Boston, 1962.
André Castelot: *L'Histoire à table.* Paris, 1972.
Robert Courtine: *Die echte französische Küche.* Berlin, 1956.
– *Mes repas les plus étonnants.* Paris, 1973.
Curnonsky: *Spezialitäten der französischen Provinzen.* München, 1977.
Elizabeth David: *Spices, Salt and Aromatics in the English Kitchen.* Harmondsworth, 1971.
Alan Davidson: *Seafood.* London, 1989.
Alain Decaux: *Histoire des Françaises.* Paris, 1972.
Charles Dickens: *Dealings with the Firm of Dombey & Son.* Leipzig, 1847.
Dictionnaire de l'Académie des Gastronomes. Paris, 1962.
Alexandre Dumas: *Le Grand Dictionnaire de Cuisine.* Paris, 1873.
Johann Sigismund Elsholtz: *Diaeteticon.* Leipzig, 1984.
The New Encyclopaedia Britannica (32 Bände). London, New York, 1974-87.
Friedrich Engels: »Die Lage der arbeitenden Klassen in England« in *MEW,* Bd. 2, Berlin (DDR), 1974.
Auguste Escoffier: *Kochkunstführer.* Gießen, 1988.
Anatole France: *Die Bratküche zur Königin Pedauque.* München, 1967.
Henri Gault und Christian Millau: *Guide Gourmand de la France.* Paris, 1970.
John Gerard: *Gerard's Herball.* London, 1974.
Georges Gibault: *Histoire des légumes.* Paris, 1912.
Euell Gibbons: *Stalking the Wild Asparagus.* New York, 1962.
– *Stalking the Blue-Eyed Scallop.* New York, 1964.
– *Stalking the Healthful Herbs.* New York, 1966.
Fredy Girardet: *La Cuisine spontanée.* Düsseldorf, 1987.

Jacob und Wilhelm Grimm: *Deutsches Wörterbuch* (33 Bände). München, 1984 (Nachdruck der Ausgabe von 1885).
Milt Gross: *Nize Baby*. New York, 1971.
Peter Hamm (Hrsg.): *Welches Tier gehört zu dir?* München, 1984/87.
Marvin Harris: *Cannibals and Kings.* New York, 1977.
– *Wohlgeschmack und Widerwillen.* Stuttgart, 1988.
Rosemary Hemphill: *Fragrance and Flavour.* Sydney, 1973.
John und Karen Hess: *The Taste of America.* New York, 1977.
Washington Irving: *Das Skizzenbuch.* München, 1968.
William Wallace Irwin: *The Garrulous Gourmet.* New York, 1952.
Claude Jardin: *Foods Used in Africa.* Rom, 1967.
Hugh Johnson: *Der kleine Johnson für Weinkenner.* Bern, 1993.
James Joyce: *Ulysses.* Zürich, 1956.
Joan M. Jungfleisch: *For Innocents Abroad.* Washington, D.C., 1971.
Egon Erwin Kisch: *Geschichten aus sieben Ghettos.* Berlin (DDR) und Weimar, 1976.
Friederike Kretzen: *Ihr blöden Weiber.* Zürich, 1993.
Jessica Kuper (Hrsg.): *Gebratener Papageitaucher.* Frankfurt a.M., 1983.
Le Larousse des Citations. Paris, 1976.
Le Larousse Gastronomique. Paris, 1960.
Le Grand Larousse Encyclopédique. Paris, 1960.
Monika Lavrencic: *Spartanische Kuche.* Wien, Köln, Weimar, 1993.
A.J. Liebling: *Between Meals.* New York, 1962.
Loriot: *Loriots großer Ratgeber.* Zürich, 1969.
Jules Michelet: *Das Meer.* Frankfurt a. M., 1987.
Charles Monselet: *Lettres gourmandes.* Paris, 1974.

Naomichi Ishige: siehe Jessica Kuper.
Omar Chajjam: *Wie Wasser strömen wir.* Düsseldorf, 1984.
Der kleine Pauly. Lexikon der Antike in 5 Bänden. München, 1979.
Henri-Paul Pellaprat: *Die moderne französische Kochkunst.* Castagnola, 1959.
Antonio Pigafetta: *The Voyage of Magellan.* Englewood Cliffs, N. J., 1973.
Marco Polo: *The Travels.* Harmondsworth, 1958.
Edouard de Pomiane: *Kochen in zehn Minuten.* Berlin, 1939.
Raymond Queneau: *Intimes Tagebuch der Sally Mara.* Frankfurt a. M., 1969.
Waverley Root: *The Food of France.* New York, 1958.
– *Italian Cooking.* New York, 1968.
– *Paris Dining Guide.* New York, 1969.
– *The Food of Italy.* New York, 1971.
– *The Food ot Ancient Greece and Rome* (Unveröffentlicht).
– und Richard de Rochemont: *Eating in America. A History.* New York, 1976.
Nela Rubinstein: *Nela's Cookbook.* New York, 1983.
Carl Friedrich von Rumohr: *Vom Geist der Kochkunst.* München, 1973.
Bernardino de Sahagún: *Aus der Welt der Azteken.* Frankfurt a. M., 1989.
Horst Scharfenberg: *Die deutsche Küche.* Bern, 1980.
Carl Schurz: *Lebenserinnerungen.* Zürich, 1988.
Rex Stout: *Die goldenen Spinnen.* Berlin, 1960.
E. Lewis Sturtevant: *Edible Plants of the World.* New York, 1976.
Reay Tannahill: *The Fine Art of Food.* New York, 1968.
– *Food in History.* New York, 1973.
– *Flesh and Blood.* London, 1976.

Henry David Thoreau: *The Maine Woods.* New York, 1950.
Alice Babette Toklas: *The Alice B. Toklas Cook Book.* New York, 1960.
James Trager: *The Enriched, Fortified, Concentrated, Country-Fresh, Lip-Smacking, Finger-Licking, International, Unexpurgated Foodbook.* New York, 1970.
Jean Tulard, Jean-François Fayard und Alfred Fierro: *Histoire et dictionnaire de la Revolution française.* Paris, 1988.
Johann Peter Uz: siehe Peter Hamm.
Eugen von Vaerst: *Gastrosophie oder Lehre von den Freuden der Tafel.* München, 1975.
Immanuel Velikowsky: *Wellen im Zusammenstoß.* Frankfurt, Berlin, 1994 (Ungekürzte Neuausgabe).
Alfred Walterspiel: *Meine Kunst in Küche und Restaurant.* München, 1978.
Izaak Walton: *Der vollkommene Angler.* Hamburg, Berlin, 1958.
Melanie Walz (Hrsg.): *Lachen à la carte.* München, 1983.
Joseph Wechsberg: *Forelle blau und schwarze Trüffeln.* München, 1979.
Anne Willan: *Kochkünste aus sieben Jahrhunderten.* Bern, 1979.
Eckart Witzigmann: *Kulinarische Kreationen.* München, 1983.
– *Meine hundert Hausrezepte.* München, 1986.
Andrew Young: siehe Peter Hamm.
Albin Zollinger: *Gedichte.* Zürich, 1962.